LUIZ FELIPE CARNEIRO

A HISTÓRIA

BASTIDORES, SEGREDOS, SHOWS E LOUCURAS QUE MARCARAM O MAIOR FESTIVAL DO MUNDO

GLOBOLIVROS

Copyright da presente edição © 2022 by Editora Globo S.A.
Copyright © 2022 by Luiz Felipe Carneiro

Todos os direitos reservados.
Nenhuma parte desta edição pode ser utilizada ou reproduzida — em qualquer meio ou forma, seja mecânico ou eletrônico, fotocópia, gravação etc. — nem apropriada ou estocada em sistema de banco de dados sem a expressa autorização da editora.

Texto fixado conforme as regras do acordo ortográfico da língua portuguesa (Decreto Legislativo nº 54, de 1995).

Editor responsável: Guilherme Samora
Editora assistente: Gabriele Fernandes
Preparação: Adriana Moreira Pedro
Revisão: Ariadne Martins e Patricia Calheiros
Projeto gráfico e diagramação: Douglas Kenji Watanabe
Tratamento de imagens: Momédio Nascimento
Capa: Guilherme Francini
Foto de capa: Anibal Philot/ Agência O Globo

CIP-BRASIL. CATALOGAÇÃO NA PUBLICAÇÃO
SINDICATO NACIONAL DOS EDITORES DE LIVROS, RJ

C289r

    Carneiro, Luiz Felipe
        Rock in Rio: a história: bastidores segredos, shows e loucuras que marcaram o maior festival do mundo / Luiz Felipe Carneiro. — 2ª ed.— São Paulo: Globo Livros, 2022.

       ISBN 978-65-5567-059-2

       1. Festivais de música — História — Brasil. 2. Rock in Rio — História. I. Título.

22-77053   CDD: 782.42166
                                        CDU: 78.067.26(81)

Gabriela Faray Ferreira Lopes — Bibliotecária — CRB-7/6643

1ª edição – 2011
2ª edição – junho/2022

Editora Globo S.A.
Rua Marquês de Pombal, 25
Rio de Janeiro, RJ — 20230-240
www.globolivros.com.br

Para minha mãe, meu pai, meu irmão e Francisco.
Para sempre.
Obrigado por pensarem em mim.

SUMÁRIO

1. "QUE A VIDA COMEÇASSE AGORA…"   8

2. "SONHO TEM RISCO."   17

3. "OU VOCÊ RESOLVE ISSO HOJE COM O MEDINA, OU A SUA BRIGA SERÁ COMIGO."   29

4. "DAVA PARA ILUMINAR CARUARU, NÉ?"   38

5. "DEUS SALVE A AMÉRICA DO SUL…"   50

6. "ONLY A DREAM IN RIO."   67

7. "QUE O DIA NASÇA LINDO PRA TODO MUNDO AMANHÃ…"   85

8. "EM VEZ DE FICAR JOGANDO PEDRA, FICA EM CASA APRENDENDO A TOCAR GUITARRA."   98

9. "AGORA EU GOSTARIA DE COMPRAR O CONTINENTE INTEIRO E ME NOMEAR PRESIDENTE."   112

10. "VALEU!"   124

11. "EU NÃO IMAGINAVA SER TÃO BOM VIVER."   132

12. "QUERO FAZER DO MARACANÃ UMA NAVE ESPACIAL."   139

13. "RIO! RIO! MY NAME IS PRINCE."   154

14. "ACONSELHO VOCÊS A SUBIREM AGORA NESTE HELICÓPTERO."   163

15. "E VOCÊS VÃO TODOS TOMAR NO CU, EXCETO QUEM NÃO TÁ TOMANDO NO CU."   179

16. "FREEDOM, FREEDOM…"   191

17. "ISTO AQUI PARECE A DISNEYLÂNDIA DO ROCK."   208
18. "A PARTIR DE AGORA VOCÊ TEM TRÊS MINUTOS PARA PENSAR NUM MUNDO MELHOR."   223
19. "E O DEDINHO PODEM ENFIAR NO TRASEIRO."   240
20. "POSITIVO. É PRA PRENDER O GUITARRISTA EM FLAGRANTE. ELE ESTÁ COMPLETAMENTE NU."   252
21. "KEEP ON ROCKIN' IN THE FREE WORLD..."   270
22. "ERA ESTRANHÍSSIMO NÃO ESTAR NO RIO."   282
23. "HOJE É DIA DE ROCK, BEBÊ."   296
24. "*EVERYBODY OK*, FUNDÃO?"   315
25. "BIG LIGHTS WILL INSPIRE YOU TONIGHT IN RIO."   337
26. "OLÊ, OLÊ, OLÊ, OLÊ! BRUCÊ! BRUCÊ!"   354
27. "ERA ISSO QUE EU ESPERAVA E SONHAVA EM 1985..."   370
28. "AMAR SEM TEMER."   395
29. "MANTENHA CALMA — AÍ VEM O THE WHO..."   413
30. "EI BOLSONARO, VAI TOMAR NO CU!"   428
31. "E O MUNDO FOSSE NOSSO OUTRA VEZ."   447

AGRADECIMENTOS   465

REFERÊNCIAS   468

1. "QUE A VIDA COMEÇASSE AGORA..."

ROBERTO MEDINA QUERIA SER POETA. Chegou perto. Pelo menos o mais perto que um empresário e publicitário poderia chegar. O Rock in Rio começou muito antes de Ney Matogrosso subir no palco e cantar "América do Sul", a canção de Paulo Machado. Estamos no primeiro trimestre de 1984. Medina andava desiludido com a violência no Rio de Janeiro. Desiludido com o país. Tão desenganado que já tinha traçado um plano. Ele e a família se mudariam para os Estados Unidos até o final daquele ano. Contudo, existia uma ponta de esperança. O Brasil ainda vivia à sombra do regime militar, mas a reabertura era uma realidade no horizonte político do país. O clima das Diretas Já alimentava o sonho de uma população que havia mais de vinte anos não podia escolher seu presidente. No entanto, a violência na antiga capital federal e as perspectivas econômicas e políticas no país eram desanimadoras.

Com a cabeça repleta de dúvidas, Medina caminhava pelos bosques de seu condomínio, o Nova Ipanema, na Barra da Tijuca, zona oeste do Rio, como fazia quase todas as tardes. O seu pensamento era um só: "Quando vou me mandar daqui?". Sua esposa, Maria Alice, entretanto, não concordava com os planos. "Você vai se arrepender e se sentir culpado lá fora", ela repetia diariamente. Um dia, a frase calou fundo. Durante as suas caminhadas, Medina mudou a pergunta que martelava a sua cabeça: "Será que você fez tudo o que podia fazer pelo seu país? Será que cumpriu a sua parte?", eram as suas novas indagações. Num belo dia, ele percebeu que não, e concluiu que era preciso fazer algo.

O empresário passou aquela noite em claro. Sua mesa do escritório foi inundada por uma profusão de planilhas, desenhos, anotações e papéis amassados. A sua ideia era criar um movimento que mostrasse o Brasil ao mundo. E o momento não poderia ser mais propício. Ele tinha que aproveitar a época de transição entre o governo militar e a democracia, o momento exato em que a juventude queria ir para a rua. Medina tinha um só desejo: promover um arroubo de confraternização jamais visto antes. Não um simples show, afinal de contas isso ele já tinha feito! O negócio era mais ambicioso: um projeto que revigorasse a imagem da cidade como centro cultural, além de gerar emprego e turismo.

Noite virada e, de manhã, em cima da mesa, reinava um papel com um projeto rabiscado. Inclusive o nome: Rock in Rio. A ideia viera inteira. Um megaconcerto que pararia o Brasil. Parecia simples, pelo menos na teoria. Algo do tipo nunca havia sido realizado no Brasil. E nem no mundo. O parâmetro inicial era o festival de Woodstock, que aconteceu na fazenda de Max Yasgur, nas imediações da cidade de Bethel, em Nova York, Estados Unidos, entre os dias 15 e 17 de agosto de 1969. Público total: cerca de 500 mil pessoas. O Rock in Rio, por sua vez, nascia com a expectativa de ter 1 milhão e meio de pessoas.

"O festival não era para ser megalômano, mas nasceu megalomaníaco, porque, se não tivesse público suficiente, ele não se pagava", explicou Roberto Medina. Para ter saída, o ingresso no Brasil deveria ser dez vezes mais barato do que o de um show nos Estados Unidos. Ao mesmo tempo, as despesas seriam o dobro, já que o país não contava com sistema de som, iluminação e técnicos capacitados para um evento desse porte. Fechar as contas não seria das tarefas mais fáceis.

Não havia experiência nacional — nem mundial — em um projeto tão ousado. Porém a façanha de ter trazido Frank Sinatra ao Brasil, em 1980, deu a Medina a convicção de que ele poderia dar conta dessa megaempreitada que acabara de conceber. Decerto, a inexperiência jogou a seu favor. "Se eu soubesse das dificuldades, nunca teria feito", reconheceu 25 anos depois.

Cheio de ansiedade, naquele mesmo dia, o empresário partiu para a agência de publicidade Artplan, e convocou o departamento de criação para uma reunião em sua sala no sétimo andar do luxuoso prédio negro, cujas vidraças refletiam o espelho d'água da lagoa Rodrigo de Freitas, e apresentou o projeto. Como era de esperar, ninguém entendeu nada. Se não fosse o dono da empresa, provavelmente Medina teria sido demitido aos pontapés. Cid Castro, que viria a ser o autor do logotipo do Rock in Rio, definiu assim a reação da equipe da Artplan, em seu livro *Metendo o pé na lama*: "Ficou mais ou menos dividida em 90% de céticos, 8% de simpatizantes e 2% de ufanistas. Esses 2% deveriam corresponder a umas três ou quatro pessoas, incluindo eu, claro". Abraham Medina, pai de Roberto, era um dos céticos: "Eu disse para ele não contar comigo, que já tínhamos feito o Sinatra, o Barry White, Julio Iglesias e que ele estava sonhando alto demais".

Roberto Medina, como todo bom leonino, foi à guerra. O sonho era bonito, mas ele deveria ser tratado como um empreendimento profissional, empresarial e estruturado. Esse alarme despertou durante uma conversa com o diretor de marketing da Brahma, poucos dias após a reunião na Artplan. O papel apresentado à empresa de cerveja era o mesmo — aquele rascunho rabiscado na madrugada. "Gostei da ideia, agora me apresente um projeto", desafiou o diretor. Medina devolveu com uma pergunta: "E se eu tivesse um projeto de verdade e precisasse de 15 milhões de dólares?". Os olhos do representante da marca de cerveja brilharam.

A Brahma tinha planos de lançar uma nova cerveja e imaginava que o festival de música pudesse ser um bom veículo de publicidade. Então, para atender o cliente, Medina transformou o seu projeto de sonho em um projeto empresarial. O publicitário baiano Nizan Guanaes foi muito importante nesse momento. "Esse teu caminho não vai ser crível. Isso que você está falando é muito fora do eixo. Tira um pouco o peso do seu sonho e coloca mais o peso empresarial", alertou Nizan. De bate-pronto, Medina perguntou: "Vamos escrever isso?". Assim, os dois elaboraram o primeiro documento propriamente oficial do Rock in Rio, "no qual eu largo um pouco de lado o meu sonho pra fazer uma coisa que pudesse passar um pouco mais de credibilidade", nas palavras de Medina. Então, a Brahma embarcou no sonho e no projeto empresarial.

A imprensa começou a reverberar o acontecimento. No dia 15 de maio de 1984, o colunista Zózimo Barrozo do Amaral escreveu no *Jornal do Brasil*: "O governador Leonel Brizola tem em mãos desde sexta-feira última, para examinar e certamente aprovar, o mais ambicioso projeto musical da história do Rio. Trata-se do Rock in Rio Festival, que, se for autorizado, reunirá em janeiro de 85 no Autódromo de Jacarepaguá nada menos de 15 dos mais importantes conjuntos de rock da atualidade, principalmente da Europa e dos Estados Unidos". Três semanas depois, Zózimo anunciou que o festival aconteceria entre os dias 4 e 14 de janeiro de 1985: "Depois de ter negada a cessão do autódromo, onde pretendia montar o *décor* da festa, Medina conseguiu um terreno vazio, com 8 milhões de metros quadrados (sic), e já está iniciando os preparativos para a promoção". A coluna citava ainda que o empresário estava negociando com Paul Simon, Van Halen, Yes, Supertramp, The Police, James Taylor, U2, Iron Maiden, The Pretenders, Fleetwood Mac, Men at Work e AC/DC. Dois meses depois, também no *JB*, Fritz Utzeri escreveu: "Para o empresário Roberto Medina, organizador do festival, o sonho está apenas começando. Um sonho que custará 10 milhões de dólares, e que está tomando forma num grande terreno de 250 mil metros quadrados na Barra da Tijuca, próximo ao Riocentro, que está sendo preparado para ser a sede 'permanente' do Rock in Rio".

Além da loucura de trazer quase duas dezenas de artistas internacionais que imaginavam encontrar o Tarzan e a Chita no Brasil, o empresário ainda tinha de bolar toda uma mecânica empresarial para que a empreitada, ao menos, não acarretasse prejuízo. Era necessário desenvolver uma engenharia absolutamente inédita no país, que envolvia marketing, comunicação, relacionamento com patrocinadores, transmissão na televisão, entre diversos outros fatores. Isso porque o Rock in Rio não poderia viver só da bilheteria, que, pelos cálculos do empresário, não representaria mais do que 30% dos custos do evento. Nizan, que trabalhava na Artplan, ajudou a transformar o sonho em um projeto empresarial. Logo que ficou pronto, Medina recebeu carta branca da Brahma, o primeiro patrocinador oficial do Rock in Rio. Passo seguinte: viajar aos Estados Unidos para contratar os artistas para o evento.

Para a empreitada, Roberto Medina convocou, como ele mesmo definiu, o seu "exército de Brancaleone": Luiz Oscar Niemeyer, um jovem produtor, e Oscar Ornstein, alemão de Hamburgo, então com 73 anos, que seria o responsável pela conclusão dos contratos internacionais. Ele já havia trazido ao Brasil artistas como Edith Piaf, Marlene Dietrich, Lena Horne e Ella Fitzgerald. Também auxiliou Medina na vinda de Frank Sinatra. O reencontro para trabalharem juntos no Rock in Rio contou com a ajuda de Deus — afinal, como diz Nelson Rodrigues, "Deus não está nas coincidências?". Medina procurou Ornstein, à época relações-públicas do hotel Copacabana Palace, porque não tinha a mínima ideia a quem recorrer para a sua empreitada. Ornstein começou a reunião dizendo que queria falar muito com o amigo porque existia uma oportunidade de trazer os Rolling Stones ao país. Medina disse que queria conversar sobre um festival de música que ele estava pensando em montar.

Oscar Ornstein saiu do restaurante Ouro Verde sem nem mais se lembrar de Mick Jagger e Keith Richards. Pediu demissão ao Copacabana Palace e se juntou ao exército de Medina. A sua função principal era convencer os empresários de que Medina era sério. Nova York foi o primeiro destino do trio Medina, Ornstein e Niemeyer. E onde tiveram a primeira e importante constatação: o sonho de Medina era inversamente proporcional ao ânimo das bandas estrangeiras em vir tocar no Brasil. A primeira pergunta feita pelos representantes dos artistas era: "Em que moeda você vai nos pagar? Dólar?". Além do mais, o país possuía um histórico nada favorável, e os artistas estavam bastante receosos com o que poderiam encontrar por aqui.

Em 1982, o Kiss veio ao Brasil e teve seu equipamento de som extraviado. Sete anos antes, Rick Wakeman levou calote, assim como o The Police, que não viu parte do cachê do show apresentado no Maracanãzinho, em 1982, o que se repetiu no ano seguinte com o Van Halen. Em 1980, os instrumentos do Earth, Wind & Fire sumiram no cais do porto do Rio de Janeiro. Já o Queen não conseguiu datas no estádio do Maracanã em 1981, muito menos agendar uma apresentação gratuita no Aterro do Flamengo — tocou duas vezes no Morumbi para compensar — e, dois anos depois, quando já estava certo com o estádio carioca, teve que cancelar por causa de problemas com a produção do show. Enfim, era tudo muito complicado e, por essas e outras, o empresário de Bob Dylan não chegou sequer a receber Oscar Ornstein, que tinha viajado horas até chegar ao norte da França, onde o artista estava se apresentando. Já o manager do Queen, Jim Beach, foi educado. Disse que não acreditaria em um projeto desse tipo nem se fosse apresentado por um empresário norte-americano. Mandou uma garrafa de champanhe para Roberto Medina e agradeceu o convite.

O trio Brancaleone passou setenta dias em Nova York, recebendo uma média de um não por dia. A lista de artistas computava 114 nomes: de Rolling Stones a The Who, passando por Deep Purple,

Aerosmith, AC/DC, Michael Jackson, Stevie Wonder, Phil Collins, Bruce Springsteen, U2, The Smiths, Eric Clapton, Depeche Mode e até bandas inativas, como Led Zeppelin e Pink Floyd. Qualquer coisa valia. Cada artista contatado exigia, no mínimo, quatro reuniões com Medina, que era obrigado a explicar o mesmo projeto para os integrantes da banda, para o empresário, para o advogado e, ainda, para a agência de publicidade. O desgaste era imenso e o resultado dos encontros, invariavelmente, desolador.

O empresário do Iron Maiden, por exemplo, recebeu Medina vestindo cueca e com a desgrenhada barba salpicada do macarrão que ele estava comendo. O encontro, que terminou com a invariável negativa, ao menos inspirou Medina e Ornstein a adaptarem seus formais guarda-roupas ao vibrante mundo do rock. Aposentaram o terno e a gravata e compraram algumas calças jeans e camisetas. Talvez assim não fossem mais confundidos com agentes do FBI.

Fato é que os ares de Nova York não conspiravam a favor do trio que partiu rumo a Los Angeles. A brisa da Califórnia também não trouxe muita sorte. As novas frustrações deram a certeza a Medina de que o Rock in Rio jamais sairia do papel. Às 7h30 da manhã do dia seguinte, após uma noite em claro, tirou o seu pequeno e sonhador exército da cama e anunciou: "Desisto!". Niemeyer e Ornstein divergiram: "De jeito nenhum, a gente vai conseguir". Eles estavam certos da resolução. Ornstein voou para Londres e Niemeyer retornou a Nova York. Medina voltou a sonhar. Porém, a notícia da quase desistência chegou à sede da Artplan, o que deixou o velho Abraham furioso. "O Roberto começou com isso, e agora ele vai até o fim", desafiou.

E quem contestaria Abraham Medina? Ex-funcionário da Casa Garson, se transformou no dono da maior rede de eletrodomésticos do país, a Rei da Voz. Apaixonado pelo Rio de Janeiro: "Eu sou uma das maiores empresas da cidade, se o Rio vai mal, eu vou mal, se o Rio vai bem, eu vou bem, nós temos que ajudar a cidade", costumava dizer ao filho, Abraham ainda idealizou o programa *Noite de Gala*, que foi ao ar nas TVs Rio e Tupi entre 1955 e 1967. A sua equipe era de respeito. O cameraman atendia pelo nome de José Bonifácio de Oliveira Sobrinho (o Boni), e o office boy era o Walter Clark. O golpe militar deu fim ao *Noite de Gala*. No início, Abraham foi entusiasta do regime, mas logo se arrependeu. "Não aguentava mais as greves diárias no país e no Rio. Apoiei, aplaudi e dei cobertura na TV para a Revolução. Mas com o decorrer de alguns meses eu senti que a Revolução estava descambando para um regime que eu não sonhava e estava indo para a direita. Aí coloquei num editorial dizendo que não tinha combatido a esquerda para aplaudir a direita", disse ao *Jornal do Brasil* em dezembro de 1984. Após o editorial, Abraham foi procurado por um grupo que queria obrigá-lo a mudar a linha jornalística do programa. Não mudou. E, juntamente com o filho Rubem, foi preso na Vila Militar do Rio de Janeiro. Os agentes da polícia invadiram sua casa armados de metralhadoras às duas da manhã. Na cadeia, Abraham infartou. Os militares ameaçaram cassar a concessão da TV Rio e tiraram o programa do ar. Já a loja Rei da Voz acabou após o governo impôr um bloqueio econômico à empresa.

Lógico que Roberto não ia desafiar o velho Abraham. Então, ele se lembrou de uma carta guardada na manga. Na verdade, um cartão. Nele, estava escrito "*Lee Solters — Publicist Frank Sinatra*". Da sua suíte no hotel Beverly Hilton, Medina ligou para Solters, o temido agente de imprensa do dono da voz mais famosa de todos os tempos. Explicou a situação e recebeu a seguinte orientação: "A única coisa que você tem de fazer é oferecer um coquetel para cerca de cinquenta pessoas, o resto pode deixar comigo". Com seu prestígio, Solters mandou convocar os jornalistas mais influentes dos Estados Unidos. Desesperançado, Medina pensou que, se aparecessem dois ou três repórteres, já estava de bom tamanho. Ele devia ter confiado mais em Solters. Poucos dias depois, cerca de sessenta jornalistas disputavam espaço na suíte do empresário, que respondeu a todas as perguntas sem grandes expectativas.

No dia seguinte, Medina se espantou com as manchetes dos principais jornais e revistas de música. "O maior evento de rock do mundo nos últimos quinze anos", estampou a *New Musical Express*. A *Billboard* foi pelo mesmo caminho: "O mais ambicioso concerto jamais feito na história da América Latina". "Eis a chance de ser um acontecimento tão famoso quanto o festival de Woodstock em 1969", publicou a *United Press International*. Já o britânico *The Guardian* não fez por menos: "Amantes da ópera vão para Bayreuth, fanáticos de jazz para Montreux e aqueles que gostam de música clássica para Salzburg. Então por que os fãs de rock não deveriam ir para o Brasil?".

Em suma, a imprensa anunciava que o maior festival de música da história seria realizado no Rio de Janeiro nos primeiros dias de 1985.

2. "SONHO TEM RISCO."

EM 1979, Roberto Medina colocou algo na sua cabeça. Ele queria porque queria trazer Frank Sinatra para apresentar, no Brasil, o maior show de sua carreira. Algo inimaginável. Na época, diante de alguma tarefa impossível, era comum escutar: "No dia que o Sinatra vier ao Brasil, eu faço". Mas um plano foi traçado. O que o empresário da voz mais famosa do mundo pensaria da proposta de um empresário de um país tão estranho quanto o Brasil? Certamente, nem um caminhão de dinheiro seria capaz de sensibilizar aquela turma. Por isso, Medina sabia que, antes de qualquer coisa, seria necessário conquistar o cantor. Então, pensando na campanha publicitária do uísque Passport, da sua cliente Seagram, o empresário propôs um comercial de televisão com Sinatra. Só havia um problema: A Voz nunca havia feito um comercial na sua vida. Para convencê-lo, o empresário lhe explicou o projeto pessoalmente nos Estados Unidos.

Sinatra se convenceu, e profissional como só ele, gravou o comercial no mesmo dia da morte de sua mãe. O resultado ficou ótimo, e ele se animou a vir cantar no país. Foram cinco apresentações no Rio de Janeiro, entre os dias 22 e 25 de janeiro no Hotel Rio Palace, e no dia 26, no Estádio do Maracanã. Durante a estada de Sinatra, Medina chegou a brigar com Lee Solters, que desancou a imprensa, dizendo que os jornalistas brasileiros tratavam o cantor e sua equipe como "animais". "Para ser tratado como animal, Sinatra iria para qualquer zoológico da Califórnia, não viria para o Brasil", disse. Medina não gostou, e, quando Sinatra foi embora, ainda estava brigado com Solters.

Poucos minutos antes de Frank Sinatra subir ao palco do Mário Filho, uma chuva desabou sobre o Rio. Ficou combinado que o cantor soltaria a sua voz somente por quinze minutos, já que o equipamento de som não aguentaria mais do que isso debaixo d'água. Não havia a possibilidade de adiamento, pois Sinatra partiria de volta aos Estados Unidos naquela mesma noite porque já tinha outros compromissos agendados. Enquanto a chuva não dava uma trégua, o cantor esquentava a voz no camarim. Cinco minutos antes dos instrumentos da orquestra ressonarem a tradicional suíte introdutória dos shows de Sinatra — surpresa! —, a chuva parou. "Milagres existem!", gritava Medina. No meio do show, o cantor agradeceu: "Esse é o maior momento pelo qual já passei em toda a minha carreira de cantor profissional. Nunca experimentei algo parecido com isso antes. Nunca!". Como Medina costuma dizer: "Sonho tem risco".

Mas antes de Frank Sinatra, muita água rolou para Medina. Após a prisão do pai pelo regime militar, deixou de ser o filho de um homem rico e icônico do Rio de Janeiro para não ter absolutamente nada. Em busca de emprego, tornou-se vendedor de antenas coletivas. Só que as coisas não eram fáceis. Um primo tentou ajudá-lo comprando dez antenas para um prédio em construção. O problema é que o pagamento só viria depois que o edifício estivesse de pé. Sentindo o desânimo de Medina, o mesmo primo lhe ofereceu um estágio na Artplan, empresa de propaganda basicamente especializada em campanhas imobiliárias, e formada por apenas oito pessoas, todas mais velhas e quase aposentadas. A partir daí, Medina começou a se impor e, aos poucos, conseguiu conquistar os colegas. Uma de suas ideias foi expandir os anúncios de determinado cliente dos jornais e das rádios para a televisão. Como a construtora era contra, ele organizou uma vaquinha entre os colegas na agência para que o comercial fosse produzido e, assim, convencer o cliente.

Num dia, às seis horas da manhã o jovem publicitário se dirigiu à lagoa Rodrigo de Freitas para filmar o comercial que ele idealizou: uma casa flutuante no meio da lagoa com a estrutura puxada por um barco — pilotado pelo publicitário. No meio da gravação, um temporal estragou tudo e cancelou os planos. Desiludido, Medina deixou a sua carta de demissão na agência. Os colegas, solidários, reconstruíram todo o set de gravação e convenceram Medina a voltar. O comercial foi filmado, mas o cliente continuava irredutível. Medina bateu na porta da Rede Globo e pediu para o comercial ser colocado no ar durante a madrugada, sem custos. Sucesso total. A partir de então, a Artplan passou a ser solicitada para dezenas de comerciais para a TV, e Roberto Medina comprou a agência.

Entre campanhas publicitárias, o empresário tinha outras ideias e, após os históricos shows de Frank Sinatra, ele tomou gosto pela coisa. Em 1982, trouxe Barry White para se apresentar em Porto Alegre, Rio de Janeiro, São Paulo e Belo Horizonte. No mesmo ano, foi a vez de Julio Iglesias cantar no Rio Palace e no Estádio da Gávea. Mas os shows de Sinatra eram o grande orgulho de Roberto Medina. O "Rock in Rio zero", por assim dizer. E, segundo ele, trazer Sinatra foi "fichinha" perto do Rock in Rio.

Cinco anos depois de Sinatra, e contando com a ajuda do mesmo agente de imprensa com que Medina se desentendera, as manchetes dos jornais norte-americanos causaram efeito. Os artistas que poucas semanas antes duvidavam do profissionalismo da equipe do Rock in Rio e alegavam que o Brasil enfrentava forte crise econômica voltaram atrás. O primeiro foi Ozzy Osbourne. Contratação número um da história do Rock in Rio. A segunda confirmação veio de ninguém menos do que o Queen. Finalmente Jim Beach se convencera. A partir disso, foi uma verdadeira avalanche. Se os ingleses do Queen, a maior banda de pop rock do planeta da época, tinham topado o evento, quem mais teria alguma dúvida com relação àquele festival que aconteceria em um país que muitos nem sabiam onde ficava?

Para facilitar ainda mais as coisas, o empresário do Queen deu uma generosíssima declaração à imprensa inglesa, no Hotel Savoy, em Londres: "Tenho total confiança em que esse festival será um extraordinário sucesso. O Brasil não era considerado muito sério no campo da promoção musical, pois se falava muito de coisas que nunca aconteciam, havia dificuldades com venda de ingressos, pagamento de cachês, organização e hospedagem. Este é o primeiro show profissional com que já lidei no Brasil. Gostaria de dar o meu testemunho favorável ao pessoal, altamente gabaritado, e aos profissionais verdadeiramente responsáveis com os quais estou lidando na organização do Rock in Rio". Em dezembro, um mês antes do início do festival, quando viu as instalações da Cidade do Rock, Beach ficou deslumbrado. "Muitos jornalistas estrangeiros estão vindo, e eu não posso esperar a hora de ver suas expressões ao entrarem naquela área tão grande. A imprensa fora do Brasil não vai acreditar, pois é a primeira vez, com a exceção da Copa do Mundo, que alguma coisa é anunciada e vai acontecer conforme foi mostrado nos projetos. Isto é para provar que o Brasil não é só promessa."

Para assegurar os contratos, Oscar Ornstein, que ainda estava em Londres, conseguiu descontos com as bandas internacionais em troca da garantia de que nenhuma delas se apresentaria à luz do dia. Além disso, todas elas estavam liberadas para trazer seus próprios engenheiros de luz e som. Mas ainda assim nada foi fácil. Acreditando que o festival jamais fosse acontecer, George Benson elaborou um contrato com quase uma centena de itens exigindo garantias. Um deles rezava que o contrato só seria aceito se todas as cláusulas anteriormente estipuladas fossem atendidas. O contrato com o artista nem chegou a ser assinado, mas Medina foi autorizado a divulgar para a imprensa que Benson viria ao Rock in Rio. Cerca de um mês antes do início do evento, o artista veio ao Brasil e foi levado por Medina a Jacarepaguá para conhecer a Cidade do Rock. No ato, o músico rasgou o documento contendo as exigências, finalmente assinou o contrato e ainda declarou que aquele seria o maior show do mundo.

Em quatro dias na capital inglesa, foram fechados contratos com as bandas Scorpions, Yes e Def Leppard. Quando o AC/DC garantiu a presença no evento, Ornstein ligou para Medina e os dois choraram ao telefone. Ao mesmo tempo, em Los Angeles, Medina e Luiz Oscar fechavam com Al Jarreau (que viria ao país pela terceira vez), The Go-Go's, Men at Work, Nina Hagen e The Pretenders. Além de todos esses, Medina tinha uma aposta particular: James Taylor. Aposentado e recluso em uma fazenda no interior dos Estados Unidos, ele dificilmente aceitaria o convite. Um amigo em comum disse: "Me dá mais dois dias". O empresário, que voltaria ao Brasil naquela mesma noite, confiou e, 48 horas depois, fechou com James Taylor. A equipe fez o melhor que pôde. Para a contratação das bandas, montou um videotape de vinte minutos que mostrava o festival como se já estivesse em andamento. Somente entre Nova York e Los Angeles, no total, foram nada menos do que 95 reuniões.

O Iron Maiden foi o último grupo a assinar contrato. A presença maciça de bandas de metal, segundo Medina, foi resultado de inúmeras pesquisas de opinião realizadas à época. O vocalista Bruce Dickinson explicou como foi a contratação do grupo: "Como estávamos no meio de uma turnê de inverno pelos Estados Unidos com os ingressos esgotados, teríamos de cancelar uma semana de shows para fazer uma única apresentação em um único evento. Então, as condições que apresentamos aos organizadores foram realmente absurdas, tipo queríamos receber o equivalente a cinco shows com todos os ingressos vendidos, ser indenizados pelas perdas com merchandising, frete aéreo etc. O fato é que eles simplesmente aceitaram, e aí foi o caso de 'bem, acho que iremos'". Medina, contudo, achava que estava fazendo um bom negócio. Não considerou a contratação dos artistas estrangeiros tão cara, já que o mercado em janeiro no hemisfério Norte é baixo, por causa do inverno.

Sobre a escolha dos artistas, não teve muito mistério. Medina explicou que teve muito de pessoal — "o Iron Maiden foi especial para o meu filho mais velho, o Júnior, de dezoito anos, o George Benson é a paixão do meu irmão Rui, do meu pai também" —, mas o principal mesmo foi uma grande pesquisa realizada entre Rio e São Paulo. Como é impossível agradar a todos, o elenco não foi poupado de críticas. Na *Folha de S.Paulo*, o jornalista Pepe Escobar escreveu: "Na programação, falta muita coisa de nível qualitativo. Não há representantes da melhor música negra — do soul ao rap, do reggae ao eletropop. Não há nenhum grupo realmente transgressivo. Não há nem mesmo um grupo como o U2, que, pela sua singular mistura de paixão e fogo, consegue satisfazer todas as tribos pop — dos heavies ao pós-tudo. É uma programação sem riscos".

O que quase ninguém soube é que por muito pouco o U2 não se apresentou no Rock in Rio. Isso porque houve uma fila de artistas que queriam se apresentar no evento. A banda Stray Cats, por exemplo, não topou na hora, mas depois quis vir. Entrou na lista de espera, assim como o Culture Club, de Boy George. Em 23 de outubro, Zózimo noticiou no *Jornal do Brasil*: "Agora que está pronta a agenda dos grupos internacionais que participarão do Rock in Rio Festival, começaram a chegar à Artplan pedidos insistentes de pelos menos dois conjuntos interessados em também se apresentar na festa. O mais insistente, que envia um telegrama por dia aos organizadores do evento, é o conjunto norte-americano Stray Cats. O mais tímido, pois se limitou a uma única consulta, é o grupo irlandês U2". Anos depois, Medina disse à revista *Bizz* que não se entendeu com os empresários do U2. "Eram nojentos, grosseiros, pegavam pesado nas críticas ao Brasil." A imprensa ainda especulava que o festival traria convidados especiais (que não se apresentariam) como Yoko Ono, Paul McCartney e

Michael Jackson. Alguns jornalistas ainda especulavam que haveria uma noite exclusivamente de jazz, com encerramento a cargo de Milton Nascimento.

Com o elenco internacional fechado, o "exército de Brancaleone", vitorioso, voltou ao Brasil. A meta seguinte era a contratação dos artistas brasileiros. Aliás, se não fosse a explosão do rock nacional nos anos 1980, um festival como esse seria inimaginável. Na música, no início da década, o rock estava longe de ter espaço nas rádios. O que (ainda) fazia a cabeça da rapaziada era o pop rock de compositores e cantores que surgiram nos anos 1960 e 1970, como Guilherme Arantes, Rita Lee, Ivan Lins e 14 Bis. Por conta da new wave, que dava as cartas na Inglaterra, a renovação do rock no Brasil começou a ser processada logo no início da chamada "década perdida". Em 1981, o jornalista, DJ e poeta Júlio Barroso fundou a banda Gang 90 e as Absurdettes, e era possível sentir um cheiro diferente no ar.

No mesmo ano, Evandro Mesquita e o baterista Lobão montaram uma banda que misturava música com teatro. Era a Blitz, homenagem às constantes "duras" que ambos levavam da polícia. Em 1982, ainda apareceriam Kiko Zambianchi, Lulu Santos (estreando em carreira solo), Eduardo Dussek, João Penca & Seus Miquinhos Amestrados, entre outros. Ao mesmo tempo, em São Paulo, o movimento punk tomava forma. Os "filhos da revolução" começavam a gritar. Cazuza, um dos maiores gênios da Geração 80, era apresentado ao grande público. A Rádio Fluminense, também conhecida como "A Maldita", teve grande participação na propagação da música que nascia.

Bandas surgiram aos borbotões em todos os cantos do país. As gravadoras se interessaram. Houve o boom do rock brasileiro. Ou "rock de bermudas". Logo apelidado de "Rock Brasil" ou, simplesmente, BROCK. A coletânea pau de sebo *Rock voador* foi fundamental para o movimento. Por meio dela, o grupo Kid Abelha & Os Abóboras Selvagens teve a oportunidade de ser contratado pela Warner Music e gravar seu primeiro álbum. A história dos Paralamas do Sucesso é parecida. Graças à Rádio Fluminense FM, gravou seu primeiro compacto, *Vital e sua moto*, composto em homenagem ao ex-baterista Vital Dias. Ainda em 1983, o rock desbancou o maior vendedor de discos no Brasil. Naquele Natal, muita gente trocou o nome de Roberto Carlos pelo de Ritchie nas listinhas de amigo oculto. O cantor estourava com sua "Menina veneno".

Em São Paulo, no mesmo período, uma das grandes bandas do Rock Brasil era revelada: Os Titãs (ex-Titãs do Iê-Iê), formada por oito integrantes, entre eles, Arnaldo Antunes, um dos grandes poetas da Geração 80 da nossa música. O primeiro LP da banda paulistana, com as músicas "Sonífera ilha" e "Marvin", foi lançado em 1984, mesmo ano em que saiu *Seu espião*, estreia do Kid Abelha (de Paula Toller, Leoni, Bruno Fortunato e George Israel), com o hit "Pintura íntima", e *O Passo do Lui*, segundo trabalho dos Paralamas, que trazia "Óculos", "Meu erro", "Ska", "Me liga" e "Mensagem de amor". O álbum mais parecia uma coletânea de sucessos. E era mesmo. O programa de televisão *Cassino do Chacrinha* foi muito importante para o movimento. Se, por um lado, os artistas eram obrigados a participar da "Caravana do Chacrinha", realizando shows de graça com playback nos subúrbios cariocas, a aparição na televisão era fundamental para que pudessem ganhar destaque nacional e vender seus discos.

Rita Lee foi a primeira artista convidada. Declinou do convite, porque iria entrar em estúdio para gravar seu novo disco. Além do mais, ela teria que montar uma banda e ensaiar o repertório em um curto espaço de tempo. Seria complicado. Na última semana de agosto, os primeiros nomes brasileiros foram confirmados: Blitz, Elba Ramalho, Moraes Moreira, Erasmo Carlos, Eduardo Dussek (que assinava "Dusek" à época), Gilberto Gil, Baby Consuelo, Pepeu Gomes e Barão Vermelho. Agora era a vez da imprensa especular quais artistas nacionais fariam parte do Rock in Rio. O jornal *O Globo*, de 16 de agosto, dava conta que Caetano Veloso, A Cor do Som, Herva Doce, Roupa Nova, Ritchie e Gal Costa haviam sido convidados.

Zózimo explicou por que Caetano não topou. "O compositor não se conforma em participar da primeira parte da programação, que abre invariavelmente com artistas brasileiros e fecha com os cartazes internacionais. Caetano, acostumado a ser estrela, queria encerrar a noite de sua apresentação, com o que o festival não concordou por já estar tudo organizado e esquematizado. Daí o rompimento." Aliás, até hoje, ninguém entende por que Ritchie não foi convidado para a primeira edição do Rock in Rio. Segundo o jornal *O Estado de S. Paulo*, a desculpa oficial foi no sentido de que o cantor "era muito novo na área e não era brasileiro".

Ney Matogrosso, escolhido para abrir o festival, recebeu o maior cachê entre os artistas nacionais, seguido de perto por Elba e Gil. Aliás, alguns dos artistas com os quais a Artplan fez acordo não eram necessariamente do rock. Mas, àquele período, talvez o Brasil ainda não tivesse rock suficiente para preencher um festival da magnitude do Rock in Rio. E também era impossível dispensar a presença de artistas tão ricos musicalmente, que teriam a oportunidade de levar o *crème de la crème* da música brasileira para milhões de telespectadores no exterior. Voltando ao rock, os então novatos Paralamas do Sucesso e Kid Abelha encerraram o lineup do festival.

Depois de fechar acordo com todos, Roberto Medina voltou a insistir com Rita Lee. No dia 19 de dezembro, ela e o marido e parceiro musical, Roberto de Carvalho, almoçaram com o publicitário na Artplan e depois assinaram o contrato, com toda a pompa, no próprio rockódromo, que começava a ganhar vida, e com a presença de Pepeu Gomes, Baby Consuelo, Joanna e Barão Vermelho. Em uma imensa faixa estendida no palco, podia-se ler: "Rita Lee: O barato de fazer o Rock in Rio ficou melhor agora". A lenda do rock brasileiro, que usava os já clássicos óculos "rock", não poupou elogios: "Uma loucura, só vi isso no exterior". Disse ainda: "Festival de rock no Brasil é uma coisa muito estranha. Nunca deu certo. Os antecedentes não são bons. Vocês se lembram dos festivais de Saquarema, de Guarapari? Ficamos desconfiados do Rock in Rio também. Mas aos poucos vimos que era um empreendimento cheio de garantias, seguro. Agora, aqui, olhando esse palco, tudo se confirma. Incrível. Vai ser um sucesso".

O *JB* reportou sobre os boatos infundados de que Rita estava com leucemia, ao publicar uma entrevista na qual ela contava que seu afastamento, em 1984, deveu-se a uma operação para reconstrução do olho direito, por causa de um acidente sofrido em Natal (RN): "Para se operar, Rita Lee teve de raspar seus longos cabelos ruivos, e esta era, segundo ela, uma das razões de estar de peruca". O seu último show havia acontecido em maio de 1983, quando cantou no Maracanãzinho. O cachê para cantar no Rock in Rio foi tão alto que teve que ser repartido entre o festival e sua gravadora.

Rita Lee já era estrela, mas as bandas brasileiras de rock, que antes representavam apenas uma imagem idealista e fugaz, sem grandes pretensões, estavam prestes a fazer sua estreia em um grande palco. Se o Rock in Rio existia por causa dessas bandas, elas também tinham de mostrar que poderiam existir além do Rock in Rio. Apesar da sonoridade jovem, o rock não era coisa para principiantes. Havia muitos interesses por trás daquela brincadeira toda. Assim, a partir daquele momento, os rapazes, ainda que inexperientes, tiveram de se profissionalizar na marra.

Ao mesmo tempo que os contratos eram fechados, uma equipe de seis estagiários, a "brigada suicida", como foi apelidada pela Artplan, entrava em campo para divulgar o festival. A turma colava cartazes pela cidade e entravam em contato com rádios amadores, fã-clubes, academias de ginástica para que tocassem o tema do festival. Se hoje todos cantam de cor "[...] Que a vida começasse agora/ E o mundo fosse nosso de vez [...]", para o tema ficar pronto, foi uma longa jornada. Roberto Medina encomendou a canção ao maestro Eduardo Souto Neto, que depois ganharia letra de Nelson Wellington, que explicou o processo de composição: "Logo que teve a ideia do Rock in Rio, Rubem Medina procurou a mim e ao Eduardo Souto Neto para fazermos o hino do festival. Ele queria que falássemos sobre a paz mundial e a confraternização de todos os povos. Eu quis dar à letra um tom de esperança, afinal, 1985 foi um ano de mudanças".

Os dias iam passando e nada de a canção ficar pronta. Souto Neto, criador de várias vinhetas da Rede Globo, da Rede Manchete e de alguns dos mais criativos temas musicais de publicidade, explicou: "Fazer uma canção a gente faz em uma hora. Mas para essa hora chegar foi preciso esperar duas semanas. Eu tinha um prazo de uma semana. Fiz uma música que apesar de ficar legal, não estava do jeito que eu queria. Pedi uma prorrogação e, na semana seguinte, tudo estava pronto. O Nelson Wellington fez a letra praticamente na hora". Quando chegou na Artplan com a música pronta, Medina, ansioso, pediu para escutar. O maestro disse que isso só seria possível depois que a canção estivesse gravada. "Não dá tempo. Quero ouvir hoje!", respondeu o empresário, assertivo. Souto Neto achou que ia se livrar, afinal de contas, onde ele poderia tocar a música na sede da Artplan? Só que ele não imaginava que, quando Frank Sinatra veio ao Brasil, Medina teve que comprar um piano de cauda Steiner, que estava dentro de um elevador de carga da empresa. E foi lá, no piano de Frank Sinatra que o maestro tocou a música-tema do festival em público pela primeira vez. O empresário ficou estático. Pediu para Souto Neto repetir mais algumas vezes para os funcionários da Artplan que entravam na sala a cada minuto. Não havia dúvidas de que aquele tema captava a alma do Rock in Rio. E aí foi só chamar o Roupa Nova para fazer o registro histórico.

Além de uma canção-tema, o Rock in Rio também tinha que criar uma marca para o festival. O logotipo através do qual o evento fosse reconhecido por todos. Para tanto, foi criado uma espécie de concurso na Artplan. Todos os desenhistas foram convocados, e o melhor desenho ganharia. Simples assim. O artista plástico Cid Castro, então com 24 anos, se debruçou sobre uma prancheta durante seis semanas até encontrar o que buscava: uma marca que mostrasse de forma simples o que seria o evento, com uma linguagem jovem e de fácil comunicação. Surgia assim a América do Sul transformada em guitarra, solta no universo e apontando para o restante do mundo. O logotipo foi aprovado, e Cid, promovido a diretor de arte da Artplan.

O Rock in Rio, agora, já era mais do que um esboço numa folha de papel.

3. "OU VOCÊ RESOLVE ISSO HOJE COM O MEDINA, OU A SUA BRIGA SERÁ COMIGO."

UM ALMOÇO NO REAL ASTÓRIA, um chope na Pizzaria Guanabara, um programa no Crepúsculo de Cubatão... No cinema, a boa era assistir *Indiana Jones e o Templo da Perdição* ou *Gremlins*... Os rapazes vestiam calça semibaggy e camisetas descoladas e cheias de slogans da Company. As meninas optavam por camisetas da Fiorucci e bermudinhas jeans da Dimpus. Os antenados escutavam "Você não soube me amar", do Blitz, ou então "Perdidos na selva", da Gang 90. Tudo muito colorido, enfim. Mas aqueles tempos não eram fáceis.

Ainda estávamos sob as trevas da ditadura. Antes, em março de 1979, João Baptista Figueiredo assumiu o poder, com o compromisso de concluir a abertura política iniciada por Ernesto Geisel, quando derrubou o AI-5. O governo passava por problemas. Uma greve de 180 mil metalúrgicos, em abril, liderada pelo então sindicalista Luiz Inácio Lula da Silva, explodiu. O projeto de anistia foi aprovado pelo Congresso quatro meses depois. Presos políticos foram libertados, e os exilados retornaram ao país.

No campo econômico, o Brasil estava endividado até não poder mais. Em 1982, a dívida externa chegava ao exorbitante valor de 70 bilhões de dólares. Com a quebra do México, os bancos internacionais pararam de conceder empréstimos aos países pobres. Acabou sobrando para o Brasil que, é claro, entrou em recessão. Os nababescos investimentos realizados pelo governo militar, como a Transamazônica e a ferrovia de aço, agora eram cobrados com juros estratosféricos, que o país não tinha a mínima possibilidade de pagar. E, como se não bastasse, a inflação triplicou entre 1978 e 1980, chegando a ultrapassar o patamar dos 100% no final dos anos 1970.

A população, definitivamente, não estava contente. Líderes sindicais da região do ABC paulista foram presos. Atentados terroristas na sede da Ordem dos Advogados do Brasil (no Rio de Janeiro) e no centro de convenções do Riocentro deixavam a população com uma sensação crescente de insegurança. Em 1982, o povo demonstrou a sua descrença, e a oposição saiu vencedora em importantes estados, como São Paulo e Rio de Janeiro, nas primeiras eleições majoritárias diretas depois de muitos anos. Em Minas Gerais, um dos mais notáveis articuladores da frente de oposição ao regime militar foi eleito governador. O seu nome: Tancredo de Almeida Neves.

No dia 10 de abril de 1984, o Brasil mostrou a sua cara. Cerca de 1 milhão de pessoas participaram de um comício na Praça da Candelária, no Rio de Janeiro, para pedir eleições diretas para presidente da República. No dia 16 seguinte, no vale do Anhangabaú, em São Paulo, aconteceu comício similar. Mas a campanha pelas Diretas acabou naufragando. A emenda que previa as eleições diretas para presidente, proposta pelo deputado Dante de Oliveira, foi derrotada no Congresso Nacional, dominado por deputados do PDS, partido ligado ao governo e herdeiro direto da Arena — era necessário que três quintos dos integrantes do Congresso Nacional fossem a favor da alteração da Constituição Federal, mas faltaram 22 votos para a sua aprovação. Nas praças públicas espalhadas pelo país, ninguém desgrudou os olhos dos telões durante toda a noite. No início da madrugada, encerrada a votação, o que predominou foi a tristeza, o choro e a desesperança.

Mesmo com a derrota da emenda das Diretas, a base de sustentação do governo estava arruinada, de forma que a oposição acabou vencendo as eleições indiretas para a presidência. Tancredo Neves foi indicado o primeiro presidente civil em mais de vinte anos, e José Sarney, o seu vice. Tancredo foi eleito pelo Colégio Eleitoral no dia 15 de janeiro de 1985, recebendo 480 votos contra 180 de Paulo Salim Maluf. Pouco antes de assumir o cargo, em 11 de março de 1985, Tancredo, com um tumor intestinal, foi hospitalizado, e Sarney, ex-presidente da Arena e do PDS, tomou posse interina do cargo, posse esta que veio a se tornar definitiva no fatídico 21 de abril de 1985, data em que Tancredo morreu, causando grande comoção popular. Entrou para a história como "o presidente que poderia ter sido".

Por causa da proximidade da estreia do Rock in Rio, a cidade fervia. Discotecas surgiam diariamente de olho no evento. Somente entre a última semana de novembro e a primeira de dezembro foram inauguradas a Help (de Chico Recarey, em Copacabana), a Mamão com Açúcar (de Ricardo Amaral, na Lagoa) e a Broadway Disco Show (em Madureira). Em São Conrado, até o início de janeiro, seria montada a Metrópolis. Outras continuavam a funcionar a pleno vapor, como a Mamute (Tijuca), Mistura Fina (Barra da Tijuca), Kristal (Penha) e Noites Cariocas (Morro da Urca).

A Cidade do Rock começava a surgir também. O projeto de Roberto Medina era ousado. Para abrigar os exigentes artistas estrangeiros, era preciso uma estrutura de padrão internacional jamais vista no Brasil. Tudo tinha de ser profissional e grandioso. Monumental. Assim como uma cidade de verdade. Onde? Em Jacarepaguá. Essa era a única certeza do empresário. O lugar escolhido foi a Ilha Pura, próximo ao Riocentro — acredite, por pouco o evento não foi intitulado Festival de Rock da Ilha Pura. O terreno, um verdadeiro buraco de 250 mil metros quadrados, fora emprestado pela Construtora Carvalho Hosken. Era o jeito, já que o governo estadual se negava a ceder qualquer pedaço de terra.

As obras foram iniciadas em agosto de 1984, com um investimento inicial de 4,5 milhões de dólares. Logo de cara, o primeiro problema. Para nivelar o terreno, seriam necessários 13 mil metros cúbicos de aterro, transportados em 71 mil caminhões. Também era imperioso criar uma lagoa de estabilização com aguapés, para receber toda a água vinda dos banheiros. Do contrário, ela escorreria direto para a lagoa de Jacarepaguá, acarretando uma catástrofe ambiental. Ainda havia a necessidade de construir uma subadutora, com um quilômetro de extensão, para levar água até a Cidade do Rock. E a produção teve que se virar para conseguir noventa quilômetros de cabos elétricos. Tudo isso em tempo recorde. Faltavam apenas cinco meses para Ney Matogrosso pisar no palco e abrir o festival.

Aterrar o descampado era um grande problema. A obra não terminava nunca, e os caminhões de terra, cujas filas chegavam até a Barra da Tijuca, não eram suficientes para deixar o terreno em condição mínima para receber um show do Trio Ternura, muito menos um festival de música das proporções do Rock in Rio. O solo tinha de subir, no mínimo, um metro e meio. Após 55 mil caminhões de terra, o progresso não era visível, e o terreno continuava a afundar, mesmo com a drenagem devidamente providenciada. "Isso não progride", indignava-se Roberto Medina. Ele ficou tão desiludido que, no início de setembro, passado um mês de obras, ligou da Cidade do Rock para a Artplan e convocou uma reunião urgente no sétimo andar da empresa. Objetivo: cancelar o Rock in Rio. A caminho de seu automóvel com o qual seguiria para a reunião, Medina se deparou com três rapazes de seus dezoito anos de idade dentro de um Passat branco. O empresário pensou que fosse um assalto. "Era o que faltava para completar o meu dia", pensou. Os garotos deram um cavalo de pau, desceram do carro, encararam Medina e então... armaram uma algazarra. Abraçaram e levantaram o empresário tecendo elogios ao mecenas da alegria de dez dias de verão no Rio de Janeiro.

As milhares de pessoas que passaram pela Cidade do Rock entre 11 e 20 de janeiro de 1985 devem agradecer aos três rapazes do Passat branco. Naquele momento, entre lágrimas, Roberto Medina decidiu não desistir de seu projeto. No dia seguinte, com a ajuda de voluntários, o contingente de mão de obra aumentou três vezes na Ilha Pura. Dois meses depois, a Cidade do Rock estava praticamente pronta, com ruas, saneamento e área de lazer. O descampado recebeu 77 mil caminhões de terra (6 mil a mais do que o previsto) e algumas toneladas de esterco para adubar a grama, que já começava a brotar.

O imenso palco, os dois shoppings (batizados de Elis Regina e John Lennon, cada um com quinze lojas, como McDonald's, Bob's, Kibon e Mister Pizza, além de estandes de venda de LPs e K7s), um hospital da Golden Cross (com 22 médicos especialistas, vinte enfermeiras, 26 elementos de apoio, em 260 metros quadrados), dois *videocenters* (cada um com quatro telões e capacidade para mil pessoas), sala de imprensa com doze aparelhos de telex e as 140 roletas também já estavam em fase final de construção. A meta era colocar 600 mil litros de chope no festival e três milhões de litros de refrigerantes. O McDonald's e o Bob's pretendiam vender em dez dias o que vendiam em um ano. O Mc teria capacidade de preparar 7 mil sanduíches por hora, com quatro cozinhas e 450 funcionários — 4 mil jovens se inscreveram para disputar as vagas. O Bob's só venderia sanduíches frios e da linha natural.

O terreno foi cercado por um muro de três metros de altura por dois quilômetros de extensão. Ainda foram construídos quatrocentos banheiros. Para dar um ar tropical, no meio do deserto, 450 coqueiros, 85 palmeiras e 125 mil metros quadrados de grama foram plantados, além da instalação de dois chafarizes com água filtrada. As praças foram batizadas de: Janis Joplin, Bob Marley, Bill Haley e Clara Nunes. Vinte e dois camarotes (cada um com capacidade para dez pessoas) receberiam os convidados especiais da produção e dos artistas. Bem perto da Ilha Pura, na estrada dos Bandeirantes, campings também eram montados, sendo que o maior deles, o Caracol, tinha capacidade para receber mais de 12 mil pessoas em 3 mil barracas, em sua área de 210 mil metros quadrados.

Mas além da construção da Cidade do Rock, Roberto Medina tinha que resolver outros problemas. No dia 21 de setembro, a obra foi embargada, resultado de uma fiscalização por parte da Secretaria Municipal de Obras, devido às denúncias sobre construções irregulares e litígios de terras, especialmente na Barra da Tijuca. Segundo a Secretaria, não havia licença para a realização do festival naquele solo deserto de Jacarepaguá. O prefeito do Rio à época era Marcello Alencar, aliado do então governador Leonel Brizola. E a briga entre a família Medina e o governador vinha de outras eras. A Artplan detinha a conta de publicidade da candidatura de Moreira Franco nas eleições para o governo fluminense, em 1982, contra Brizola. Estourou o escândalo do caso Proconsult, que consistia em transferir votos nulos ou em branco para a contabilização de Moreira. Na certa, Brizola pensava que a Artplan poderia estar ligada ao ardil. Além disso, Rubem Medina fora o segundo deputado federal mais votado em 1982, e era candidato à prefeitura do Rio. Antes mesmo da construção do rockódromo, pressentindo problemas, Roberto Medina avisou aos jornalistas: "Com ou sem o apoio do governo do estado, o Rock in Rio vai acontecer".

Mas não seria tão simples assim. O terreno foi fechado; e os shows, proibidos. Legalmente, os advogados da Artplan nada podiam fazer. Não bastou o diretor de planejamento da empresa, Evandro Barreto, argumentar serem "incompreensíveis os motivos que poderiam ter levado ao embargo, pois o público de 1 milhão de pessoas vai gerar para o Estado uma receita de divisas em torno de 80 milhões de dólares". A solução era colocar Tancredo Neves, o provável futuro presidente do país, na jogada. Foi o que Medina fez. O político mineiro telefonou para o governador do Rio e explicou, de forma clara, achar um absurdo o Rock in Rio deixar de acontecer por causa de uma briga política. Afinal, nem as lesmas que habitavam o charco da Cidade do

Rock acreditavam que a falta da tal licença, possível de ser obtida em poucos dias, era o motivo do embargo das obras.

Tancredo ainda tocou no ponto sensível de qualquer governante: o bolso. A partir daquele momento, o futuro presidente repensaria a política de transferência das verbas federais para o estado do Rio de Janeiro. "Ou você resolve isso hoje com o Medina, ou a sua briga será comigo", disse. O impasse estava criado, e Brizola pediu tempo para pensar. Uma semana depois, as obras foram liberadas pelo prefeito Marcello Alencar. Mas sob uma condição: a Cidade do Rock deveria ser desativada um mês após o último acorde do Yes, em 20 de janeiro de 1985. Além disso, a Artplan deveria, ao final, doar toda a estrutura do festival para comunidades carentes. Mas como diz a velha canção de Chico Buarque, "você não gosta de mim, mas sua filha gosta". Neusinha Brizola, que morou entre a Inglaterra e os Estados Unidos, integrou o quadro de intérpretes encarregado de recepcionar e orientar no Rio as bandas internacionais do Rock in Rio.

Além do governo, o Rock in Rio ainda tinha que batalhar contra sambistas e religiosos. No final de setembro, o então vereador Sérgio Cabral (o pai) denunciou o festival como "um atentado à cultura brasileira". Ele declarou-se solidário "com qualquer dificuldade que o governo municipal crie para a realização do festival de rock, por se constituir numa ameaça econômica e cultural". "Os veículos de comunicação inibem a nossa música, promovendo uma distorção em nossa cultura", destacou o político e pesquisador musical, lembrando que "possuímos 19 mil compositores e 6 mil intérpretes de músicas populares. Nosso Carnaval envolve 44 escolas de samba, com 860 sambas-enredos e duzentos blocos carnavalescos. Mas tudo isso é ignorado em benefício da música norte-americana. É uma falta de respeito realizar um festival desse tipo de música".

O cardeal arcebispo do Rio de Janeiro, dom Eugênio Salles, também manifestou sua preocupação com o festival. Ele chamou a atenção de pais e professores para as consequências de ordem moral e social que poderiam ser causadas "por uma música alienante e provocatória". Alertou ainda para o perigo das drogas e se mostrou perplexo com a dimensão do empreendimento e o investimento de milhões de dólares em um período de recessão econômica pelo qual o país atravessava. "O avanço das drogas e a insuficiência de serviços básicos da cidade, com uma imensa multidão respirando uma atmosfera irreal, devem interrogar as autoridades. Recordemos os efeitos de festivais semelhantes realizados em outros países. A alegria é um fator positivo, mas a falsa alegria corrompe", afirmou o cardeal por meio de nota oficial.

Como se não bastasse, o Rock in Rio tinha que lidar com o sobrenatural. Mais especificamente com a centúria 10, quadra 41, de Nostradamus. Ela reza: "Na fronteira de Caussade e Caylus/ Não muito longe das profundezas do vale/ Música de Villefranche ao som de flautas/ Cercada de címbalos e muitos instrumentos de cordas". Sabe-se lá o que címbalos e flautas têm a ver com rock, mas alguém plantou que a tal profecia de Nostradamus estava diretamente ligada ao Rock in Rio.

Às vésperas do festival, surgiu na imprensa a "interpretação" dessa profecia, segundo a qual um determinado país da América do Sul receberia uma grande concentração de jovens, e esse encontro terminaria em uma catástrofe sem precedentes. O país da América do Sul era o Brasil. E a concentração de jovens era o público do Rock in Rio. Pelo menos era o que dizia parte da imprensa. Nina Hagen não se segurou e fez graça: "Qualquer grande desastre será positivo, e 35 milhões de naves espaciais estão de prontidão para salvar as pessoas. Somente as muito ruins não serão resgatadas". A profecia causou dor de cabeça aos produtores, que chegaram até a ser procurados pelos jornalistas para comentar o caso. Ao *Jornal do Brasil*, Roberto Medina declarou que "tudo não passava de uma brincadeira de pessoas possivelmente interessadas em prejudicar o festival". Mas, como seguro morreu de velho, o empresário resolveu contratar os serviços de um astrólogo, o Bola. O profissional fez o mapa astral do Rock in Rio e a previsão não era das piores: sucesso total do evento, recorde de público superando as expectativas e violência quase zero. Mas havia também dois itens preocupantes: ausência de lucro e tempo ruim.

Bola acertou absolutamente tudo: sucesso retumbante, público maior do que o esperado, violência quase nula, prejuízo de 500 mil dólares, muita chuva...

E nenhuma catástrofe aconteceu.

4. "DAVA PARA ILUMINAR CARUARU, NÉ?"

PROBLEMAS À PARTE, a construção da Cidade do Rock continuava a pleno vapor após a suspensão do embargo das obras. A estrutura de palco, som e luz do rockódromo começou a ser montada em outubro de 1984. E a grande atração era o imenso palco, o maior já construído no Brasil. Media 5,6 mil metros quadrados (oitenta metros de boca mais vinte metros de altura), obra da dupla de cenógrafos Kaká e Mário Monteiro. As fundações atravessavam o lençol freático: doze estacas que atingiam uma profundidade de quinze metros. Esse sólido alicerce subterrâneo podia suportar dez toneladas de peso. Medina não fez economia. "Desde que começamos a trabalhar para o festival, fizemos o projeto sob o conceito do descartável, utilizando material que pudesse ser facilmente desmontado e aproveitado em outros espetáculos, já que o local é para uso temporário. Roberto Medina, porém, não deixou, pois queria tudo bem-feito, definitivo, mesmo que fosse para ser usado apenas durante dez dias", disse Mário Monteiro.

O palco, que levava mil chapas de compensado de madeira, ficava a 3,3 metros do chão e a três metros de distância do público.

Roberto Medina queria colocar seis atrações por dia no palco do Rock in Rio. E, para montar a estrutura de cada banda, seriam necessárias, no mínimo, duas horas. E daí veio a ideia do tablado triplo, que corria sobre rodas em trilhos. Enquanto uma banda tocava, o outro palco era preparado para a próxima atração da noite. O terceiro ficava à disposição, durante o dia todo, para o show de encerramento. Para trocar os tablados, cinco homens o empurrariam em um percurso de 45 graus. O público nem sequer desconfiaria dessa mudança, pois uma cortina de espelhos causaria um efeito óptico.

Para elaborar a iluminação do palco, Peter Gasper teve de viajar até Munique, na Alemanha, a fim de conversar com os técnicos do Queen. A última data da turnê de 1984 da banda aconteceria em 20 de outubro. Depois, o grid de luz seria devolvido à empresa locadora, em Londres. Daí Gasper imaginou que, durante a viagem de navio, a parafernália passaria pelo Rio de Janeiro. Assim, ele combinou com a banda que ficaria com o grid e pagaria o aluguel dos dias sobressalentes. Um ótimo negócio para ambas as partes — Medina faria uma bela economia, e o Queen se apresentaria sob o seu aparato de luz. "A nossa vontade era banhar a multidão de luz", eis a ideia de Peter Gasper. Sua declaração hoje pode parecer banal. Mas, em 1985, iluminar a plateia era algo inédito — aqui e em qualquer parte do planeta. Na concepção de Roberto Medina, o Rock in Rio deveria ser mais que um festival de música, uma grande festa, em que o mais importante seria o público.

No total, haveria 2 milhões de watts só para a plateia, o suficiente para iluminar uma cidade de 60 mil habitantes. Aproximadamente 20% da luz seria despejada no palco, e o restante no público, "o grande artista do evento". O empresário entendia que o palco era o coração, mas a plateia era a cabeça, as pernas, os braços... Tudo fazia parte do corpo do Rock in Rio. E todos os órgãos e membros deveriam receber tratamento igual. Como bem disse Alceu Valença sobre o sistema de luz: "Dava para iluminar Caruaru, né?".

Se a maioria dos refletores que banhariam a plateia eram da indústria brasileira, o som teve de ser importado, pois nenhuma empresa do país tinha o equipamento adequado à imensa área da Ilha Pura. O sistema, alugado na empresa Clair Brothers, sediada nos Estados Unidos, tinha capacidade para 70 mil watts e pesava cem toneladas, e ficou a cargo do técnico Antonio Faya. Para dar conta do serviço foram necessárias 250 caixas de som (120 nas colunas laterais do palco e o restante em quatro torres de luz) distribuídas por quatro mesas de 32 canais cada uma. A mesma empresa havia realizado o US Festival, na Califórnia, em 1982, e também as turnês mais recentes do Queen e Michael Jackson.

Um pouco abaixo do palco, em uma área com mais de 5 mil metros quadrados, doze camarins dividiam espaço com duas coxias para o som, uma imensa sala de estar para convidados e um restaurante self-service que funcionaria 24 horas por dia, com capacidade para 120 pessoas. Os camarins ficavam dispostos em um corredor, um de frente para o outro. Todos eram brancos, em alvenaria, e equipados com ar refrigerado, banheiro, sofás, cadeiras, mesas e espelhos com luminárias.

Os ingressos começaram a ser vendidos ao preço de cerca de oito dólares. Os dias 11, 12 e 19 eram os mais procurados. Dois meses antes do festival, 200 mil bilhetes já haviam sido vendidos. Mas estava longe de ser o suficiente para equilibrar as contas. Abraham Medina demonstrava receio. Depois de cinquenta anos ralando de domingo a domingo, ele não queria arriscar tudo o que tinha conquistado por um sonho do filho. Em 1985, a venda de ingressos estava bem distante da realidade atual, quando os ingressos dos grandes shows esgotam com rapidez. E tudo isso gerava insegurança, a ponto de Roberto Medina ter que alienar o prédio de sete andares da Artplan para fechar alguns contratos. Nove milhões de dólares já haviam sido investidos. Alguns meses depois, ainda seriam necessários mais 2,5 milhões de dólares. Por causa da pressão, Roberto Medina perdeu sete quilos, ganhou uma úlcera e foi internado por dois dias na Clínica São Vicente, tendo que se afastar da produção por quase três semanas.

Apesar dos percalços, o Rock in Rio era o assunto número um no país. Em sua coluna "Eles e eu" no jornal *Última Hora*, Ronaldo Bôscoli escreveu: "Rock in Rio [...] coisa assim como uma guerra das estrelas, ao vivo. 'Chose de loque', como diria Jô Soares". Até mesmo Marcello Alencar começou a ser mais diplomático. Exigiu dos organizadores uma série de medidas de segurança, ao mesmo tempo que lembrou que, sendo o Rio uma cidade de vocação turística, esses eventos têm de acontecer. Ao mesmo tempo, uma campanha maciça tinha início na Rede Globo, através de filmes estrelados por artistas como Débora Bloch, Kadu Moliterno e Cazuza, falando sobre a importância do evento. O programa "Momento do Rock" contava com 98 vinhetas de pouco mais de um minuto de duração veiculadas antes do *Globo Esporte* e da novela *Livre Para Voar*. A ideia era contar a trajetória dos artistas que se apresentariam no festival, bem como a história do rock e suas origens.

Enquanto tudo isso acontecia, era hora de brincar de quebra-cabeça. Na mesa de sinuca da Artplan, foram dispostos papéis com os nomes dos artistas para montar a programação. Mas quem toca com quem? Quem não toca com quem? Quem abre a noite? Qual será o dia do heavy metal? E do rock progressivo? O quebra-cabeça ainda tinha algumas peças sobrando. O Men at Work foi o primeiro a cancelar a sua vinda. Motivo: a egotrip de seus integrantes fez com que a banda encerrasse as suas atividades. Rod Stewart foi convidado para o seu lugar. A banda The Pretenders também cancelou a apresentação, por causa da gravidez da vocalista, Chrissie Hynde. A banda new wave The B-52's ficou com o posto. Já o Def Leppard, em novembro, cancelou a sua apresentação porque a gravação do disco estava atrasada. A vaga ficou com o Whitesnake.

Ao mesmo tempo, a produção reservava hospedagem para toda essa turma. Foram reservados cem quartos no Rio Palace, cem no

Hotel Nacional e quarenta no Copacabana Palace. As listas de exigências também eram de arrepiar os cabelos. Mas, Oscar Ornstein, do alto de sua experiência, não perdeu um único segundo de sono. "Me diga, como é que vou conseguir água mineral Perrier para um deles, se isso não existe no Brasil? Mas existe a nacional, gasosa, que é igualmente boa. Outro só toma uma marca de cerveja holandesa, mas eu vou oferecer a nacional, que nada deixa a dever."

Somente uma pessoa poderia lidar com essas exigências. Amin Khader, assessor particular da cantora Gal Costa e amigo de tudo que é artista no Brasil, foi escolhido para ser o coordenador de backstage. Ou seja, o responsável por satisfazer todas as vontades das crianças mimadas que viviam no âmago do ser de cada um dos artistas que participariam do festival. No Brasil, os músicos não estavam acostumados a grandes luxos. Um prato de frios e uma garrafa de uísque nacional satisfaziam. Mas com os estrangeiros era outro papo. Saquê a 20ºC, centenas de toalhas de cores variadas, caixas de uísque escocês, comida kosher, rosas sem espinhos e cortadas com determinada centimetragem... Haja paciência. E isso não faltava a Amin, que também coordenava as equipes de garçons e de limpeza. Ele chegava diariamente ao meio-dia à Cidade do Rock e só ia embora depois do último show. Uma figura estratégica para o evento. E que por muito pouco não foi contratada.

Em setembro de 1984, tocou o telefone no escritório de Guilherme Araújo, então empresário de Gal, na avenida Nossa Senhora de Copacabana. Como de costume, a ligação era para Amin Khader. Do outro lado da linha, estava Luiz Oscar Niemeyer, promotor executivo do Rock in Rio. "Será que é o cara que construiu a avenida Niemeyer?", pensou Amin. A partir de então, iniciou-se um curto e surrealista diálogo. "E aí? Quem é?", perguntou ele. "Nós fizemos uma pesquisa entre várias pessoas do Rio de Janeiro para ver quem faria o serviço de camarins do Rock in Rio", explicou Luiz Oscar. "Rock in Rio? Legal. Sabia que eu já mandei comprar a minha cartela com todos os ingressos?", revelou ingenuamente Amin, que viria a participar das três primeiras edições brasileiras do festival. "Então pode ficar tranquilo. Não precisa mais, porque você vai trabalhar com a gente. Você sabe falar inglês?", indagou o produtor. "Não", respondeu. "Não? Então, você poderia indicar alguém da sua altura que pudesse fazer esse trabalho?", pediu Luiz Oscar. "De quantos metros?", retrucou Amin, entre a pilhéria e a pachorra. "Foi um prazer falar com você", respondeu Luiz Oscar, desligando o telefone.

Não demorou muito para Amin se arrepender. Quase chorando nos ombros de Guilherme Araújo, ele se lamentava: "Poxa, eu falo árabe, mas não falo inglês. Até sei pedir o cachorro-quente, mas a mostarda é um problema". Três dias depois, Luiz Oscar voltou a ligar, convidando Amin para uma reunião com Roberto Medina. No encontro, o empresário relatou a série de loucuras que as estrelas internacionais estavam pedindo, como o saquê a 20°C de Freddie Mercury. Disse que, como Amin conhecia todos os artistas nacionais, poderia fazer o meio de campo e dar conta de algum empolgado que surgisse com mais exigências estapafúrdias. Para compensar as agruras linguísticas de Amin, seria contratado um intérprete. Amin aproveitou para fazer também a sua exigência: "Um louro de olhos azuis". Enquanto Amin se dedicava a satisfazer as extravagâncias dos astros internacionais, a Artplan tratava de questões mais prosaicas, mas não menos importantes. Por exemplo: o sistema de transporte. Como os fanáticos por rock chegariam ao distante rockódromo no então deserto de Jacarepaguá? Para tanto, foram criadas 21 linhas de ônibus com saídas de vários pontos do Rio de Janeiro em direção à Cidade do Rock.

Conforme o dia D se aproximava, o Rio de Janeiro entrava em ebulição. No final de dezembro de 1984, a Cidade do Rock já era atração turística. Ônibus de turismo de outros estados e do subúrbio do Rio surgiam aos montes em Jacarepaguá. Automóveis com o adesivo "Eu vou" paravam no meio da avenida. Os curiosos trepavam nos muros para conhecer o rockódromo. Às vezes, os seguranças davam uma colher de chá e abriam os portões para os curiosos darem uma espiadinha. A obra civil da Cidade do Rock ficou finalmente pronta no dia 5 de dezembro de 1984. Na festa da cumeeira, cerca de 1,5 mil operários, jornalistas, empresários e correspondentes estrangeiros se confraternizaram em um dos *beer gardens* para conhecerem antes de todo mundo o tal "sonho de uma noite de verão". No total, consumiram 5 mil litros de cerveja em quatro horas de festa, além de 10 mil salgadinhos e 3,8 mil litros de refrigerante. Todos trajavam camisetas azuis com o logotipo do festival e a inscrição "O sonho se tornou realidade". O grupo de pagode formado por operários ganhou o nome de Blacksnake, e mandou sambas de primeira como "Trem das onze" (Adoniran Barbosa) e "Foi um rio que passou em minha vida" (Paulinho da Viola). Quem puxou foi o operário Sebastião José de Souza, que disse: "Nunca me liguei muito em rock, não, mas quem sabe, *de repentemente*, né?". Rolou até um "Parabéns para você" quando foi cortado um dos três enormes bolos com o logo do festival.

Harry Moran, um dos empresários do Iron Maiden, ficou embasbacado. "É inacreditável terem construído tudo isso para um festival de rock que vai durar apenas dez dias." Ken Fritz, empresário de George Benson, foi pelo mesmo caminho. "Eles construíram uma cidade! Até chegar aqui eu acreditava que o maior palco do mundo é o que está sendo utilizado pelo Michael Jackson na turnê pelos Estados Unidos, agora sei que é esse. Os americanos têm a mania de serem maiores em tudo, mas desta vez o maior show de rock do mundo será realizado no Brasil." A festa também serviu para inaugurar o Pepsi Center, que marcou a entrada da Pepsi novamente no mercado brasileiro. Pela primeira vez em sua história, o McDonald's substituiria a Coca-Cola pela Pepsi. A Malt 90, a cerveja que rolaria durante as noventa prometidas horas de som do festival, também ganhou o seu lançamento oficial. Televisões, rádios, liquidificadores, relógios e outros prêmios foram sorteados entre os operários.

A estrutura de iluminação começou a ser montada 72 horas depois, no mesmo dia em que a Cidade do Rock seria apresentada à imprensa. No dia 23 de dezembro, o projeto do iluminador Peter Gasper já estava de pé. Por causa da maresia, o sistema de som ficou por último, sendo armado somente entre os dias 3 e 8 de janeiro. A Cidade do Rock passava pelos últimos ajustes, especialmente os testes de luz e de som. No dia 6 de janeiro, os primeiros artistas subiram ao palco. Alceu Valença, Gilberto Gil e Erasmo Carlos aprovaram os sistemas de som e iluminação. A primeira música tocada no palco do Rock in Rio foi "Como dois animais", de Alceu. "Posso dizer que está tudo perfeito, absolutamente aprovado", confirmou. No dia seguinte, a empolgação era tanta que fãs pularam os muros da Cidade do Rock enquanto o Barão Vermelho tocava "Maior abandonado". Foi o ensaio mais animado, e a galera até pediu bis, prontamente atendido por Cazuza e companhia. Caetano Veloso, que viu tudo, confidenciou ao cenógrafo Mário Monteiro estar com pena de não participar do festival. "Hoje, olhando todo esse deslumbre, fiquei impressionado e quase mudei de ideia", disse ao jornal *O Globo*. Na véspera da estreia do Rock in Rio, Rita Lee visitou a Cidade do Rock, sentou-se no gramado para assistir à passagem de som de Baby Consuelo e ainda testou um dos banheiros. "Fiz xixi numa boa", declarou.

O governador Leonel Brizola recebeu Roberto Medina, que lhe relatou os preparativos para o Rock in Rio e o convidou para a abertura da festa. Brizola afirmou que o estado estava disposto a oferecer apoio aos organizadores, em especial nas áreas de segurança e trânsito. Os testes de som continuavam. Lulu Santos foi mais um que aprovou. "Eu me sinto saindo do limbo e sempre digo que ainda bem que vivi o bastante para ver o rock ser tratado com toda a seriedade profissional que merece", disse, ao lado de sua então esposa, Scarlet Moon de Chevalier. Ao mesmo tempo, a imprensa fazia plantão no aeroporto, assim como os fãs que varavam as noites à espera de seus ídolos. O Queen (sem Freddie Mercury) foi a primeira banda a chegar, no dia

7 de janeiro. A banda permaneceu por duas semanas inteiras no Rio. O *Globo* noticiou: "Gritos, crises histéricas, choros, correrias e empurrões marcaram ontem de manhã, no Aeroporto Internacional do Galeão, a chegada de três dos quatro integrantes do conjunto inglês de rock Queen". Qualquer oriental que passasse pelo aeroporto era saudada com berros de "Yoko! Yoko!". Fãs ainda portavam bumbos e maracas para receber os ídolos.

No dia seguinte, foi a vez de David Coverdale, do Whitesnake, chegar. Ele disse: "Me sinto como um noivo às vésperas do casamento. Muito excitado". Ele embarcou num Opala branco, bem diferente do Ford Landau que aguardava Freddie Mercury. O líder do Queen chegou de Munique no mesmo dia, "mudo e apático, parecia dormir em pé", segundo uma reportagem. O cantor estava ilhado em Munique por causa de uma nevasca. Teve que ir de carro até Paris, onde embarcou no voo 1743 da Varig. A chegada do AC/DC também foi problemática. O Opala vermelho que levava Angus Young até o hotel quase foi virado pelos fãs, que gritavam "queremos sangue" e "viva o demônio". Quando chegou a vez do Iron Maiden desembarcar, fãs e seguranças trocaram tapas. Uma molecada de dez, onze anos de idade, como o hoje músico Gustavo Monsanto, estava no aeroporto, levado pelo avô, Jaime. O guitarrista Dave Murray foi arranhado no rosto e o baterista Nicko McBrain teve até tufos de cabelo arrancados. O carro do grupo ainda partiu em alta velocidade com um fã pendurado na capota. Nina Hagen chegou no mesmo dia, com cabelo ouriçado, meio rosa, meio laranja, um walkman nos ouvidos, calça tigresa, camiseta preta e mostrando a língua para a plateia. "Ela é maluca demais, muito doida", garantiu um fã. Quando a sua filha pequena surgiu, nos braços de um dos músicos da banda, a galera gritou o seu nome: "Cosma! Cosma!". Nina Hagen se recusou a dar autógrafos e colocou a língua para fora para delírio dos fãs. Em uma faixa no aeroporto podia-se ler: *"Nina unsere seelen sind eins"* ("Nina, nossas almas são uma só").

Além do aeroporto, os jornalistas e fãs também faziam plantão nos hotéis onde os artistas estavam hospedados. Organizadas no antigo Hotel Rio Palace, na praia de Copacabana, as primeiras entrevistas, antes do início do festival, eram o assunto principal dos cadernos culturais dos jornais. Para essas coletivas, os artistas brasileiros foram divididos em grupos, o primeiro formado por Ney Matogrosso, Alceu Valença, Barão Vermelho e Kid Abelha & Os Abóboras Selvagens. No dia 7 de janeiro, cerca de trinta jornalistas acompanharam as declarações dos eufóricos artistas. Alceu demonstrou uma grande expectativa de "internacionalizar" sua carreira. E ainda deu sua primeira de muitas cutucadas na produção do Rock in Rio, criticando os poucos sessenta minutos a que teria direito em cima do palco, como "uma das estrelas nacionais de maior prestígio". Sobrou também para a tradutora que acompanhava os jornalistas alemães na entrevista. Quando ela se queixou da dificuldade de traduzir os regionalismos de Alceu e perguntou o significado da palavra "burra", Alceu soltou esta: "é a mulher do burro, nenhum parentesco com o Delfim [Netto, então ministro-chefe da Secretaria de Planejamento da Presidência da República]".

Ney Matogrosso, descontraído, de jeans, tênis e camiseta, reclamou de fazer a abertura do evento. Preferia um show à noite, pois a iluminação funcionaria melhor. O cantor também disse que não queria viajar de helicóptero até Jacarepaguá. "Prefiro um ônibus mesmo, acho mais seguro", ponderou. Generoso que só ele, ainda afirmou que o papel de abertura em um festival de rock no Brasil só poderia caber a Erasmo Carlos. Também criticou o fato de Ritchie, Tim Maia, Jorge Ben Jor e Lobão terem ficado de fora do lineup. Ainda disse que alguns dos selecionados não deveriam estar no Rock in Rio, mas não revelou quais. Já o Kid Abelha, assim como Alceu Valença, estava preocupado com o reconhecimento internacional. Soltando piadas para esconder o nervosismo, os integrantes revelavam o desejo de "exportar a música", segundo o compositor e baixista Leoni. Um pouco encabulado, o saxofonista George Israel reclamou do tempo escasso a que a banda teria direito — apenas meia hora —, suficiente "para cinco a sete músicas, com direito a bis".

Os componentes do Barão Vermelho apareceram todos "com cara de tédio", segundo as matérias nos jornais. Cazuza, de óculos escuros e uma lata de cerveja na mão (que não era a Malt 90), revelou que estava fazendo ginástica todo dia para render melhor no palco em sua uma hora de show. O guitarrista Roberto Frejat, por sua vez, garantiu que a apresentação seria a mesma que o Barão fizera na temporada no Circo Voador, dois meses antes. No dia seguinte, foi a vez de Ivan Lins, Lulu Santos, Erasmo Carlos, Baby Consuelo, Pepeu Gomes e Eduardo Dussek. Baby, grávida de sete meses, falou sobre o seu desejo de cantar de baby-doll. Lulu Santos não esperou o show para se produzir e apareceu na coletiva de calção de xadrezinho vermelho e branco, camisa amarela e paletó cinza, "já que em Jacarepaguá faz muito calor". O cantor, simpático, entre perguntas do tipo "Você é um homem famoso. Se sente só?", convidou a imprensa estrangeira para "comer um cuscuz lá em casa".

Já Erasmo Carlos, quando indagado se haveria efeitos especiais, como fumaça, em sua apresentação, não se fez de rogado: "Claro, bicho, nenhum artista de rock pode viver sem uma fumacinha". Ele também desmentiu, pela milésima vez, o fim de sua parceria com Roberto Carlos e afirmou que só cantaria sucessos, porque "festival não é um bom lugar para mostrar músicas novas". Enquanto o símbolo da Jovem Guarda dava suas declarações para os ávidos repórteres, Ivan Lins, na sala ao lado, recebia um telex de George Benson convidando-o para uma participação especial em seus shows no Rock in Rio. A política também foi assunto no Rio Palace. Perguntado sobre as eleições indiretas que aconteceriam no dia 15, Eduardo Dussek disparou que se Paulo Maluf fosse eleito e aparecesse na Cidade do Rock, ele "já estaria na fronteira voando de asa-delta".

Estava tudo pronto para o Rock in Rio ter início. Dois dias antes do festival, Roberto Medina reuniu em sua casa os artistas que já estavam na cidade. A entrada do condomínio Nova Ipanema se transformou em uma concentração de fãs que morreriam satisfeitos após respirar o mesmo ar de Freddie Mercury ou de Steve Harris. Whitesnake, Iron Maiden, Al Jarreau, George Benson, Queen, Erasmo Carlos, Rod Stewart, Rita Lee, Baby Consuelo, Pepeu Gomes, Elba Ramalho, Moraes Moreira, Alceu Valença, Nina Hagen, Ivan Lins, Barão Vermelho, Lulu Santos e James Taylor foram à festa. Apenas Evandro Mesquita (da Blitz) e Ney Matogrosso não compareceram para ver a canja dada por George Benson e Ivan Lins no mesmo piano branco que Frank Sinatra usara para aquecer a voz antes de subir ao palco do Maracanã, em 1980. Os dois executaram "Dinorah, Dinorah", que seria apresentada poucos dias depois na Cidade do Rock.

Durante a confraternização, o empresário pediu a palavra e disse que não toleraria atrasos. Cada artista já havia recebido 50% do valor do cachê. A outra metade seria paga após os shows. O recado era claro: pontualidade britânica ou prejuízo no bolso. Lógico que a promessa de Medina não foi cumprida. E quem se importava?

5. "DEUS SALVE A AMÉRICA DO SUL..."

OS FÃS QUE NÃO ARREDAVAM O PÉ da porta do Bife de Ouro, no Copacabana Palace, atrás dos autógrafos dos ídolos, agora estavam, de shorts, bermudas e camisetas coloridas, concentrados na Cidade do Rock. Era o dia 11 de janeiro de 1985, e os portões abriram à uma da tarde. Bolsas e sacolas eram revistadas. Os funcionários examinavam os ingressos que levavam a assinatura mecânica de Roberto Medina, visível na luz ultravioleta das catracas. Depois de uma semana de chuva, fez sol e calor de rachar. A produção distribuía luvas verdes fosforescentes acompanhadas da inscrição: "Coloque sua luva, levante os braços e solte o seu coração. Agora o show é seu". Do lado de dentro, jovens banhavam-se nos chafarizes da Cidade do Rock. De roupa e tudo. A maioria das pessoas havia deixado o automóvel em casa, mas Jacarepaguá estava congestionado. De helicópteros. As pessoas, emocionadas, logo compravam a camiseta com o logotipo do festival e descobriam a deliciosa (segundo relatos) lasanha vendida na Cidade do Rock. O salão de cabeleireiro do rockódromo estava lotado de gente enchendo os cabelos de gomalina e purpurina.

O Rock in Rio ia realmente acontecer. Mas não sem alguns imprevistos. No rockódromo, um engenheiro de 44 anos sofreu um infarto fulminante antes da abertura da festa. Logo no início do festival, cerca de 150 pessoas invadiram a Cidade do Rock e derrubaram três roletas. Minutos antes do primeiro show, o Departamento de Aviação Civil (DAC) proibiu o sobrevoo do zepelim que lançaria pétalas de rosa sobre a Cidade do Rock. Uma pena.

"Hoje, milhares de cabeças começam a torrar em série. Nunca se viu tamanha enxurrada promocional em cima de rock nesse país. Nem em cima de qualquer outro acontecimento da indústria do entretenimento. O artplanejado sonho de marketing de Medina virou um gigantesco dragão. Só se fala em rock, desde o caroneiro de trem da Central ao barba-e-bolsa que luta pela legalização do partido, passando por toda a mídia, botões, camisetas, faixas em padaria, sanduíches, apartamentos rock 'n' roll e vai por aí", escreveu Pepe Escobar, na *Folha de S.Paulo*, no dia da inauguração do festival. Até o jornalista e escritor Ruy Castro, não muito afeito ao estilo musical, entrou na onda, em texto escrito para o mesmo jornal. "O Rock in Rio está pondo algumas pessoas em pânico. Gente que até há pouco nunca tinha ouvido falar na diferença entre rockabilly e technopop está sendo obrigada a discutir esses conceitos, sob o risco de ficar sem assunto nas festotas e reuniões de família. [...] E senhoras que nunca se dedicaram a outra ocupação que não a de sogras ou comadres estão sendo obrigadas a optar entre o Freddie Mercury e o Ozzy Osbourne que a televisão lhes exibe de hora em hora. Depois de tancredear, o Brasil enrockeceu maciçamente, e quem não fizer um intensivo rapidinho de rock ameaça perder o respeito da mulher, dos filhos e dos amigos, e — o que é pior — ser chamado de 'careta'."

Chegar ao rockódromo não era das missões mais fáceis. Os pagantes tinham que percorrer quase dois quilômetros entre os pontos finais de ônibus ou o estacionamento até chegar às roletas. No meio do trajeto, o chamado "rangódromo", centenas de vendedores ambulantes ofereciam cerveja, cachaça, carne de sol, além de fatias de bolo caseiro e doces caramelizados. No seu camarote VIP, Roberto Medina, de camisa social azul e calça bege, ao lado de Maria Alice, exibindo os óculos "rock", se horrorizava com o público metaleiro, que fazia o famoso gesto do chifre, com os dedos indicador e mindinho levantados em alusão ao diabo. O empresário achou que estava sendo chamado de corno. A assessora prontamente desfez o equívoco, e ele devolveu o sinal metaleiro para a plateia.

O governador Leonel Brizola não compareceu, mas mandou uma mensagem: "Formulamos nossos votos para que tudo ocorra normalmente" e ainda disse que o Rock in Rio era "um grande acontecimento, elevando o Rio à condição de gerador de eventos de primeira grandeza". No entanto, o seu vice, Darcy Ribeiro, deu um alô. "Inglês fazendo rock é ridículo, e os brasileiros podem fazer um rock muito melhor", afirmou. Ele ainda disse que a Cidade do Rock era uma "sede campestre", enquanto que o Sambódromo era um "palácio". Sobre a licença dada para a construção do rockódromo, disse: "O que sei é que a licença daqui é temporária, é igual à concedida para os circos". Foi embora de helicóptero não mais do que dez minutos depois de chegar: "Vou ver o show de cima". Já Roberto Carlos viu o show de baixo mesmo. Ele estava no camarote de número 17, para prestigiar Erasmo. Sobre as suas preferências no festival, afirmou: "Fico com o Queen e também com a Nina Hagen pelas suas mensagens. A Deus. E é claro, com o Erasmo, o maior roqueiro do Brasil. No final todo mundo sabe que eu sou um cara romântico".

Às seis horas em ponto, uma queima de fogos de três minutos de duração foi a deixa para os pagantes agitarem as luvas verdes, e o ator Kadu Moliterno (que interpretava o personagem Juba, no programa predileto dos jovens da época, o *Armação Ilimitada*) subir ao palco e pedir ao público de 120 mil pessoas que cantasse o jingle do festival — àquela altura todos já sabiam a letra de cor.

"Que a vida começasse agora…"

E Ney Matogrosso subiu ao palco. A lenda do Secos & Molhados e um dos maiores artistas deste planeta deu a honra ao Rock in Rio. "Desperta, América do Sul!" Esse foi o primeiro verso cantado na história do festival. A música, "América do Sul", de Paulo Machado, na voz de Ney Matogrosso, vestindo uma tanga de pele de leopardo e uma pena de gavião colada na testa, não poderia ser mais adequada para abrir o evento. A ideia foi de Marco Mazzola, produtor do álbum *Destino de aventureiro* (1984), que Ney estava lançando. Acompanhado pela banda Placa Luminosa, o artista contou com uma produção digna de atração internacional, com direito a uma revoada de pombas brancas antes de "Rosa de Hiroshima", poema de Vinicius de Moraes. Não colocaram as quinhentas aves prometidas, mas algumas pousaram no cenário do palco, causando um efeito curioso. No final da música, como truque de mágica, todas saíram voando. O cantor, como de costume, trocou de roupa no palco algumas vezes; entre elas exibiu uma tanga minúscula. Nos seus 55 minutos de show, interpretou sucessos como "Cobra Manaus", a politizada "Coração civil" (com a voz de Milton Nascimento em off cantando o refrão) e "Por que a gente é assim?". Mas o momento de maior empolgação aconteceu durante "Pro dia nascer feliz", de Cazuza e Frejat. O cantor não parou um segundo. "Aquele palco é a própria corrida de São Silvestre", brincou.

Ney Matogrosso também foi a cobaia de dois problemas crônicos que vitimaram os artistas brasileiros. Primeiro, enfrentar a ira dos metaleiros (a expressão é horrorosa, mas cabível aqui, já que tanto se fala deles; ela foi criada pela TV Globo no decorrer do festival), ávidos para ver o Iron Maiden e atrapalhar o show dos demais. Ney, que é mais rock 'n' roll do que todo mundo na Cidade do Rock, mandou todos "se foderem". Muitos objetos voaram no palco durante a apresentação. Sem cerimônia, o cantor devolvia um a um ao público. Segundo problema: a péssima qualidade de som. Tão ruim a ponto de Ney sair do palco e ir direto para o camarote de Medina reclamar.

O primeiro show da história do festival já mostrava o que era — e é — o Rock in Rio. Um festival de todos os estilos musicais. "Vou cantar o que sempre canto. Não estou preso a estilo nenhum. Vou fazer samba, forró", disse Ney na sua coletiva. "O Rock in Rio não é festival de um único gênero, mas uma grande festa da música. Rock in Rio é só um nome. Na verdade, será sempre um grande festival de música", completou. Com toda a razão.

Depois foi a vez de Erasmo Carlos, que, com seu figurino de couro preto com franjas, subiu ao palco da Cidade do Rock para um dos momentos mais difíceis da sua vida artística. A bordo do 13º álbum da sua carreira, *Buraco negro* (1984), o cantor chegou ao rockódromo acompanhado pela banda, pelos técnicos e *roadies*, pela esposa, Nara, pelos filhos Gil, Gustavo e Léo, além de alguns amigos. Logo na passagem de som, teve o primeiro susto ao se deparar com uma parede de amplificadores em um dos palcos giratórios. "De quem é?", perguntou. "Do Iron Maiden", responderam. Erasmo, que contava com uma modesta mesa Boogie de trezentos watts, engoliu em seco.

Um mês antes do início do Rock in Rio, Abraham Medina disse ao *Jornal do Brasil*: "Vai ser mais fácil lidar com esse pessoal do heavy metal do que foi lidar com os mafiosos carrancudos que vieram com o Frank Sinatra. Era um pessoal mal-educado, mal-encarado e pretensioso demais. O pessoal do heavy metal é apenas extrovertido". Erasmo não deve ter compartilhado do mesmo pensamento. Quando o astro da Jovem Guarda pisou no palco para cantar "Close"... Melhor ler o que ele mesmo escreveu em *Minha fama de mau*, sua autobiografia: "Mal comecei a primeira música e... coitado de mim. Nem desconfiava que iria comer o pão que o diabo, invocado por eles, amassou. Não dava para ouvir os insultos, mas eu adivinhava, vendo as expressões de revolta e deboche em suas caras. Começaram a me atirar areia, latas vazias, copos de plástico, pilhas e outros objetos. Tive vontade de mandar todos tomarem no cu, mas contei até dez e optei por uma reclamação moderada, pois vi que a grande maioria da galera, que estava atrás da horda, era civilizada e estava ali cumprindo à risca a proposta do festival, que era de som e paz. Os gestos com os polegares para baixo e as vaias foram a imagem que guardei. Cumpri com má vontade o resto do show e dei graças a Deus quando acabou".

O som estava muito baixo, e a plateia ia levando. Mas "Gatinha manhosa" e "Sentado à beira do caminho" talvez tenham sido demais para a turma do metal. As vaias e os berros de "sai daí, vovô" cresceram e uma leva de objetos começou a ser arremessada contra o palco. Na parte final do show, até que o público sossegou quando Erasmo emendou uma chuva de clássicos dos tempos da Jovem Guarda, como "Festa de arromba" e "Splish splash". Quando terminou a sua apresentação, indignado e abraçado a Ney Matogrosso, desabafou: "Eu sou um músico brasileiro. Não vai ser essa gente que vai me intimidar". Ao jornal *O Globo*, afirmou: "Queria lembrar que no meio de mais de 100 mil havia apenas uns quinhentos torcendo pelo heavy metal. Essas pessoas estão enganadas. O Brasil não vai cultivar o rock do demônio". Mais tarde, Roberto Medina admitiu o descuido de ter escalado o Tremendão na noite heavy metal.

Os metaleiros já davam a entender que não dariam moleza. Sacando o clima, Pepeu Gomes mudou o repertório inteiro antes de subir ao palco. No seu set de trinta minutos, esbanjou toda sua técnica na guitarra, num show praticamente instrumental, abusando de muita distorção e barulho, bem ao gosto da plateia paramentada com roupas de couro preto e tachinhas. David Coverdale, que viu o show no palco, se perguntou: "Será que foi mesmo para um festival de rock que nos convidaram?". Depois que ele percebeu a mistura de estilos, voltou atrás: "O Rock in Rio foi um ato de bravura". Quando arriscava um sucesso mais popular, como "Masculino e feminino" e "Malacaxeta", Pepeu, acompanhado por Didi Gomes no baixo, Jorge Gomes na bateria e os percussionistas Charles Negrita, Joãozinho e Baixinho, ganhava respeitosas palmas de um lado e agressivas vaias de outro. De collant preto, botas e joelheiras prateadas, ele não tocou sua prometida versão para o Hino Nacional brasileiro, mas mostrou "Brasileirinho", de Waldir Azevedo, surpreendentemente aplaudida pelo público. Esgotado seu tempo regulamentar, o palco se moveu.

Antes de Pepeu, Baby Consuelo mostrou um show correto, que começou com o sucesso "Todo dia era dia de índio", de Jorge Ben Jor. A plateia, entre o descaso e a gentileza, respeitou a cantora, grávida do sexto filho. Misturando samba, rock, choro e frevo, Baby estava acompanhada de excelentes músicos, como o guitarrista Heitor TP e o tecladista Luciano Alves. No camarim, o guru da cantora, Thomas Green Morton, mandava vibrações positivas com um incenso que desagradou ao Tremendão. "Bicho, aquele cheiro incomodava. Lembro que fiquei uma semana com aquele perfume de rosas impregnado", contou. O jornalista Paulo Francis, da *Folha de S.Paulo*, não viu os shows de Baby Consuelo nem de Erasmo Carlos. Não viu e não gostou, aliás. "Dizem que essa tal de Baby vai se apresentar de baby-doll e grávida de oito meses. De baby-doll, tudo bem, ao menos é um trocadilho, que é o máximo em matéria de humor de que esses idiotas da subcultura roque são capazes. Mas grávida só teria graça se ela se chamasse Rosemary e não Dinorah ou coisa que o valha. Me informam que o festival abre com Erasmo Carlos. Deste eu me lembro. Pensei que já estava no Retiro dos Artistas."

Coube ao Whitesnake dar o barulho que a plateia presente no rockódromo queria. David Coverdale (vocais), John Sykes (guitarra), Neil Murray (baixo) e Cozy Powell (bateria) tiveram que atrasar a gravação do próximo álbum da banda para participar do festival, após a desistência do Def Leppard. Sem cenário e grandes efeitos, a missão era satisfazer a turba de metaleiros. O papel caberia, a princípio, ao Scorpions, mas o Iron Maiden proibiu que a banda alemã tocasse na mesma noite. O Whitesnake, por sua vez, lançava o álbum *Slide It In* (dos sucessos "Slow an' Easy" e "Love Ain't No Stranger", de 1984). A sonoridade, puxada para um lado mais farofa, era bem diferente do Deep Purple, banda que originou o Whitesnake. Mas o público não pareceu incomodado e entoou o primeiro grande coro do festival com o refrão de "Guilty of Love". Nesse, que foi o primeiro show internacional do Rock in Rio, o som funcionou de verdade, nada parecido com o que se ouviu nas apresentações dos brasileiros. Ao final, a banda voltou para um bis com a canção "Don't Break My Heart Again". Os metaleiros agradeceram.

O jornalista Jamari França notou a questão que seria tão debatida não apenas neste Rock in Rio, mas em outras edições. "Ainda não se sabe se o problema é a diferença de qualidade da aparelhagem de som nacional para a estrangeira, ou da competência dos técnicos brasileiros junto aos de fora, ou, como muitos acreditavam, um boicote por parte dos ingleses. Mas o certo é que ficou evidente a diferença da potência de som dos shows nacionais para os dos grupos internacionais", escreveu ele no *Jornal do Brasil*. Antonio Faya, responsável pelo planejamento sonoro do Rock in Rio, garante que não houve diferenciação entre os artistas nacionais e internacionais. "Os técnicos brasileiros não estão acostumados a operar com uma aparelhagem sofisticada como a do Rock in Rio e aconteceram problemas de comunicação com os orientadores estrangeiros, até mesmo pela barreira do idioma", explicou.

Mas se o público do metal imaginasse os desejos da sua banda predileta, talvez atirasse pedras e latas ao palco. Em vez de prostitutas e garrafas de uísque, os músicos do Whitesnake encomendaram água e suco natural. E mais: pediram que toda e qualquer bebida alcoólica fosse abolida do camarim. David Coverdale ainda estava com problemas na garganta e, antes do show, apelou para um gargarejo com mel, sal e limão. Os músicos exigiram ainda uma personal trainer para mantê-los em forma. Antes do show, os quatro foram vistos correndo de um lado para o outro no corredor que ligava o camarim ao palco. Um cooper seguido de algumas flexões — provavelmente, no caso de John Sykes, para queimar os sanduíches abocanhados no Bob's, um dos locais mais frequentados por ele durante a estada no Rio. Apesar dos sanduíches, o guitarrista foi eleito "o gato mais cobiçado do Rock in Rio" pelo *Jornal do Brasil*. O título, no entanto, parece que não lhe agradou muito: "Às vezes eu quero ficar sossegado e não posso, porque tem muita mulher em volta".

Se o Whitesnake já tinha agradado, a plateia da primeira noite do Rock in Rio não poderia imaginar o porvir. Aliás, o público brasileiro nunca tinha presenciado aquilo antes. Com motivos egípcios, rodeado por pirâmides, múmias, sarcófagos e esfinges com cara de cachorro, um paredão de amplificadores e, de quebra, o imenso boneco controlado por controle remoto que interagia com a banda durante o show, o famoso Eddie, mascote da banda: assim era o palco da maior banda de heavy metal dos anos 1980 — Iron Maiden. O design era de Derek Riggs, criador do Eddie. A parafernália cenográfica vinha da "World Slavery Tour", que divulgava o álbum *Powerslave* (1984), e ancorou no Rio para essa única apresentação na noite de estreia do Rock in Rio. Três dias depois, Steve Harris (baixo), Bruce Dickinson (vocais), Dave Murray (guitarra), Adrian Smith (guitarra) e Nicko McBrain (bateria) já deveriam estar no palco do Civic Center, em Connecticut, Estados Unidos. No final do mesmo mês, teriam uma semana de shows no Radio City Music Hall, em Nova York. A brusca mudança de temperatura, além do excesso de trabalho, ocasionou uma gripe no vocalista, e parte da agenda do grupo teve de ser cancelada. Na coletiva, o vocalista já dava mostras do esforço ao qual a banda se submetia em cada uma de suas apresentações: "Tortura. Uma loucura total. Eis a nossa música".

O sólido casamento do Iron Maiden com os brasileiros foi firmado quando a banda subiu ao palco às 23h35 do dia 11 de janeiro de 1985, ao som do célebre discurso proferido pelo estadista britânico Winston Churchill durante a Segunda Guerra Mundial, momentos antes do devastador ataque aéreo realizado pelas tropas alemãs à cidade de Londres. Logo depois, como de costume, Bruce Dickinson surgiu como um alucinado, correndo e pulando em cima dos amplificadores Marshall, e toda a potência de som do Rock in Rio pôde ser confirmada com "Aces High", faixa de abertura do *Powerslave*, depois com a épica "Rime of the Ancient Mariner", a faixa-título e "2 Minutes to Midnight". Durante esta última, Bruce gritou, pela primeira vez, o clássico *"Scream for me, Brazil!"*. (Mal imaginava ele que berraria isso tantas vezes nos anos seguintes.) Seguiram-se sucessos já bastante conhecidos, como "Run to the Hills", "The Trooper", "Iron Maiden" e "Running Free". Este último teve seu título, cantado no refrão, trocado para "Rock in Rio".

Durante "Revelations", o vocalista bateu o braço da guitarra contra o rosto, cortando o supercílio. Um filete de sangue escorreu sutilmente pelo rosto. A música não parou. Dickinson estava muito irritado com a qualidade do som. Depois do incidente, espatifou a guitarra contra a mesa de som. "Ajeita a porra desse som, não fica aí parado feito um peixinho-dourado", berrou ao técnico de monitor. Para a plateia, ele gritava outra coisa: "Quero todo mundo louco esta noite!". Àquela altura, já eram cerca de 200 mil loucos que lotavam o gramado do rockódromo — o equivalente a doze campos de futebol iguais ao do Maracanã —, constituindo o maior público da carreira do Iron Maiden, recorde que nunca foi batido. Antes de atender a dois pedidos de bis, o cantor proclamou: "Vocês são a melhor plateia do mundo". Ele tinha toda a razão.

A banda britânica ficou não mais do que três dias no Rio, o suficiente para os músicos se divertirem um bocado. Noitadas na discoteca Help, o point da classe média alta nos anos 1980, eram o programa predileto. Frequentaram o restaurante Saborearte, nas vizinhanças do Baixo Leblon, onde inventaram um drink exótico: uísque com carambola. Além disso, os músicos fizeram também muita farra na piscina do Copacabana Palace, onde estavam hospedados. Nicko McBrain e o guitarrista John Sykes, do Whitesnake, beijavam a mão das senhoras que se bronzeavam. Ao que consta, a então primeira-dama do país, dona Dulce Figueiredo, também hóspede no hotel, não foi agraciada com as gentilezas dos músicos. Já os fãs não pouparam elogios a dona Dulce. Sempre que ela dava o ar da graça, gritavam em uníssono "Janis Joplin! Janis Joplin!" ou então "Dulce, queremos rock".

Pode parecer esquisito o Iron Maiden abrir o show de outra banda num festival. Sim, seria esquisito se a banda seguinte não se chamasse Queen. "Assim que o helicóptero de Freddie Mercury sobrevoar a Cidade do Rock, corra para o camarim e deixe o saquê à temperatura de 20°C." Essa foi talvez a instrução mais importante que Amin Khader recebeu dos produtores do festival. O restante da banda, Brian May (guitarra), John Deacon (baixo) e Roger Taylor (bateria), havia chegado mais cedo, em aeronaves diferentes. Os quatro não podiam voar juntos. Não devido à relação então conturbada entre eles, mas para evitar o fim do Queen em um acidente aéreo que matasse todos os músicos ao mesmo tempo.

Quando o helicóptero chegou, e Freddie Mercury desceu, foi desenhada uma das imagens mais hilárias do festival e que poucos tiveram a oportunidade de presenciar. Vestindo roupa de couro preto e um chapéu estilo caubói, o vocalista parou por alguns segundos na frente da aeronave e iniciou um desfile de *megastar*. Empinou o queixo, abaixou a aba dianteira do chapéu e deu o primeiro passo com o pé esquerdo ao mesmo tempo que erguia o ombro direito. Depois fez o movimento inverso, pé direito, ombro esquerdo, e assim por diante, com a perfeição de um computador. Ou de um Freddie Mercury. No momento em que parou na porta que dava acesso ao longo corredor dos camarins, o primeiro chilique. Erasmo Carlos, Ney Matogrosso e Elba Ramalho eram alguns dos que aguardavam ansiosamente a passagem da estrela. "Quem está nos corredores pelos quais eu vou passar?", perguntou Freddie. "São artistas e técnicos do mesmo gabarito que o seu", respondeu um amistoso Amin Khader. "Não são. Porque eles me conhecem, e eu não sei quem eles são. Concluo que não são do mesmo gabarito que eu", deduziu a Majestade. "Você tem cinco minutos para tirar todos eles de lá, porque eu quero passar pelo corredor vazio até o meu camarim. Caso contrário, os meus seguranças serão obrigados a abrir caminho", completou Freddie.

Ciente de que o Queen era a grande banda do Rock in Rio, "o poder", Amin correu em disparada pelo corredor lotado, anunciando: "O Freddie Mercury chegou, e eu queria que vocês entrassem nos seus camarins. Ele quer o corredor livre". Veio reclamação de todo lado. Amin então concordou que os brasileiros deixassem as portas semiencostadas para ver a passagem do líder do Queen. Vieram mais protestos. Erasmo então intercedeu: "Vamos ajudar o Amin, poxa". Todos acataram a recomendação do pai do rock brasileiro. Freddie finalmente pôde atravessar o corredor. Logo que apareceu, começaram os gritos: "Bicha! Bicha! Bicha!". "O que eles estão falando de mim?", perguntou o cantor a Amin. "Eles estão te elogiando", respondeu. "Mentira!", engrossou Mercury.

Cinco minutos depois, Amin foi chamado no camarim do cantor, que abriu a porta, colocou os dentões proeminentes para fora e perguntou: "Aqui no Brasil tem furacão?". "Não, acho que aqui, no máximo, uma tempestade tropical", retrucou, ingenuamente, o coordenador de backstage. "É que passou um aqui dentro do camarim", comunicou o vocalista com um sarcástico sorriso nos lábios. O espaço estava com os sofás revirados, garrafas de Johnny Walker rótulo preto e de saquê quebradas no chão e o carpete encharcado. Também tinha mamão papaia estourado no teto. "Não vai ter show do Queen, e eu perdi o meu emprego", foi o primeiro pensamento de Amin, que imediatamente convocou a equipe de limpeza. Três arrumadeiras se desdobraram para dar um jeito no estrago. Freddie Mercury permaneceu impassível, de pé, no meio do camarim. Enquanto Amin, agachado, recolhia os cacos de vidro, o vocalista chutava mais sujeira para os locais que já haviam sido limpos. Amin não se aguentou: "Você quer que a gente limpe ou deixe do jeito que está?". Mercury finalmente sossegou por alguns minutos. Em seguida, ele autorizou a entrada de alguns convidados no camarim e, a partir dali, ninguém mais soube o que aconteceu. Na noite anterior, o cantor fizera o mesmo em sua suíte no Copacabana Palace. Convidou cerca de dez sujeitos e fez sexo, com cada um deles, na frente de seu assistente pessoal, Paul Prenter.

Aliás, o Queen deu o que falar durante a sua estada no Rio. A coletiva de imprensa da banda mudou o formato convencional das entrevistas, colocando cada músico numa mesa, e cerca de quarenta jornalistas se revezavam a cada dez minutos. Freddie Mercury, claro, arrastava a maior parte dos repórteres. Elba Ramalho estava lá, mas foi convidada por Jim Beach a se retirar. Por quê? Ele não queria que a imprensa desviasse o olhar do seu cliente. Na coletiva, a banda recebeu o disco de ouro por seu último trabalho, *The Works* (1984). Perguntado sobre o que a música significava em sua vida, Mercury respondeu, entre risadas e baforadas de cigarro: "Nada". Brian May, por sua vez, revelou que já tinha assistido a dois shows de Martinho da Vila, e que tinha passado o Carnaval de 1982 no Rio de Janeiro, indo inclusive ao Baile do Vermelho e Preto. Simpático, pediu aos jornalistas que lhe indicassem músicos brasileiros para conhecer o som.

Uma das pérolas disparadas por um repórter nessa entrevista merece registro. "Vocês se chamam 'Rainha' e gravam músicas falando em desmunhecar. O que esse homossexualismo (sic) tem a ver com a vida real de vocês?", perguntou ele. Brian May respondeu: "Eu posso falar sobre mim, que sou casado e tenho dois filhos. Agora, eu gostei de usar roupa de mulher no clipe de 'I Want to Break Free'". "Mas é assim que começa", retrucou o misterioso repórter. John Deacon, por sua vez, elogiou o festival: "O aparato do Rock in Rio faz o coração da gente bater mais depressa. É inédito, assustador". Mercury, aliás, não perdeu tempo em despejar as suas vontades. Conforme reportado pela coluna Swann, no jornal *O Globo*, a Jim Beach foi dada uma missão impossível. "Sem conseguir alugar um Ford Galaxie para servir ao cantor do conjunto, Freddie Mercury, ele simplesmente comprou um na sexta-feira e locou uma oficina na Zona Sul especialmente para reformá-lo [...], o que foi feito madrugadas adentro."

O Queen foi a primeira atração internacional a passar o som na Cidade do Rock. Chegou às seis da tarde do dia 8, mas o teste só começou para valer por volta da meia-noite. Chovia fino, o que não desanimou Freddie. Ele cantou muito. Como se fosse um show de verdade para talvez o menor público de sua carreira, formado pelos comerciantes que faziam os últimos ajustes em suas lojas. Durante os ensaios, os integrantes da banda não se falavam. Se alguém errava, Freddie parava, cochichava com uma pessoa da sua produção, que transmitia o recado aos outros da banda. A cobertura do *JB* reportou o momento. "Freddie percebeu o entusiasmo das pessoas e começou a 'cantar de verdade', fazendo todos os gestos e passos que faz normalmente em seus shows. [...] O Queen, mesmo num ensaio onde só estavam ligadas as caixas de som de retorno para o palco, mostrou que veio ao Rio para arrasar." Corretíssimo.

Nos dias seguintes, o Queen tratou de se divertir na cidade. Freddie passeou pela boate Sótão, na Galeria Alaska, famoso ponto de encontro gay em Copacabana. Divertiu-se bastante, transformando o lugar "em uma verdadeira bagunça", conforme descreveu uma reportagem. Brian May ficou de cama, com resfriado e dor de garganta no quarto do Copacabana Palace, mesmo hotel do vocalista, enquanto os solteiros John Deacon e Roger Taylor preferiram se alojar no Rio Palace para evitar discussões com a esposa de May, Chrissie, que trouxe o casal de filhos, Jimmy e Louisa, além da babá inglesa. Mesmo doente, o guitarrista, sempre simpático, passeou no calçadão de Copacabana, distribuindo autógrafos a quem pedisse. Já John Deacon almoçou no Cervantes, em Copacabana, com o tecladista de apoio Philip "Spike" Edney. Detestaram a farofa. "Um pouco seca", segundo o baixista.

Na véspera do show, Freddie Mercury mandou chamar "o melhor cabeleireiro do Brasil" para aparar suas madeixas na suíte presidencial 171, no anexo do Copa — a segunda mais cara do hotel. A primeira estava ocupada pela primeira-dama, dona Dulce. Vestindo uma sunga vermelha, o cantor reclamou do calor e degustou placidamente uma garrafa de Moët & Chandon enquanto Miguel Jambert dava um trato em sua cabeleira, o que saiu por 220 dólares. Os fãs na porta não se conformaram com Jambert, que não guardou nem um fio de cabelo do astro. À noite, Freddie estendeu em uma boate em Copacabana, onde dançou até as quatro e meia da manhã.

O Queen teve a honra de fechar a primeira noite do Rock in Rio — e justificar o cachê mais alto do festival, 600 mil dólares por show. "É o maior festival do mundo, não existe outro igual", declarou Freddie Mercury. Nem o atraso de duas horas esfriou o público — sorte que Medina desistiu da ideia de pagar apenas metade do cachê a quem atrasasse. O palco foi inspirado no filme *Metrópolis*, de Fritz Lang. A estrutura era grande, e o Queen não abriu mão dela. Tanto que o movimento hidráulico das luzes só entrava em cena no Rock in Rio durante suas apresentações.

A banda surgiu no palco à 1h54 da madrugada do dia 12, ao som da introdução de "Machines (Back to Humans)". Mercury vestia um collant branco e jaqueta de couro da mesma cor, com um raio preto nas costas — figurino assinado pelo próprio — e começou com "Tear It Up", a faixa mais pesada do novo álbum. Prosseguiu desfilando pedradas como "Tie Your Mother Down" e "Seven Seas of Rhye". Fã nenhum do Iron Maiden podia reclamar do setlist perfeito. Novos sucessos como "Radio Ga Ga" (quando a plateia bateu palmas sincronizadas, emulando o videoclipe da canção) e "It's a Hard Life" se misturaram a sucessos antigos, como "Bohemian Rhapsody", "Keep Yourself Alive" e "Now I'm Here".

Mas o momento arrebatador aconteceu quando Brian May falou para a multidão: "Vocês querem cantar conosco? Certo! Bem, esta é especificamente para vocês. Eu devo dizer que essa música é muito especial para os sul-americanos, e nós agradecemos por fazê-la especial no restante do mundo". Era a deixa para "Love of My Life". No meio da canção, Mercury parou de cantar e deixou o público soltar a voz. Durante o solo de violão, a plateia berrou "Brian! Brian!

Brian!". Incrédulo, o músico largou o seu instrumento e exclamou: "*It's great!!*". Certamente foi a maior orquestra de vozes da história dos concertos de rock. "Foi chocante estar lá no palco com todas aquelas pessoas na palma da minha mão. Durante 'Love of My Life', eu estava lá querendo dar o meu melhor e engolindo em seco, com o mesmo sentimento da última noite do *The Proms*. Eles eram um público maravilhoso, e eu amei as suas demonstrações de emoção." Essa foi a lembrança de Freddie Mercury sobre o Rock in Rio conforme retratado no livro *Freddie Mercury: A Life, In His Own Words*. O *The Proms*, promovido pela rede de comunicação britânica BBC, é considerado o maior festival de música clássica do mundo, que se repete todos os anos na Inglaterra, desde o verão de 1895, no Royal Albert Hall. A noite de encerramento do evento, citada por Freddie, é a mais esperada e acontece no Hyde Park, na capital inglesa.

Durante "I Want to Break Free", primeira música do bis, Freddie surgiu no palco vestido de mulher, e o público não poupou o cantor, lançando uma pequena chuva de bolinhas de papel. A revista norte-americana *People* reportou o fato: "O *popstar* Freddie Mercury [...] foi atingido por uma quantidade majestosa de objetos quando surgiu no palco no Rio de Janeiro vestido com roupas femininas e usando cílios postiços enormes e uma peruca preta". O vocalista ficou tão magoado que depois chorou no camarim. Bruce Dickinson, do Iron Maiden, testemunhou o momento. Em outra passagem de seu livro, Freddie relembra a cena: "No videoclipe da música, nós nos fantasiamos de mulher, e eu queria reproduzi-lo no palco durante a turnê. Os peitos eram enchidos com um aspirador de pó. Mas, para aquele público imenso, acho que ficaram grandes demais. Não sei por que eles se sentiram tão excitados com o fato de eu me vestir igual a uma mulher. Tinha muito travesti por lá, era só olhar em qualquer esquina".

O encerramento, como de costume, aconteceu com a dobradinha "We Will Rock You" e "We Are the Champions", seguida do Hino Nacional do Reino Unido, "God Save the Queen", com Freddie Mercury enrolado em uma bandeira da Grã-Bretanha. Ao virar de costas, era a bandeira do Brasil que aparecia. Antes de deixarem o palco, Mercury e Taylor, cuja camiseta trazia a inscrição "Vamos banir as armas nucleares agora", abriram a imensa bandeira com as cores britânicas e brasileiras, a tremularam e jogaram para a plateia.

Eram 3h42 do dia 12 de janeiro e uma cascata de fogos importados do Japão formando o nome do festival encerrava a primeira e gloriosa noite do Rock in Rio. Ao mesmo tempo, o Queen deixava às pressas a Ilha Pura em quatro carros — helicóptero já não decolava àquela hora. A jornalista Ana Maria Bahiana, do jornal *O Globo*, resumiu muito bem o show dos ingleses: "Uma verdadeira antologia de quase todos os estilos do rock, uma aula de uso de efeitos de palco e de controle de público — essa foi a apoteótica apresentação do Queen, alta madrugada de sábado, encerrando a primeira noite do Rock in Rio".

6. "ONLY A DREAM IN RIO."

NO DIA 12 DE JANEIRO, os metaleiros ficaram em casa. Dessa vez, os ingressos esgotados às dez da manhã foram adquiridos, majoritariamente, por uma turma mais comportada: de trintões a cinquentões bichos-grilos que chegavam estendendo toalhas na pouca grama que restava na Cidade do Rock. Eram 250 mil pessoas esperando ver artistas nacionais e internacionais já consagrados. Em resumo: a segunda noite de Rock in Rio parecia um domingo (no caso um sábado) no parque. O público aproveitou a temperatura amena daquele dia de verão para chegar cedo à arena de Jacarepaguá. Nem o atraso de uma hora e dez minutos na abertura dos portões desanimou os pagantes, que curtiram do lado de fora um trio elétrico estrategicamente contratado pela produção, que ficaria por lá até o fim do evento. A tardia passagem de som de George Benson foi a causa do atraso. Sorte, mais uma vez, dos lojistas que já se encontravam dentro do rockódromo. Ainda do lado de fora, dois policiais foram detidos recebendo dinheiro para deixar as pessoas pularem o muro usando seus cavalos como "escada". Coisas do Brasil.

Durante a tarde, Roberto Medina se reuniu com a equipe da Clair Brothers, responsável pelo sistema de áudio, para discutir o problema do som dos brasileiros. A empresa alegou que o equipamento era o mesmo para todos os artistas e negou qualquer negligência por parte dela. Começou-se então a especular sobre um possível boicote aos músicos brasileiros, o que deixou todo mundo preocupado. Menos o público. Às quatro da tarde, já não dava para passar em frente ao palco. A área havia se transformado num piquenique regado a Big Macs e batatas fritas — nesse dia, o McDonald's entrou para o *Guinness book* pela venda de 58.185 hambúrgueres. Parte do público estava com sunga debaixo da calça ou da bermuda. Quando o calor apertava, uma refrescada nos chafarizes ao lado do palco era providencial.

O primeiro a subir ao palco foi Ivan Lins. O jornalista Pepe Escobar, da *Folha de S.Paulo*, criticou a escalação. "Soam as trombetas do Apocalipse. Voam 200 mil tomates, ovos e abobrinhas. O clamor da turba faz-se ouvir até nos Electra 2 da Ponte Aérea. Seis da tarde. Que coragem. Ele está lá no palco. A ex-atração do 'Som Livre Exportação', a mão por trás de 'Madalena' e o providencial hino do regime militar, 'O amor é o meu país'. Mas já pensou se ele endoidece e abre a noite com um arranjo heavy para 'Dinorah, Dinorah'? Por precaução — qualquer uma —, fique no congestionamento ouvindo a Fluminense." Enganou-se o jornalista. Duas vezes. Em primeiro lugar, porque "O amor é o meu país" jamais foi um hino do regime militar. Em segundo lugar, porque a performance do compositor carioca foi uma das melhores dentre os shows nacionais da primeira edição do Rock in Rio. Aliás, ele foi o primeiro brasileiro a ser chamado para um bis, mesmo com a voz baqueada. A desconfiança com a escalação de Ivan, no entanto, era justificada, e apareceu logo na coletiva de imprensa. "O que atrai as donas de casa para a sua música?", perguntou um jornalista alemão. "Não são só donas de casa, não. Pergunte às mulheres aqui. Todo mundo acha ele um gato", interveio a assessora de imprensa da gravadora do artista, a PolyGram. "Eu queria que as pessoas me admirassem só pela música, mas eu não tenho esse controle", comentou o cantor.

Vestido todo de branco, Ivan iniciou a sua apresentação, pontualmente, às seis horas com "Depende de nós". A voz começou a falhar na segunda música, "Começar de novo", e quase sumiu na romântica "Bilhete". Mas o público foi bacana e cantou junto do início ao fim. "Tirei a mão do piano e deixei o público cantar. Foi o momento mais emocionante da minha vida", disse o compositor ao *Jornal do Brasil* vinte anos depois. O repertório era uma espécie de coletânea de sucessos acumulados em dez anos de carreira. O ganho na qualidade do áudio foi gritante em relação aos shows dos brasileiros do dia anterior. "Meu técnico de som sabia falar inglês e fez uma média com os gringos. Por isso não tive nenhum problema", explicou Ivan, que terminou o show com um trecho de "Madalena", repetida, integralmente, no bis.

Em seguida foi a vez de Elba Ramalho e a sua banda Rojão, comandada pelo tecladista Zé Américo. Juntos, promoveram um animado "forroque" que fez o público delirar. Antes de subir ao palco, Elba visitou o camarim de George Benson e o ajudou a escolher, entre a seleção de mais de vinte ternos, o modelo que usaria em seu show. Já a "Tina Turner do Sertão", como era chamada à época, preferiu se mostrar mais à vontade. Sob um maiô prata, e nada mais, ela começou a cantar às 19h30 e não deixou pedra sobre pedra, fazendo o público detonar de vez a grama que restava no chão da Ilha Pura. Levantou poeira literalmente. O rockódromo virou forródromo, com uma saraivada de frevos, xotes, baiões e sambas. A seleção musical foi primorosa, desde a abertura, com "Energia", até o bis, com "Bloco do prazer", de Moraes Moreira e Fausto Nilo. No meio, a catártica "Banho de cheiro", "O quereres" (sucesso recente de Caetano Veloso, acrescida de uma abertura funkeada) e o samba "Vai passar", de Chico Buarque e Francis Hime. Para fechar, a paraibana deixou a mensagem curta e grossa: "Heavy metal no Brasil é forró!". Mesmo sem obter permissão para montar uma apresentação ao lado de um grupo de dez dançarinos, muito menos para chegar ao festival a bordo de um balão, ela arrasou. Os organizadores do Rock in Rio lhe deram o direito de pedir uma cenografia especial a Mário Monteiro, o cenógrafo do Rock in Rio, e concordaram que Toninho, iluminador dos shows da cantora, trabalhasse junto com Peter Gasper no jogo de luzes enquanto ela se apresentasse. Antes do show, Elba tomou uma dose dupla de ginseng, uma raiz estimulante e revitalizadora. Valeu a pena. O jornal argentino *La Nación* destacou o seu show: "Ninguém pode deixar de se contagiar com a vitalidade da cantora, que fez dançar 230 mil pessoas".

A nuvem de poeira que encobriu a plateia no show de Elba Ramalho demorou a baixar. Gilberto Gil vinha em seguida, mas atrasou um pouco porque um dos teclados quebrou. Quando subiu ao palco, às 20h35, o público saiu às carreiras dos bares, shoppings, banheiros, enfim, de tudo quanto era lado, já pulando, batendo palma e cantando junto. O cantor baiano lançava *Raça Humana* (1984), o vigésimo disco de sua carreira, cujo show fora eleito pela crítica o melhor daquele ano. Gil sacou um repertório essencialmente roqueiro, composto de sucessos como "Realce", "Punk da periferia", "Back in Bahia", "Vamos fugir", "Extra" e "Palco". Ainda houve espaço para a balada — apenas no violão — "Só chamei porque te amo", versão de Gil para "I Just Called to Say I Love You", de Stevie Wonder.

Terminado o festival, Gilberto Gil minimizou as críticas feitas à conduta da organização do evento em relação aos músicos brasileiros. Segundo ele, "o tratamento secundário dispensado aos nossos artistas foi um erro político que não vai ter importância no festival, que serviu para abrir espaço para Os Paralamas do Sucesso. [...] Espero que agora o Rock in Rio se estabeleça como uma atração durante alguns anos ou abra perspectivas para que ele ou outra coisa semelhante se repita", disse ao jornal *O Globo*. Menos de 24 horas depois do show, mais uma alegria para Gilberto Gil: nascia o seu filho, Bem.

Depois de Gil, não tinha muito jeito. A apresentação do cantor de jazz americano Al Jarreau derrubou o clima. Ele atrasou uma hora para entrar no palco por causa de uma invasão de penetras nos bastidores e, quando chegou lá, apresentou um show gelado. A plateia, depois do êxtase dos artistas brasileiros, perdeu o pique diante de uma performance cheia de improvisos. O "homem que tem uma orquestra na garganta" — já que conseguia emular vários instrumentos em seu *scat singing* — havia acabado de lançar *High Crime* (1984), um tijolo menor de sua obra, que enveredava mais para o funk, em detrimento do jazz habitual de seus outros trabalhos anteriores. E foi de *High Crime* que o músico pescou a maior parte do setlist do show. Até o maior sucesso em sua voz, "Your Song", de Elton John e Bernie Taupin, ficou de fora. A sensação era de vazio, ainda que o público fosse respeitoso, aplaudindo e cantando algumas músicas mais conhecidas do ex-psicólogo. Na coletiva, ele justificou a sua formação. "O homem é bicho mais complicado, tem, ao contrário das plantas, condições de aceitar a si mesmo, se isso lhe traz algumas vantagens."

Em seguida veio James Taylor, ao lado do Queen, o artista que mais marcou a primeira edição do Rock in Rio. Logo após o show no festival, ele compôs a canção "Only a Dream in Rio". A letra, que diz "Eu estava lá naquele dia/ E meu coração voltou à vida", fala do sonho que James Taylor viveu no festival. Ele tinha 36 anos, vinha de um longo período de problemas com drogas e morava recluso em uma fazenda. Na entrevista coletiva, abriu o coração: "Passei um período internado por causa das drogas. É difícil falar sobre isso. Minha vida não é diferente de qualquer outra. Estou vivo. Minha lição de vida é essa". O seu LP mais recente na época, *Dad Loves His Work*, havia sido lançado no já distante ano de 1981. Como se não bastasse, o cantor de Massachusetts enfrentava o recente divórcio com a cantora Carly Simon. O Rock in Rio acabou por simbolizar seu renascimento artístico. James Taylor conseguiu se libertar da dependência química e mantém uma carreira estável até hoje. Seu álbum lançado depois do festival, em 1985, é chamado, não por acaso, *That's Why I'm Here* (outubro de 1985).

Se faltou empolgação à apresentação de Al Jarreau, o público foi recompensado pela performance *cool* de James Taylor. Ele se preparou: malhou todos os dias na academia de Ligia Azevedo e ainda encomendou à sua gravadora uma pesquisa sobre suas músicas mais populares no Brasil. A apresentação teve uma hora e 45 minutos de clássicos como "Fire and Rain", "Shower the People" e "How Sweet It Is (To Be Loved by You)". Parte da plateia se sentou no gramado do rockódromo para acompanhar com mais atenção. Alguns aproveitaram para acender os seus baseados, já que a segurança fazia vista grossa. Ou quase. A *Folha de S.Paulo* reportou o diálogo de dois agentes dentro de um banheiro. "Peguei um cara fumando maconha na frente de todo mundo." "E aí, o que você fez?" "Fiz ele engolir o baseado."

Antes de subir ao palco, carregando o figurino em um simplório cabide, James Taylor encontrou Elba Ramalho nos bastidores e perguntou: "Você está nervosa? Porque eu estou muito". Taylor foi o único artista internacional que vivia nos corredores dos camarins, com uma xícara de chá nas mãos, conversando com seus pares, principalmente os artistas nacionais. Porém, momentos antes do show, muito tenso — passara a noite da véspera na cama com resfriado —, exigiu que todo mundo saísse do corredor. Com uma roupa branca parecida com a de Ivan Lins, o compositor entrou no palco apenas com seu destemido violão, desfilando sucessos como "Sweet Baby James" e "Carolina in My Mind". A banda foi entrando aos poucos, e a voz fanhosa de Taylor era acompanhada pelo público, especialmente em "You've Got a Friend", até hoje um dos hinos do Rock in Rio. "Acho incrível essa disposição dos brasileiros de cantar com qualquer artista quando eles sabem a letra. E cantam alto!", admirou-se.

Registre-se que durante o show de James Taylor, Roberto Medina teve seu único momento de lazer no festival. "Eu botei um boné, uns óculos escuros, fui lá pro meio, ninguém me viu, fiquei lá vendo. Era inacreditável estar ali no meio. Eu me lembro que era a lua, o palco, e ele chorando. Ele começou a chorar. Eu pensei: 'o que é isso?

Eu que fiz isso acontecer'. Caraca!" Os mais atentos reconheceram o empresário e o cumprimentaram. Para aquela garotada sedenta de música, Roberto Medina era tão ou mais importante que qualquer artista escalado para o palco do rockódromo.

Quando recebeu o convite para a terceira edição do Rock in Rio, em 2001, James Taylor escreveu um bilhete emocionado para o empresário sobre sua primeira visita: "O Rock in Rio em 1985 foi um acontecimento único e crucial na minha carreira: a primeira visita ao Brasil, fonte de tanta inspiração para o meu próprio desenvolvimento musical; o público de 300 mil almas e sua receptividade completamente inesperada; o momento de transição de vinte anos de repressão política para uma fase, ainda complicada, de liberdade cultural; o próprio país — para mim tão exótico e emocionante. E a música... Ah, a música. Nunca me esquecerei dessas coisas. Faz muito tempo... Tempo demais, e estou ansioso para voltar". E ele voltaria.

George Benson estava escalado para encerrar a noite. Na chegada ao Rio, ao lado do filho Christopher, o cantor pop e também um dos mais virtuosos instrumentistas de jazz foi recebido no Aeroporto Internacional do Galeão entre gritos de "Heavy metal! Heavy metal!". No palco do rockódromo, o músico não teve muita sorte. O show de James Taylor ofuscou o seu, e foi difícil para ele encerrar a segunda noite do Rock in Rio. Pudera. A apresentação começou às 2h30 da madrugada — duas horas após o horário previsto, por causa dos sucessivos atrasos das atrações anteriores. O público, por sua vez, estava disperso ou indo embora para casa.

A simpatia do músico de Pittsburgh não o impediu de fazer a já tradicional exigência de tirar todo mundo do corredor em sua passagem para o palco. Ele também pediu toalhas exclusivamente marrons ou pretas para o seu camarim — 22 para ser exato, onze de cada cor. Vestindo um berrante terno que era puro glitter (escolhido por Elba Ramalho, é bom lembrar), ele abusou de longos improvisos e de músicas instrumentais durante quase toda a primeira metade da apresentação, aberta por "Weekend in L.A.". Benson estava acompanhado por 23 músicos da Orquestra Sinfônica Brasileira, devidamente ensaiados durante tardes e mais tardes em dois salões do Rio Palace — onde se instalou na melhor suíte, a mesma ocupada por Frank Sinatra cinco anos antes. Na segunda metade da apresentação, sem guitarra, apenas com o microfone para soltar a sua voz, o cantor emendou sucessos como "In Your Eyes", "This Masquerade", "Love × Love" e "Turn Your Love Around" para levantar o muito cansado público. Já era tarde. Ivan Lins até deu uma ajuda, voltando ao palco, onde mais cedo havia feito uma apresentação gloriosa, para um animado e aplaudido dueto em "Dinorah, Dinorah". Benson estava tão nervoso de ter que tocar para tanta gente que entrou bêbado no palco. Quando terminou a apresentação, imaginando que tinha sido uma tragédia, pensou em se atirar da janela do hotel Rio Palace, onde estava hospedado. Só depois se deu conta de que seu show não tinha sido o fracasso que imaginara.

No dia seguinte, 13 de janeiro, domingo, o Rock in Rio estava mais para matinê. O evento começou mais cedo, às quatro da tarde, e com uma presença maciça de crianças atraídas pela Blitz. Mas, antes dela, um trio pouco conhecido se apresentaria e surpreenderia o público, protagonizando um dos shows mais emblemáticos da história do festival. Herbert Vianna (vocal e guitarra), João Barone (bateria) e Felipe Bi Ribeiro (baixo), dos Paralamas do Sucesso, se transformaram em fenômeno nacional no Rock in Rio. "Foi, sem dúvida, um grande impulso na nossa trajetória. Durante anos depois do festival éramos lembrados como a 'grande revelação' do evento, mesmo com aquele elenco estelar nacional e estrangeiro", disse o baterista João Barone.

Antes do festival, a banda já tocava nas rádios. "Vital e sua moto" e "Cinema mudo", ambas do primeiro álbum, lançado em 1983, fizeram relativo sucesso, mas ninguém tinha muita ideia de quem eles eram. Tanto que o cachê do grupo foi o equivalente a "duas passagens para a Alemanha", como afirmou, na época, o empresário José Fortes.

O cachê, aliás, era o que menos interessava. Os Paralamas precisavam mesmo era de uma boa exposição. "Nós acreditávamos que seria uma vitrine gigantesca, naqueles tempos em que estas janelas eram muito raras, mas nunca imaginamos que sairíamos consagrados do megafestival. Ao longo do ano de 1985, fizemos inúmeros shows, em duas sessões, por ginásios repletos Brasil afora. Quebramos o recorde de público do Roberto Carlos no ginásio Gigantinho, em Porto Alegre", relembra Barone. Herbert Vianna até credita o início da carreira internacional do grupo ao Rock in Rio: "Nossos primeiros fãs na América Latina foram pessoas que nos viram no festival e voltaram para casa com o nosso disco". De fato, conquistaram muitos fãs mesmo, especialmente na Argentina, onde a banda já se apresentou em imensos estádios e mantém um sólido fã-clube.

Na véspera do festival, Herbert afirmou taxativamente: "Não vai ter bomba estourando no palco, mas só três caras tocando". Houve algumas palmeiras, samambaias e avencas providencialmente arrastadas dos bastidores. Mas zero de efeito especial. Apenas os tais três caras e 30 mil na plateia. Para espantar o nervosismo, Marcelo Sussekind, produtor dos dois LPs lançados pelo grupo até então, usou uma estratégia bem diferente. Debaixo de um calor de quase 40°C, colocou os três para correr no chão de terra atrás do palco. Resultado: nas quatro primeiras músicas, o baterista João Barone achou que ia desfalecer de verdade.

Na coletiva, Herbert disse: "Todos pensam que nós somos descartáveis e que nosso sucesso é passageiro. Mas no Rock in Rio vamos provar justamente o contrário". E provaram. À décima potência, é bom frisar. Os Paralamas, que entraram no palco com 26 minutos de atraso, arrebentaram, mesmo com o dia claro e o barulho insistente dos helicópteros que sobrevoavam o descampado. O enxuto repertório incluiu sucessos do primeiro álbum — "Patrulha noturna", "Vital e sua moto" e "Química" — e canções de *O passo do Lui* ("Óculos" abriu e fechou o show), que estourariam pelo país ao longo do ano. O som estava surpreendentemente bom, talvez pelo número reduzido de integrantes da banda, o que facilita na equalização. O trio ainda mandou um trecho de "O calhambeque", antes de "Meu erro", e uma versão de "Inútil", dos paulistas do Ultraje a Rigor, cujo verso "A gente não sabemos escolher presidente" caiu muito bem ao momento e ao sentimento geral da nação, que teria, dois dias depois, um novo presidente escolhido de forma indireta pelo Colégio Eleitoral.

Outras bandas paulistas não convidadas para o festival foram homenageadas pelos Paralamas. "Há três anos, este espetáculo seria impossível. Hoje esse sonho é real graças aos grupos brasileiros que divulgaram o rock. Nós dedicamos este show a Lobão e os Ronaldos, Ultraje a Rigor, Titãs e Magazine", discursou Herbert. Nos bastidores, Roger Rocha Moreira, líder do Ultraje, não ficou satisfeito. "Se Herbert queria homenagear as bandas paulistas, por que não me convidou para cantar, já que eu estava atrás do palco?", indagou na época. A ausência dos paulistas foi muito sentida. Por retaliação, Redson, líder do grupo paulista Cólera, organizou o evento São Paulo Também Tem Rock, no teatro Lira Paulistana. Vinte e cinco anos depois, o guitarrista dos Titãs, Tony Bellotto, revelou a sua indignação: "Sacanagem com São Paulo! Claro que poderíamos encarar o palco do Rock in Rio. Estávamos encarando palcos bem mais complicados na época, como circos mambembes, casas noturnas de reputação duvidosa e imensos e sinistros vãos vazios. O palco do Rock in Rio teria sido moleza". Já Nasi, do também paulista Ira!, pensa diferente. Para ele, "as bandas paulistas e de Brasília ainda não tocavam no rádio e talvez não tivessem sucesso suficiente para estar lá".

A cena triste desse terceiro dia se deu antes do show dos Paralamas. Por volta das três e meia da tarde, um início de invasão em uma das roletas levou à convocação de uma dupla da Polícia Militar montada a cavalo. Ao verem os policiais, algumas pessoas começaram a atirar pedras, assustando os animais, que saíram em disparada. No meio do caminho, uma moça de vinte anos foi atropelada, fraturando a clavícula e o crânio. Além disso, cambistas bloqueavam a passagem do público às bilheterias, pagantes eram assaltados e jornalistas tinham credenciais furtadas. A segurança do Banco Nacional, responsável pelo transporte de valores do festival, chegou a retirar seus homens do serviço até a poeira baixar. A tarde de domingo também não foi das melhores para o cantor e guitarrista Lulu Santos, que entrou, ao lado de sua banda Os Românticos, às 17h30. O seu figurino, calça justa, joelheiras, camiseta regata e jaqueta, lembrava o de Mick Jagger na turnê dos Rolling Stones entre 1981 e 1982. Lulu começou o show com o seu hit do momento, "Ronca, ronca", cercado por uma banda de feras como o baixista Arthur Maia, o baterista Cláudio Infante e o saxofonista Leo Gandelman. Todavia os longos intervalos entre as músicas, os improvisos e os solos muitas vezes exagerados deixaram o público impaciente, que esperava apenas por seus grandes sucessos.

As canções mais conhecidas foram escassas, como "Tudo com você" e "Adivinha o quê". Lulu Santos abriu espaço para músicas de outros compositores, como "O calhambeque" (de Roberto e Erasmo) e "Bete balanço" (de Cazuza e Frejat). Em "De leve", alternou muitos solos de guitarra com outros dos instrumentistas da banda. Na mesma música, mudou o refrão para "Diretas/ Diretas/ Diretas e Maluf não". Antes, havia feito outra referência à eleição de 15 de janeiro: "Menudos, não. Eleições, diretas já!". Aí então arrancou aplausos dos cerca de 70 mil espectadores. O show terminou com uma versão voz & guitarra de "Tudo azul". Entretanto, "Como uma onda", a mais pedida pela plateia, ficou de fora.

Na entrevista coletiva realizada 48 horas antes do show, Lulu ameaçou atacar de bolero romântico no bis. Não atacou, mas abusou da paciência do público, que não pediu bis e teve de ver o guitarrista voltar ao palco duas vezes. Isso porque o compositor ultrapassou seu tempo regulamentar em vinte minutos. Resultado: foi rebocado do palco. Lulu pediu a Luiz Oscar Niemeyer para cantar mais um pouco. O produtor deu o o.k. Mas o cantor não retornou da segunda vez e continuou tocando. Niemeyer então deu a ordem para rodar o palco. Enquanto moviam o tablado, Lulu resmungava: "Acho que era isso que eu tinha pra hoje. Os americanos estão me mandando embora".

Já a atração seguinte entregou o que o público esperava. A Blitz era a banda de rock mais popular do país em 1985. O conjunto já havia lançado o seu terceiro disco (*Blitz 3*, de 1984) e tinha mais experiência profissional. Ou seja, o show do grupo estava um nível acima dos outros colegas do BROCK. Contava com um bom jogo de luzes, além de objetos cenográficos: várias bolas de futebol gigantes que o vocalista chutava para a plateia, um carro que andava pelo palco em "Meu amor que mau humor" e uma imensa cobra verde que se movimentava durante "A verdadeira história de Adão e Eva". Apesar da chuva que começou minutos antes e durou o show todo, a banda era só empolgação com o festival. "Existia uma euforia generalizada pelo Brasil estar atingindo a 'maioridade' na música contemporânea com um festival daquele tamanho", relembrou Evandro Mesquita. A Blitz não perdeu essa oportunidade e aproveitou, com habilidade, todas as possibilidades do gigantesco palco da Cidade do Rock. Debaixo dos primeiros pingos de chuva, que se transformariam em tempestade, o conjunto carioca explorou com eficiência seu estilo teatral, misturando sucessos dos dois primeiros LPs (os multimilionários *As aventuras da Blitz*, de 1982, e *Radioatividade*, de 1983) e canções do terceiro, que revelava certo esgotamento artístico.

O público dançou e cantou "Bete frígida", "Você não soube me amar" e "Weekend". Evandro ainda perguntou quem acreditava em Tancredo Neves. A plateia respondeu com um potente "sim". Durante o show, ele perguntou a Fernanda Abreu e Márcia Bulcão: "Você acredita em Nostradamus?". As duas responderam: "Não". "E no Tancredo", devolveu o cantor. "Sim", responderam Fernanda e Márcia em uníssono. Pena que a apresentação tenha sido pontuada por problemas no som, especialmente no microfone de Fernandinha, que simplesmente parou de funcionar em "O tempo não vai passar". "Cadê a droga do som do meu microfone?", berrava a cantora, indignada. Evandro também não conseguia ouvir nada no palco. Estressado com a qualidade do som, quase estapeou o técnico de som inglês que foi ajustar o microfone da colega. O que aconteceu foi um erro de regulagem no monitor de som, operado pelo engenheiro da banda, o que impediu o retorno de áudio para a banda no palco. Antonio Faya, responsável pelo som no festival, garantiu que não houve boicote às bandas nacionais. Para ele, a responsabilidade era dos técnicos brasileiros, que não estavam familiarizados com as modernas aparelhagens. "Entregaram um boeing nas mãos de gente que só sabia operar electra", concluiu Faya. Apesar de toda a agitação e paranoia, o show da Blitz terminou muito bem, em clima de Carnaval, com Márcia Bulcão, Fernanda Abreu e Evandro Mesquita de perucas coloridas aprontando uma batucada digna de Marquês de Sapucaí, antes de finalizar com "Egotrip", o novo sucesso da banda.

Depois que a Blitz deixou o palco, era a vez da figura mais esperada do Rock in Rio. Não pela música — pouca gente, na verdade, sabia o que ela cantava —, mas pelo seu estilo "Lady Gaga punk" dos anos 1980. Muito prazer, Nina Hagen. A sua entrevista para a imprensa só não foi mais concorrida do que a do Queen. Aos 29 anos, uma rosa vermelha no cabelo, calça preta de bolinhas verdes sob short vermelho e crucifixo preto na cintura, ela discorreu sobre discos voadores e seres extraterrestres, além de sua admiração pela Virgem Maria, pelo ácido lisérgico e por James Brown. Ainda revelou estar escutando bastante uma banda nova, o Red Hot Chili Peppers. Nina falou também que só bebia champanhe e que era vegetariana. Segundo ela, os vegetarianos têm melhores vibrações e entram mais facilmente em contato com os seres extraterrenos. Segundo um jornalista presente na coletiva, o visual da cantora faria inveja à personagem Emília, do *Sítio do Picapau Amarelo*. Em seguida, a cantora alemã saiu para uma volta pela cidade com figurino vermelho dos pés à cabeça — peruca, vestido e sapatos —, ao lado da filha e da respectiva babá búlgara, mulher do baterista da banda. Ex-adepta da Juventude Comunista na Alemanha Oriental, Nina Hagen, que veio ao Rock in Rio praticamente de graça, começou a fazer sucesso no lado ocidental do país em 1977. Um ano antes, ela havia atravessado o Muro de Berlim. Filha de uma cantora de ópera da Berlim Oriental, Nina acompanhava a mãe nos ensaios desde os nove anos de idade. Em 1985, contabilizava cinco álbuns, gravados entre os Estados Unidos e a Alemanha Ocidental.

A figura estranha de Nina Hagen, entretanto, estava mais para propaganda enganosa. Longe dos holofotes, a artista era calma até demais. No camarim, antes do show, permaneceu completamente em silêncio. "Parecia que não tinha ninguém", relembrou Amin Khader. Hagen foi apresentada ao guru de Baby Consuelo, Thomas Green Morton, mas não deu a menor bola para ele. Ainda recebeu timidamente a visita de Pepeu Gomes e Baby Consuelo, que lhe entregaram seus últimos discos e uma tintura para cabelo. "A Nina Hagen era uma bobagem, não tinha nada de bruxismo, era uma Elke Maravilha", concluiu Khader. De toda forma, parecia que todo mundo queria mesmo ver a cantora. Ney Matogrosso era um deles. Barrado no palco, indagou aos seguranças: "Não me interessa ficar aqui, eu quero é ver Nina Hagen de frente, no meio do povo. Onde é a saída?".

O show de divulgação do álbum *Fearless* (de 1983, produzido por Giorgio Moroder) começou debaixo de chuva, às 20h15, com o tema do filme *Contatos imediatos do terceiro grau*. A cantora mostrou canções de todos os seus discos, misturando rock, eletrônico, reggae e canto lírico. Ela usava um collant imitando pele de cobra, botas pretas de salto alto, além de uma curiosa tanga com a imagem de um cachorro de língua de fora. Exibiu três perucas diferentes: uma vermelha, outra loira e arrepiada e a terceira, escura. Acompanhada por uma banda formada por um norte-americano, um inglês, um irlandês e um alemão-oriental, Nina, em uma apresentação tão estranha quanto sobrenatural, apresentou "Russian Reggae", "Gods of Aquarius", "The Lord's Prayer" e "Cosma Shiva" — esta última, claro, uma homenagem à filha.

Também cantou "New York, New York", seu maior sucesso (não, não se trata da música imortalizada por Frank Sinatra), e a ária "L'Amour est un oiseau rebelle", também conhecida como "Habanera", da ópera *Carmen*, escrita pelo francês Georges Bizet.

A atração pela cantora alemã era tão grande que a lateral esquerda do palco, uma área reservada à imprensa, quase desabou, invadida pelo público disposto a ficar mais perto de qualquer jeito. No final, com "My Way" (sim, dessa vez, o sucesso imortalizado por Sinatra, e dedicada pela cantora a Sid Vicious), Nina Hagen deu demonstrações de seu alcance vocal, com longos improvisos. A plateia delirou. Para quem duvidava, Nina fez uma apresentação correta e levantou o rockódromo.

Se Nina Hagen não era apenas marketing, o mesmo não pode ser dito com relação às meninas da The Go-Go's. As cinco garotas tiveram o azar de entrar em seguida ao turbilhão Hagen. "Vocês gostam de tango?", perguntou a vocalista Belinda Carlisle, metida num vestido verde berrante de gosto bastante duvidoso, às mais de 100 mil pessoas na Cidade do Rock. Bom, apenas pela pergunta, dá para imaginar o teor do show das americanas. Charlotte Caffey e Kathy Valentine (guitarras), Paula Jean Brown (baixo) e Gina Schock (bateria) executavam um pop romântico com letras bobinhas. No Rock in Rio, lançavam o álbum *Talk Show* (1984). O público não vaiou, mas preferiu lotar o salão improvisado no shopping center para encher a cabeça de gel com glitter. Ficou a sensação de que o palco da Cidade do Rock era grande demais para elas. Bem maior do que os palcos dos Estados Unidos em que as meninas estavam acostumadas a se apresentar nos shows de abertura do The Police, entre 1983 e 1984 — não aprenderam nada, infelizmente. Na memória de Amin Khader, o que ficou foi a estranha mania das garotas de Los Angeles de subtrair cinzeiros, toalhas e açucareiros dos camarins.

Coube ao veterano cantor inglês Rod Stewart encerrar a noite de domingo. Em 1984, Stewart lançou o seu sétimo álbum, *Camouflage*, um dos mais fracos da sua carreira. Mas ele fez um show redondo e ganhou o público. O ex-líder do The Faces não inventou. Seguiu o conselho dado na véspera por Freddie Mercury e reuniu seus maiores sucessos em uma apresentação que começou às 23h30 e durou noventa minutos.

Mas, antes do show, muita história rolou. Começando pela chegada ao Brasil. Stewart completou quarenta anos dentro do avião, na viagem de Londres para o Rio, na madrugada de 10 de janeiro. A festa, lógico, seria na Cidade Maravilhosa. Chegando ao Rio Palace, o cantor fez compras na butique do hotel: alguns shorts e uma bola de vôlei oficial. Viciado em futebol, só não comprou as camisas do Flamengo e da Seleção Brasileira porque não havia sua numeração. De volta ao quarto, pediu uma tábua de passar roupa e organizou a sua primeira festa. A bola de vôlei foi uma das estrelas da comemoração. O cantor e seus convidados se dividiram em equipes e jogaram uma partida de futebol. Tudo certo se o campo não tivesse sido a própria suíte presidencial do Rio Palace. Além da pelada, com a música a todo volume, Stewart furou a porta inteira do quarto enquanto praticava outro esporte que lhe é muito caro: arremesso de dardos. No dia seguinte, um ensaio estava marcado para a parte da tarde nos estúdios de Renato Aragão. Não rolou. O cantor preferiu jogar futebol dentro de um dos estúdios e a destruição do local inviabilizou o ensaio. Não é sabido se o Trapalhão mandou a conta para o cantor.

Uma das exigências de Rod Stewart quando fechou contrato para cantar no Brasil era clara: não concederia entrevista nenhuma. Mas aqui mudou de ideia, e com um prodigioso bom humor recebeu os jornalistas na suíte 857 do Rio Palace. Simpático, comendo croissants e bebendo chá durante os 45 minutos de conversa, disse que "participar do Rock in Rio era como ganhar a Copa do Mundo no meio do estádio do Maracanã e depois dar a volta olímpica pelo campo". Mas o bom humor ficou restrito à coletiva. No Rio, o cantor achou que não ia conseguir sair nas ruas por causa do assédio, mas, à época, um assessor disse que aconteceu exatamente o contrário, ou seja, Stewart saía e nem era reconhecido. Para chamar a atenção, fazia "palhaçadas" e, quando alguém o notava, apelava para os seguranças que o acompanhavam, como se estivesse sendo incomodado pelos fãs.

Incomodado ou não pelos fãs, o cantor aproveitou a cidade. Marcou um jantar no restaurante Equinox para comemorar o seu aniversário, mas não compareceu — os integrantes do Queen acabaram comendo a torta reservada a Stewart. Na verdade, ele preferiu celebrar o natalício na boate Hippopotamus, ao lado de vinte pessoas. Lá pelas tantas, o cantor roubou a garrafa de champanhe da mesa ao lado. O cliente lesado não gostou nem um pouco, exigiu que o Stewart pagasse pela garrafa e, por muito pouco, a questão não foi resolvida na delegacia. O cantor pagou a conta sob o olhar distante de um camburão de polícia.

Exageros à parte, as excentricidades continuaram no dia de seu show. O cantor chegou ao rockódromo em um ônibus lotado de amigos e amigas brasileiras. Em seguida, pediu a Amin Khader uma dúzia de bolas de futebol. Queria chutá-las para a plateia. Só que duas delas estavam furadas. O inglês não se conformou com apenas dez. Queria as doze. O coordenador de backstage virou para uma colega e disse que, para completar as doze, o cantor poderia arrancar suas próprias bolas do saco. "Mim compreender português", retrucou o empresário do cantor. Ele também fez várias exigências para seu camarim. O boato era que Stewart estava morrendo de ciúmes, sabe-se lá o porquê, de James Taylor. Pouco antes de subir ao palco, quando descobriu que o cantor norte-americano havia exigido setenta toalhas brancas, exigiu: "Também quero. E tem mais... Todas bem branquinhas". Amin não tinha esse número à mão. Explicou a situação ao cantor. Mas a estrela bateu o pé, avisando que só faria o show se tivesse as tais setenta toalhas "bem branquinhas", repita-se, à disposição. As lojas estavam fechadas, pois era domingo. A solução foi rodar alguns motéis da Barra da Tijuca e de Jacarepaguá para comprar tolhas de segunda mão. O artista, que só usou três, não deve ter reparado que as toalhas nem eram tão branquinhas assim.

No camarim, o cantor ensaiou e bebeu dois terços de uma garrafa de uísque Jack Daniel's. A apresentação das The Go-Go's havia terminado fazia uma hora e nada de Rod Stewart querer entrar no palco. Motivo: implicância com os fotógrafos. A vida desses profissionais não foi das mais fáceis no início do Rock in Rio. No primeiro dia, só podiam registrar os shows das laterais do palco. Reclamaram e, no dia seguinte, a produção armou uma passarela em frente ao tablado. Mas isso não facilitou o trabalho. Ao contrário. A fiscalização era frouxa, e muitos penetras entravam e se prostravam na frente deles. No domingo, Rod Stewart mandou avisar que, se os fotógrafos não saíssem de lá, não haveria show. Todos foram retirados. Às 23h30, com mais de uma hora de atraso, entrou ao som de uma gaita de foles, trajando calça azul e blusa amarela e um lenço vermelho de bolinha branca no pescoço.

Abriu os trabalhos com "She Won't Dance With Me" e emendou com "Hot Legs" e "Tonight I'm Yours". "Maggie May" e "Da Ya Think I'm Sexy?" mantiveram a temperatura quente. Antes desta última, Rod, por troça ou arrependimento, disse que "devia muito ao Brasil por esta música". Em 1980, quando lançou "Da Ya Think I'm Sexy?", ficou clara sua semelhança com "Taj Mahal", de Jorge Ben Jor, que ajuizou uma ação de plágio contra o inglês e levou a melhor. O *best of* de Rod Stewart continuou com "Tonight's the Night", "Young Turks" e "Sailing". Nesta última, o escocês entrou no clima da eleição e prendeu uma bandeira brasileira na calça. Em suas memórias, ele escreveu sobre o show: "Me arrepiou os pelos da nuca, dos braços e provavelmente de outros lugares que não tive tempo de verificar". No final da apresentação, Stewart também arriscou embaixadinhas no palco e chutou várias bolas de futebol para a plateia — umas dez... Ou doze.

7. "QUE O DIA NASÇA LINDO PRA TODO MUNDO AMANHÃ..."

ERA SEGUNDA-FEIRA, dia 14 de janeiro, e pouco mais de 20 mil pessoas se aventuraram a pisar na lama que já se formava na Cidade do Rock para ver Moraes Moreira, Alceu Valença e o repeteco de James Taylor e George Benson. O tempo nublado e a ameaça de chuva também devem ter ajudado a espantar a audiência. A noite abriu com Moraes Moreira, ex-integrante dos Novos Baianos e flamenguista doente, que subiu ao palco com short e camiseta quadriculados em vermelho e preto. Se foi para agradar a massa rubro-negra, nem precisava. Com os sucessos da sua antiga banda e da carreira solo, iniciada em 1976, dava para tirar o peso da consciência de qualquer um que estivesse ali matando o trabalho. Ao lado da sua banda, a Retreta Eletrônica, Moraes desfiou sucessos como "Pombo correio" e "Preta pretinha".

O show, que começou com "Brasil pandeiro", contou com a participação de Davi Moraes. Guitarrista prodígio e filho de Moraes, então com onze anos de idade, ele cantou "Papai no colégio" (cuja letra diz "Papai, comporte-se bem no colégio"), uma clara referência à eleição do dia seguinte, no Colégio Eleitoral. Antes do show de Moraes, o apresentador Kadu Moliterno já havia transmitido o recado: "Amanhã é um dia muito importante. A gente quer é votar, mas vamos dar uma força para o Tancredo, que é a nossa melhor esperança. Amanhã todo mundo aqui de verde e amarelo". O medley final, um apanhado dos frevos "Coisa acesa", "Bloco do prazer", "Vassourinhas" e "Festa do interior", não deixou ninguém parado, talvez só James Taylor, que assistiu, estático, ao show de Moraes em cima do palco. Nem mesmo o som ruim, com grande quantidade de graves, e a chuva fina foram capazes de esmorecer a assistência. Indagado sobre a sua maior recordação do festival, Davi Moraes relembrou o dia em que passou o som em 1985, ao lado do seu pai e de Armandinho. Quando saíram do palco, viram a imensa bateria montada do Queen. "O bumbo com o logotipo do Queen... Nunca vou me esquecer", disse Davi, o artista mais jovem a pisar no palco do Rock in Rio. E o que participou de mais edições. Todas, com exceção da de 2019.

O Carnaval fora de época continuou no rockódromo com Alceu Valença. No repertório, a habitual mistura de ritmos nordestinos, do maracatu ao bumba meu boi, com o mais legítimo rock 'n' roll. Dessa vez foi Al Jarreau, que nem se apresentaria naquele dia, e Elba Ramalho que curtiram o show do palco. A percussão pulsando forte deu as cartas na apresentação eletrizante, que durou setenta minutos. Muita gente desconfiou da escalação de um artista com pouca ligação com o rock. A explicação de Alceu é clara como o sol: "Tem muito mais coisa além do estilo musical. Eu tinha lançado o disco *Cavalo de pau* (1982), que vendeu mais de 1 milhão de cópias". Na frente de um cenário bem simples — uma imensa bandeira de São Jorge matando um dragão, ao lado de uma foto do compositor —, Alceu ganhou a plateia com o auxílio da guitarra inesquecível do genial Paulo Rafael. Canções como "Agalopado" (a primeira, com Alceu montado em uma burra daquelas de bumba meu boi), "Rajada de vento", "Coração bobo", "Que grilo dá (Rock de repente)", "Tropicana" e o blues do Agreste "Cavalo de pau" fizeram a festa do povo.

A apresentação terminou com "Papagaio do futuro", de 1973, em uma versão mais pesada do que a original. Afinal, estávamos no Rock in Rio, não? E Alceu mandou o recado para o público: "A pitada de estrangeiro, eu boto pra lhe envenenar". Não precisou botar. Ele agradou, e o público pediu bis, o que não estava programado. Aos primeiros acordes de "Anunciação", a emoção aflorou em todo mundo. No decorrer da música, os instrumentos foram desligados um a um e os músicos saíram do palco. Só sobraram a guitarra de Paulinho, a voz de Alceu e o coro do público. O músico não segurou a emoção. Parece que chorou. Mas, 25 anos depois, negou. "Não saí chorando do palco. Não teria problema em chorar, o palco, para mim, é o lugar mais seguro do mundo. Nunca tive medo. Fiz no Rock in Rio o mesmo show que fazia, com a mesma banda. Sempre achei que palco é palco. Carnegie Hall, circo fodido, teatro mais sofisticado. Tudo igual." E por que tanta emoção durante "Anunciação"? "Eu passei um tempo viajando pelo Brasil na época do movimento das Diretas Já e cantava em todos os shows que fazia em vários estados. Então, na hora do Rock in Rio, quando o Tancredo estava prestes a ser eleito, foi muito especial para mim", explicou.

Antes de deixar o palco, Alceu, que comemorava dez anos de carreira com o lançamento do álbum *Mágico* (1984), disse que queria mostrar "muito mais coisa", mas tinha de abrir espaço aos outros artistas. Para deixar ainda mais saudade, repenteou: "Viva a bandeira brasileira/ Ali a tremular/ O Brasil vai se encontrar/ Numa democracia verdadeira". Nos bastidores, George Benson cumprimentou Alceu efusivamente. "Eles desceram do pedestal pra falar com Macunaíma", sapecou o pernambucano.

Depois do eletrizante Alceu, era a vez de James Taylor. Mas não foi. George Benson pediu para inverter a ordem, porque Taylor havia demorado muito para entrar no palco no dia 12 e atrasou a sua apresentação. Mas o problema, definitivamente, parecia não ser o horário. Benson entrou mais cedo, às 21h30, e decepcionou novamente. Mais uma vez, o show começou com dois números instrumentais, sem a estrela no palco. Certamente, não é o melhor modo de abrir um show em um grande festival. Finalmente, entrou para interpretar "Nature Boy". Em seguida, chamou Ivan Lins para um dueto de "Dinorah, Dinorah" e esquentou um pouco o público. Até animou com o sucesso "The Greatest Love of All", mas logo retomou as novas (e desconhecidas) canções do último LP, *20/20* (1984). No final, Benson mandou "On Broadway", ao lado de seu filho que, arriscou passos de *break* no palco. O músico ficou satisfeito com o seu show, tanto que fez uma festa de arromba no camarim, enquanto James Taylor embalou novamente a plateia carioca. O repertório, incluindo a ordem das canções, foi igual ao do primeiro show. A plateia cantou "You've Got a Friend" com o mesmo entusiasmo de 48 horas antes. E James Taylor se emocionou da mesma forma.

No dia seguinte, 15 de janeiro, debaixo de sol forte, poeira e umidade, a Cidade do Rock era pura festa. As eleições foram indiretas, mas Tancredo Neves era o primeiro presidente civil em 21 anos, desde o golpe militar de 1964. O público que chegou cedo à Cidade do Rock pôde assistir à eleição de Tancredo no Colégio Eleitoral pelos telões dos *videocenters* — o único momento em que se transmitiu algo diferente de música no rockódromo. No dia seguinte, a *Folha de S.Paulo* manchetaria: "Acabou o ciclo autoritário; Tancredo é o 1º presidente civil e de oposição desde 64". Parte da plateia, com gel verde e amarelo no cabelo, carregava bandeiras do Brasil. Outros exibiam, orgulhosos, as listas de aprovação nos principais vestibulares do Rio, que acabavam de ser divulgadas. A piadinha do dia: "Passei no vestibular e o Maluf foi reprovado no Colégio".

Do lado de fora, entretanto, o clima estava pesado. A abertura dos portões atrasou uma hora e meia por causa da demissão de 45 dos duzentos roleteiros contratados. Eles estavam liberando a entrada de gente sem ingresso, e a dispensa acabou causando um complô geral da classe. Os demitidos espalharam que estavam sendo mandados embora sem motivo, e o restante da categoria parou, alegando que só continuaria os trabalhos se recebesse pagamento adiantado por todos os dias de festival. O impasse teve de ser resolvido por Abraham Medina, pai de Roberto, que foi pessoalmente aos portões da Cidade do Rock negociar com os roleteiros. O público não estava nem aí para o problema. Queria mesmo extravasar e comemorar. A maior parte gritava: "Eu, eu, eu, o Maluf se fodeu". Só faltou Tancredo Neves entrar na dança e aparecer no rockódromo, como brincaram Frejat e Lulu Santos. "Dizem até que ele vai comparecer ao show do AC/DC", disse o guitarrista do Barão em entrevista. "É mesmo, e dizem ainda que o Tancredo vem de roupa de couro para dar uma canja com o Scorpions", arrematou Lulu.

Brincadeiras à parte, o fato de o Rock in Rio ser agendado para esse período de eleições causou polêmica. O jovem André Bucaresky, de catorze anos, enviou uma carta para o *Jornal do Brasil*, publicada no dia 16 de novembro do ano anterior. Ela dizia: "O Rock in Rio vai acontecer no mesmo dia da reunião do Colégio Eleitoral que escolherá o presidente da República. Enquanto o novo presidente do Brasil estiver sendo eleito, milhares de brasileiros estarão ouvindo rock, sem pensar em mais nada, vidrados na música nacional e internacional, esquecendo seus problemas. Por isso, a juventude brasileira, ao invés de assistir a esta farsa, deveria ia para as ruas e gritar, berrar, torcer, reivindicar e, principalmente, participar". Ney Matogrsso, em entrevista ao jornal *O Estado de S. Paulo*, um mês depois, apresentou posição oposta. "Não nos colocaram à margem? Somos marginais porque o Estado nos colocou à margem. E se somos um país de irresponsáveis é porque nos tiraram a responsabilidade. Não acho que uma coisa tenha a ver com a outra. O Rock in Rio para esconder a eleição? Só se for para esconder a farsa." Ele ainda disse estar ao lado de Tancredo. "A simples possibilidade de Maluf no governo me deixa arrepiado."

O próprio Tancredo Neves chegou a bater de frente com o Rock in Rio. Ele afirmou que a sua juventude "não é a que participará do festival". Depois disse que foi apenas um mal-entendido. Mas Maluf não perdeu a oportunidade. "A minha juventude é a do rock, sim", vociferou. Até mesmo o neto de Tancredo, Aécio Neves (então presidente do PMDB jovem de Minas) entrou na discussão: "Ninguém pode esperar que rock seja a música favorita do meu avô. Mas daí a se dizer que ele não gosta de roqueiros é um absurdo". No dia 15, o Rock in Rio convidou Aécio para descer de helicóptero no palco para ler uma mensagem do presidente eleito, mas o convite foi recusado.

Enquanto a festa rolava no rockódromo, no Circo Voador, espaço cultural no bairro da Lapa, acontecia a "Tancredance", festa organizada pela ala jovem dos eleitores de Tancredo e que contou com canjas de Turíbio Santos, Caetano Veloso, Elba Ramalho, João Bosco, Beth Carvalho, Jards Macalé, Paulinho da Viola, Alceu Valença e Chico Buarque — este último só apareceu por lá depois de muita insistência de Elba, que ligou para o compositor do orelhão do Circo. Corria o boato de que Nina Hagen também cantaria. Ela não foi, mas James Taylor apareceu. Depois de muita insistência de Perfeito Fortuna, fundador do Circo Voador, e de um apagão na casa de shows por causa de um fusível queimado, o cantor norte-americano subiu ao palco. Entoou "You've Got a Friend" e levou uma lata de cerveja na cabeça. Quem acabou se empolgando mais (e deixando extasiada a plateia de mais de 4 mil pessoas) foi Chico Buarque, que cantou sucessos como "Vai passar" e "Samba do grande amor".

Na Cidade do Rock, apesar da euforia por conta da eleição de Tancredo, o ambiente não era dos mais amorosos. Era dia de metal, e a escolha da banda Kid Abelha & Os Abóboras Selvagens para abrir a noite não foi das mais felizes. Assustado, o jovem grupo se apresentou com um áudio de péssima qualidade (os músicos foram brindados com míseros trinta minutos para montar o equipamento e passar o som) e em meio a copos de plástico recheados de areia e pedras que eram atirados ao palco — um deles atingiu em cheio o guitarrista Bruno Fortunato. Os metaleiros (ou "Partido dos Trabalhadores", como foram apelidados pelos jornalistas porque eram "poucos e barulhentos") reagiram pesado contra a banda, formada por Paula Toller (voz), Leoni (baixo), George Israel (sax) e Bruno Fortunato (guitarra). De fato, o Kid Abelha não conseguiu fazer uma boa apresentação. O desastre só não foi total porque as músicas do único LP da banda, *Seu espião*, de 1984, tocavam muito nas rádios. E eram realmente boas. "Por que não eu?" (a primeira do roteiro), "Como eu quero" (durante a qual o microfone de Paula Toller ficou completamente mudo) e "Fixação" (a última, que teve belos solos de guitarra de Fortunato) eram bem conhecidas.

A banda foi saudada pelo locutor Kadu Moliterno como "o primeiro show da democracia brasileira" e entrou em cena enrolada na bandeira do Brasil, com todos os integrantes usando uma peça amarela. Uma enorme escadaria desenhada pelo cenógrafo Flávio Colker servia de cenário. O clima, ao menos da banda, era de celebração. "Ao Brasil que começa hoje, com o primeiro presidente que a gente gosta", disse Paula Toller, no meio da apresentação, tentando comover a horda de metaleiros. Em vão. Apesar de poucos e barulhentos, eles incomodavam e mantinham os fãs da banda na periferia da Cidade do Rock. "O pior foi fingir para a TV que tinha tudo sido ótimo", reconheceu Leoni, após o show para cerca de 40 mil pessoas. Apesar dos pesares, 25 anos depois, George Israel reconheceu a fundamental importância do Rock in Rio para a banda. "Foi um divisor de águas. Um evento muito ousado e, para todas as bandas brasileiras, uma aula de show business. Tecnicamente, virou uma referência para diversos festivais e shows que pipocaram depois em várias partes do Brasil", afirmou.

Eduardo Dussek, que não era bobo, já sabia o que o aguardava. Destemido, enfiou maxixe, bolero, pop, rock, marchinhas de Carnaval e o que mais deu na telha dentro do mesmo saco. Como era de esperar, a recepção do público não foi diferente da do Kid Abelha. No início, o cantor não se incomodou. Bem-disposto, ele entrou, às 19h, em cima de uma lambreta e vestindo um ousado modelo de calça e paletó plastificados, que traziam as bandeiras de diversos países. Para completar, botas e luvas vermelhas. De cara, gritou "Muda, Brasil!". Já na primeira música, "Barrados no baile", objetos começaram a ser arremessados ao palco, como pedras, bolas de terra, copos cheios de areia, pilhas, latas... De tudo um pouco. O palco se transformou numa lixeira. O cantor tentou uma comunicação com a brigada do metal posicionada no gargarejo. Soltou frases de efeito como "Podem vaiar mesmo", "Quem está jogando areia é malufista", "Agora é forró, morô? É pra dançar gostoso". Ou ainda: "As pessoas que jogam coisas no palco têm de ser linchadas".

Certamente para provocar ainda mais, Dussek cantou "Copacabana napalm beach", cujos versos devem ter enlouquecido os metaleiros: "Copacabana napalm beach/ Se esse ano a coisa não explodite/ Eu passo o Carnaval ouvindo Ritchie/ Minha Chiquita tem QI de abelha/ Comeu a casca da banana nanica". A situação então ficou insustentável. E Dussek desistiu. Previsto para durar 45 minutos, o show terminou aos 35. Antes de sair, o cantor engrossou: "Eu estou com a maioria. Se você é negativo, pra que vir a um festival de rock? Fique em casa e se suicide, que é melhor!". Por fim, perguntou se a galera queria rock. Com a resposta positiva, mandou todo mundo "se foder", deu meia-volta e se mandou sem cantar as últimas quatro do setlist. Atitude mais heavy, impossível. Nos bastidores, Dussek continuou despejando sua ira: "Se gosta do diabo, tudo bem, eu não tenho nada com isso, mas se comporte. Eu conheço o diabo, ele é muito chique, não é essa bobagem, parece coisa de boy de subúrbio. Heavy metal é um bando de bobagens. Os metaleiros são muito malufistas. Eles devem esperar a próxima eleição para ver se conseguem ganhar".

Parecia que era impossível alguma banda brasileira conseguir se apresentar decentemente naquele dia. Mas o Barão Vermelho virou o jogo. Além da sonoridade mais roqueira, a banda, com três álbuns na bagagem, tinha um pouco mais de traquejo no palco. Resultado:

o grupo fez um showzaço, domou os metaleiros (que se restringiram ao arremesso de bolinhas de papel e garrafas plásticas no início da apresentação) e saíram aplaudidíssimos. O repertório era composto de músicas do disco que estavam lançando (*Maior abandonado*, de 1984) e composições já bem conhecidas, casos de "Todo amor que houver nessa vida" e "Pro dia nascer feliz". Ainda se deram ao luxo de tocar uma canção inédita, prática suicida num festival desse porte. Mas tudo correu bem. Nem mesmo uma operação de agentes federais para reprimir o consumo de drogas atrapalhou o show.

Cazuza ganhou os fãs do heavy metal. Bem-humorado, ao apresentar o saxofonista Zé Luis (que tocava na banda de Caetano Veloso e fez uma participação especial no show), não deixou por menos: "Nos heavy metais, Zé Luis". Aplausos dos 80 mil presentes na plateia. Outra tirada do poeta: na hora de homenagear Lobão (que ficou de fora da escalação do festival), perguntou "Vocês gostam do Lobão? Não, né?", e sem esperar a resposta atacou com "Mal nenhum", um blues sensacional, até então inédito, de autoria dos dois. Antes de "Bete balanço", Cazuza também fez graça. "Agora, uma música nova, que ninguém conhece..." No fim da apresentação, a tensão inicial se transformou em celebração por causa da eleição de Tancredo Neves. O baixista Dé Palmeira e Roberto Frejat se apresentaram com camisas amarelas. Uma bandeirinha do Brasil estava estrategicamente posicionada na bateria de Guto Goffi. Cazuza se despediu da multidão em êxtase com "Pro dia nascer feliz": "Que o dia nasça lindo pra todo mundo amanhã... Um Brasil novo, com uma rapaziada esperta".

Guto Goffi, um dos fundadores do Barão, recordou como foi aquele dia: "Na verdade, a noite do Barão foi marcante pela eleição do primeiro presidente civil depois dos militares. Foi uma noite histórica, ufanista e de grande sentimento patriótico, o que nos ajudou na carga emocional. Foi uma comoção generalizada, catarse e histeria". O baixista Dé Palmeira também guarda as melhores lembranças. "Uma grande ficha caiu, tanto para a banda quanto para o público, no momento em que tocamos 'Pro dia nascer feliz'. Naquele momento todos entendemos que éramos livres. A ditadura havia acabado." A despeito do sucesso do espetáculo e do tom celebratório da noite, o clima no Barão não era dos melhores. Cazuza estava insatisfeito em dividir o palco. Acostumado a ser o filho único, queria sair em carreira solo, o que aconteceu no mesmo ano.

O Barão deixou a plateia no ponto para a banda alemã Scorpions. Às 21h30, a bateria de Herman Rarebell levantou voo, subindo dois metros acima do palco, enquanto Klaus Meine (voz), Rudolf Schenker (guitarra), Francis Buchholz (baixo) e Matthias Jabbs (guitarra) desciam ao palco em elevadores que exibiam o logotipo da banda. Com um fundo verde e uma iluminação deslumbrante, o palco parecia uma nave espacial. O circo estava montado. O Scorpions divulgava o nono álbum, *Love at First Sting* (1984), o de maior sucesso comercial da banda, e interrompera uma série de shows nos Estados Unidos para tocar no Rock in Rio. Valeu a pena. A plateia foi ao delírio com "Coming Home", a primeira paulada da noite. Ao mesmo tempo, como relembrou Amin Khader, os pratos no refeitório atrás do palco começaram a tremer. Na música seguinte, "Bad Boys Running Wild", a audiência já estava dominada pelo quinteto. Mas foram mesmo as recentes "Still Loving You" (que integrava a trilha sonora da novela *Corpo a corpo*, de Gilberto Braga) e "Big City Nights" que colocaram fogo até o encerramento, com "Dynamite".

Durante o show, o guitarrista Rudolf Schenker, em meio a malabarismos com sua guitarra, se feriu. Ele perdeu o equilíbrio em um dos desníveis do palco e cravou a ponta da guitarra na têmpora, abrindo o supercílio. O sangue jorrou, como já acontecera com Bruce Dickinson, do Iron Maiden, na noite de estreia do festival. Schenker foi atendido no camarim e recebeu três pontos. O vocalista Klaus Meine, passando mal por causa do calor, também saiu do palco quase carregado. A banda não poupou esforços. Antes de "Big City Nights", o vocalista surgiu no fundo do palco envolto por uma enorme bandeira do Brasil. Para delírio das quase 100 mil pessoas presentes, berrou "Viva 'Tancrido!". A resposta veio com uma profusão de dedos fazendo o sinal dos chifres do demônio.

O Scorpions, enfim, garantiu uma hora e vinte de muito barulho. Mas a atitude heavy da banda se limitava ao palco. A banda proibiu a circulação de qualquer tipo de bebida alcoólica em seus camarins. Exigiu também muitos balões de oxigênio. Os músicos pouco saíram do Hotel Sheraton, no bairro do Vidigal. Encantados com a vista, preferiram passar os dias na piscina. O máximo que fizeram foi dar um pulo em Ipanema para fazer compras. Simpatia não faltava a eles. Na coletiva de imprensa, abastecido por muita cerveja, Klaus Meine pediu aos repórteres que cantassem uma música que falasse do Rio de Janeiro e ouviu "Cidade maravilhosa". O grupo aplaudiu e cantou, sem instrumentos, uma balada dos anos 1950, "You Belong to Me", sucesso nas vozes de Ella Fitzgerald e de Bob Dylan. Quem estava lá não se esquece.

E quem estava na Cidade do Rock também não se esquece do show de encerramento do histórico dia 15 de janeiro de 1985. A metralhadora giratória AC/DC deixou a plateia fascinada, disparando tiros como "Back in Black", "Whole Lotta Rosie", "T.N.T.", "Highway to Hell" e "For Those About to Rock (We Salute You)". Nesta última (que encerrou a apresentação e a noite do festival), os tiros foram literais, com os dois canhões e as dezessete baterias de fogos montadas nas laterais do palco, como é costume até hoje nas apresentações da banda do guitarrista Angus Young. Com seu típico uniforme de estudante colegial britânico, o músico impressionou com solos de guitarra só vistos pela plateia em *Deixa o rock rolar* (filme-show da banda gravado em Paris, em 1979). Em determinado momento, Angus subiu nos ombros de um segurança e se dirigiu até as laterais do palco, sempre solando como se sua vida dependesse disso. (E quem disse que não depende?) A equipe de segurança teve de interceder porque muitos fãs tentavam pôr as mãos no guitarrista. E dá-lhe aplausos para o já histórico striptease em "Bad Boy Boogie", durante o qual Angus mostrou suas branquelas nádegas, e que ganhou destaque até mesmo no *Jornal Nacional*. O que o público mal desconfiava era que, a cada duas músicas, o guitarrista corria até os bastidores para inspirar um balão de oxigênio. Quando terminou o show, Angus quase que não conseguiu chegar aos braços do guarda-costas que o aguardava no camarim.

A parafernália cenográfica do AC/DC era um espetáculo à parte. Além dos canhões, em "Hells Bells" um imenso sino descia do teto, o que rendeu muito assunto. Uma das exigências contratuais da banda era que o sino fosse o mesmo usado na turnê do álbum *Flick of the Switch* (1983), cujo show os australianos reproduziriam no festival. O problema é que a peça pesava quase duas toneladas. Mas não tinha jogo. Ou aquele sino ou nada — ainda que o objeto não passasse de elemento cênico; o som das badaladas era simulado eletronicamente. Roberto Medina teve de trazer o trambolho de navio, o que levou dias. Para liberar na alfândega, outro problema. E, na hora de montar o palco, a produção descobriu que ele não suportaria o peso. O produtor Luiz Oscar Niemeyer não queria nem saber. O sino tinha de estar lá. Caso contrário, a banda australiana desistiria da apresentação. E não era brincadeira. A cláusula estava expressa em contrato. A turma da cenografia que se virasse.

E se virou. Sem ninguém saber, o cenógrafo Mário Monteiro tirou o molde da peça, chamou a equipe com a qual trabalhava na Rede Globo e pediu que fosse construído outro sino igualzinho, só que de isopor e gesso. "Penduramos no palco, escondidos da banda. O original ficou no depósito. Essa história foi o pesadelo da cenografia. Não comentei nada com o Roberto Medina nem com o Luiz Oscar Niemeyer", contou o cenógrafo. Só depois da segunda apresentação do AC/DC, Monteiro revelou o truque aos dois. "Porra, Mário, se os caras descobrissem, não ia ter show", foi a reação de Luiz Oscar. O AC/DC não desconfiou de nada, mas, antes de Angus Young e companhia retornarem à terra dos cangurus, Luiz Oscar contou tudo. A banda então pediu um favor: levar o sino falso. "Disseram que não era a primeira vez que o problema acontecia", lembrou Mário Monteiro.

Apesar do sucesso dos shows do grupo, Angus odiou essa primeira visita ao Brasil. Não se deu bem no Copacabana Palace, onde estava hospedado. Ficou extremamente irritado com o movimento dos fãs, mas deu a desculpa de que a cama era pequena demais e se mandou, junto com a mulher, para o mais reservado Sheraton, onde se encontravam seus colegas do Scorpions. Mas o que causou asco ao músico foram a pobreza e o alto índice de mendicância. Angus viveu um imenso choque cultural, a ponto de mal sair do quarto do hotel durante sua estada no Rio.

8. "EM VEZ DE FICAR JOGANDO PEDRA, FICA EM CASA APRENDENDO A TOCAR GUITARRA."

"**BOA TARDE PARA VOCÊS.** Eu queria falar uma coisinha antes... É que ontem eu estava aqui assistindo aos shows, quer dizer, não é tipo 'tô puto' nem nada, mas eu fiquei chateado com o que uma parte da plateia fez com o Eduardo Dussek e com o Kid Abelha, de jogar pedra. Eu acho o seguinte: cada um tem o direito de vir ver o grupo que gosta. Vem na hora que vai tocar o seu grupo, cara. Em vez de ficar jogando pedra, fica em casa aprendendo a tocar guitarra. Quem sabe no próximo você não está aqui no palco..."

Uma semana antes, pouca gente sabia quem eram Os Paralamas do Sucesso. Já nesta segunda apresentação no Rock in Rio, o vocalista e guitarrista Herbert Vianna, então namorado da vocalista do Kid Abelha, Paula Toller, sentia-se cheio de moral para passar um sabão na plateia metaleira pelas cenas da noite anterior. A bronca tinha endereço certo: os fãs de Ozzy Osbourne, que já estavam a postos na frente do palco, com seus furiosos dedinhos fazendo o símbolo do rock. Tirando o sermão, Os Paralamas pareciam estar bem mais tranquilos do que na estreia. Tanto que João Barone entrou no palco pulando corda. Herbert, de bermuda e suspensório, também parecia na dele. O grupo repetiu o mesmo repertório do show de domingo, inclusive a versão para "Inútil", do Ultraje a Rigor. Antes de executá-la, Herbert comentou a eleição de Tancredo Neves: "A gente vai ver aquela careca na TV por muito tempo". Errou na previsão. Infelizmente.

Dessa vez, a banda teve direito a um bis, com uma repetição do sucesso "Patrulha noturna", do primeiro álbum, *Cinema mudo* (1983). O som, mais uma vez, foi honesto com Os Paralamas. Antes de "Mensagem de amor", Barone chegou a mandar um "*thanks*, Clair Brothers", a empresa responsável pelo som. Ao final da apresentação, mais um recado do vocalista: "Afinal, os grupos novos é que fizeram possível que Ozzy Osbourne, Scorpions, AC/DC, todas essas bandas...". Apesar de truncado, o conteúdo foi claro: se não fosse o sucesso das bandas do Rock Brasil, não haveria Rock in Rio e os metaleiros, àquela altura, ainda estariam pagando ingresso no Circo Voador para ver o AC/DC no telão, em *Deixa o rock rolar*. Sobre essa questão, a biografia do grupo, *Os Paralamas do Sucesso: Vamo Batê Lata*, escrita por Jamari França, traz uma declaração contundente de Herbert: "O Rock in Rio foi uma mentira. Era um pedaço dos Estados Unidos no Brasil. Eu não tenho nada contra os Scorpions, mas eles estiveram aqui porque Os Paralamas, o Lobão, o Kid Abelha foram à Rádio Fluminense levar fitas para acontecer o rock no Brasil. Então a segurança dos Scorpions não podia entrar empurrando as bandas brasileiras com a maior brutalidade com a conivência da Artplan. As pessoas deviam respeitar mais os brasileiros, porque foram eles que tornaram possível a Artplan estar enchendo o bolso de dinheiro e os Scorpions estarem vendendo disco no Brasil".

Não se sabe se foi a chuva que amenizou a temperatura durante o show de Moraes Moreira ou se foi a dura que Herbert Vianna havia acabado de dar. O fato é que o público se comportou muito bem durante os sessenta minutos em que o compositor baiano ficou em cima do palco apresentando seus frevos, afoxés e, sim, rock. Moraes não trouxe grandes novidades em relação ao show da segunda-feira. Mas houve uma diferença fundamental: o som estava muito melhor e mais potente, provavelmente efeito do agradecimento público aos técnicos da Clair Brothers pelo baterista dos Paralamas.

Os sucessos foram os mesmos, sendo que "Preta pretinha", em versão acústica, contou com participação especial de Armandinho (ex--A Cor do Som) em um solo de bandolim. Durante "Brasileirinho", Davi Moraes tocou um bandolim elétrico, ao mesmo tempo que os fãs do metal agitavam cruzes na plateia. "Papai no colégio", do primeiro show, véspera da eleição de Tancredo, perdera o sentido no dia 16 e foi substituída por "Mancha de dendê não sai". No final, a massa pulou com o chamado "Carnaval da vitória", em homenagem ao novo presidente.

Depois de Moraes foi a vez de Rita Lee, que apresentou um dos shows mais falados da primeira edição do Rock in Rio. Horas antes da tão aguardada apresentação, uma imensa pipa cor-de-rosa com a inscrição "Lee" sobrevoou o céu nublado da Cidade do Rock. A cantora atrasou quase uma hora para entrar, deixando o público impaciente. Quando a cortina, com um desenho de um container e a inscrição "From Sampa", se abriu, Rita entrou no palco vestida de gueixa, com quimono preto e sem a peruca Chanel prometida — dizia-se que ela desistiu da peruca depois que viu Nina Hagen usando uma em seu show —, cantando "Saúde". Nesse momento, o céu cinza deu forma a um dilúvio. A área em frente ao palco logo ficou numa situação crítica. Por causa da concentração de gente e da forte chuva, o terreno começou a afundar. Parte do público, para fugir da água e da lama, molhava a mão dos seguranças para ver o show no palco.

Acompanhada por uma banda formada por craques como os guitarristas Roberto de Carvalho e Robson Jorge, além do tecladista Lincoln Olivetti, também responsável pelos arranjos, Rita disse que estava cansada por causa de uma festa de arromba que ela organizara na véspera, na suíte presidencial do Copacabana Palace. Contudo, no palco, não transparecia cansaço. O show foi ótimo. Sob a direção de Antônio Bivar, a apresentação teve seu repertório baseado na coletânea

Rita hits (1984), o que significou um verdadeiro *best of* ao vivo, com clássicos como "Jardins da Babilônia", "Ovelha negra", "Flagra", "Orra meu" e "On the rocks". Todas com uma sonoridade mais pesada do que as gravações originais. Em "Baila comigo", a banda apresentou um arranjo que oscilou entre marchinha de Carnaval e rock. Durante "Mania de você", Rita pediu ajuda ao público: "Canta comigo que eu tô meio enferrujada". O bis foi dado com "Lança perfume", engatada com a marcha "Allah-La Ô" (de Haroldo Lobo e Nássara) e, claro, "Cidade maravilhosa", de André Filho. Em clima de Carnaval, Rita Lee apertava um imenso tubo que espargia fumaça de gelo-seco.

Sempre muito teatral, a cantora paulista trocou de figurino em muitas canções. Fraque, cartola, camiseta de paetês, quimono japonês, peruca loura, coroa na cabeça... Teve até um princípio de incêndio que quase paralisou o show. Durante a música "Atlântida", ainda no início da apresentação, uma ligação malfeita superaqueceu um fusível e provocou um curto-circuito em uma das quatro caixas de força utilizadas no show. Uma das fases queimou e um setor inteiro da iluminação, especialmente os canhões de luz do lado direito de quem estava de frente para o palco, apagou. A pane provocou uma chuva de fagulhas. Para o público, foi apenas um efeito especial. Mas o problema foi realmente sério. Houve um corre-corre danado, com técnicos e bombeiros munidos de extintores subindo a rampa que dava acesso ao teto do palco. Nesse momento, Rita Lee lembrou a tal profecia de Nostradamus: "O que houve? Foi Nostradamus?". Não satisfeita, ainda fez piada com Ozzy, ao perguntar à plateia: "Já comeu um morceguinho hoje?". Diante da resposta negativa, ela alfinetou: "É porque no Brasil se come mesmo é calango". Em seguida, brincou dizendo que flagrou Ozzy na carrocinha da Geneal devorando um sanduíche vegetariano. Em tempo: o cantor britânico viu o show de Rita Lee em cima do palco e achou "sensacional".

O paranormal Thomas Green Morton tinha um dos nomes mais falados nos bastidores entre os artistas brasileiros. Guru de Baby, Pepeu e, naquele momento, também de Rita. Tanto que, antes do show de Rita, Gal Costa foi até o camarim dela só para conhecer o "mago", que promoveu uma energização na roqueira antes da sua entrada no palco. O curioso é que Morton havia previsto um incêndio durante o festival, só não especificou o horário. Alguns anos depois, rompida com o guru, Rita não mediu palavras: "O cara não deixava ninguém em paz, era tão mala que até o cenário pegou fogo. Xô, jaburu!". Fofa.

Ela também fez uma autocrítica quando saiu do palco: "É claro que eu poderia apresentar um trabalho melhor, mais estruturado, mas, além de entrar tarde no festival, tive apenas uma semana para ensaiar, e tudo foi feito por pressão dos gringos. Foi uma diferença de tratamento sem sentido, mas explicável porque eles têm de manter a freguesia para poder continuar com seus clientes da Europa e dos Estados Unidos". O engenheiro Moogie Canazio, que controlou o som da cantora na época, apresentou um outro lado da moeda: "Tenho a impressão de que a maior parte do problema veio do fato de que todos os técnicos nacionais queriam dirigir a Ferrari, mas não conseguiram passar a segunda marcha. Eu mesmo, num determinado momento, pedi para um técnico da Clair Brothers me ajudar, pois percebia que não tinha noção de como otimizar a mix. E ele gentilmente me ajudou bastante. Eram eficientes e extremamente simpáticos".

Rita, que praticamente se sentiu obrigada a cantar no festival para desmentir os boatos de que sofria de leucemia, ainda lançou, meses depois, a música "Choque cultural", na qual fez um balanço da sua atuação no palco: "Eu entrei quente/ Crente que estava abafando/ Quando tropecei no ego/ Fiquei cego/ E caí na real/ .../ Não senhor, eu não sou inferior". E não guardou bons momentos do Rock in Rio, como falou à revista portuguesa *Blitz* em 2008: "Só me arrependo de ter participado do primeiro Rock in Rio, em 1985, porque os artistas brasileiros foram bastante desrespeitados. Os organizadores beijavam a bunda dos gringos e cagavam para nós. Mas o pior de tudo foi o roubo da minha guitarra Telecaster Vintage. Que me caia um raio na cabeça se algum dia vou participar daquilo novamente". Rita Lee cumpriu a sua promessa e nunca mais participou de qualquer outra edição do festival. Uma pena.

Trinta e sete anos após a primeira edição do Rock in Rio, Roberto Medina explicou o problema do som. "A gente contratou o som dos Estados Unidos, uma parte da iluminação nos Estados Unidos, as mesas de palco nos Estados Unidos. Os operadores brasileiros não conheciam nada daquilo. Era a primeira vez. E todos os operadores eram gringos, eu contratei uma empresa americana, porque não existia isso no Brasil. É óbvio que o cara que tem a informação dos artistas dele vai tratar melhor o cara. Então durante a primeira semana do Rock in Rio de 1985, eu briguei e consertei. Eles não abriam todo o som para os brasileiros, porque não tinha um cara nosso pilotando aquilo. Na segunda semana, arrumamos". O empresário também minimizou as críticas dos artistas nacionais. "Mas não é estranho o sujeito estar preocupado se passou o som ou não? Nós estamos fazendo História! É tão pequeno o cara estar preocupado com o som... Era incrível aquele som que a gente tinha. Claro que tinha defeitos. Enquanto as pessoas estavam amando a lama, eu estava muito triste, porque eu não queria. As pessoas estavam em êxtase, porque ali era um momento de ruptura de muitas coisas. E de mostrar que a gente era grande. A história é muito maior do que essa discussão."

A lenda do rock brasileiro saiu do palco para dar lugar a outra. Aliás, Ozzy Osbourne, o ex-vocalista da banda de heavy metal Black Sabbath, até foi nomeado "Lenda Viva do Rock" pelo Classic Rock Roll of Honour, em 2008. O cantor inglês chegou ao Rio de Janeiro com a fama de "devorador de morcegos". A imprensa perguntava, a toda hora, se ele iria degustar o mamífero no palco de Jacarepaguá. A produção tinha tanto medo dessa possibilidade que deixou expresso no contrato que Ozzy estava proibido de ingerir mamíferos voadores durante o show. Todos realmente acreditavam que em algum momento do espetáculo isso aconteceria.

Irônico, o jornalista Pepe Escobar, da *Folha de S.Paulo*, apresentou Ozzy assim: "Olha aí, pais horrorizados: este cidadão, John Michael Osbourne, inglês de Birmingham, 36 anos, satanista de araque, devorador de pombas e morcegos, praticante de magia negra e mil outras exumanias, constantemente exumadas pela mídia, é que faz a cabeça de seus filhos". A produção do festival estava tão preocupada com a fama de Ozzy que, além da cláusula contratual, deu ordens expressas aos seguranças para que não deixasse ninguém entrar na Cidade do Rock carregando um urubu ou animal do tipo.

Bom, Ozzy não era exatamente um "devorador" de morcegos. Mas a fama tinha uma razão. Durante a turnê do seu segundo álbum solo, *Diary of a Madman* (1981), Ozzy jogava carne crua na plateia, que se divertia com a cena escatológica. Em retribuição, os fãs passaram a arremessar carne podre no palco. Não demorou muito para o negócio ficar mais louco. Fanáticos começaram a levar animais mortos, como gatos, lagartos e pássaros. Tudo era jogado no palco, especialmente animais de plástico, comprados em lojas de mágica. Mas, às vezes, aparecia algum animal de verdade. No dia 20 de janeiro de 1982, em um show no Veterans Auditorium, em Des Moines, nos Estados Unidos, alguém tacou um morcego no palco. O cantor pensou que fosse de plástico. Depois de arrancar a cabeça do bicho, sentiu na boca um líquido quente e viscoso, "com o gosto mais horrível que dá para imaginar", escreveu na autobiografia *Eu sou Ozzy*. Só teve noção do que fez quando sentiu a cabeça do morcego se mover dentro da sua boca.

Ozzy desmaiou, foi levado a um hospital e, para se prevenir de raiva, teve de se submeter a várias injeções diárias durante toda a turnê. "Uma em cada lado da bunda, uma em cada coxa, uma em cada braço, todas doíam demais", relembrou o cantor, que concluiu: "Mas era melhor do que pegar raiva, acho. Não que alguém fosse perceber a diferença se eu ficasse louco". Após o incidente, em entrevista à revista norte-americana *Life*, ele brincou: "Agora penso em usar papagaios. Pelo menos eles podem reclamar em voz alta".

Na coletiva de imprensa, no meio de um turbilhão de perguntas de repórteres que pensavam estar diante do Satanás em pessoa, o músico teve de apelar para o didatismo: "Minha transa com o demônio não é transa nenhuma. Minha imagem não tem nada a ver com a violência. É uma coisa teatral, como o Carnaval. As pessoas estão levando isso a sério demais. É o gênero que excita as pessoas. Sou como o Super-Homem. Nos Estados Unidos, dizem que, se meus discos forem tocados ao contrário, podem-se ouvir códigos secretos. Ora, se quiserem fazer o mesmo com os discos de Frank Sinatra, poderão também acreditar nisso. Depende de quem está ouvindo". Para não perder a oportunidade de fazer uma piada, fingiu morder o pescoço da intérprete, que engasgou no meio da coletiva. Quando perguntaram pela décima vez o que ele faria se jogassem um cachorro ou um gato no palco, respondeu impaciente: "Eu como". De fato, os jornais entraram na onda. O colunista Zózimo, do *Jornal do Brasil*, escreveu: "Ozzy Osbourne simplesmente comendo morcegos em cena. Sim. Sem metáfora: pela boca mesmo. Já pegou raiva por isso, mas não muda. É o clímax de suas apresentações. *His best*". O *Última Hora*, por sua vez, noticiou: "Várias ligas religiosas da Inglaterra e dos Estados Unidos já fizeram campanha no sentido de proibirem as apresentações de Osbourne. O motivo é que se acredita que realmente o demônio participa das orgias musicais do Ozzy Osbourne".

Segundo Amin Khader, a produção estava realmente preocupada com a fama do Príncipe das Trevas. "A gente achava mesmo que ele ia trazer morcegos em uma gaiola. Eu estava enlouquecido, mas, quando fui ao seu camarim, ele estava supercareta, acompanhado da esposa. Eles não saíam de lá. Ozzy Osbourne foi uma propaganda enganosa. Parecia o Roberto Leal." Ozzy também pediu, sabe-se lá o motivo, quatro cestos de lixo no camarim. "Nós não entendemos nada. Pensamos que ia pôr morcegos, sangue e baratas dentro. Quando ele saiu, corremos para ver. Surpresa: nada havia nas latas de lixo. Aliás, foi o camarim mais bem-arrumado de todos. Nem tocaram nas frutas", revelou Amin.

A vinda de Ozzy Osbourne ao Rock in Rio foi cercada por mistérios. O cantor inglês de Birmingham foi o primeiro artista a confirmar presença no festival, apesar de já ter encerrado a turnê do álbum *Bark at the Moon* (1983). Além disso, acabava de sair de uma temporada de desintoxicação no Centro de Reabilitação Betty Ford, em Rancho Mirage, na Califórnia. Ou seja, subir ao palco naquele momento não era lá muito aconselhável. O risco de uma recaída era grande. E isso ocorreu já no avião que o trouxe ao Rio junto com a sua mulher, Sharon. O cantor, que odeia todo meio de transporte que voa, desde a morte do guitarrista e amigo Randy Rhoads, entornou todas durante a viagem e brigou com a esposa. No aeroporto, com a cara afundada nas costas de Sharon, Ozzy declarou que havia encomendado uma dúzia de pintinhos para serem "usados" no espetáculo. O cantor também parece não ter guardado boas lembranças da cidade. Em suas memórias, ele escreveu: "Eu fiquei desapontado com o lugar. Esperava ver a 'Garota de Ipanema' em cada esquina, mas não vi nenhuma. Havia só um monte de crianças pobres correndo pelo lugar como ratos. As pessoas eram ou absurdamente ricas ou viviam nas ruas — parecia não haver nada no meio", completou.

Dizem que show de Ozzy sem cenário não é show de Ozzy. Mas faltou isso em suas apresentações no Rock in Rio. A espantosa cenografia da turnê "Bark at the Moon", um castelo mal-assombrado com anões enforcados nas janelas, não veio para o rockódromo. Segundo ele, porque "os organizadores do evento não cobriram o custo de transporte". A Mário Monteiro foi encomendado um painel com vinte caixas de som falsas, ocas, que foram montadas ao lado dos alto-falantes de verdade. A tão esperada metamorfose de Ozzy em lobisomem também não aconteceu em terras cariocas. Foi uma pena. O cantor também não estava em sua melhor forma. Acima do peso, Ozzy praticamente se arrastava no palco, enquanto entornava baldes cheios de água sobre a cabeça. Antes do show, ele admitira estar muito nervoso, até mesmo com medo de uma rejeição dos fãs de Rod Stewart, que entraria em seguida.

Um canto de missa abriu a sua apresentação. Depois, uma explosão e a figura do Príncipe das Trevas surgiu em meio a muita fumaça. Ele vestia uma capa vermelha brilhante e, por baixo, uma camisa do Flamengo. A plateia acendeu velas, como se iniciasse um ritual demoníaco. Ao lado da sua banda, Blizzard of Ozz, o cantor apresentou, de cara, "I don't Know". Para delírio dos rubro-negros, a capa foi tirada, e Ozzy, em setenta minutos, desfilou "Bark at the Moon", "Suicide Solution" e um clássico do Black Sabbath, "Iron Man". O baterista, Tommy Aldridge, que estava se despedindo da banda, fez um solo sem baquetas. No bis, mais uma do Sabbath, "Paranoid". No dia seguinte, Ozzy brincou com os jornalistas: "Não comi nenhum morcego porque não jogaram no palco". Por pouco. Muito pouco. Na entrada, uma mulher foi detida tentando entrar com uma jiboia viva dentro da bolsa.

Para encerrar a noite, sobrou para Rod Stewart cantar sob um tremendo temporal, que desabou após Ozzy deixar o palco. Os drenos instalados na Cidade do Rock passaram pelo seu teste mais difícil durante esse segundo show do cantor inglês no Rock in Rio. As chuvas, que costumam inundar o Rio de Janeiro no verão, sempre foram um dos grandes motivos de apreensão da organização. Medina mandou drenar os 200 mil metros quadrados onde foi plantada grama para evitar que a chuva se transformasse em lama. Mas de nada adiantou. Metade do público de Ozzy, cerca de 20 mil pessoas, esperou firme e forte até meia-noite e quarenta para ver Rod Stewart entrar no palco e apresentar um replay do dia 14 — inclusive a roupa era a mesma calça azul e camisa amarela da estreia. "She Won't Dance With Me" e "Hot Legs" abriram os trabalhos. Em seguida, a chuva costumeira de clássicos — "Infatuation", "Da Ya Think I'm Sexy?", "Tonight's the Night", "Baby Jane", "You're in My Heart"... Ele ainda incluiu uma que não havia cantado em sua primeira apresentação: ("Sittin' on) The Dock of the Bay", de Otis Redding. O encerramento com "Sailing" deu-se sob um aguaceiro apocalíptico, durante o qual a lona que cobria o palco rompeu, causando goteiras em diversos pontos. De toda forma, as suas memórias são as melhores possíveis. Em sua autobiografia, publicada em 2012, Stewart não poupou elogios ao festival: "O Rock in Rio foi um dos festivais mais bem organizados e extravagantemente selvagens que eu já me apresentei".

No dia seguinte, o cenário da Cidade do Rock era digno de Batalha da Rússia sem a neve: um grande lamaçal, repleto de lixo e sapatos top-sider perdidos no dia anterior durante a apresentação de Rod Stewart. Não à toa, foi o menor público do festival. Apenas 25 mil pessoas se animaram a enfrentar Jacarepaguá para ver Alceu Valença, Elba Ramalho e Al Jarreau, além da estreia da banda de rock progressivo Yes, uma das mais aguardadas do festival. Logo pela manhã, foi realizada uma reunião de emergência para tentar minimizar os efeitos causados pela chuva, que, segundo a meteorologia, havia chegado para ficar. Ali, o engenheiro Manoel Ribeiro admitiu que "a grama não teve tempo de pegar". Os camelôs lucraram alto com a venda de capas plásticas, e, quando o público começou a chegar, a frase mais ouvida era: "Parece Woodstock!".

Alceu Valença, até então responsável por um dos melhores shows do festival, não manteve o pique nesta segunda apresentação. O músico não teve culpa, é verdade, assim como as 7 mil almas que assistiram ao show. Ao som dos maracatus de Alceu, a pequena plateia equipada com capa, capuz, galocha e guarda-chuvas bailando no ar pulava e aproveitava para se esquentar. "Pelas ruas que andei" e "Como dois animais", que não constavam do setlist do dia 14, foram um prêmio concedido ao corajoso público. Alceu também providenciou um boneco chamado Bubuskão, um mamulengo que faz sucesso nos carnavais de Olinda. E, em forma de repente, o pernambucano matou dois coelhos com uma cajadada só. Deu um sermão em São Pedro e na produção do Rock in Rio pela ausência mais sentida: "Eu falei pra São Pedro/ Pra chuva terminar/ E chamei meu São Jorginho/ Pra poder dialogar/ São Jorginho falou/ São Pedro, por favor/ Não bota essa chuvarada/ Vai molhar a rapaziada/ Que só quer rock, e São Pedro disse assim/ Eu sou um santo careta/ Vou chover, vou de enxurrada/ Molhar a rapaziada/ E Alceu falou com o povo/ E o povo falou com Alceu/ Acredite em sua crença/ Volte agora a São Pedro/ São Pedro por favor/ Não me deixe molhadinho/ Aí São Pedro atendeu a rapaziada/ Só falou uma coisa/ Que nesse Rock in Rio/ Tá faltando Raul Seixas". Aplausos. Muitos. Após o show, Alceu reconheceu o sacrifício do público: "A plateia dançou na chuva fria como se estivesse debaixo de um chuveiro quente". Por conta do aguaceiro, a loja de discos da Cidade do Rock foi transformada em discoteca ao som de Scorpions, Iron Maiden, Whitesnake e Queen, cujos álbuns foram os mais vendidos no festival, além das trilhas nacional e internacional do festival lançadas pela gravadora Som Livre. Durante a apresentação, aliás, Alceu disse que o show estava sendo gravado e que queria lançá-lo em disco. Pena que nunca chegou às lojas. Certamente teria sido um sucesso.

Se havia um artista capaz de manter a animação de um público reduzido e encharcado após o show de Alceu, o seu nome era Elba Ramalho. Anunciada pelo apresentador Kadu Moliterno como "o sol que não vai deixar vocês sentirem a chuva molhar", a cantora não chegou a tanto, mas animou bem o público com o seu forroque, repetindo, metodicamente, o roteiro da sua apresentação do sábado anterior. Cerca de 15 mil pessoas marcaram o ritmo do frevo, xote, xaxado e samba com seus guarda-chuvas. Outros preferiram se refugiar em abrigos coletivos montados com plásticos. A cantora entrou bem empolgada no palco, usando uma capa dourada sobre um short e um top. Na segunda canção, "Banquete dos signos", apelou a são Pedro para a chuva parar. O santo não atendeu. Só restou a Elba emendar com "Forró do poeirão", "O toque da sanfona", entre outras não menos animadas no generoso repertório de oitenta minutos. Para encerrar, a escolha não poderia ter sido mais apropriada: "Chuva, suor e cerveja", de Caetano Veloso. Até a chuva passou a fazer sentido a partir dali. A empolgação não foi menor do que no sábado. E o rockódromo ganhava o carinhoso apelido de "lamódromo".

Apesar do mau tempo, Al Jarreau, surpreendentemente, acabou agradando muito em seu segundo show. Depois da apresentação fria da noite de sábado, o compositor norte-americano colocou o roteiro do show de ponta-cabeça, vestiu uma camiseta regata do Flamengo e mudou tudo, substituindo algumas canções novas por sucessos mais antigos. Saiu do palco ovacionado. De cara, atacou com "Your Song", que havia ficado de fora da estreia, apesar dos insistentes pedidos dos fãs. O público, encharcado, também dançou com a apropriada "Ranging Waters". O músico estava comunicativo com o público — abusou dos "muito obrigado", "tudo bem?" e afins. Tão decidido a agradar, no bis ele voltou para cantar "Black and Blues", imitando — muito bem, por sinal — um típico malandro carioca. Ao que tudo indica, as feijoadas consumidas juntamente com a sua amiga Leiloca, ex-Frenéticas, lhe fizeram muito bem.

O Yes também fez muito bem a quem aguentou a chuva. Os sonhos de uma noite de verão também têm seu preço. E para assistir ao primeiro show do Yes no Brasil, era preciso manter-se firme debaixo de muita água. A banda britânica de rock progressivo estava lançando o álbum *90125* (1983), o mais popular da sua carreira — para desespero dos fãs mais puristas, que consideravam pecado capital o fato de "Owner of a Lonely Heart" tocar o dia todo nas rádios. Jon Anderson (voz), Trevor Rabin (guitarra), Tony Kaye (teclados), Chris Squire (baixo) e Alan White (bateria) subiram ao palco quase à meia-noite, após um estressante e molhado intervalo de uma hora. E, quando os raios laser começaram a varrer a Cidade do Rock, até a chuva deu uma trégua para ouvir o baixo de Squire ronronar. Sucessos como "I've Seen All Good People" e "Owner of a Lonely Heart" e, depois de um minuto de pedido de bis, a apoteótica "Roundabout", um prêmio para as pessoas que presenciaram noventa minutos ao vivo de uma das bandas mais importantes do planeta.

Além de boa música, uma iluminação deslumbrante era uma marca dos shows do Yes. Na coletiva de imprensa, Chris Squire já havia prometido as luzes "mais poderosas que jamais foram usadas". Antes do dia 17 de janeiro de 1985, o Brasil não sabia o que era raio laser em show. Tony Kaye, com a camisa do Flamengo, solava em seus teclados sob três feixes verdes de laser que formavam um triângulo acima de seu corpo. E, quando os raios batiam contra uma tela, como aconteceu durante "Starship Trooper", criavam um efeito de fumaça em formas variadas. Com a chuva e a neblina, o efeito dava a impressão de que a Cidade do Rock havia se mudado do descampado de Jacarepaguá para a Floresta Negra, na Alemanha. A qualidade do som, "uma perfeição de qualidade", segundo reportagem do jornal *O Globo*, foi notada por todos. Destaque para "Leave It", quando o Alan White se revezava entre a bateria tradicional e a eletrônica, "Yours is no Disgrace", com um solo de Trevor Rabin, e "It Can Happen", com um momento alucinante do baixista Chris Squire.

O palco do Yes veio pré-montado dos Estados Unidos, em uma espécie de container transportado de navio. Quando a gigantesca caixa com base de aço revestida de madeira era aberta, surpresa: o palco estava todinho ali dentro, devidamente montado, já com os instrumentos acomodados. Durante o show, mais de uma dezena de instrumentos submergiam de alçapões do tablado. Com esse esquema prático, a banda partiu do Rock in Rio para shows no Uruguai e na Argentina. Sempre à base de muito chá de limão com mel, um dos poucos itens exigidos no camarim.

9. "AGORA EU GOSTARIA DE COMPRAR O CONTINENTE INTEIRO E ME NOMEAR PRESIDENTE."

DEZOITO DE JANEIRO DE 1985. Ou melhor, o dia do "armistício" na Cidade do Rock. A chuva deu um tempo, apesar do céu nublado. As pessoas tiveram coragem de sair de casa rumo ao cenário encharcado e destruído de Jacarepaguá: 250 mil compareceram. A população completa da Cidade do Rock. A maioria chegou com muito gel no cabelo. E também de galochas. A coluna de Carlos Swann, no jornal *O Globo*, informou que os estoques de galochas estavam esgotados nas sapatarias da cidade.

A noite começou em clima tranquilo, com um repeteco do Kid Abelha & Os Abóboras Selvagens. Mesmo repertório, porém com muito mais gás e uma plateia mais receptiva. A banda encontrou um rockódromo já bem cheio, com cerca de 100 mil pessoas. Uma introdução um pouco mais longa do que a original de "Por que não eu?" abriu o show. Dentro de um vestido azul de baile dos anos 1950, Paula Toller permaneceu apenas trinta minutos no palco, tempo suficiente para desfilar todos os sucessos da banda e para o guitarrista Bruno Fortunato pular muito em uma bizarra cama elástica que integrava o cenário. Sucesso. "Até quatro metaleiros que pintaram as mãos de anilina vermelha com o firme propósito de semear o pânico nas hostes dos Kids acabaram se rendendo: após vãs tentativas de gestos satânicos, caíram na fuzarca, batendo palmas, cantando e dançando animadamente ao som de 'Seu espião' e 'Fixação'", descreveu a reportagem de O Globo. Para não dizer que não teve vaia, teve sim. Quando o palco começou a girar levando a banda embora. A plateia queria mais, veja só. Leoni tinha razão ao dizer, na despedida, que aquele era "o melhor público de rock". Doce vingança.

Doce vingança também para Eduardo Dussek. No show da terça-feira, tudo o que ele conseguiu foram muitas vaias dos metaleiros, que praticamente o expulsaram do palco, e poucos aplausos do restante do público. Mas esta segunda performance foi redentora, a ponto de a plateia, literalmente, latir. Lá pela metade do show, Dussek latiu e regeu um coro de uivos na introdução de "Rock da cachorra". "Agora vamos latir um pouquinho e botar tudo de ruim que houve nesses vinte anos pra fora. Falaram muito em diabo, mas é uma gente que não sabe uivar... Vamos mostrar a eles um verdadeiro uivo brasileiro, soltem os cachorros!", bradou. A Cidade do Rock, que contava com cerca de 150 mil pessoas, se transformou em um imenso canil. Após as canções "Recebi seu bilhetinho" e "Ele não sabia de nada", o cantor carioca pediu uma salva de palmas para "a paz, a democracia e o rock 'n' roll". Depois, reivindicou uma vaia para a "negatividade" que quis atrapalhar o Rock in Rio. O sucesso "Cantando no banheiro", levantou a Cidade do Rock, que se animou ainda mais com as escrachadas "Brega chique", "O crápula" e "Soraia", um forró do Trio Parada Dura. As deliciosas marchinhas "Copacabana napalm beach" e "Folia do matagal" e os hits "Nostradamus" ("ele gosta muito de rock", segundo Dussek) e "Barrados no baile" encerraram a apresentação com carga máxima. Ainda houve bis, com, mais uma vez, "Rock da cachorra". A terça-feira estava exorcizada.

O jogo já estava praticamente ganho. Depois das ótimas apresentações do Kid e de Dussek, Lulu não precisaria fazer muito. Mas o músico resolveu agir, operando algumas alterações com relação ao seu primeiro show. Resultado: fez uma apresentação triunfal. O figurino dessa vez era mais discreto (calça de couro preto, blazer vermelho, camiseta branca e lenço enrolado no pescoço), e o repertório mais popular. As arrastadas conversas, os solos excessivos da primeira apresentação e a longa versão de "Ano novo lunar" foram limados. O show estava redondo, e não faltou nenhum sucesso, começando por "Como uma onda", durante a qual Lulu jogou o blazer para o público e disse: "Um mar de gente é um mar de emoção".

Em "Tempos modernos", ele alterou a letra original para "Eu quero um novo começo de era/ De gente fina, elegante e sincera/ Com habilidade pra votar em uma eleição". O público gostou e cantou a letra inteira sem acompanhamento. Apesar de Tancredo eleito, a derrota nas Diretas Já ainda não havia sido digerida. Antes de sair do palco, Lulu exaltou a plateia: "Eu quero agradecer a todos vocês. Porque, nestes dias, se houve um grande espetáculo aqui, isso se deve a vocês". Antes do bis (nesse dia, o público não se cansou de pedir bis), o cantor disse: "Vou apelar", e mandou "De repente Califórnia", antes de encerrar com "Um certo alguém".

Dessa vez, a "caravana do delírio" não se perdeu de Lulu Santos. O dia 18 de janeiro poderia ser instituído "O dia da redenção do BROCK".

Se tudo correu tranquilamente para os artistas brasileiros, não seriam os estrangeiros que iam ter problemas. Muito menos o The B-52's. Considerada "a melhor banda de festa do mundo" — e elogiada por John Lennon pouco antes de seu assassinato —, o grupo fez a alegria da galera. O quinteto new wave, formado por Cindy Wilson (voz), Kate Pierson (voz e teclados), Fred Schneider (voz), Ricky Wilson (guitarra) e Keith Strickland (bateria), já havia gravado quatro álbuns. O último deles, *Whammy!*, de 1983, estava sendo lançado no Brasil.

O estilo do grupo podia ser comparado ao da Blitz, um pop rock dançante teatral, multicolorido e com letras divertidas. Os integrantes usavam figurinos e penteados diferentes — Schneider usou um macacão azulão brilhante, enquanto Cindy arrasou com um vestido verde marca-texto e uma peruca loura. A banda fez o público pular muito com músicas do último trabalho e também com canções mais antigas, como "Planet Claire" (a primeira do setlist), "Strobe Light" e o sucesso "Mesopotamia". "Rock Lobster" foi apresentada pelo simpático Schneider com um convite em excelente português: "Agora, vamos à praia?". No bis, a vibrante "Party out of Bounds". A banda (logo apelidada pelos gaiatos de "bife com tutu") estava acompanhada de dois Talking Heads, a baixista Tina Weymouth e o baterista Chris Frantz. Mesmo com tudo a favor, a atração seguinte não manteve o pique. As meninas da The Go-Go's, mais uma vez, não justificaram a sua escalação no festival. A batucada improvisada pela plateia no balcão do Bob's foi mais animada. O livro de memórias de Rod Stewart esclarece a vibração da The Go-Go's. "O único desgosto em todo o evento foi que, depois da nossa segunda apresentação, de volta ao hotel, convidamos a Go-Go's [...] para uma competição de cheirar coca. Isso foi um erro tático sobre o qual alguém devia nos ter avisado. Essas garotas conseguiam cheirar o verniz da mesa. Perdemos feio."

O show da The Go-Go's não surpreendeu, mas o do Queen foi o contrário, em mais um show tecnicamente perfeito. A banda se despediu do público em grande estilo. E com uma apresentação ainda melhor do que a primeira. O show foi exatamente o mesmo de uma semana antes, com o roteiro bastante conhecido da turnê do álbum *The Works* (1984). A diferença é que, segundo a crítica, a banda estava muito mais animada. Provavelmente, resultado de uma semana de descanso de Freddie Mercury e companhia no Rio de Janeiro.

É verdade. O grupo se divertiu à beça nos dias de folga. No domingo, dia 13, a gravadora EMI promoveu uma festança para o Queen ao redor da piscina do Copacabana Palace. Vários artistas compareceram, como Ozzy Osbourne e os integrantes do AC/DC e do Yes. Em frente ao hotel, nas areias da praia de Copacabana, um grupo de fãs acendeu quinhentas velas que formavam o nome do conjunto e ainda organizou uma queima de fogos. Comovido com a homenagem, o guitarrista Brian May pegou a filha, saiu de fininho da festa e foi se juntar aos fãs na praia. Quando retornou, estava tão empolgado que se jogou de roupa e tudo na piscina do Copa. No dia seguinte, Freddie Mercury partiu para um programa mais privado com o motorista que o atendia na cidade. O cantor estava ensaiando um affaire com o funcionário. Encantado com a gastronomia carioca, pediu para ser levado ao "melhor restaurante italiano da cidade". Terminaram a noite no tradicional La Mole.

Aos 45 minutos já do dia 19, as engrenagens do cenário começaram a funcionar na Cidade do Rock, enquanto os primeiros acordes da introdução de "Machines (Back to Humans)" explodiam nos alto-falantes. A essa altura, a chuva, moderada durante os shows anteriores, começou a cair forte. Mas o público não se importou. Quase ninguém foi embora mais cedo — 250 mil pessoas testemunharam o derradeiro espetáculo do Queen no Brasil com Freddie Mercury nos vocais. Sua voz, de fato, não estava nos seus melhores dias (talvez fruto das noitadas cariocas), mas tudo foi compensado com uma vinheta inédita, batizada por ele de "Rock in Rio Blues" e que, mais tarde, seria oficialmente lançada pela banda no lado B do single *A Winter's Tale*, em 1995.

"Love of My Life", mais uma vez, foi cantada e decantada por todo mundo, deixando registrado, na mente e nos vídeos, um dos momentos mais emblemáticos de toda a carreira do Queen. E dos grandes concertos de rock. Em 2008, quando Brian May e Roger Taylor se apresentaram com Paul Rodgers na Arena dos Jogos Pan-Americanos, a poucos metros da Cidade do Rock, antes de cantar a balada, o guitarrista relembrou os shows de 1985, afirmando que ainda podia ouvir aquelas vozes entoando "Love of My Life". Em entrevista para este livro, o guitarrista guarda recordações carinhosas. "Foi uma sensação maravilhosa. Sentimos que a história estava sendo escrita de alguma maneira. E a proximidade da audiência, embora em grande número, ia além dos nossos sonhos mais selvagens. Foi a concretização de uma visão, que nunca será esquecida."

Grande entusiasta e colecionador de obras de arte, antes de ir embora, Freddie presenteou Roberto Medina com uma tela desenhada em grafite por Salvador Dalí com a figura do Dom Quixote. A obra encontra-se até hoje em uma das paredes da residência do empresário, na Barra da Tijuca, no Rio de Janeiro. Mais ainda, após o show, o líder do Queen elogiou a empreitada: "O aparato deste festival faz o coração da gente bater mais depressa. É inédito e assustador". E ainda disse à revista *Record Mirror*: "Agora eu gostaria de comprar o continente inteiro e me nomear presidente".

O penúltimo dia do Rock in Rio começou com uma mudança providencial: transferir o show de Erasmo Carlos, que abriria a noite, para o dia seguinte. Sábia decisão da produção, pois os fãs do metal tinham Whitesnake, Ozzy Osbourne, Scorpions e AC/DC pela frente e seus ânimos deviam estar especialmente aflorados por causa do forte sol e do calor insuportável daquele sábado de verão. Erasmo Carlos já estava no camarim preparando o roteiro dessa segunda apresentação, que seria mais compacta e sem baladas. Também havia combinado com a banda que tocaria só para eles, ignorando os metaleiros. "Faríamos o show sem medo de sermos felizes, comemorando a eleição de Tancredo Neves, que acontecera naqueles dias", escreveu o Tremendão em sua autobiografia. O clima, no entanto, estava tenso. Por causa de uma discussão, a esposa de Erasmo, Nara, jogou um copo de cerveja em um dos empresários de Ozzy Osbourne. Quando quase tudo estava definido para o show do Tremendão, Aloysio Legey e Walter Lacet, amigos de Erasmo e produtores da TV Globo, entraram no camarim e comunicaram ao cantor que o show seria transferido para o dia seguinte. "Pecamos na escalação e não seria justo jogar você no meio das feras. Você não merece isso, pelo que fez e pelo que representa para a gente", avaliaram os produtores. "Não vou negar que me senti aliviado", reconheceu Erasmo. Em seguida, os alto-falantes anunciaram que a apresentação fora cancelada por "motivos técnicos". Os metaleiros aplaudiram.

Coube então ao guitarrista Pepeu Gomes e à cantora Baby Consuelo a ingrata tarefa de acalmar a turma heavy. Pedras e bolas de terra eram arremessadas ao palco antes de o casal entrar. Pepeu não quis nem saber. Saiu mandando solos alucinados. Os metaleiros entraram no clima e até cantaram o refrão de "Deusa do amor" (aquele que diz "Livre, ser feliz e amar"). A instrumental "Malacaxeta" — o show foi praticamente todo instrumental, com destaque para "Blue Wind", de Jeff Beck — também foi outro grande momento. De baby-doll e com o barrigão à mostra, coberto de purpurina, Baby veio em seguida e iniciou sua performance com "Todo dia era dia de índio". Durante "Telúrica", lembrou que era aniversário de Janis Joplin, arrancou um "rá" da plateia e até ganhou aplausos. Já na versão forroque para "Menino do Rio", de Caetano Veloso, mudou os versos para "Menino do Rio/ Calor que nunca se viu". Mas a paciência da plateia não durou muito tempo. Ao final do show, Baby reclamou do som e deu uma bronca no público.

Nos bastidores, uma pequena tensão foi promovida por seguranças de Pepeu. Como o artista havia sido rebocado do palco na primeira apresentação por ter extrapolado o tempo que lhe cabia de show, nesse segundo o músico levou seguranças para entrarem em ação caso movessem o palco. Moveram. E o clima ficou tenso. Segundo o jornalista Jaime Biaggio, em seu texto "Os dez dias que abalaram o Brasil" publicado pela revista *Bizz* no ano 2000, o baterista de uma banda nacional teria visto os seguranças de Pepeu armados e declarando: "Mexeu no palco, vai morrer!". A notícia deixaria a turma do metal alucinada.

Às oito horas da noite, os fãs do heavy metal começaram a tirar a barriga da miséria. Àquela altura, 250 mil pessoas lotavam a Cidade do Rock. O vocalista David Coverdale e seus colegas de Whitesnake, assim como na primeira apresentação, abriram com "Walking in the Shadow of the Blues". Em uma hora e dez minutos de show, o grupo praticamente repetiu a apresentação do dia 11, de forma um pouco mais enérgica, de acordo com a crítica, com canções como "Love Hunter" e "Don't Break my Heart Again". No final, todos ficaram satisfeitos com o mais do mesmo. No intervalo de oito dias entre uma apresentação e outra, o Whitesnake aproveitou um bocado o Rio de Janeiro, especialmente Coverdale. Na véspera do segundo show, o vocalista esteve na boate People, no Leblon, para assistir ao show "Milton Banana e seus amigos de Bossa Nova", estrelado por um dos maiores bateristas de todos os tempos. Bebeu caipirinha — adorou! —, conversou sobre música clássica e revelou gostar de Gilberto Gil, Tom Jobim e dos percussionistas brasileiros. "O ritmo é incrível", confessou.

Coverdale também alimenta uma das maiores lendas da história do Rock in Rio. Nem o personagem principal deve se lembrar se a situação de fato aconteceu. No intervalo entre os dois shows da banda no Rio, o músico teria arrastado uma socialite para a cama após uma bebedeira. No dia seguinte, ao encarar a mulher, mandou chamar a segurança para expulsá-la do quarto.

Para dar continuidade à noite dos camisas pretas, Ozzy Osbourne apareceu vestindo uma capa prateada, segurando uma enorme cruz de papelão. Também estava visivelmente mais animado. Já o roteiro foi idêntico ao do primeiro show, na quarta-feira. Abriu com "I Don't Know", logo após o trecho de *Carmina burana*, do compositor alemão Carl Orff, que precedia todas as apresentações da turnê do álbum *Bark at the Moon*. O roteiro contou com "Mr. Crowley", "Over the Mountain" e "Journey to the Center of Eternity", além de clássicos do Black Sabbath, "Iron Man" e "Paranoid". Muitas brigas pipocaram na plateia, enquanto Ozzy incitava a massa berrando provocações do tipo "vamos ficar loucos" ou "fumem mais maconha". Como era de esperar, um fã chegou a jogar uma galinha preta perto do cantor. Um *roadie* empurrou a ave para o fosso do palco. Mas ela voltou. Ozzy a pegou, acariciou sua cabeça e a levou para os bastidores. Não rolou nenhuma mordida no pescoço, para decepção da plateia.

Após Ozzy, com um som muito mais potente, a banda Scorpions entrou no palco para provar que o pragmatismo alemão vai muito além do futebol. Em pouco mais de uma hora, o conjunto repetiu praticamente a sua primeira apresentação. Da entrada no palco ao final com "Dynamite" e "Can't Get Enough", passando pelos efeitos especiais, as acrobacias no palco e o repertório ("Still Loving You", "Bad Boys Running Wild", entre outras), foi tudo igual. Ou quase igual. O guitarrista Rudolf Schenker não abriu novamente o supercílio, e Matthias Jabs apareceu com uma guitarra verde e amarela que exibia o símbolo do festival. Para mostrar que estava mesmo em festa, a banda voltou para o bis cantando uma versão de — acredite! — "Cidade maravilhosa", antes de fechar com "Can't Get Enough". Explica-se: no dia 20 de janeiro (já passava da meia-noite), comemora-se o dia de São Sebastião, padroeiro do Rio de Janeiro, notícia que lhes foi dada por jornalistas.

Os australianos do AC/DC encerraram a noite em alta voltagem repetindo o show do dia da eleição de Tancredo. Angus Young com sua roupa de colegial (claro!), o mesmo striptease (óbvio!) em "Bad Boy Boogie" e todo o restante do repertório igual (quem duvidaria?). Enfim, em time que está ganhando não se mexe. E os metaleiros voltaram extasiados para casa.

Finalmente, o último dia de Rock in Rio. Os que não aguentavam mais falar de rock davam graças a Deus. Já os fãs do festival começavam a sentir aquela leve sensação de luto. Mas quem estava com o estômago revirando era Erasmo Carlos, que não conseguiu dormir na véspera desse seu segundo show. Pensava nos metaleiros como uma criança com medo de encontrar os fortões da escola. No dia D, a temperatura beirava os 40°C, e Erasmo mergulhou na praia da Barra da Tijuca para "exorcizar a negatividade". Às três da tarde, Kadu Moliterno anunciou nos alto-falantes da Cidade do Rock: "Sem ele, não estaríamos aqui". Antes, o locutor Dirceu Rabelo leu um texto de desagravo e pediu "carinho" ao público.

Não precisava. As cerca de 100 mil pessoas já estavam de braços abertos e prontas para a festa de arromba. Erasmo, dessa vez, dispensou o violão e atacou com um set de músicas animadas, como "Minha fama de mau" e "Negro gato", em um dia no qual imperaram citações ao amor e à paz. "Que maravilha! Aquele era o Rock in Rio que imaginei quando vi a maquete na casa do Medina. A Cidade do Rock, livre dos metaleiros, parecia um Éden. O astral era outro. Famílias passeavam, casais se beijavam, a garotada maluca se divertia na lama, que, devido às chuvas que caíram, já fazia parte do cenário", contou Erasmo Carlos em suas memórias. Enfim, mais uma redenção. Esta, mais do que merecida.

Em seguida, foi a vez do repeteco do Barão Vermelho, em uma apresentação não tão calorosa quanto a de terça-feira. No roteiro, apenas uma modificação: a inclusão de "Um dia na vida". Cazuza (que frequentou praticamente todos os dias do festival no gramado com os amigos) reclamou do som quatro ou cinco vezes: "Meu retorno está uma merda", berrava. Mas o público nem notou e curtiu o show do Barão e de Gilberto Gil, que veio em seguida. Gil, como de costume, fez tudo perfeitinho, com um repertório idêntico ao do show anterior. A novidade foi uma provocação feita durante a apresentação de "Pessoa nefasta", quando o compositor baiano saudou a galera do heavy metal, com os dedos mínimo e indicador. Aplausos. O público entendeu a ironia. Ao mesmo tempo, Roberto Medina fazia um balanço geral do Rock in Rio para a imprensa. Segundo o empresário, a Artplan saiu no zero a zero, o que não deixou de ser uma vitória e um alívio para uma empreitada bastante ousada.

A Blitz foi a última banda brasileira a pisar no palco em Jacarepaguá, com um pôr do sol de cartão-postal e, dessa vez, sem problemas no som. "Foi o maior show para a Blitz e o fim de um ciclo para o grupo, uma espécie de fechamento com chave de ouro. Acho que representou a pedra fundamental para o *showbiz* no Brasil e para a cultura contemporânea nacional", disse Evandro ao jornalista e músico Rodrigo Rodrigues, no livro *As aventuras da Blitz*. Infelizmente, a banda, que já não estava num clima muito bom, se desfez poucos meses após o Rock in Rio.

Nina Hagen causou de novo. A cantora alemã fez escola. Na plateia, diversas garotas com cores fortes no rosto imitavam a maquiagem espalhafatosa da artista, que foi recebida com serpentinas no palco. Durante a apresentação, aterrissou uma boneca inflável parecida com a cantora. Para retribuir a gentileza, Nina jogou água benta no público e ainda bebeu o restante. Em entrevista antes do show, saudou o novo momento político do Brasil: "Eu estou muito feliz porque o Brasil vai ter uma democracia. Foi muito bom o candidato civil vencer as eleições depois de vinte anos de governo militar".

Vestida com um minúsculo maiô de couro preto e um crucifixo de metal pendurado na cintura, em determinado momento do show a cantora simulou uma cena de exorcismo, berrando pelos pais e enfiando o microfone na boca. Ela também cantou "My Way" e, dessa vez, a dedicou a Jimi Hendrix, Janis Joplin e Jim Morrison. Os cariocas, já familiarizados com as suas esquisitices, pediram bis, mas ela foi para o camarim e não voltou mais. Esse seu segundo show foi bastante elogiado pelo público e pela imprensa. Quem quisesse mais teria chance em São Paulo, onde a cantora faria três shows entre 22 e 24 de janeiro.

The B-52's repetiu seu guarda-roupa extravagante e, de novo, botou Jacarepaguá para dançar e pular. Entre um show e outro, Fred Schneider e companhia aproveitaram a noite do Rio de Janeiro, excursionando por várias boates. Na despedida da cidade, antes do show, um programa-padrão de turista: visita ao Cristo Redentor. Para finalizar, a derradeira apresentação do Yes foi a mais longa do festival, com duas horas e 25 minutos de duração. No repertório, as mesmas pérolas: "Starship Trooper", "Roundabout" e "Leave It". A multidão, de quase 200 mil pessoas, se refastelou na lama — uma chuva de verão caiu pouco antes do show —, aproveitando os últimos minutos de um dos momentos mais marcantes de sua geração. Os fãs só pararam para ouvir em silêncio sepulcral (deixando o rockódromo com ares de Theatro Municipal) o solo de "Toccata e Fuga", de Johann Sebastian Bach, executado por Tony Kaye e Trevor Rabin.

Às 2h21 da madrugada do dia 21 de janeiro, o Yes saiu do palco, encerrando oficialmente a primeira edição do Rock in Rio. O ator Kadu Moliterno agradeceu a todos e disse que "ano que vem tem mais". A música-tema do Rock in Rio, composta por Eduardo Souto Neto, explodiu nos alto-falantes, enquanto a multidão exaurida deixava a Cidade do Rock.

"Que a vida começasse agora…"

10. "VALEU!"

COPOS DE PLÁSTICO, guardanapos de papel, jornais, latas de cerveja amassadas, papelões, bitucas de cigarro, calçados e lama, que, misturados à urina, exalavam um cheiro não muito agradável. Essa era a paisagem da Cidade do Rock na manhã do dia 21 de janeiro de 1985. Nos camarins, corredores vazios, um espelho e um abajur quebrados e muita garrafa de uísque escocês vazia. O palco do Rock in Rio, um transatlântico ancorado no meio do deserto, era uma lembrança de que algo muito importante havia se dado ali. Enquanto isso, no chão da rodoviária, dormiam roqueiros sujos e só com a roupa do corpo. A maioria nem passagem de volta tinha. O recado de Kadu Moliterno ("ano que vem tem mais") ainda ecoava nos ouvidos dos fãs do Rock in Rio. Mas a mensagem do ator estava mais distante do que todos imaginavam.

"As obras de engenharia feitas no Riocentro para o Rock in Rio se destinam exclusivamente à realização do evento no período de 11 a 20 de janeiro de 1985, ficando desde logo a obrigada (Artplan) ciente de que nenhum outro evento, dessa ou de qualquer outra natureza, será permitido no local, que é destinado à utilização que a lei prevê (uni e multifamiliar)." Essa era a cláusula 12 do Termo de Obrigação número 06/002331/84, assinado entre a Secretaria Municipal de Obras e Serviços Público e a Artplan. O Termo também exigia, em sua cláusula quinta, que a Artplan deveria desmontar as estruturas e desocupar a área do festival no prazo de trinta dias após a data de encerramento. Além disso, o Rock in Rio deveria doar todo o material de sua propriedade às comunidades carentes mais próximas.

Tancredo Neves já havia intercedido antes do festival. Agora, não tinha muito jeito. Apesar de o acordo com a Carvalho Hosken (que cedeu o terreno) permitir até quatro edições do Rock in Rio, o Termo assinado era claro. Roberto Medina deveria tirar toda a estrutura de lá. Para Leonel Brizola, já estava de bom tamanho. No que dependesse dele, Rock in Rio nunca mais. Oficialmente, o governador alegava que a Cidade do Rock prejudicava a programação do Riocentro. Corria um boato também no sentido de que as escolas de samba poderiam trocar o Sambódromo — orgulho do governo Brizola — pela Cidade do Rock. Mas o que corria mesmo à boca miúda era o temor do governador de que o festival servisse de plataforma política para o então deputado federal Rubem Medina, vice-presidente da Artplan e candidato à sucessão estadual pelo Partido Democrático Social (PDS). Em meio a toda sorte de motivos, Brizola garantiu que o Rock in Rio atrapalhou a feira Couromoda, realizada no Riocentro, na mesma época. Evandro Mesquita respondeu à altura: "É o maior absurdo, uma grande violência e por motivos furados. Atrapalhar feira de couro que nada, o que é preciso é acabar com a matança de jacarés".

Roberto Medina continuava resoluto em seus ideais. "Vou fazer aqui o Rock in Rio II e se o Brizola quiser impedir, ele vai ter que se entender com o povo. Desmontar o rockódromo é uma violência tão grande quanto acabar com o Carnaval e, se o governador realmente assumir esta postura, ele terá de se entender com o povo e com a Justiça." Ele ainda anunciou os planos de realizar um festival de música brasileira, ainda em 1985, com três convidados internacionais, a nata da gravadora Motown: Michael Jackson, Diana Ross e Lionel Richie.

Quando a discussão ferveu, Brizola publicou a nota "Empresários roqueiros". Eis um trecho: "A população está verificando, agora através de fatos concretos, que atrás do chamado Festival do Rock preparou-se uma torpe exploração política e eleitoreira. Cumpriram-se, exatamente, as ameaças que o deputado Rubem Medina fez no recinto do Congresso, de que 'vamos jogar a juventude do rock contra o Brizola, com o apoio da televisão'. É a arrogância dos que, durante estes vinte anos de ditadura, habituaram-se a fazer o que lhes convinha, sem o dever de respeitar, antes de tudo, o interesse geral da população. Pensam que a publicidade maciça leva de roldão a consciência das pessoas".

Enfim, a família Medina cansou de brigar. Logo que a nota do governador foi publicada, Medina ligou para Roberto Marinho, da Rede Globo, e entregou os pontos. O irmão Rubem, por sua vez, respondeu a Brizola: "Para mim, encerra-se aqui esse episódio, o qual não voltarei a comentar. O Rio de Janeiro está precisando de menos exploração política e de mais competência, trabalho e amor à terra em que vivemos, para vencer a estagnação econômica e a flagrante decadência da qualidade de vida. É essa competência, esse trabalho e esse amor que pretendo continuar oferecendo à minha cidade e ao meu estado, com ou sem Rock in Rio. O que não pretendo é abrir mão do direito de contribuir para resgatar o Rio de Janeiro de um destino medíocre e da pecha de capital da violência e da mendicância. Porque numa coisa eu acredito profundamente: o futuro que podemos ter, se quisermos e soubermos lutar por ele, é muito generoso. Governo demais para rancores pequenos".

Diversos artistas repudiaram a atitude do governador. Não se conformavam de jeito nenhum com o desmonte da Cidade do Rock. A começar pela sua filha, Neusinha Brizola, aquela, da pérola "Mintchura". "As autoridades têm que ser mais flexíveis. A dificuldade é que a maioria do povo é jovem e os políticos são muito velhos. Tudo bem, acho o meu pai um bom governador, honesto, mas, poxa, nem ele nem Tancredo representam a juventude. Precisamos de um Kennedy, um cara jovem, bonitão, um Márcio Braga ou Fernando Henrique Cardoso, que não é muito novo, mas tem uma cabeça jovem. O Medina é simplesmente genial, um dos empresários de maior cabeça do país. O rockódromo tem que ficar porque é a cara do Rio. Tenho certeza que meu pai vai mudar de ideia. Nunca imaginei que ele fosse contra. Não faz o seu feitio."

Roberto Carlos, que esteve presente em três noites do evento, também entrou na briga: "A política não deveria estar no meio deste negócio. O que deve estar em primeiro lugar é o interesse do Brasil, dos artistas e do povo, que viu no Rock in Rio uma festa maravilhosa, do mais alto nível e montada com carinho". A cantora Elba Ramalho, que se apresentou no festival, não teve pudor ao atacar o governador. "A decisão é um absurdo e demonstra muita incompetência e egoísmo. Brizola está tirando a máscara com sua péssima administração. Agora, ele assumiu uma postura autoritária, fascista e prepotente, indo de encontro a um movimento marcante para a cultura brasileira." Lulu Santos tocou em um ponto primordial. Certamente, o egoísmo de Brizola era tão grande que ele nem se importava com o que o estado deixaria de arrecadar sem o Rock in Rio. "Todo mundo ganhou com a promoção, inclusive o estado, que faturou com a arrecadação de impostos, no mínimo com o que vendeu, desde os ingressos. Brizola, assim, perde o meu voto, devido a sua atitude autoritária. Acho que agora ele confirma tudo que se falou de mal a seu respeito."

Herbert Vianna, dos Paralamas, foi pelo mesmo caminho: "Entendo que, em vez de estar preocupado em desmontar a Cidade do Rock, o governador deveria estar mais atento aos problemas maiores, como a falta de moradia, excesso de lixo nas ruas, muitas favelas e tantas outras precariedades". Cazuza, simpatizante de Brizola — ele cantou em sua posse —, também detonou o governador: "Essa novela já está cansando, e acho mesmo que este governador está com ciúme ou inveja do sucesso da promoção". Até mesmo a veterana cantora Emilinha Borba defendeu o festival: "A estrutura do festival deve ser mantida porque o mundo inteiro tomou conhecimento do espetáculo".

E, olha só, o mundo do samba, que tanto criticou o Rock in Rio, entrou na dança do rock. Alcione Barreto, então presidente da Associação das Escolas de Samba disse: "É tão surrealista destruir uma coisa que deu certo quanto tirar um chafariz secular para construir um memorial. Não se destrói o que funcionou bem. E seria esconder a realidade dizer que o Rock in Rio não deu certo". Paulinho da Viola ecoou a opinião: "É uma pena demolir uma coisa que deu certo". No dia 27 de janeiro, uma pesquisa encomendada ao Ibope pelo jornal *O Globo* cravava que 79,3% dos entrevistados eram contra a desmontagem do Rock in Rio. A pesquisa ainda afirmava que 64,7% dos ouvidos pretendiam ir ao "Rock in Rio no ano que vem". Além do mais, 51,4% dos entrevistados concederam nota 9 à organização do evento. A Rádio Globo fez pesquisa semelhante, e 95% dos ouvintes manifestaram-se favoravelmente à manutenção da Cidade do Rock.

Nada disso sensibilizou Leonel Brizola. Na primeira semana de fevereiro, Medina ainda se encontrou com o governador, que disse que faria "tudo para que o Rock in Rio se realize aqui no Rio", e que depois do Carnaval procuraria um terreno propício. No dia marcado para o início do desmonte, 11 de fevereiro, artistas e fãs do festival protestaram na Cidade do Rock. Cerca de duzentas pessoas carregavam cartazes com frases do tipo "Governador, o rock é tão bom quanto o churrasco e o chimarrão". Gilberto Gil e Ivan Lins apareceram. Gil afirmou: "Devemos permanecer em vigília e ir até o Palácio, falar com o governador. Por que as leis não podem mudar, quando é esse o desejo do povo?". Abraham Medina, em seu escritório no rockódromo, ainda ligou para o governador, para tentar pela última vez. "Não adianta", desligou o telefone depois de alguns poucos minutos. O governador se manifestou publicamente mais uma vez no dia em que o palco começou a ser desmontado. "Os empresários roqueiros estão fazendo onda. O Rock in Rio é um festival como outro qualquer. Não é nenhuma causa de salvação nacional." A seu ver, "praticamente não havia juventude na manifestação e nem mesmo um bom número de artistas se abalou a ir ao local".

Seguindo conselho médico, Roberto Medina nem ficou para ver o desmoronamento da Cidade do Rock. Através de comunicado, a Artplan salientou "a tristeza de quem vê cair por terra o cenário de uma festa maravilhosa, amplamente reconhecida pelos artistas participantes e pela imprensa internacional como o mais profissional e bem organizado concerto de rock de todos os tempos". Ao final do evento, a imprensa de modo geral fez um saldo positivo do Rock in Rio. A revista *Veja*, em sua edição do dia 23 de janeiro, dedicou uma longa reportagem — "A folia que deu certo" — de dez páginas ao evento. A matéria começava assim: "Atolados em lama ou banhados de sol, roqueiros de todo o Brasil viveram na semana passada a grande festa de sua geração durante os dez dias de duração do Rock in Rio. Alguns aprenderam a gostar de xaxado, outros confirmaram a sua adoração pelo som rebelde das bandas heavy metal. 'Valeu', era a senha que mais se ouvia entre gemidos de guitarra e pancadas de bateria. 'Valeu', diria Roberto Medina".

O *Jornal do Brasil* também não poupou elogios, especialmente o jornalista Joaquim Ferreira dos Santos, em sua análise crítica "O espetacular sucesso que Nostradamus não previu". "Nostradamus errou: o Rock in Rio foi um sucesso. Teve de tudo que se espera num encontro desse tipo. Lama aos montes, lembrando seu similar mais famoso, o Woodstock de 69. Fumo para quem quisesse, pois a repressão foi discretíssima, de Nova República. E no palco aconteceu o desfile mais ecumênico que se tem notícia nos trinta anos de existência do rock. Da vertente que o toma misturado ao forró aos musculosos tatuados que só o permitem na forma heavy." Em São Paulo, o festival também repercutiu bem, conforme se depreende do texto que Zuza

Homem de Mello escreveu para O *Estado de S. Paulo*: "Roberto Medina, depois de sua inacreditável manifestação de capacidade, pode descansar enquanto seleciona os telefonemas e as cartas de artistas que vão ficar loucos para participar de suas futuras realizações. Esse, o seu lucro. Para o público, o festival foi muito melhor organizado do que se previa, especialmente os incrédulos e gozadores cariocas, que agora se orgulham de terem criado e participado de um evento de tamanho êxito".

Até hoje, a primeira edição do Rock in Rio é sempre comentada pelos fãs e pela imprensa. Virou o nosso Woodstock. O fã enche a boca — com razão — para dizer que viu o Queen com lama nos joelhos. Os jornalistas se gabam — também com razão — de terem participado da cobertura do primeiro grande festival de pop rock no Brasil. A jornalista Susana Schild, que participou da cobertura do festival pelo *Jornal do Brasil*, ressaltou bem o aspecto da "durabilidade" do Rock in Rio. "A sensação que tenho é que o evento 'durou' mais tempo, em termos de expectativa, do evento em si e da repercussão. Hoje, se comenta muito a preparação, mas o show termina e ninguém mais fala. O Rock in Rio 'durou' muito, ele continuou sendo notícia mesmo depois de terminar, lançou modas, comportamentos que marcaram. Hoje, de fora, tenho a impressão de que quando o show acaba, acabou tudo, ninguém mais lembra, ninguém mais fala, o negócio é o próximo show."

O primeiro festival de música a gente nunca esquece. O primeiro Rock in Rio ninguém jamais esqueceu.

Valeu!

***

"Duran Duran está muito interessado em participar do próximo Rock in Rio. Por favor, avise-nos das datas prováveis e enviem-nos uma oferta. Saudações, Rob Hallett." Esse foi apenas uma das mensagens por telex que a Artplan recebeu tão logo o Yes saiu do palco e encerrou a primeira edição do evento em 20 de janeiro. Ao que tudo indicava, em 1986, aconteceria um novo Rock in Rio. Além do Duran Duran, bandas como U2, Supertramp, The Police, Dire Straits e Culture Club estavam na lista, assim como o Prince. Algumas conversações, inclusive, já tinham se iniciado. Mas ainda não havia local.

Em um primeiro momento, os municípios de Nova Iguaçu e Duque de Caxias se disponibilizaram a receber o festival. Foz do Iguaçu também. Mas foi São Paulo quem mais demonstrou interesse. Medina chegou a viajar à capital paulista para visitar alguns possíveis terrenos, como o Parque Ecológico do Tietê e o Campo de Marte. Até mesmo a vitória de Jânio Quadros para a prefeitura de São Paulo somou pontos à questão: "Esse [Roberto Medina] não é um empresário, mas um vidente com uma bola de cristal embaçada. Se ele quiser vir fazer o seu festival aqui, pode vir, que até o receberei no aeroporto. E, se tivesse certeza de que não faria mal a outros setores, até colocaria recursos públicos para auxiliá-lo. Não tenho relações pessoais com o rock, mas gosto dele. Há o bom e o mau rock, assim como há o bom e o mau tango", dissertou Jânio.

O senador Fernando Henrique Cardoso, derrotado por Jânio, achava "boa ideia" o Rock in Sampa, porque "não se pode coibir as manifestações culturais da juventude". Em uma reportagem de Ruy Castro para a *Folha*, FHC se dizia "fã daquele conjunto, o Santana", e hoje, por causa de seus filhos, ouve "até heavy metal". O futuro presidente afirmou que não achava que festivais de rock, por si sós, pudessem aumentar o risco de uso de drogas. "O risco está em toda parte", filosofou.

O Rock in Rio em São Paulo não aconteceu. O evento chegou a ser cogitado novamente no Rio, em janeiro de 1988, mas a crise econômica inviabilizou patrocínios. Muita coisa aconteceria na vida de Roberto Medina até a segunda edição aportar no estádio do Maracanã.

11. "EU NÃO IMAGINAVA SER TÃO BOM VIVER."

"ATÉ AMANHÃ." Eram 20h05 do dia 6 de junho de 1990, quando Roberto Medina despediu-se de sua assistente, Léa Penteado. Dez minutos depois, entre dez e quinze homens cercaram o carro do empresário, na porta da Artplan. Sob intenso tiroteio, o empresário foi rendido. Tinha início um dos sequestros que mais comoveram os brasileiros. Às dez horas da noite, Maria Alice, esposa do empresário, atende o telefone e é informada do ocorrido. Os sequestradores também dão a senha para as negociações: "Rogerinho". Diversos amigos chegam na casa da família para participar das tratativas com os bandidos. Rubem Medina não tem condições de fazer nada. No dia seguinte, às sete da manhã, uma ligação é feita de São Gonçalo, informando o valor do resgate: 5 milhões de dólares, "nem mais nem menos". Uma hora e meia depois, um novo chamado, dessa vez do Flamengo. O valor do resgate é confirmado. O bandido ainda diz que há um bilhete para a família, deixado no banheiro do McDonald's de Botafogo. A mensagem é clara: a polícia e a imprensa devem ser mantidas afastadas do caso. Os amigos se mobilizam para arrecadar o dinheiro.

Vinte e quatro horas depois, nova ligação, durante a qual os sequestradores juram que vão cortar o pescoço de Medina. A família, sem dispor do montante solicitado, apresenta uma contraproposta. "Isso é uma merreca", desdenha um dos bandidos, que aproveita para falar que há uma nova carta no banheiro de uma pastelaria no Méier. A mensagem, escrita pelo próprio Medina, descreve o local onde ele está, "parecido com um canil". A cifra não agrada ao criminoso, que acerta um soco na cara de Medina. A partir dali, seguem-se sessões de tortura. O empresário é acorrentado com arame farpado e é ameaçado de ser esquartejado com um machado. Aliás, Medina é ameaçado de morte constantemente. "Se eu não voltar até o fim do dia, podem matá-lo", era o que o empresário escutava todo dia.

Dias depois, um dos sequestradores é preso e a cadeia de nomes dos envolvidos no crime começa a ser desmontada. "A cabeça do Medina está nas mãos de vocês", ameaça um dos bandidos em novo telefonema. A essa altura, a família não tem certeza se Medina está realmente vivo. Os sequestradores então deixam uma fita de vídeo VHS dentro de uma igreja em Laranjeiras, com imagens do empresário. Elas são chocantes. Medina está sentado, de short e sem camisa, com um esparadrapo na cabeça, sangue (falso) escorrendo, coleira no pescoço e algemado a correntes, além de duas armas apontadas para a sua cabeça. Ele pede para que o resgate seja pago imediatamente, "os sequestradores não estão brincando". No vídeo ainda surge uma pessoa portando uma metralhadora. Uma ambulância é chamada ao condomínio Nova Ipanema para atender a família. Maria Alice pede que a polícia se afaste definitivamente do caso.

A família entra em novo acordo com os bandidos: 2,5 milhões de dólares. A polícia prende a mãe e o irmão do líder do bando, Maurinho Branco, do Comando Vermelho. Outro comparsa também é preso. No dia 19 de junho, Rubem Medina, após mais de 25 ligações telefônicas, paga o resgate no Aterro do Flamengo — eram tantas notas que as duas malas com o dinheiro mal fechavam. Quarenta e oito horas depois, Roberto Medina, que se alimentou de macarrão instantâneo durante todo o período e fazia flexões para se proteger do frio, é libertado e entregue às equipes dos jornais O Dia e O Globo, na Avenida Paulo de Frontin, no bairro do Estácio, que o levaram a uma igreja no Centro da cidade, onde a polícia o esperava. Minutos antes da libertação, um dos bandidos ofereceu-lhe o seu gavião de estimação. No total, foram 359 horas dentro de um cativeiro de menos de dez metros quadrados, no bairro de Realengo, na zona oeste do Rio de Janeiro. "Eu não imaginava ser tão bom viver. Passei seis meses encolhido, cheio de medos e depois me dei conta do privilégio que é ter voltado à vida. Sei que nunca vai ser possível esquecer, mas aprendi a usar aquela experiência terrível para viver melhor", afirmou o publicitário.

Antes do sequestro, Roberto Medina e seu sócio Paulo Marinho estavam às voltas com a produção da segunda edição do Rock in Rio, com data marcada para julho de 1990, em parceria com a TV Globo e a Coca-Cola. O local: estádio do Maracanã, cuja licença já havia sido concedida pelo governo do Rio de Janeiro. Porém o Plano Collor (pacote econômico que confiscou a conta-corrente e a poupança dos brasileiros) forçou o adiamento do evento para janeiro de 1991, com um investimento inicial de 17 milhões de dólares. "Com o Plano Collor, houve perplexidade do mundo industrial e uma clara retração das empresas. Como o projeto só pode ser feito pela iniciativa privada, achamos melhor adiá-lo para dar um tempo de reposicionamento", afirmou Medina no final de abril.

A ideia de um novo Rock in Rio poderia parecer uma loucura. Após o desmonte da Cidade do Rock em 1985, Medina perdeu tudo o que tinha. "Eu odiava o Rock in Rio, basicamente", confessou Roberta Medina, filha do empresário, em 2022. "O primeiro, especialmente, foi muito doloroso, apesar do sucesso, pessoalmente foi muito pesado para o meu pai", disse ela, que precisou trocar de escola por causa das dificuldades financeiras. Sem dinheiro, devendo a todos e deprimido, o empresário voltou para as campanhas publicitárias na Artplan para tentar reerguer o seu patrimônio. Nem mesmo a família entendia por que Medina voltava à ideia de um novo festival de música.

A apresentação do projeto da segunda edição foi feita à imprensa em 24 de julho de 1990, na casa do empresário, no condomínio Nova Ipanema. O evento aconteceria na segunda quinzena de janeiro. Devido à explosão da Guerra do Golfo Pérsico (iniciada em agosto de 1990), Medina queria fazer do novo Rock in Rio uma "gigantesca manifestação em favor da paz mundial". A escolha do então maior estádio de futebol do mundo foi puramente política. Dody Sirena, quando recebeu o convite de Medina, queria adotar a tendência que já começava a acontecer na Europa: a construção de mais de um palco. "Não justificava mais o público ficar sentado horas em uma arquibancada de cimento esperando o show", explicou. Com a impossibilidade da realização na Ilha Pura, o produtor sugeriu o autódromo localizado no mesmo bairro de Jacarepaguá, já que as corridas de Fórmula 1 haviam sido transferidas para Interlagos, em São Paulo. "Mas existia uma questão política: o Maracanã era do estado, e o Autódromo, do município, e as melhores relações eram com o governador Moreira Franco. E por essa razão o Rock in Rio II permaneceu no Maracanã", revelou o produtor.

Voltemos um pouco no tempo. Entre novembro e dezembro de 1989, ocorreu a primeira eleição direta para presidente em 29 anos. Fernando Collor de Mello (PRN), Luiz Inácio Lula da Silva (PT) e Leonel Brizola (PDT) foram os principais candidatos, em uma eleição que se notabilizou pelo absurdo marketing político-televisivo do primeiro candidato. Oitenta milhões de brasileiros compareceram às urnas e elegeram o "caçador de marajás" Fernando Collor — primeiro presidente eleito pelo povo desde Jânio Quadros, em 1961. No dia seguinte à posse, que aconteceu em 15 de março de 1990, um plano econômico idealizado por Collor e pela sua ministra da Economia, Zélia Cardoso de Mello, bloqueou os ativos financeiros das poupanças e contas-correntes de todos os bancos do país — cada cidadão podia sacar 50 mil cruzeiros, o equivalente a cinquenta dólares —, congelou preços e salários e mudou o nome da moeda (cruzado) para cruzado novo. À época, Fidel Castro disse que nem ele teria coragem para tanto no início da Revolução em Cuba.

O dinheiro seria devolvido dezoito meses depois. Durante o governo Collor, empresas estatais foram privatizadas e as restrições às importações foram eliminadas, em um "neoliberalismo de botequim", expressão bastante popular à época. Logicamente, não demorou muito para que a inflação voltasse a atingir índices alarmantes, após a edição do Plano Collor. A recessão econômica criou uma onda de sequestros, especialmente no Rio de Janeiro — Roberto Medina fora uma das vítimas.

No cenário internacional, no dia 2 de agosto de 1990, explodia a Guerra do Golfo Pérsico. Na ocasião, tropas do Iraque, lideradas pelo ditador Saddam Hussein, invadiram o Kuwait. Saddam acusava o Kuwait de causar a queda dos preços do petróleo, exigindo indenizações. O país não deu a mínima para o Iraque, o que acabou acarretando na invasão de seu território, com o intuito de controlar os seus campos de petróleo. A comunidade internacional não gostou nem um pouco, e países como Estados Unidos, Inglaterra, além de integrantes do Oriente Médio, como a Arábia Saudita e o Egito, se aliaram ao Kuwait. As chamadas forças de coalizão abrangiam um total de 29 países. Poucos dias depois, o Conselho de Segurança da ONU impôs um boicote comercial, financeiro e militar ao Iraque.

Em 17 de janeiro, um dia antes da abertura do Rock in Rio, teve início um potente ataque aéreo, e, logo em seguida, um contingente de 750 mil homens foi enviado à Arábia Saudita e ao Golfo Pérsico. No dia 25 de fevereiro, o Kuwait acabou liberado, à custa da vida de mais de 100 mil soldados iraquianos, além de mil combatentes da coalizão.

Com relação à música brasileira, após a primeira edição do Rock in Rio, as jovens bandas viram que era possível viver de música.

Porém, era fundamental que elas se profissionalizassem. De verdade. Banda sem empresário? Nem pensar. Tanto que o Kid Abelha, após o festival em 1985, correu para contratar um. A reboque do festival de 1985, o Ultraje a Rigor e o RPM estrearam no disco. *Nós vamos invadir sua praia* e *Revoluções por minuto* foram dois dos álbuns mais vendidos daquele ano. O show "Rádio Pirata", do RPM, abusava do raio laser e contava com um equipamento de som de nível internacional. As bandas Ira! e Legião Urbana também lançaram seus discos de estreia em 1985.

No ano seguinte, foi a vez dos Engenheiros do Hawaii e do Capital Inicial, assim como do lançamento da santíssima trindade do Rock Brasil: *Selvagem?* (Os Paralamas do Sucesso), *Dois* (Legião Urbana) e *Cabeça dinossauro* (Titãs). O chamado BROCK manteve sua força por um tempo. Mas a partir de 1988 as vendagens de disco e a inspiração começaram a decair. Cazuza, infectado pelo vírus da aids, arrumou força suficiente para lançar *Ideologia*, que trazia o manifesto "Brasil" e que originou uma turnê fantástica, na qual o compositor, sintomaticamente, iniciava os shows clamando "Vida louca vida/ Vida breve/ Já que eu não posso te levar/ Quero que você me leve".

Por sua vez, a Legião Urbana, no dia 18 de junho de 1988, em show no Estádio Mané Garrincha, em Brasília, foi vítima de uma confusão generalizada. Renato Russo fora atacado em cima do palco por um doente mental portando um canudo de plástico. Ânimos exaltados, a polícia acabou descontando tudo na plateia, e o show não terminou. O saldo final foi de 385 feridos, sessenta presos e 64 ônibus depredados. Felizmente, ninguém morreu. Após o incidente, no ano seguinte, a Legião lançou o seu quarto álbum. O título (*As quatro estações*) já anunciava o início de uma fase mais serena, com letras inspiradas em escritos religiosos e uma musicalidade mais refinada. Na mesma época em que Renato Russo assumia a sua homossexualidade, sucessos como "Pais e filhos" e "Meninos e meninas" estouravam nas rádios, fazendo desse disco, o último de grande vendagem do BROCK.

Na noite de 7 de julho de 1990, dia da morte de Cazuza, a Legião Urbana fez o show de lançamento de *As quatro estações* no Rio de Janeiro. Antes do início do show, Renato discursou emocionadamente sobre Cazuza: "Ele tem trinta anos. Ele é do signo de áries. Ele nasceu no Rio de Janeiro. Ele gosta da Billie Holiday e dos Rolling Stones. Ele é meio louco. Ele gosta de beber pra caramba. Ele é cantor numa banda de rock. Ele é letrista, e eu digo: ele é poeta. Todo mundo da Legião gostaria de dedicar este show ao Cazuza". Essas palavras simbolizaram o ponto de ruptura entre o rock brasileiro dos anos 1980 e o dos anos 1990. As principais bandas que apareceram na década de 1980 sobreviveram e continuaram gravando e fazendo shows. Outras desapareceram, e mais algumas nasceram, os filhotes do brock.

De modo geral, o Rock in Rio II marcou a ressaca dessa geração. Titãs, Lobão, Leo Jaime, Engenheiros do Hawaii, Supla (ex-Tokyo), Paulo Ricardo (ex-líder do rpm) e Capital Inicial são legítimos representantes do brock. Os Titãs, por exemplo, vinham de um excelente álbum (*Õ Blésq Blom*). O mesmo não se pode dizer do Capital Inicial, que havia perdido o embalo em discos repletos de teclados e canções que, nem de longe, lembravam "Psicopata" ou "Independência". A mpb mais tradicional, presença constante no festival, vinha representada por Alceu Valença, Roupa Nova, Elba Ramalho, Moraes Moreira e Pepeu Gomes. Fechando o elenco nacional, artistas e bandas que haviam surgido no começo da ressaca do brock, como Ed Motta, Nenhum de Nós e Hanói Hanói. O Sepultura, um caso à parte de sucesso no exterior, também marcaria presença. A primeira em muitas edições de Rock in Rio.

12. "QUERO FAZER DO MARACANÃ UMA NAVE ESPACIAL."

CALÇA CINZA, camisa preta, jaqueta branca de couro e sapatos pretos. Foi com esse modelo no melhor estilo anos 1980 que Roberto Medina pegou o avião para Los Angeles, nos Estados Unidos, no dia 10 de agosto de 1990, para contratar os artistas internacionais para a segunda edição do Rock in Rio. Fazia sentido. Supersticioso, o empresário queria usar a mesma roupa de seis anos antes, quando foi, com a cara e a coragem, apresentar seu sonho maluco de realizar o maior festival de música no Brasil. O figurino original não existia mais, mas Medina mandou confeccionar outro igualzinho.

O empresário tinha de correr contra o tempo. Remontou a equipe, encabeçada por Dody Sirena e Phil Rodriguez, encomendou a maquete do festival e viajou com ela debaixo do braço para Los Angeles, onde se reuniu com empresários de artistas. Nos seis anos seguintes ao primeiro Rock in Rio, o show business no Brasil havia passado por grandes mudanças. Na coletiva de imprensa em 1985, Freddie Mercury foi profético ao dizer que, com o Rock in Rio, o Brasil entrava "definitivamente no circuito internacional das bandas de rock". Assim, tinha surgido o Hollywood Rock, idealizado por Luiz Oscar Niemeyer, que acontecia anualmente durante um fim de semana no Rio e outro em São Paulo. Artistas de peso como Sting, Tina Turner, Paul McCartney, Eric Clapton e David Bowie já haviam passado pelo país depois de 1985. Tudo estava mais profissionalizado. Os espetáculos, por exemplo, já contavam com 50% de técnicos e tecnologias nacionais.

Por esse motivo, as dificuldades no contato com os estrangeiros foram menores do que a via-crúcis enfrentada na primeira edição. Afinal, o Brasil já era rota conhecida de vários artistas lá de fora. Mas um fato novo ameaçou a segunda edição do evento: a Guerra do Golfo. Os artistas não estavam dispostos a se deslocar para a América do Sul a qualquer preço. Por isso, passaram a cobrar cachês com valores estratosféricos e, naturalmente, pagos em dólar, numa época em que o nosso cruzeiro se desvalorizava gloriosamente. A solução representou mais um prejuízo na conta da Artplan: uma caríssima operação de banco foi feita para garantir que os contratos com os estrangeiros fossem honrados. Medina também apresentava um vídeo atestando o sucesso do primeiro Rock in Rio, além de um *press kit* com todos os detalhes da segunda edição. A ideia era vender o Rio como mercado quente de turismo e show business.

O braço direito do empresário na empreitada da contratação das bandas foi Dody Sirena, dono da DC Set Group, responsável pela vinda ao Brasil de Rod Stewart, David Copperfield, B.B. King, entre outros. Sirena também representava no Brasil a Mama Concert, empresa ligada a estrelas como Madonna, Rolling Stones e Pink Floyd. Além disso, o produtor mantinha boa relação com artistas, gravadoras e a Rede Globo. O terceiro da equipe, Phil Rodriguez, era consultor de produção internacional e também foi fundamental na contratação dos artistas.

O projeto do trio era ousado. Os Rolling Stones encabeçavam a lista dos convidados, mas não quiseram vir. Nem discutiram o cachê, disseram apenas que não se apresentariam no Brasil. Depois vinham Madonna, Dire Straits, Pink Floyd, U2, Elton John, Paul Simon,

Depeche Mode, Technotronic e Stevie Wonder, a quem caberia o papel nostálgico de James Taylor em 1985. Mas os cachês eram proibitivos. Medina então partiu para Nova York e Londres atrás de novas opções. Para dar mais força ao projeto, o empresário pagou 10 mil dólares por um anúncio colorido de página dupla na revista norte-americana *Billboard*. A partir dali, os aparelhos de fax da organização do festival dispararam a funcionar loucamente. Entre os primeiros a chegar estavam o do empresário Rod MacSween, oferecendo Judas Priest e Robert Plant, e do assessor do The Wailers e do Santana.

A duras penas, a primeira grande estrela internacional confirmou presença. E que presença: George Michael. O cantor estava em férias, com turnê marcada só para março, e nem um pouco disposto a voltar mais cedo para o batente. Mas foi convencido pela beleza das praias da região dos Lagos, no estado do Rio, cujas imagens foram enviadas em vídeo por Sirena. Ainda assim, o produtor teve que fazer seis viagens internacionais e conversar com catorze advogados do astro britânico para fechar o show. O convite finalmente foi aceito, mas sob uma condição: Michael passaria uma semana em Búzios depois do festival, além da bagatela de 1,5 milhão de dólares pelas duas apresentações.

Vencida a primeira batalha, Dody Sirena retornou para mais uma jornada de 45 dias em Los Angeles, onde fechou contrato com outra boa aposta, o INXS. A banda australiana liderada por Michael Hutchence vivia seu auge, lotando estádios ao redor do mundo. O cachê: 200 mil dólares. Para matar as saudades das viúvas de Woodstock, Joe Cocker foi o escolhido para a primeira noite do evento. Outra lenda do histórico festival, o guitarrista Carlos Santana, tocaria no dia seguinte, que também contaria com o roqueiro inglês Billy Idol, recuperado de um acidente de motocicleta que quase o vitimou. O público adolescente foi premiado com o a-ha (dois anos antes, o grupo havia se apresentado no Brasil para plateias histéricas e parecia justificar o cachê de 150 mil dólares) e a sensação New Kids On

The Block, que vendia disco que nem pão quente graças ao sucesso de "Step by Step". O cachê: 250 mil dólares para um único show de sessenta minutos.

Já a noite metal, com a desistência de David Lee Roth (ex-Van Halen), teve Judas Priest, que ainda ganhou a companhia do Queensrÿche e do Megadeth —, que acabava de lançar sua obra-prima, *Rust in Peace* (1990). Outros artistas, como Ziggy Marley e Donna Summer, além dos Paralamas do Sucesso, chegaram a ser anunciados, mas acabaram cancelando. Herbert Vianna alegou que os Paralamas não tinham "nada de novo para mostrar". Billy Joel estava quase certo para encerrar a primeira noite, mas acabou desistindo. A dupla Milli Vanilli também estava confirmada na abertura do New Kids, mas foi descartada, após ter protagonizado um imenso escândalo quando se descobriu que Rob Pilatus e Fab Morvan não cantavam nos discos, apenas dublavam. Resumo: devolveram o Grammy Awards e perderam o Rock in Rio. A Artplan chegou a iniciar negociações com a Legião Urbana, mas Renato Russo mandou dizer que a sua banda só participaria do festival se tivesse direito a encerrar uma das noites. Teria sido histórico se Medina tivesse topado. O anúncio dos artistas foi feito em uma pomposa coletiva de imprensa, com mais de cem jornalistas presentes, no próprio Maracanã, abastecida por canapés de caviar e de salmão.

Um fenômeno recorrente nessa segunda edição foi a "sugestão" de artistas por empresários. Medina não conseguiu trazer o Pink Floyd, mas o empresário da banda indicou a cantora britânica Lisa Stansfield, prontamente aceita. O empresário de George Michael, por sua vez, exigiu a contratação da americana Jody Watley, que depois desistiu de participar do festival. A banda alemã Snap! veio a "pedido" do empresário Dick Scott, do grupo New Kids On the Block. Vinte anos depois, Dody Sirena revelou como aconteceram as contratações, bem como o jogo de interesses de terceiros: "Roberto Medina sempre buscou o que tinha de melhor no mercado para o casting do festival. A Artplan havia feito uma pesquisa, e ainda seguíamos os interesses dos parceiros Rede Globo e Coca-Cola, que tinham feito suas listas. Com essas informações, criamos uma nova lista dos que deveriam ser *headliners*, *second* e *third lines*, e a minha função era buscar atender a todos: promotores e patrocinadores".

Preocupado em cobrir a maior quantidade possível de gêneros musicais, na última semana de setembro a produção fechou contrato com o conjunto de rap Run-DMC. No mesmo dia, foi anunciado certamente o maior nome até então do Rock in Rio II: a banda Guns N' Roses, que, por sua vez, sugeriu o nome de um conjunto que estava começando a ser conhecido por aqui, o Faith No More. A ele coube o mais modesto cachê entre os internacionais: 20 mil dólares. Já Axl Rose e seus companheiros pediram 500 mil dólares para cada show. A contratação do Guns N' Roses, aliás, aconteceu quase por acaso. Quando Medina estava em busca de artistas para o seu festival, foi almoçar com um grupo de conhecidos para quem explicou o Rock in Rio. Uma moça que estava na mesa disse que seria o evento perfeito para o Guns N' Roses. Só que a banda não se apresentava ao vivo desde o Farm Aid IV, em abril de 1990. Além do mais, estava gravando um álbum e sem planos de se apresentar em 1991. A moça disse que não era bem assim. Ela era namorada de um dos músicos. "Quer que eu fale com ele?", perguntou.

Dody Sirena então mandou uma fita com imagens do Rio para a banda, que ficou extasiada e acabou aceitando o convite. A única exigência era que, em hipótese nenhuma, os colegas desafetos do Poison poderiam estar no evento. Em novembro, com a programação praticamente fechada, foi confirmada mais uma atração: ninguém menos que Prince, para muitos a principal estrela do evento. O jornalista Tárik de Souza comparou: "Foi como se Maradona desembarcasse na seleção de Falcão". Valor do cachê: 1,5 milhão de dólares para dois shows, o maior do festival, juntamente com George Michael.

Mas nem só de medalhões ia viver a segunda edição do Rock in Rio. Como diz a canção dos Titãs, "quinze minutos de fama, mais uns pros comerciais". Esse era o tempo que duas bandas novatas teriam no palco do evento. As "vagas" seriam disputadas no concurso "Escalada do Rock", realizado pela Artplan para dar oportunidade a artistas com pouca visibilidade. A história toda começou quando o veterano cantor Serguei pleiteou, por meio do jornal O *Globo*, um espaço no festival. Isso fez com que 385 artistas/bandas de doze estados do Brasil mandassem suas fitinhas cassete para a Artplan. Alguns também apelaram para artifícios inusitados. O número do telefone do ator Francisco Cuoco, não se sabe por qual motivo, foi sacado como trunfo pela banda paulista Kzamata. O grupo Elffus enviou um modestíssimo release: "Além de lançar definitivamente uma das melhores e mais criativas bandas de todos os tempos, será para sempre lembrado o momento em que a Elffus nasceu para o mundo". Serguei, por sua vez, preferiu argumentar, de forma corretíssima, que era uma "lenda viva do rock".

Dentre as bandas concorrentes como Os Meldas, Sapo de Sandra e A Corja, foram pré-selecionadas trinta, e as catorze escolhidas disputaram as vagas na final realizada no Circo Voador, com apresentação do então ator Alexandre Frota. Os eleitos foram a banda Vid & Sangue Azul (liderada pelo cantor e advogado Sérgio Vidal) e a cantora gaúcha Laura Finocchiaro (à época assinava Finokiaro). Serguei entrou como hors-concours.

Ao mesmo tempo, a partir de 3 de dezembro, os ingressos começaram a ser vendidos — 117 mil para cada noite. Os preços variavam entre os valores equivalentes a dez dólares (arquibancada) e quinze dólares (gramado), e os cem primeiros compradores ganharam brindes como camisetas e adesivos — um total de 980 bilhetes foram vendidos nas primeiras 24 horas. Os dias 20 (Guns N' Roses) e 26 (a-ha) eram os mais procurados. Os pontos de venda contavam com algo moderníssimo: terminais de computador para fornecer todas as informações sobre o evento, incluindo biografia de cada banda e informações sobre os meios de transporte para chegar ao estádio, além de uma retrospectiva da primeira edição do festival. A empresa responsável pelo software, a Unisys ressaltava que qualquer pessoa teria facilidade em usar o programa, igual a "ligar um aparelho de TV".

O estádio já estava a postos para ser remodelado. "Quero fazer do Maracanã uma nave espacial", garantiu Roberto Medina. Para tanto, investiu inicialmente 17 milhões de dólares — que depois ultrapassaram a soma de 20 milhões de dólares. O coração da equipe foi o mesmo da edição de 1985: os cenógrafos Mário e Kaká Monteiro, o iluminador Peter Gasper, o engenheiro e "prefeito" Manoel Ribeiro e o produtor Gerry Stickells. O projeto envolveu mais de cem empresas e cerca de 3 mil trabalhadores. As obras começaram em 18 de dezembro (um dia após uma pelada organizada entre os organizadores) e duraram até 4 de janeiro. O trabalho de quatrocentos operários, em meio a marteladas e bate-estacas, resultou em mais de seiscentas toneladas de estruturas metálicas para a construção do palco e das torres de iluminação. Os 10 mil metros quadrados do gramado do campo foram cobertos com placas de madeira (após o festival, a Artplan compraria um novo gramado para o estádio) e os banheiros, reformados. Um mini-hospital foi montado em um dos vestiários. Para a circulação do público no gramado, os cenógrafos idealizaram três passarelas, de dezesseis metros de largura cada uma.

Na área interna, foram construídos quatro shoppings, cada um com quinze lojas — dois embaixo das arquibancadas, para atender ao público do gramado, e outros dois no andar superior. Nos shoppings, os roqueiros poderiam comprar CDs e LPs nas Lojas Americanas, camisetas com a marca Rock in Rio na Hering, livros de música na Rock in Books, canetas estampadas com a guitarra estilizada do festival na Parker, sorvete na Sem Nome, biscoito na Nabisco e lanches no Bob's, no Mister Pizza, no Árabe da Gávea e no Spaghetti's. A loja Showlite venderia brincos e colares de plástico que, ao serem entortados, ganhariam luz neon em diferentes cores — acabaram se tornando uma febre no festival. Se o dinheiro faltasse, havia agências do Banco do Brasil. Cada loja teve de desembolsar 30 mil dólares para a locação do espaço durante os nove dias de evento. O fã de rock ainda poderia se inscrever num curso de inglês em uma das tendas da CCAA ou visitar o Museu Cazuza, repleto de objetos pessoais do compositor morto seis meses antes.

Ainda haveria um playcenter, com máquinas de fliperama para os momentos dos shows menos interessantes e uma agência dos Correios, para os fãs enviarem cartões-postais com os selos especiais do festival, que traziam imagens de Raul Seixas e Cazuza. No final de dezembro, alguns dos empregos mais visados no Rio de Janeiro eram exatamente os desses estabelecimentos. Não pelo salário. Mas pela oportunidade de assistir a todos os shows do festival. Milhares disputaram vagas nessas lojas. "Quero ver o George Michael", berrava uma menina no dia da abertura de vagas sem sequer ter levado a carteira profissional.

A estrutura do palco seguiu a mesma do primeiro Rock in Rio. Porém, com uma dimensão ainda maior: trinta metros de boca de cena, vinte metros de altura e 25 metros de profundidade. Dois tablados se revezariam entre as atrações da noite, e o último estaria reservado ao *headliner*, com dois telões de nove metros de altura por sete de largura. "O projeto para o palco do Maracanã foi mais convencional. Tivemos de adaptar para algo mais fechado, já que não dava para alterar a estrutura do estádio. Adaptamos todas as instalações no próprio anel do Maracanã. A ideia era montar uma 'usina do rock', com uma estrutura de ferro aparente, tubulações à mostra, ferragens...", explicou o cenógrafo Mário Monteiro. Para os artistas estrangeiros se adaptarem ao palco, no final de novembro, uma réplica, com um quarto do tamanho original, foi montada em Londres para ensaios técnicos.

Os produtores do Rock in Rio ainda buscaram lá fora inspiração para deixar o ambiente mais colorido. Sensação na antológica turnê "Steel Wheels", dos Rolling Stones, os bonecos infláveis também marcariam presença no Maracanã. Medina contratou a empresa Air Artists e encomendou um dragão de 27 metros de comprimento por dez de altura, capaz de ser inflado em apenas um minuto e meio, além de três gorilas, um dromedário, um polvo e um globo com o logotipo do festival. Os doze camarins foram montados com estruturas pré-moldadas no segundo andar do estádio, logo atrás do palco. Os principais artistas da noite ganhariam em conforto: camarins mais próximos do palco e com sala de estar. Todos eram equipados com um frigobar, dois sofás, duas poltronas, três aparelhos de ar-condicionado, banheiro com chuveiro, dois espelhos, três abajures, mesas e carpete. Ainda estava planejada a construção de uma área comum, com mesas de sinuca e de totó.

Com relação à iluminação, o desafio de Peter Gasper era outro nessa segunda edição, mas ainda assim grande. Se ele não tinha de iluminar uma cidade no meio de um descampado, deveria transformar o maior estádio de futebol do mundo em uma nave espacial — Roberto Medina insistia na ideia. Apenas um tipo de lâmpada tinha capacidade para realizar a façanha: farol de avião. E não seriam poucos faróis. O projeto de Gasper previa 4,8 mil unidades dispostas na marquise do estádio, devidamente pintada de branco. Na concepção do iluminador, a cobertura do Maracanã formaria um imenso teto de luz. Mas havia um detalhe: se Medina comprasse os milhares de faróis, talvez não sobrasse verba para trazer alguma banda iniciante de seu condomínio na Barra. Ao final, sem prejudicar o projeto, o número de faróis foi reduzido à décima parte e outros 3 mil refletores foram alugados. Haveria ainda os efeitos de raio laser, em doze postes de iluminação de dezesseis metros de altura cada, mais duas torres que dariam suporte aos efeitos especiais.

Junto com a explosão de luz, as noites terminariam com shows pirotécnicos. O processo de escolha da empresa de fogos foi inusitado. A vencedora, entre as cinco concorrentes pré-selecionadas, seria escolhida num concurso, por meio dos aplausos do público. O evento aconteceu na praia da Barra da Tijuca, no final de novembro de 1990. A Caramuru faturou essa. Já o som foi montado pela empresa Show-Co., sediada no Texas, nos Estados Unidos, com o auxílio da brasileira

Gabisom. O sistema, composto de quinhentas toneladas de aparelhagem de áudio, seria capaz de emitir uma potência de 50 mil watts. Para assegurar a festa, a Artplan providenciou quatro geradores importados.

Importante ressaltar ainda o novo e poderoso aliado que estreou nessa segunda edição do Rock in Rio: a informática. O público poderia se informar sobre tudo o que acontecia no Maracanã por meio de terminais de computador dispostos pelo estádio. O funcionamento era bem devagar, ainda assim, era fantástico poder descobrir o repertório do show do Guns N' Roses com um simples toque numa tela. O sistema funcionava como um jornal eletrônico, com textos em português, inglês e francês.

Estava indo tudo muito bem. Mas uma das maiores fontes de desgosto dos organizadores nessa versão 1991 do festival foi o cancelamento de shows. Duas semanas antes da abertura do Rock in Rio, Gal Costa estava receosa com relação à recepção do público roqueiro para o seu show *Plural*, de tom intimista, e desistiu. Dody Sirena tinha uma missão quase impossível para substituí-la. A cantora Tracy Chapman, a banda Bee Gees e o trio Crosby, Stills & Nash foram contatados, porém a premência do tempo foi um obstáculo para assinar qualquer tipo de contrato com um artista internacional. Necessariamente, o substituto teria de ser brasileiro. Simone e Djavan estavam no páreo. Mas por fim a produção do Rock in Rio chegou ao nome de Jimmy Cliff, cantor jamaicano que estava realizando uma imensa turnê por diversas cidades brasileiras.

No dia da estreia do Rock in Rio, veio o cancelamento mais sentido. Por meio de um comunicado curto e seco, a Artplan anunciava que Robert Plant, previsto para se apresentar nos dias 20 e 24, não viria mais. Segundo o empresário do ex-vocalista do Led Zeppelin, Plant estaria em Londres, acamado devido a uma forte faringite. Não chegou a ser uma surpresa. O cantor já havia cancelado três apresentações em Londres no final de dezembro devido à mesma doença. Além disso, um médico da seguradora do festival viajou até a capital inglesa e se certificou de que o vocalista realmente estava doente, o que o dispensou do pagamento de multa contratual. Mas será que ainda estaria no dia do festival? Vinte anos depois, Dody Sirena revelou o que de verdade aconteceu: "Ele cancelou por medo da guerra. Os artistas que tinham de embarcar por Londres passavam por uma situação constrangedora na revista que exigia que tirassem toda a roupa. Numa ação rápida conseguimos que muitos equipamentos embarcassem por outros países na Europa e alguns artistas também mudaram o aeroporto. Robert Plant cancelou pela insegurança que o mundo passava naquele momento". Uma pena. O Led Zeppelin quase veio ao Brasil em 1975 para um show no Maracanãzinho, e Plant quase veio ao Rock in Rio II. O setlist enviado pelo cantor para a Artplan, dias antes do cancelamento, continha a música "Stairway to Heaven". O Maracanã ficou sem essa.

Além dos cancelamentos, dois outros problemas deram muita dor de cabeça à Artplan. E, por muito pouco, não cancelaram o festival. Ainda em novembro de 1990, um laudo de segurança do Maracanã dava conta de que a estrutura do estádio, apesar da má conservação, encontrava-se tão firme quanto no dia de sua inauguração, e a vibração da plateia também não abalaria as estruturas. O peso do público durante o evento corresponderia a 10% da carga que o estádio poderia suportar. Contudo, por medida de segurança, os três primeiros degraus da arquibancada, em todo o anel superior do Maracanã, seriam interditados, o que acarretou uma diminuição de cerca de 30% do público neste setor. Além disso, para evitar qualquer tipo de problema, a Artplan construiu sessenta pilares de aço de vinte centímetros de diâmetro, a cada quinze metros, sob as arquibancadas do Maracanã.

Tudo parecia estar caminhando bem, até que, na última semana do mesmo mês, foi ajuizada uma Ação Popular fundamentada em ato lesivo ao patrimônio artístico, estético, histórico ou turístico, contra a Superintendência de Desportos do Estado do Rio de Janeiro (Suderj) e a Artplan. Nos autos do processo, o autor da ação alegava que não pretendia "despertar a ira dos jovens". Sua finalidade era, tão somente, fazer com que os pagantes "atentem bem para o fato de que vão se colocar em uma situação altamente perigosa, superlotando um recinto a respeito do qual não se tem certeza absoluta de que esteja em condições ideais de segurança". As alegações beiravam o ridículo: o Maracanã servia exclusivamente para jogos de futebol ("não para público de hard rock") e o gramado seria danificado. O pedido final no processo era de arrepiar os cabelos dos produtores do Rock in Rio: a anulação do contrato de permissão de uso do estádio e a consequente paralisação das obras. No dia 8 de janeiro, com o palco já montado para o festival, foi concedida medida liminar para suspender o Rock in Rio. Os advogados da Artplan e da Suderj recorreram da decisão, e, no dia seguinte, o presidente do Tribunal de Justiça do Estado do Rio de Janeiro, desembargador Pedro Américo Gonçalves, tornou sem efeito a liminar de primeira instância, autorizando a realização do evento.

Dois dias antes do início do Rock in Rio II, mais uma bomba caiu nas mãos de Roberto Medina. O sindicato dos músicos e o dos artistas e técnicos, ambos do Rio de Janeiro, se uniram ao Escritório Central de Arrecadação de Direitos (Ecad). Por meio de uma ação judicial, eles tentavam tirar uma casquinha da bilheteria do Rock in Rio II. Os autores da ação argumentavam que o artigo 53 da Lei Federal nº 3.587/1960 estipulava que, para trabalhar no país, os músicos estrangeiros deveriam pagar 10% do valor de seus contratos à Ordem dos Músicos do Brasil e ao Sindicato. O juiz estadual decidiu, com caráter provisório, que a Artplan não teria de recolher as parcelas da contribuição pretendida pelos sindicatos. Ao mesmo tempo, o Ecad requereu, através da Justiça Federal, "o depoimento dos artistas que vêm cantar, para produção antecipada de prova, e o depósito em juízo do valor correspondente à receita dos organizadores do evento".

O caso foi parar, finalmente, na 2ª Vara de Fazenda Pública, onde o juiz, em medida liminar, determinou que a Artplan, defendida pelos advogados Paulo Cezar Pinheiro Carneiro e Sergio Bermudes, pagasse os 10% devidos ao Ecad. O processo só foi definitivamente resolvido com a decisão do então juiz da 31ª Vara Cível, Luiz Fux, que revogou a liminar.

***

— Você gosta de rock "pauleira" ou "brabera"? — perguntou o sujeito.
— Eu gosto de "brabera" — respondeu Rodrigo Muniz, de catorze anos.
— Quais as bandas prediletas de vocês? — voltou a questionar.
— Guns N' Roses e Titãs — respondeu a garotada em coro.
— Gal Costa? — insistiu.
— Não, os Titãs — disseram os garotos.
— Poxa, eu gosto da Legião Urbana. E também daquele menino, sobrinho do Tim Maia — disse o sujeito, que foi ajudado a lembrar o nome de Ed Motta. O sujeito em questão era o então presidente Fernando Collor de Mello, conversando com um grupo de cerca de quarenta adolescentes que visitavam o Palácio do Planalto, em Brasília, poucos dias antes de o Rock in Rio II começar. Como em 1985, do Rio à Bahia, de São Paulo ao Rio Grande do Sul, o assunto "rock" imperava. A nave espacial de Medina no Maracanã estava pronta desde o dia 8 de janeiro, e os ingressos para determinados dias estavam vendendo muito bem.

Nem a dengue tirava o humor do empresário. Na primeira semana de janeiro, a *Folha de S.Paulo* publicou a notícia "Saúde aconselha a evitar a dengue e não viajar ao Rio", o que deixou a produção quase com a mesma febre causada pela picada do mosquito. Medina foi crítico em suas declarações contra o jornal paulista: "Estou profundamente chateado com a ligação que a *Folha* faz entre um problema de tanta seriedade e o evento. Não acredito que isso tenha sido feito porque o jornal não teria conseguido uma sala especial para cobrir o evento. A atitude seria mesquinha demais. Prefiro achar que isso é uma brincadeira de mau gosto". E tratou o assunto seriamente, solicitando à Fundação Nacional de Serviços de Saúde (Funasa) a pulverização do estádio nos dois dias anteriores ao início do evento.

Uma semana antes do festival, a produção anunciava as últimas atrações: a banda Happy Mondays, no lugar da ilustre desconhecida Jody Watley, que havia exigido aumento de cachê, além de Leo Jaime, escalado para abrir a última noite do festival. Sim, a velha questão da passagem de som rendeu polêmica. Não havia tempo hábil para todos testarem o palco. O privilégio seria apenas para as últimas atrações da noite e os principais artistas brasileiros, segundo critério da produção, o que resultou em muitos problemas no decorrer do Rock in Rio.

Ao mesmo tempo, os artistas já começavam a desembarcar no Galeão. Prince nem viu a cara dos fãs. Entrou num carro ainda na pista do aeroporto, em direção ao Hotel Rio Palace, em Copacabana. Já os membros do Guns N' Roses passaram rapidamente pelo saguão do aeroporto e foram direto para o Hotel Intercontinental, em São Conrado. O guitarrista Carlos Santana se assustou com o alvoroço dos fãs, e Colin Hay não foi reconhecido.

Foi exatamente na véspera da estreia do Rock in Rio II, em 17 de janeiro de 1991, que a Guerra do Golfo estourou, com um potente ataque aéreo ao Iraque, liderado pelas forças de coalizão. Para Dody Sirena, foi a lembrança mais terrível da época e que o deixou sem dormir nas 48 horas que antecederam o festival. "Passamos semanas tensas aguardando o anúncio da guerra, e na sequência vimos a TV entrando com imagens ao vivo. Não tínhamos como controlar", contou. Não era só a guerra que preocupava os organizadores. Além de uma greve de ônibus, que ameaçava o transporte do público para o festival, outro problema foi a estrutura do palco. Diferentemente do rockódromo de Jacarepaguá, o estádio do Maracanã não podia sofrer mudanças estruturais. "Não dava para cavar o gramado e construir uma fundação debaixo do palco", esclareceu o cenógrafo Mário Monteiro. Porém, o peso de três palcos montados concomitantemente poderia ultrapassar as dez toneladas, e aquela estrutura não suportaria tamanha carga. Tal problema acabou por cancelar a apresentação da Orquestra Sinfônica Brasileira, que inauguraria o evento, executando uma peça sinfônica de quarenta minutos de duração com citações de músicas de rock, de Bill Haley a Cazuza. Um dia antes do show da orquestra, foi realizado um teste de carga no palco, com o equipamento da banda de Prince, que fecharia a noite de estreia. O peso superou todas as previsões, e o rolamento foi travado. Como não dava para retirar tudo, consertar em menos de 24 horas e remontar o material do artista novamente, a produção optou por deixar tudo lá e adaptar o equipamento dos demais músicos que se apresentariam naquela mesma noite.

No decorrer do evento, foi-se dando um jeito. "Alivia o peso", "entra com menos gente" ou "não sobe com o caminhão no palco" era o que mais se ouvia nos bastidores. Os intervalos entre as apresentações também tiveram de ser mais longos por causa da dificuldade técnica. "O Maracanã não tem condições de receber um palco triplo, e nós não previmos isso", reconheceu o cenógrafo, vinte anos depois.

13. "RIO! RIO! MY NAME IS PRINCE."

OS PORTÕES DO MARACANÃ abriram com uma hora e meia de atraso, às 16h30, e o público já encontrava uma ligeira semelhança com o distante 11 de janeiro de 1985: o cheiro de terra molhada, por causa da fraca chuva, que logo estiou; as galerias de acesso aos shoppings tinham poças de água e havia alguma lama no gramado. Enquanto a música não rolava, o público folheava livros importados à venda no shopping, comprava uma fita cassete das bandas do festival, treinava o inglês lendo as letras das músicas nos livrinhos que o curso CCAA distribuía na entrada, escolhia se levava para casa uma camiseta do Guns N' Roses ou do Megadeth, ou ainda comia um sanduíche no Bob's. A nova Cidade do Rock, apesar de diferente e menos charmosa do que a anterior, oferecia bons programas para o público. Do lado de fora, ambulantes vendiam caipirinha Saddam Hussein. "Uma bomba!"

Às 18h30, o Rock in Rio II foi oficialmente batizado. Marcão, diretor de programação da Rádio Cidade FM, parceira do festival, subiu ao palco para ler um discurso pela paz assinado por Roberto Medina. A arenga, ouvida por 30 mil pessoas, durou dez minutos e comparou a "paz dos canhões de luz" do festival à guerra dos canhões no Golfo.

Entre aplausos dos empolgados e vaias dos críticos, destacavam-se as ventarolas distribuídas pelo absorvente Tampax, nas quais se lia: "Nada pode te incomodar no Rock in Rio". Nem mesmo a ausência da Orquestra Sinfônica Brasileira, programada para abrir o evento, atrapalhou. O comunicado oficial dava conta de que o show não aconteceria por causa da chuva. Mas a verdade mesmo é que, devido ao peso da orquestra, um dos palcos quebrou.

O Rock in Rio II seria inaugurado por Jimmy Cliff. Durante a tarde, o jamaicano foi à mesquita da Barra da Tijuca e rezou pela paz. Aos repórteres, declarou que faria de seu show uma "minimanifestação pela paz no Golfo". E assim foi, quando a apresentação teve início, às 18h42, com as batidas marciais de "Bongo man" para uma plateia de cerca de 35 mil pessoas. O cantor, sempre simpático, foi muito bem recebido, e as arquibancadas passaram pelo seu teste de fogo com o sucesso "Reggae Night". O público pulou nos momentos de maior empolgação e vaiou os nomes de George Bush (o pai, então presidente dos Estados Unidos) e do ditador iraquiano Saddam Hussein. Muito mais o primeiro do que o segundo, que, por incrível que pareça, recebeu alguns aplausos.

Gritos de ordem como "Não queremos um novo Vietnã!" e "Viva Nelson Mandela, que está livre" foram bradados por Cliff. Vestido de branco e usando um chapéu colorido com as cores da bandeira da Jamaica, o cantor desvendou sucessos como "Give the People What They Want" e a balada "Rebel in Me", que integrava a trilha da novela *Rainha da sucata*, grande sucesso de 1990. O som falhou algumas vezes nos noventa minutos de apresentação, mas a plateia não parecia se importar naqueles primeiros minutos do festival, e aplaudiu quando Jimmy Cliff convocou o cantor brasileiro Lazzo Matumbi, que participava rotineiramente de seus shows, para uma versão de "No Woman, No Cry", de Bob Marley.

Jimmy Cliff entregou o público no ponto para Colin Hay, mas o ex-líder do Men at Work não soube aproveitar. O escocês, aliás, estava com os dois pés atrás desde que chegou ao Rio. Ele cancelara a vinda da sua ex-banda no primeiro Rock in Rio. Àquela época, certamente, seria uma das grandes atrações do evento. Agora, no ostracismo, Hay não foi reconhecido nem pelos fãs quando chegou ao aeroporto, que estava lotado, já que os integrantes do Guns N' Roses vieram no mesmo voo. Foi ignorado até pela imprensa, que não conhecia o seu rosto. O músico, chateado, disse que se sentia julgado "como se estivesse em um tribunal". Nem ele parecia entender o que estava fazendo no festival. Na coletiva de imprensa, afirmou: "Toquei semana passada em Melbourne para 150 pessoas. Agora estou aqui, do outro lado do mundo, onde vou tocar para 150 mil pessoas. Parece uma turnê mundial". No palco, Hay alternou hits de sua antiga banda ("Down Under", "It's a Mistake", "Who Can It Be Now" e "Overkill") com canções desconhecidas de sua carreira solo, que só teve um sucesso: "Into My Life", aplaudida no Maracanã, já que também tocava na *Rainha da sucata*. Mais de uma hora de um show frio — nem os solos alucinados do violinista Gerry Hale salvaram. Conforme escreveu Ruy Castro no *Estado de S. Paulo*: "Colin Hay, apesar dos megadecibéis, quase levou a plateia a um torpor parecido com o rigor mortis".

Com Joe Cocker, as coisas seriam um pouco diferentes. Aliás, em termos gastronômicos, ele foi um dos artistas mais exigentes dessa segunda edição do Rock in Rio. Terminado o show, o cantor queria encontrar no camarim uma tal de *shepherd's pie*, torta picante de carne moída e batatas, além de seis bananas e muitas garrafas de cerveja. O crítico gastronômico da *Folha de S.Paulo* fez uma análise da tal torta: "inofensiva comida caseira de gosto trivial". Antes, porém, o cantor inglês degustou uma *pasta fagioli* — massa com feijão-branco, galinha e pancetta —, cuja produção foi trabalhosa para a equipe de *catering*. Aliás, ela tinha de dar conta da fome de um batalhão que se alimentava todos os dias no festival. Eram quatrocentas pessoas, entre artistas, produtores e técnicos, que consumiam quatrocentos quilos de carne, seiscentos de arroz, quatrocentos de verduras e 650 de frutas diariamente. Só de laranjas, eram dez sacos de trinta quilos por dia.

A comitiva de Joe Cocker ocupou duas suítes e 21 apartamentos simples no Rio Palace. Devido ao pouco tempo em que permaneceu na cidade, a banda não conseguiu testar o som como devia, e a apresentação ficou prejudicada por causa do áudio baixo. Cocker também não ficou contente com o show, mas sossegou quando foi informado de que agradara os fãs. "O fato de a plateia ter apreciado o show já me deixa mais tranquilo. Seria péssimo deixar o Brasil com uma sensação negativa", disse o cantor antes de embarcar para a Inglaterra, no dia 20.

O show de Joe Cocker, de fato, foi muito competente, apesar de o cantor ter tomado uma injeção momentos antes por causa de uma forte dor na coluna. Pela segunda vez no país, ele apresentou os seus maiores clássicos e não discursou pela paz, ao contrário do que se esperava. Jimmy Cliff assistiu ao show do inglês e foi contemplado com a versão de Cocker para a sua "Many Rivers to Cross", uma das músicas mais aplaudidas da noite. O repertório ainda incluiu "You Can Leave Your Hat On" (da trilha do filme *Nove semanas e meia de amor*), "Guilty", "Up Where We Belong" (do longa-metragem *A força do destino*), "You're So Beautiful" e a mais nova, "Unchain My Heart". Destaque também para o tecladista Chris Stainton em "Feelin' Alright". E claro que "With a Little Help from My Friends", dos Beatles, não ficou de fora, tornando-se um dos momentos mais antológicos da história do Rock in Rio.

Os desejos de Cocker pela torta picante ou pela massa com feijão-branco parecem brincadeira de criança se comparados às exigências de Prince, o astro de Minneapolis. Só para o camarim, ele bateu o pé por duzentas toalhas, balão e máscara de oxigênio e quatro arranjos diferentes de flores frescas. O camarim, munido de um grande espelho iluminado para maquiagem, também deveria ser inteiramente da cor púrpura e dispor de luz branca fluorescente e uma academia de ginástica básica. No dia do show, pediu para que as lâmpadas fossem todas trocadas. "Quero uma iluminação difusa que valorize minha beleza", exigiu. Para a cor púrpura, exigida pelo cantor duas horas antes de chegar no Maracanã, Amin Khader teve de improvisar: espalhou pelo camarim dezenas de velas vermelhas de sete dias.

A enorme suíte que ocuparia no Rio Palace — a mesma usada por Paul McCartney no ano anterior, com 440 metros quadrados distribuídos por dois andares — deveria contar com um piano branco. De cauda, lógico. Prince também exigiu cinquenta seguranças à sua disposição 24 horas por dia, uma limusine para circular pela cidade e uma cozinheira particular dentro de sua suíte. As imposições eram tantas que Roberto Medina, em um primeiro momento, quase desistiu da contratação. Mas pelo menos uma exigência não foi atendida: a proibição de venda de bebidas alcoólicas durante a sua apresentação.

Para a chegada do astro à cidade, na manhã do dia 17, armou-se uma verdadeira estratégia de guerra. O cantor não queria ser visto ou fotografado, nem, muito menos, ter de gastar sua preciosa saliva com quem quer que fosse. Dessa forma, assim que o avião pousou no aeroporto do Galeão, um micro-ônibus retirou o músico, o empresário e quatro seguranças particulares (incluindo o maior de todos, carinhosamente apelidado de *T-Bone*) da pista e os levou para um estacionamento de táxis, onde um Opala preto com vidros fumê os aguardava. Mesmo assim, ele demonstrou extrema irritação por causa do trânsito na Avenida Brasil. Apesar de Prince ser baixinho, sua bagagem era a maior entre a de todos os artistas do Rock in Rio II. Ele não queria usar nada do hotel, então, trouxe os próprios lençóis, fronhas (personalizadas), toalhas, sabonetes e muitos perfumes e incensos. Até porta-retratos com fotos da família Prince trouxe nas malas.

A chegada do músico ao hotel também foi cercada de mistérios. Vestindo terno preto e camisa social branca, ele entrou por uma porta lateral que levava ao saguão do shopping center anexo. Ao entrar na suíte, as malas já estavam desfeitas, a cama arrumada e um imponente cesto com abacaxis, mangas e cajus o esperava. Como nada é perfeito, Prince reclamou do piano. Não era o de cauda acordado com a produção, mas um ordinário piano de armário, que foi trocado em questão de minutos.

Prince não perdeu tempo. Queria mesmo era se divertir. Mal chegou e já tratou de dar uma volta pela cidade. Em princípio, faria um tour de ônibus pelas praias cariocas. Mas preferiu visitar igrejas e orfanatos, além da escola de samba mirim Flor do Amanhã. Antes, havia determinado aos seus empresários que convidassem crianças maiores de dez anos, da fundação Romão Duarte, para assistir a seus shows na área vip do Maracanã. À noite, ele foi ao restaurante de frutos do mar Satyricon, em Ipanema, onde bebeu uma garrafa de vinho tinto nacional. "Parecia uma estátua. Ficava calado, olhando para o chão ou para a parede", comentou um dos vizinhos de mesa ao jornal *O Globo*. Depois, iniciou um périplo pelas boates cariocas. Começou na Hippopotamus, onde se desentendeu com o proprietário, Ricardo Amaral, porque achou a conta de 260 dólares (para seis doses de uísque consumidas pela sua equipe) muito cara. "Ele é mesmo o primo feio do Clodovil", confidenciou Amaral a amigos que estavam em volta. Depois, o cantor partiu para a Calígula, em Ipanema.

Sempre que saía do hotel, Prince embarcava em uma comitiva de três carros, com seis seguranças e um relações-públicas. Todo lugar em que ele manifestava vontade de entrar era previamente inspecionado por seus seguranças. Antes de visitar a Calígula, ele aproveitou um momento livre e, feito uma criança que vive em uma redoma, fugiu para dar uma volta sozinho pelas ruas do bairro. Decepcionado com a boate Calígula vazia, Prince foi levado à Babilônia, no Leblon, onde permaneceu por quarenta minutos. Depois, foi para a Trap 571, no mesmo bairro, mas não conseguiu entrar porque estava lotada. O mesmo aconteceu no destino seguinte, a boate People. Prince retornou ao Rio Palace às seis da manhã. À tarde, deu um pulo na sauna do hotel, mas antes exigiu que o local fosse esvaziado. Para não ser visto no trajeto de cerca de trinta metros até a sala de ginástica, também pediu que pendurassem lençóis no percurso, formando uma espécie de túnel.

Prince teve direito a oito longas horas para montar o palco e passar o som. Ao subir no tablado para o teste, determinou evacuação total do estádio e a proibição de qualquer luz acesa — queria ser visto o mínimo possível. Ele cantou e tocou por mais de duas horas e transformou o Maracanã, segundo reportagem do *Estado de S. Paulo*, em um cenário do filme *Loucademia de Polícia*. Quando descobriram que um cinegrafista da Globo estava filmando o ensaio, houve um corre-corre. O cinegrafista saiu às carreiras pelo gramado e só foi apanhado na sala de produção do Rock in Rio no segundo andar do estádio. Lá, os seguranças pediram para que ele entregasse a fita. Roberto Medina, que circulava pelo Maracanã, disse que não ia se envolver. O empresário de Prince garantiu que se não lhe entregassem a gravação, o show estava cancelado. Depois de uma reunião de duas horas, a diretoria da emissora mandou o cinegrafista devolver a fita.

No dia 18, mais de 50 mil pessoas estavam no Maracanã para ver Prince. E por lá ele continuou a desfilar estrelismo. Ao pisar no estádio, a ordem era clara. Ninguém poderia olhar para o rosto do astro. E tinha mais: todos deveriam virar de costas quando ele passasse. Mas quem conseguiu vê-lo descreve a insólita cena. Prince chegou ao estádio de bobes no cabelo. Correu saltitando no trajeto entre o carro e a porta de seu camarim, com as duas mãos para trás e o rosto inclinado para o alto. "Parecia uma gazela", retratou uma testemunha. Nos camarins, nada de bebida alcoólica. Nem para ele, nem para seus músicos. O artista só liberou as tradicionais bandejas de queijos, frios, verduras e legumes, uma cesta com frutas naturais não cortadas, molheiras, batatas fritas, pastas, pães, biscoitos, doces, salgadinhos, água mineral, suco de frutas cítricas e de maçã, refrigerantes, chá, café, leite, açúcar, limão e mel. Por fim, o cantor descobriu pequenas frestas entre os módulos dos camarins. Pediu que cobrissem tudo com fita adesiva. Ainda acendeu dezenas de incensos ("o cheiro resistiu até o dia seguinte", segundo Amin Khader) e, para finalizar a decoração, ele próprio envolveu os sofás com rendas roxas, vermelhas e amarelas.

À 1h36 do dia 19, depois de quase duas horas de atraso, Prince subiu ao palco. Motivo da demora: ele não sairia do camarim enquanto o trajeto de duzentos metros até o palco não estivesse completamente livre. Também exigiu a colocação de um tapete entre o camarim e o palco, bem como um corredor polonês formado por setenta seguranças. Como só havia trinta nos bastidores, os outros quarenta tiveram de ser arregimentados Maracanã afora. O público, impaciente, berrava em uníssono: "Veado! Veado!". Logo que entrou no palco, ele se apresentou: "Rio! Rio! *My name is Prince*". E quando o show começou, embora muita gente já tivesse ido embora por causa do adiantado da hora, ele não deixou pedra sobre pedra. Caetano Veloso, que estava no gramado, escalou uma torre do lado direito do palco para ver melhor e adorou a mistura de soul, funk, gospel, rap, pop e rock do cantor. Em sua coluna no jornal *O Globo*, publicada em setembro de 2011, ele relatou: "Enfim o show se deu (no Maracanã): foi o melhor que eu já vi na minha vida". Em exatos 89 minutos de uma apresentação mais que perfeita, Prince trocou de roupa duas vezes e tocou guitarra, teclados e seu piano acústico azul, despejando sucessos como "Let's Go Crazy", "Kiss", "Purple Rain" (esta contou com um lindo solo de guitarra, de que o concreto do Maracanã deve se lembrar até hoje) e "Nothing Compares 2 U". Ainda mandou um medley de sucessos de Aretha Franklin e James Brown. Para ganhar intimidade com o público, berrou "Rio" umas vinte vezes e ainda brincou com as garotas que estavam na fila do gargarejo, trocando galanteios e jogando toalhas. O músico realmente estava impressionado com a plateia. "Brasil, eu amo você. Você me ama? Por que não me leva com você?", perguntou. No meio do show, ele ainda fez um manifesto pela paz: "Rio, há uma guerra acontecendo. Estaremos todos melhor vivendo pelo amor. Deixe o amor conduzir você. Viva pelo amor!".

Lógico que a noite de Prince não terminou com o espetáculo. Poucos minutos após deixar o Maracanã, oito seguranças já inspecionavam a boate Trap 571, a mesma onde ele fora barrado na véspera. Com a aprovação dos guarda-costas, Prince deixou o carro, deu três saltinhos (há testemunhas) e entrou na boate. Trajando jeans, camisa branca de gola rolê e uma espécie de fraque, o astro ficou sentado quase o tempo todo, ao lado de um segurança que escondia, sob um guardanapo, uma pistola no colo. O cantor, que recusou dois convites para dançar ("faltavam espaço e mulher bonita", segundo ele), bebeu apenas água mineral com gás — em taças grandes, e de canudinho.

14. "ACONSELHO VOCÊS A SUBIREM AGORA NESTE HELICÓPTERO."

O SEGUNDO DIA DE Rock in Rio II começou diferente. Uma banda que quase ninguém conhecia, a Vid & Sangue Azul, subiu ao palco. Era a vencedora da Escalada do Rock, que mostrou sete músicas, incluindo uma versão roqueira de "Partido alto", clássico de Chico Buarque, e uma revisitação de "Roll Over Beethoven", de Chuck Berry. Vid não poupou seus falsetes em trinta minutos de hard rock, com músicas autorais como "Rapunzel", o rock-reggae "Dá mais um" (da época da banda Sangue da Cidade) e a pauleira "As Scheduled". Durante o show, até um comedor de fogo fez uma performance.

Escolhido no concurso de novatos para integrar o lineup do Rock in Rio, Vid não recebeu cachê. Mas não foi só ele. A *Folha de S.Paulo*, em 4 de janeiro, publicou: "Ao menos nove grupos se apresentarão no Rock in Rio II sem receber cachê. Os grupos são Nenhum de Nós, Inimigos do Rei, Paulo Ricardo, Sepultura, Supla, Ed Motta e os três saídos da Escalada do Rock". Segundo a cópia de um contrato obtida pelo jornalista Sérgio Sá Leitão, "os grupos também se declaram cientes de que não terão direito a cachê ou ressarcimento de despesas". Independentemente de ter recebido ou não cachê,

Supla, que morava em Los Angeles (EUA), subiu ao palco para uma performance cheia de salamaleques. Contou até com uma garota em trajes bastante sensuais.

Por muito pouco, a música não ficou em segundo plano. Supla ainda pilotou uma moto no palco e chegou a simular masturbação. Sua mãe, na época senadora Marta Suplicy, afirmou ter ficado, em alguns momentos, "constrangida". "É claro que eu tenho orgulho de um filho livre para fazer o que gosta, mas às vezes o considero liberado demais. Eu certamente não ensinei aquelas coisas para ele", disse à *Folha de S.Paulo*. Comparado o tempo todo a Billy Idol, bem que tentaram armar um encontro dos dois, mas não rolou. "O empresário do Billy Idol simplesmente chegou e disse que aquele não era o momento adequado para o encontro", disse a então namorada de Supla. Além da garota com calcinha e sutiã, o que levantou a plateia, já com 70 mil pessoas, foi a execução de músicas da antiga banda de Supla, Tokyo, como "Garota de Berlim" (em homenagem a Nina Hagen, que ele conhecera pouco depois do primeiro Rock in Rio) e "Humanos", além de uma versão reggae-rap de "Você não entende nada" (Caetano Veloso) e de "Cotidiano" (Chico Buarque). Sua banda era de respeito, entre outros, contava com os ex-Tutti Frutti Luis Sérgio Carlini e Lee Marcucci. O cantor guarda as melhores recordações da segunda edição do Rock in Rio, que lhe rendeu um contrato com a gravadora EMI-Odeon. "Não tenho dúvidas da importância do Rock in Rio para a minha carreira. Agradeço de coração ao Medina e a todos da produção", afirmou.

Muitos shows já tinham rolado nessa segunda edição de Rock in Rio, mas a primeira vez que o Maracanã cantou alto foi ao som dos Engenheiros do Hawaii. A banda gaúcha havia acabado de lançar o álbum *O papa é pop* (1990), cujas músicas tocavam sem parar na recém-inaugurada MTV brasileira. A versão de "Era um garoto que como eu amava os Beatles e os Rolling Stones", transformada em um dos hinos do festival, estava na boca do povo, bem como as baladas "Pra ser sincero", também do disco novo, e "Refrão de bolero", do álbum *A revolta dos dândis* (1987). Esta última renascera da bacia das almas devido a um videoclipe ao vivo insistentemente veiculado pela MTV.

A banda em sua formação clássica (Humberto Gessinger na voz e no baixo, Augusto Licks na guitarra e Carlos Maltz na bateria) entrou no palco do Maracanã com o jogo ganho. Foi sucesso atrás de sucesso. Gessinger, se quisesse, nem precisaria abrir a boca. Todo mundo cantou "Toda forma de poder" e "Alívio imediato" no mesmo ritmo em que o vocalista balançava sua cabeleira. O baixista do Guns N' Roses, Duff McKagan assistiu ao show dos gaúchos: "O som parece o.k., mas não ouvi o bastante para fazer um comentário". Já o *New York Times* elogiou: "Com músicas bem-feitas, que claramente significam muito para o seu público, [...] conseguiram tantos aplausos quanto as atrações estrangeiras".

O clima bom continuou com a atração seguinte. Carlos Santana, que se apresentava pela terceira vez no país, reviveu a atmosfera *flower power* de Woodstock no estádio do Maracanã — com o tema guerra do Vietnã atualizado para o conflito do momento. Desde a sua chegada ao Rio, as perguntas mais comuns feitas ao guitarrista versavam sobre a Guerra do Golfo Pérsico. Santana foi uma espécie de porta-voz da paz no festival. Na entrevista coletiva, de cabelo molhado, vestido inteiro de azul e com um lenço amarelo na cabeça, o músico distribuiu máximas como: "Há duas categorias de pessoas no mundo: as que têm o poder do amor e as que têm amor pelo poder. As primeiras vencem sempre". Mensagens pacifistas à parte, Santana era um dos artistas mais aguardados na segunda edição do Rock in Rio. Nelson Motta, que junto com Elis Regina havia pulado uma grade do Theatro Municipal do Rio, em 1971, para ver o guitarrista tocar, analisou a influência do músico: "Santana foi o primeiro artista a introduzir no rock and roll, de forma consistente e constante, elementos da música latina". O guitarrista de jazz Pat Metheny fez questão de ir ao Maracanã especialmente para ver Santana. "Já assisti muitos shows dele, e este foi um dos melhores", garantiu.

Verdade. Santana não decepcionou. Apesar de ter falado demais, interrompendo a apresentação por diversas vezes, o músico, vestido com uma camiseta que estampava a imagem de Bob Marley, desfilou todos os seus sucessos. Começou, inclusive, com o maior deles, o estupendo "Soul Sacrifice". Não faltaram também "Jingo", em uma versão mais pesada que a original, "Oye como va", carregada de empolgação, e "Black Magic Woman". O tríptico pacifista "Peace on Earth", "Mother Earth" e "Third Stone from the Sun" em forma de medley foi outro grande momento do show. Aliás, se existisse o título de artista mais simpático do Rock in Rio, este iria para Carlos Santana. Na véspera do show, após almoçar na churrascaria Mariu's, no Leme, atendeu, por mais de uma hora, algumas dezenas de fãs, jogou futevôlei e brincou com crianças na praia de Copacabana. Para finalizar, na noite seguinte ao show, concedeu uma generosa canja na apresentação de seu colega guitarrista Ricardo Silveira, no Jazzmania, no Arpoador.

Já o programa de Billy Idol durante sua temporada no Rio de Janeiro era bem diferente e constante: paquerar na boate Calígula, em Ipanema. Mas uma passadinha num terreiro para se benzer talvez fosse útil. Em fevereiro de 1990, o roqueiro inglês sofreu um acidente gravíssimo de motocicleta. Teve a perna direita quase esmagada e fraturou diversas costelas. Como consequência, teve de atrasar a divulgação de seu álbum *Charmed Life* (1990). Quando chegou ao Brasil, o compositor inglês ainda não gozava de muita sorte. No dia em que desembarcou, 18 de janeiro, precisou urgentemente de um inalador e do atendimento de um otorrinolaringologista, devido a um ataque de asma. Vinte e quatro horas depois, teve problemas nos olhos. Usuário de lentes de contato, Idol sofreu uma alergia no globo ocular esquerdo e precisou de um oftalmologista no quarto do Rio Palace, onde estava hospedado. O médico, porém, não conseguiu cobrar o seu preço pelo atendimento. O artista estava sem dinheiro. A consulta de quatrocentos dólares ficou por 137 e alguns centavos, quantia que a intérprete do cantor dispunha na carteira.

Confundido com Supla por muitos fãs, Idol apresentou um show tão enérgico quanto o do brasileiro, mesmo tendo de entrar no palco de bengala (por causa do acidente de moto). De paletó de couro preto e crucifixo prateado pendurado no pescoço (jornalistas disseram que ele mais parecia um "bicheiro punk"), fez uma performance um pouco fria no início. Passados uns vinte minutos, a partir de "White Wedding" e "Eyes Without a Face", o show engrenou bem até culminar em "Rebel Yell" e nas músicas de *Charmed Life*, veiculadas pela MTV, como "Cradle of Love" e a versão de "L.A. Woman", do The Doors. O ápice foi o encerramento, à 1h10 da madrugada, com "Mony, Mony" cantada em coro pelo público, "Shakin' All Over" e a derradeira "To Be a Lover". Pena que o seu maior sucesso, "Dancing with Myself", ficou de fora.

Coube ao INXS finalizar a segunda noite de Rock in Rio II. A banda australiana vinha de dois álbuns multiplatinados, *Kick* (1987) e *X* (1990), e de shows lotados na Europa e nos Estados Unidos. Na época, era sem dúvida uma das maiores bandas de pop rock do mundo. O vocalista Michael Hutchence sentiu na pele seu sucesso no Brasil já no aeroporto do Galeão, quando as tietes praticamente destruíram sua roupa. No Maracanã, o grupo fez um verdadeiro *tour de force*, executando dezoito músicas e outras sete em dois bis. Foi o show mais longo dessa edição do festival: duas horas e vinte minutos de duração, finalizado depois das quatro da manhã para cerca de 80 mil pessoas. A banda australiana era uma das queridinhas da MTV, que não parava de repetir o vídeo de "Suicide Blonde", primeiro single de *X*. A balada "By my Side" também virou sucesso nacional porque integrava a trilha sonora da novela *Meu bem, meu mal*.

Michael Hutchence (voz), Kirk Pengilly (guitarra, sax e vocal), Tim Farris (guitarra), Garry Gary Beers (baixo), Andrew Farris (teclado e gaita) e Jon Farris (bateria) aproveitaram bem a fama por estas terras, abrindo o show, às duas da manhã, com o hit "Suicide Blonde". A cada peça de roupa que o vocalista tirava, as garotas urravam no estádio. O vocalista pediu cigarro de maconha ao público e disse algumas palavrinhas em português. A mais repetida foi "bocetinha". Hutchence conseguiu conduzir tão bem a apresentação que pouca gente foi embora antes do segundo bis, com "The Stairs", "Original Sin", "Never Tear Us Apart" e "Don't Change". Poucos shows na segunda edição do Rock in Rio foram melhores do que o do INXS.

A tranquilidade das duas primeiras noites do festival passou longe no dia 20 de janeiro. A tensão tomava conta do estádio desde cedo. Cinquenta mil pessoas já esperavam a abertura dos portões, que ocorreu às três da tarde. No palco, Billy Idol ensaiava um repertório diferente para sua segunda apresentação, quando percebeu a multidão entrando alucinada no Maracanã. Largou tudo e saiu revoltado. Logo depois, foi a vez de os Titãs testarem o som. A banda paulista partiu para o sacrifício e fez um minishow, muito provavelmente, para o maior público da sua carreira até então. Os fãs cantaram todas as músicas, ainda sem saber se a apresentação já havia oficialmente começado ou não. E o estádio foi enchendo, enchendo, até não caber mais ninguém no gramado. As passarelas, que davam acesso aos shoppings, ficaram intransitáveis. Mais de 5 mil pessoas invadiram o Maracanã através das rampas que ficavam abertas para funcionar como saídas de emergência.

Às seis da tarde, horário previsto para a primeira apresentação, um jovem se jogou da arquibancada para o gramado, sofrendo uma fratura exposta. Centenas de fãs, que queriam ficar mais perto dos ídolos, já haviam adotado o mesmo procedimento. Os locutores pediam ao público o clássico "um passinho pra trás, por favor". O clima piorou ainda mais quando fãs que haviam comprado ingressos para o gramado foram impedidos de entrar no setor, cujos portões foram fechados pouco antes das oito da noite. Um policial civil chegou a dar cinco tiros para o alto ao ser impedido de entrar por um bombeiro. A direção do Rock in Rio deu aos barrados a opção de ficar na arquibancada ou trocar o ingresso para algum outro dia.

Dentro do Maracanã, também havia gente irritada porque o Barão Vermelho cancelara o show. A razão: os músicos tinham sido impedidos de fazer a passagem de som. Havia muita banda para pouco tempo de testes de som, restritos ao horário das nove da manhã às duas da tarde. Assim, o grupo carioca desistiu do festival cinco dias antes do show. Roberto Frejat alegou que o Barão é "uma banda de show" e jamais poderia entrar em qualquer palco, muito menos o do Maracanã, onde nunca havia se apresentado, sem passar o som.

O diretor artístico do Rock in Rio II, Dody Sirena, soltou o verbo: "Não tenho ainda a informação de que eles não vão tocar. Se de fato existe o problema, eu acho graça. Foi o grupo que pediu pelo amor de Deus para tocar e agora faz alarde para aparecer na imprensa". Frejat retrucou: "O Barão está há nove anos em cena, não precisa aparecer. Além do mais, se tivéssemos implorado para participar do festival, já teríamos assinado o contrato, o que ainda não aconteceu justamente por causa dessa diferença quanto à passagem de som". O ultimato estava dado: ou o Barão provava o som, ou não haveria show. Não houve. "Fazer o show sem passar o som é como entrar em um carro de Fórmula 1 para correr em uma pista a 300km/h sem saber se a primeira curva é para a direita ou para a esquerda", justificou-se Frejat, que ainda disse que o show do Barão contaria com um naipe de metais e a bateria mirim da Beija-Flor. Até mesmo Caetano Veloso entrou na briga: "Os rapazes estão certos. Se não havia tempo disponível para a passagem de som de todos os grupos, então que se contratasse menos grupos para o festival". Sirena então partiu para novas negociações em busca de um substituto para o Barão Vermelho. Dois dias antes do show, fechou com a banda Hanói-Hanói.

Só que no estádio, o grito era apenas um. "Barão! Barão! Barão! Barão!", mais de 100 mil pessoas berravam quando o Hanói-Hanói subiu ao palco, pouco depois das seis da tarde. Obviamente, não houve teste de som, e a banda entrou fria em campo. Para completar, aos primeiros acordes do baixo de Arnaldo Brandão, uma multidão foi prensada contra a grade diante do palco. Quando o Hanói-Hanói já estava quase encerrando o show, mais uma vez muitos foram esmagados no gradil. Os locutores, já no limite do desespero, imploraram, mais uma vez, o tal "passinho para trás". Em vão. Não por má vontade da plateia, mas simplesmente porque não havia para onde dar o tal passinho. No palco, o Hanói-Hanói também sofreu agressões. Arnaldo Brandão foi atingido, mais de uma vez, por copos vazios atirados da plateia. "Quando entramos, a vaia foi enorme. Arremessaram várias coisas tentando atingir a gente. Continuou assim durante o show. Só fomos aplaudidos quando, já no final da nossa apresentação, tocamos músicas mais conhecidas como 'Totalmente demais', 'Rádio blá' e 'O tempo não para'", relembrou o artista. Pois é. Não tinha muito jeito. Talvez nem o Barão Vermelho fosse capaz de acalmar os ânimos e prender a atenção do público naquela panela de pressão que o Maracanã se transformara.

O Hanói-Hanói já havia terminado o show, mas a desordem continuava. O Maracanã, àquela altura, já contava com um público de cerca de 120 mil pessoas. "Era um mar de gente tanto nas arquibancadas quanto no gramado", recordou o vocalista Branco Mello, dos Titãs, banda que subiria ao palco em seguida. Do lado de fora, o público invadia o estádio, arrebentando os cadeados do portão de número 18. Quando os Titãs entraram no palco, Roberto Medina chegava ao Maracanã com a família a bordo de seu Monza cinza. Na entrada do estacionamento, algumas centenas de pessoas, inconformadas e com ingresso na mão, impossibilitadas de entrar, cercaram seu automóvel e passaram a gritar "sequestra e mata!", ao mesmo tempo que sacudiam o carro. Medina teve de engatar a ré e dirigir-se para outro portão. "Aquilo virou um filme de terror, fiquei assustada com o que estava acontecendo, apesar de eles terem razão. Fiquei com trauma de heavy metal", disse Roberta Medina, com doze anos de idade na época.

O ambiente estava conturbado. Nos bastidores o nervosismo era grande. Charles Gavin, então baterista dos Titãs e abstêmio, pela primeira vez bebeu uma dose de uísque, que "desceu quadrado", como conta. "Na hora do show, coloquei a cara na cortina e pensei: 'Não dá'. Fiz tudo o que estava ao meu alcance. Coloquei até um fio de contas de Oxalá no pescoço", recordou o músico. Mesmo assim, os Titãs desempenharam um dos shows mais memoráveis da história do Rock in Rio. Contando com a participação especial do produtor Liminha na guitarra, a banda encerrava a turnê do álbum *Õ Blésq Blom* (1989). Quando o show começou, o público passou a cantar empolgado "Miséria" (a primeira do set), "Jesus não tem dentes no país dos banguelas", "Bichos escrotos", "Igreja", "Flores" e "Cabeça dinossauro". A banda paulista se desdobrava para dar o seu melhor. Em "Comida", o *start* no computador que simula as batidas da bateria eletrônica foi dado na hora errada. Resultado: Arnaldo Antunes cantou a música inteira fora do tom. A plateia nem percebeu e ainda pediu bis, que a banda atendeu e voltou para fechar com os sucessos "Polícia" e "Marvin".

Os Titãs viraram o jogo. E o Faith No More ainda foi além. É verdade, a banda californiana se divertiu à beça no Rio. Desde a chegada no Galeão, onde algumas dezenas de fãs a esperava em busca de autógrafos. Os admiradores estavam tão afoitos que nem se deram conta de que Renato Russo se encontrava no saguão do aeroporto aguardando o seu namorado norte-americano, Scott. "Não é emocionante o mundo do rock and roll?", indagou, transparecendo um tédio com um T bem grande, o então líder da Legião Urbana a um jornalista. Os integrantes do Faith No More praticaram pesca submarina, voaram de asa-delta, conheceram o Sepultura (com quem o vocalista Mike Patton veio a gravar a faixa "Lookaway", do disco *Roots*, de 1996), provaram caipirinha e a tradicional feijoada do Hotel Caesar, em Ipanema, e ainda deram um pulo na Barbarella, inferninho tradicional em Copacabana.

O Faith No More ainda era praticamente desconhecido do grande público, mas havia sido eleito o melhor grupo de 1990 pela revista norte-americana *Spin*. Entre os videoclipes mais executados pela MTV brasileira, dois eram da banda: "Epic" e "Falling to Pieces". Apesar do bom humor do grupo, Mike Patton perdeu a paciência durante a entrevista coletiva ("as perguntas são estúpidas e os jornalistas, despreparados"), e sobrou até mesmo para Joe Cocker, quando um jornalista comunicou à banda que o cantor inglês disse que faria um show para as tropas norte-americanas envolvidas na Guerra do Golfo Pérsico. "Acho que o governo dos Estados Unidos não nos convidaria para um show desses. Se, por hipótese, George Bush fizesse esta besteira, nós iríamos para instigar as tropas à deserção. [...] É o maior festival de cretinices da história. E Joe Cocker é o pai de todos os cretinos. George Bush pode ser a mãe." Já com relação ao Sepultura, Patton foi certeiro: "Eles têm tudo para ser um dos maiores da cena heavy metal. É o show mais eletrizante que se pode assistir hoje em dia".

O Faith No More iniciou seu caso de amor com o Brasil quando subiu ao palco do Maracanã para mandar a pedrada "From Out of Nowhere", faixa de abertura do álbum *The Real Thing* (1989). O vocalista Mike Patton pulava e corria feito um alucinado no palco, contorcendo-se no chão e simulando espasmos epiléticos — que bem podem ter sido ajudados pelo terrível e permanente cheiro de urina no estádio. Em seguida, foi a vez de "Falling to Pieces" e "Epic". Patton, Jim Martin (guitarra), Billy Gould (baixo), Roddy Bottum (teclados) e Mike Bordin (bateria) já tinham dois excelentes álbuns no currículo, antes de *The Real Thing* (*We Care a Lot*, de 1985, e *Introduce Yourself*, de 1987). Não havia problema atacar de cara com seus maiores sucessos. Eles se garantiriam com as canções desconhecidas do público. Diversos artistas estavam curiosos para ver o Faith No More. Caetano Veloso viu, mas não disse o que achou. Paulo Ricardo, no entanto, reprovou o som da banda: "O vocal deles lembra muito o do Red Hot Chili Peppers. Cheira a imitação. Demais mesmo é o Guns N' Roses".

É fato que a energia do conjunto era impressionante. Nem alguns problemas no som, especialmente nos teclados, que queimaram na metade do show, esfriaram os ânimos. Patton, que parecia estar cantando as músicas pela última vez em sua vida, até mesmo se jogou do alto de quatro metros de altura de um paredão de caixas de som. A entrega era absoluta. No final de cada canção, o cantor deitava exausto no palco. "The Crab Song", sabe-se lá por quê, foi dedicada a Pelé, que teve seu nome berrado durante toda a música — a banda ainda assinou o livro de autógrafos do Hotel Rio Palace com um "Viva Pelé!". A versão arrasadora de "War Pigs", do Black Sabbath, fechou o massacre de sessenta minutos, que também teve direito a um não programado bis, com "Easy", dos Commodores. O cachê da banda foi de 20 mil dólares, o mais baixo do festival para uma banda estrangeira. O show, porém, foi não menos do que memorável.

Contudo, o ambiente no Maracanã continuava conturbado. No momento em que Billy Idol subia ao palco, Manoel Ribeiro, "prefeito" da Cidade do Rock, concedeu uma tumultuada entrevista coletiva. A produção culpou a Polícia Militar pela superlotação do estádio. Segundo a Artplan, ocorreram quatro invasões após as seis da tarde. Já a PM jurava que nada disso acontecera e culpava a Artplan de vender mais ingressos do que a capacidade do estádio permitia. Para completar, era quase impossível se locomover pelo gramado, eis que a plateia estacionava em suas rampas de acesso para ter uma melhor visão do palco. Além do mais, a *Folha de S.Paulo* publicou uma reportagem que dava conta de excessos no consumo de drogas no interior do Maracanã durante o show de Idol. "A saída para os que não gostam de injeção foi atravessar a multidão para cheirar cocaína num dos banheiros do Maracanã. Em meio ao show de Billy Idol, mais de quarenta pessoas faziam fila na porta do banheiro localizado no shopping oeste. Na área masculina, três rapazes consumiam coca. Traficantes vendiam o grama a 10 mil cruzeiros", escreveu o repórter Sérgio Sá Leitão.

No palco, Billy Idol, na difícil tarefa de substituir Robert Plant, acabou praticamente repetindo sua apresentação da noite anterior. Com as mesmas roupas de couro, caretas e óculos escuros, o cantor inglês despejou sucessos como "Eyes Without a Face", "Rebel Yell" e, agora sim, "Dancing with Myself" — a primeira da apresentação, para compensar a ausência da noite anterior. Missão cumprida e, ao cantor, só restou curtir a ressaca do festival no hotel Nas Rocas, em Búzios, entre os dias 22 e 25, com quatro acompanhantes.

A última atração da noite atendia pelo nome de Guns N' Roses. Somente as histórias da banda no Rio de Janeiro seriam capazes de preencher um livro inteiro. A começar pela chegada no Galeão. A frase mais falada era "Axl Rose sumiu!". Explica-se. Todos os integrantes da banda mais aguardada da segunda edição do Rock in Rio vieram. Menos o principal. Os fãs e a imprensa ficaram loucos. Cadê o vocalista? Nos dois dias seguintes, uma trama misteriosa se desenrolou. Arlett Vereecke, relações-públicas da banda, garantia que Axl havia desembarcado com todos os outros integrantes do Guns N' Roses no dia 17 de janeiro. Mas ninguém viu o cantor sair do aeroporto nem entrar no Hotel Intercontinental, onde a comitiva de mais de cinquenta pessoas ocupava oito suítes e vinte apartamentos duplos. A assessoria de imprensa do hotel também jurava que o cantor estava descansando na suíte presidencial. O problema é que todos os músicos do conjunto eram vistos na piscina do hotel ou na pizzaria Café Alô Alô, na Barra da Tijuca, ou na boate People, no Leblon, e somente Axl Rose não aparecia.

A charada foi solucionada na manhã do dia 19, quando o vocalista chegou ao Rio, sozinho, no mesmo voo da Varig que trazia o Faith No More. No avião, passou a maior parte do tempo lendo. Só desgrudou os olhos do livro para cochilar um pouco e jantar uma lagosta acompanhada de uma taça de vinho tinto. Se nos ares ele parecia um simples mortal, na terra Axl mostrou a sua cara. O astro exigiu o mesmo esquema montado para Prince em sua saída triunfal do Galeão rumo ao Hotel Intercontinental: um furgão no pátio, ao lado da aeronave, para evitar que ele fosse importunado por fãs e repórteres no saguão do aeroporto. Roberto Carlos, que chegava de Madri no mesmo horário, não entendeu nada, e entrou rapidamente na limusine que o aguardava, com Lady Laura a bordo.

Nessa primeira visita ao Rio, o Guns aprontou de tudo um pouco. Primeiro, os artistas queriam ensaiar as novas músicas que tocariam no show. Muitas nunca haviam sido executadas ao vivo e seriam lançadas somente no álbum duplo *Use Your Illusion* (de setembro de 1991). O grupo, então, solicitou um estúdio à gravadora BMG. O Nas Nuvens, no Jardim Botânico, foi reservado. Mas o diretor de produção do Guns, Doug Skjerseth, não aprovou o lugar. Mudaram para o estúdio Retoque, em Botafogo. "É fedido e está caindo aos pedaços, mas os rapazes da banda fedem mais ainda", explicou Skjerseth. Aliás, os integrantes do Guns estavam morrendo de medo da epidemia de dengue no Rio. Todos eles se entupiam de doses diárias maciças de vitamina A.

Em um momento de folga, o guitarrista Slash aproveitou para comprar um boné na loja Anonimato, no São Conrado Fashion Mall. Um fã se emocionou ao coletar uma bituca de cigarro Camel do músico na saída do shopping. Na véspera do show, Axl quis visitar o Maracanã. Não gostou do som, mas elogiou a iluminação. Na volta ao hotel, os músicos suplicaram os serviços de três massagistas. O mundo parecia estar aos pés do Guns N' Roses. Ou quase todo o mundo. Max Cavalera, do Sepultura, soltou o verbo contra os colegas. "Se ele ainda fosse um músico de rock eu até pensaria [em pedir um autógrafo]. Não quero nem ver o show deles, é muito artificial."

De fato, a maior parte da plateia presente no dia 20 de janeiro era mesmo do Guns. O que quase ninguém soube foi que, por muito pouco, e em mais de um momento, o show quase não aconteceu. Quando a banda, sem Axl, passava o som no início da tarde do dia 20, uma equipe de filmagem da TV Globo que estava no Maracanã ligou a câmera. Para quê? Os seguranças do conjunto partiram para a briga, mas os cinegrafistas se livraram e saíram com a fita debaixo do braço. O empresário do grupo ameaçou cancelar a apresentação por quebra de contrato. Dody Sirena teve de entrar na confusão e a pendenga só foi resolvida quando Boni, diretor de produção da Globo, destruiu a fita com a gravação na frente do empresário. Axl tinha ainda outro motivo para ficar de mau humor. O vocalista foi simplesmente esquecido no hotel por seus colegas de banda. Cada um saiu em um furgão, e Axl, atrasado, sobrou. Teve de esperar quarenta minutos por um carro e, quando chegou ao estádio, de short, camisa e óculos escuros, xingou todo mundo, inclusive um fotógrafo que nada tinha a ver com a história.

Pouco antes do show, mais uma ameaça de cancelamento. Logicamente, as mais de 100 mil pessoas no Maracanã nem sonhavam com essa hipótese. Motivo: os músicos não gostaram de saber que uma emissora de rádio estava transmitindo todos os shows do festival. O empresário disse que a banda não se apresentaria no Maracanã enquanto a questão não fosse resolvida. Os integrantes do Guns N' Roses, inclusive, estavam decididos a não sair do hotel. Roberto Medina não pensou duas vezes. Subiu no helicóptero alugado para fazer a ponte entre os hotéis e o Maracanã e rumou para o Intercontinental. "Olha, se os músicos do Guns não se apresentarem, eu não me responsabilizo com o que possa vir a acontecer com eles. Mais de 120 mil pessoas estão esperando no Maracanã. Se não tiver show, certamente acontecerá uma catástrofe. E eu duvido que o Axl ou qualquer outro integrante do grupo saia vivo do Brasil", apelou o publicitário. E finalizou: "Aconselho vocês a subirem agora neste helicóptero". O empresário da banda não teve alternativa senão obedecer.

O Guns N' Roses chegou ao Maracanã ainda com tempo para aproveitar o camarim decorado com motivos tropicais e a infinidade de garrafas de bebida solicitadas. Na última hora, a produção do evento teve de se desdobrar para conseguir uma máscara de oxigênio pedida por Axl pouco antes de subir ao palco. Ensaio nem pensar. "Matt [Sorum] e Dizzy [Reed] nunca tinham tocado conosco como banda completa, pois Axl não participa dos ensaios. Nunca tinham visto Axl cantando junto. E não tínhamos nem um repertório acertado, apenas uma lista para escolher na hora, que é o jeito que gostamos", disse Duff à revista *Bizz* após a apresentação.

Ao som do Guns, as arquibancadas do Maracanã passaram pelo seu principal teste. Se elas não caíram aos primeiros acordes de "Pretty Tied Up" e de "Mr. Brownstone", as duas primeiras do setlist, dificilmente ruiriam em outra ocasião. E o grau de trepidação (1,4 em uma escala de 1 a 10) foi modesto, com as 40 mil pessoas pulando feito pipoca. Axl chegou a agradecer a presença do presidente Collor, mas ele não estava no Maracanã. A maior banda de rock da época também passou por uma de suas experiências mais difíceis no Maracanã. Além de apresentar várias músicas desconhecidas, como "Double Talkin' Jive" e a politizada "Civil War", Dizzy Reed e Matt Sorum estreavam um show ao vivo com o Guns N' Roses. Mas tudo deu certo. Slash mostrou seus dotes de grande guitarrista em uma versão bem particular do tema de O *poderoso chefão*, de Nino Rota, e no solo introdutório de "Sweet Child o' Mine". A versão de "Knockin' on Heaven's Door", de Bob Dylan, e a inédita "Estranged" também foram bons momentos, ainda que menores se comparados à execução da arrebatadora "Paradise City", já no bis e com Axl Rose quase sem voz, sem camisa, e de bermudinha colada nas coxas, estampando a bandeira dos Estados Unidos. "Olha lá! Engordou demais", observou Caetano Veloso na Tribuna de Honra do estádio.

Terminado o show, a banda foi embora. Menos Axl. Mas dessa vez ele não foi esquecido. Ele estava chateado porque perdera o seu casaco branco de couro com o qual iniciou o show. Vestido de cueca e roupão, ele saiu para procurar o casaco no palco, com o estádio já vazio. Depois, foi tomar banho no camarim. Amin Khader perguntou se o cantor gostaria que a farta macarronada encomendada por ele antes do show fosse enviada ao hotel. "Quantas pessoas você tem na sua equipe?", perguntou Axl. "Umas quinze", respondeu Amin. "Então pode chamar todos eles para jantar comigo aqui, no backstage", disse o cantor. Sem acreditar no que havia acabado de ouvir, Amin preparou uma mesa imensa no refeitório, regada a macarrão e ao melhor vinho tinto disponível àquele momento. Varredores, camareiras, copeiras, garçons, seguranças, passadeiras, ninguém ficou de fora do jantar.

Em um banquete felliniano, Axl sentou na cabeceira e confraternizou com seus novos amigos. Num dado momento, Roberto Medina surgiu na porta do refeitório e, sem entender nada, disparou um olhar reprovador para Amin, que rapidamente se levantou e convidou o chefe para uma refeição inusitada: "Roberto Medina, você gostaria de se sentar à mesa conosco para jantar com Axl Rose?". Quando o empresário viu quem estava à cabeceira da mesa, quase caiu para trás.

15. "E VOCÊS VÃO TODOS TOMAR NO CU, EXCETO QUEM NÃO TÁ TOMANDO NO CU."

SEGUNDA-FEIRA FOI DIA DE DESCANSO no Rock in Rio. Sem show no Maracanã, colunáveis, artistas, políticos, modelos com vestidos de paetês, mauricinhos de camisas de Bali, *groupies*, agregados e até Axl Rose foram bater ponto na inauguração da boate Resumo da Ópera, na Lagoa, em uma espécie de "festa oficial" do evento. A princípio, o rega-bofe seria no Morro da Urca, mas foi transferido para a nova casa do empresário Ricardo Amaral, que bancou tudo — estratégia para colocar o Resumo da Ópera em todos os jornais.

Algumas das principais atrações do festival circularam pela pista de dança, uma réplica do *foyer* do Theatro Municipal do Rio. O prefeito Marcello Alencar chegou cedo, às dez da noite, quando ainda passavam a última demão de tinta nas paredes da casa. Os rappers do Run-DMC, repleto de seguranças, ficaram mais de uma hora mendigando para entrar, assim como o Faith No More, que viu dezenas de modelos passarem à sua frente e serem colocadas para dentro. Santana bateu o ponto. Supla entrou, mas Billy Idol mofou na calçada, porque quando chegou, às duas da madrugada, não cabia mais nem um mosquito na boate. Já a cantora Lisa Stansfield, dentro do seu inesquecível tubinho preto, foi uma das primeiras a entrar e das últimas a sair. Balançou o corpo a noite toda sentada na cadeira. Mike Patton e Jim Martin, do Faith No More, detestaram a trilha sonora. "Isto aqui é horrível, a música parece de supermercado", disse o guitarrista. Morten Harket, vocalista do a-ha, dentro de um terno de linho verde e gravata verde e rosa com motivos tropicais, só repetia *"yeah"*.

A comida era escassa, mas o uísque importado foi entornado aos litros nas mesas dos artistas. Entre eles, Axl. Vestido com calça de veludo preto bem justa e camisa branca amarrada em cima da barriga, o vocalista do Guns N' Roses pouco desceu do trono. Ficou só conversando e bebericando com fãs que se aproximavam. Também ganhou um *"I love you"*, da modelo Luiza Brunet, que foi devidamente convidada por ele para assistir ao show do Guns no dia 23. O vocalista da banda exagerou no *scotch* e saiu de lá trocando as pernas e amparado por seguranças. "Botaria o pé para vê-lo cair", provocou Dave Mustaine, do Megadeth. "Seria ao menos a única coisa divertida nesse inferno." Axl ainda levou dezoito garotas para o Intercontinental. Mas, quando chegou ao hotel, foi impedido pela segurança de subir com as moças. Já Mike Patton saiu sozinho e detonou a festa. "Este é o lugar mais *kitsch*, cheio e desagradável em que já estive. Fui na boate Barbarella e me diverti muito mais. Ao menos as mulheres de lá não eram putas *poseurs*."

No dia seguinte, no Maracanã, uísque foi o que menos rolou. Era o dia da garotada do Rock in Rio, fãs com idade média de dezesseis anos que esperavam ardentemente pelos garotos do New Kids On the Block. Para a segurança dos jovens espectadores, a Artplan exigiu que a Protege, empresa responsável pela vigilância interna do estádio, numerasse os coletes dos seus 750 profissionais para facilitar a identificação dos que se excedessem com os fãs. Havia uma suspeita de que diversas irregularidades estariam ocorrendo no estádio. Dois dias antes, por exemplo, a reportagem da *Folha de S.Paulo* testemunhou um assalto a um casal cometido por dois homens que usavam coletes da empresa de segurança.

Às seis horas da tarde daquela terça teen, o calor beirava o insuportável. Ainda assim, o grupo Inimigos do Rei, liderado por Paulinho Moska, conseguiu animar a garotada, ao misturar teatro com músicas engraçadinhas como "Adelaide" (dedicada ao Run-DMC, que se apresentaria poucas horas depois) e "Uma barata chamada Kafka". Além dos dois sucessos do álbum de estreia (de mesmo nome da banda, de 1989), o grupo apresentou canções do recém-lançado LP *Amantes da rainha* (1990), como "Hospício (Lar, doce lar)" e "Carne, osso e silicone", esta última com a participação especial da travesti Telma Lip, que ensaiou uma coreografia de deixar corada muita criança na plateia. Para agradar os pais, o conjunto passou rapidamente por clássicos do rock, como "La bamba" (de Ritchie Valens), "Jumpin' Jack flash" (Rolling Stones) e "Owner of a Lonely Heart" (Yes).

O ambiente no estádio estava tranquilo. Cervejas mal eram vendidas. As filas se concentravam mesmo nas barracas de pipoca e sorvete. Havia pouco mais de 20 mil pessoas, entre pais e filhos. No gramado, os filhos do então presidente Fernando Collor de Mello aguardavam o Roupa Nova. Serginho Herval (bateria, voz e vocais), Paulinho (percussão, voz e vocais), Kiko (guitarra, violão e vocais), Nando (baixo, voz e vocais), Ricardo Feghali (teclados, violão, voz e vocais) e Cleberson Horsth (piano e vocais) apresentaram sucessos que estavam na boca de qualquer um, independentemente de idade, como "Sapato velho" (a primeira do roteiro), "Canção de verão", "Volta pra mim", "Seguindo no trem azul" e "Whisky a go go". Durante uma hora, a banda colocou o público até para fazer ginástica aeróbica durante "Clarear" e ainda berrar os versos de "Dona" mais alto do que a Viúva Porcina. O mineiro Beto Guedes, agradável surpresa, foi chamado para dividir os microfones em versões acústicas de "Lumiar" e "Todo azul do mar". Quatro dançarinos também apareceram para uma coreografia em "Esse tal de repi'n' roll", versão rap do clássico de Rita Lee.

O público ficou satisfeito. Mas não o Roupa Nova. Na saída do palco, a banda não pôde seguir direto para o camarim, porque ele ficava próximo ao do New Kids On the Block. "Quando eu fui passar, um segurança de quase três metros de altura colocou a mão no meu peito como se eu fosse um bandido ou coisa parecida. Acho que ele pensou que eu iria tietar os 'garotinhos bonitinhos'. Fomos obrigados a dar uma volta enorme pelo setor das arquibancadas até chegar ao nosso camarim. Foi uma experiência constrangedora. Jamais pensei que iríamos ser tratados com total falta de respeito por parte da direção do evento, pois a mesma ficou conivente com os gringos", reclamou Serginho.

O público também reclamou da ausência do Snap!. O grupo alemão de música eletrônica teve sua apresentação cancelada na última hora. Uma sucessão de adiamentos e imprevistos fez com que o rapper Turbo B, líder da banda, não chegasse ao Rio no dia do show. O músico deveria estar na cidade no dia 21. Alegando problemas particulares — dizia-se que ele queria ficar mais tempo com a namorada e com o cachorro de estimação em Madri —, pediu à produção que adiasse sua chegada para a manhã do dia 22, poucas horas antes de subir ao palco do Maracanã. O problema é que a turbina do avião em que ele embarcou deu problema e o voo teve de retornar a Madri. A cantora Janice Robinson, o tecladista Gary Carolla, o baterista Efram Butler e as dançarinas Michelle e Shannan, por sua vez, já se encontravam no Rio. Mas, sem Turbo B, nada feito. O líder da banda chegou somente no dia 23, e não havia como encaixar a apresentação no festival. A Artplan ameaçou processar a banda, mas desistiu. Dody Sirena recebeu de volta os 25 mil dólares do cachê e ainda passou um sabão no grupo, que "demonstrou enorme falta de profissionalismo".

Coube à banda mais "rejeitada" do Rock in Rio II, o Run-DMC, a tarefa de seguir com os trabalhos. Joseph Simmons (Run), Darryl McDaniels (DMC) e Jason Mizell (Jam Master Jay) devem ter precisado de um bom analista na volta para Nova York. Em primeiro lugar, ficaram retidos durante uma hora no aeroporto, sob a acusação de que teriam fumado maconha no voo que os trouxe de Nova York até o Rio de Janeiro. Depois, esperaram mais uma hora à espera do ônibus que os levaria ao Rio Palace. A banda foi colocada num táxi, graças à sua intérprete, que ainda levou bronca da Artplan, porque o ônibus que faria o transporte dos rappers chegou logo em seguida.

Para completar, o Run-DMC foi praticamente ignorado pelo público do Maracanã, que não se comoveu nem quando uma tradutora berrou: "Eles querem ver mais empolgação, ouvir os gritos de vocês, porque estão gravando um videoclipe neste momento. Vamos colaborar!". Ninguém colaborou. Tanto que a banda repetiu a música. Mais uma vez, ninguém deu bola. O som péssimo e a grande maioria das músicas praticamente desconhecidas do público também não ajudaram. Mesmo em momentos mais dançantes, como "Mary, Mary" e "Walk this Way", a plateia de cerca de 40 mil pessoas só dava sinal de que queria ver o New Kids. Não adiantou nem mesmo botar para rodar na picape um trecho do samba da Caprichosos de Pilares. Os DJs tentaram empolgar desde o início, clamando, em bom português, "vamos dançar". Mas o maior momento de empolgação foi mesmo a entrada, a convite do trio, da cantora do Snap!, Janice Robinson, que interpretou, de forma improvisada, "The Power".

"Os fãs do New Kids On the Block são tão radicais quanto os de heavy metal", asseverou o líder do Megadeth, Dave Mustaine, em entrevista coletiva. Certamente ele sabia do que estava falando. No quesito fãs e tietagem explícita, o New Kids foi o campeão dos campeões. A boy band causou furor na chegada ao Galeão, na manhã do dia 22, com a sua *entourage* de 43 pessoas, incluindo vários cabeleireiros, maquiadores e até um tutor para cuidar dos rapazes. Houve muito empurra-empurra, roupa rasgada, unhadas e gritinhos histéricos disparados pelas cerca de trezentas adolescentes que carregavam pôsteres e revistas com fotos dos ídolos. A roda de um ônibus chegou a passar sobre o cabelo de uma fã.

"Moço, você é jornalista? Então tira uma foto deles para mim, pelo amor de Deus", suplicava uma garota de joelhos a um repórter, enquanto as lágrimas desciam pelo seu rosto. A mesma menina depois ainda tentou subornar um segurança com duzentos dólares para subir no ônibus do conjunto formado por Donnie Wahlberg, Danny Wood, Joey McIntyre, Jordan Knight e Jonathan Knight. Quando os jovens artistas entraram no ônibus rumo ao hotel, algumas fãs desesperadas embarcaram em táxis para protagonizar cenas de perseguição dignas de um filme de James Bond. Outras, mais radicais, davam ordens para os taxistas fecharem o ônibus. Um garoto esperto de oito anos de idade ainda conseguiu entrar escondido no transporte da banda, mas foi descoberto e expulso.

Finalmente no hotel, enquanto o New Kids se acomodava em suas suítes, as fãs berravam e cantavam "Step by Step". A porta do Rio Palace se transformou em uma assembleia de fanáticas do quinteto norte-americano. Os rapazes agradeceram o carinho da janela, e Donnie Wahlberg, o bad boy da banda, jogou um travesseiro do quarto do hotel. A lembrança foi dividida fraternalmente entre três fãs. Enquanto isso e no mesmo hotel, um irritadiço Morten Harket, vocalista do a-ha, metralhava na entrevista coletiva: "Todas as fãs do New Kids nasceram depois de começarmos nossa carreira". A presença do NKOTB deixou Morten realmente de mau humor. Quando indagado por um jornalista o motivo pelo qual o a-ha vendia cada vez menos discos, respondeu: "Só se for na sua família".

Às 22h20, o New Kids entrou em cena no Maracanã. Contrariando os críticos, os cinco integrantes do conjunto iniciaram o show acompanhados por uma banda de verdade, tocando ao vivo. Na plateia, um extasiado Renato Russo admitia que gostava dos arranjos vocais do conjunto. Mas suas intenções eram outras. "Cada um daqueles pestinhas já faturou 25 milhões de dólares. Isso já é motivo para atenção. Quando eu tiver uns cinquenta ou sessenta anos, vou juntar cinco moleques e botar para cantar. Quero ficar rico com a voz dos outros", divertia-se o então líder da Legião Urbana, que viria a morrer cinco anos depois.

Muito chocolate no camarim era a principal exigência do New Kids. "Coloquei cerca de quarenta chocolates e, como é coisa de criança mesmo, acrescentei, por minha conta, balas e chicletes", disse Amin Khader. Segundo o coordenador dos camarins, ao final do show, não havia uma mísera jujuba ou um chiclete Ploc para contar história. Antes de subirem ao palco, foi servido um almoço, a pedido dos rapazes. No cardápio, frango com batata corada e arroz à grega. A apresentação durou uma hora cravada no relógio. O New Kids fez tudo o que rezava a sua cartilha. Muitos "*I love you*", beijos, troca de afagos com as fãs nas primeiras filas e todos os sucessos que elas esperavam ouvir.

No roteiro, as canções de *Step by Step* ("Games", "Tonight", a faixa-título) e outras mais antigas, como "Hangin' Tough". Musicalmente, o show teve saldo positivo. Donnie Wahlberg mandou uma rappeada no reggae "Stay with me Baby", e o Run-DMC foi convidado para cantar com o conjunto o seu sucesso "Walk this Way", canção originalmente gravada com o Aerosmith. Às 23h20, o grupo deixou o palco e a quarta noite do Rock in Rio II estava encerrada. Horário de criança ir para a cama. Após a apresentação, Joey McIntyre bebeu chope no bar ao lado do Rio Palace — não se sabe onde estava o tutor. Ao que tudo indica, as fãs estavam dormindo. Ninguém reconheceu o cantor no bar.

Para o dia seguinte, 23 de janeiro, uma guinada de 180 graus para a tradicional noite metaleira, que vitimou artistas como Eduardo Dussek, Erasmo Carlos e a banda Kid Abelha em 1985. Seria diferente seis anos depois? Os gritos da plateia antes mesmo do primeiro show — "1, 2, 3, 4, 5 mil, eu quero que o Lobão vá pra puta que o pariu" — já davam a resposta.

Em 1991, o Sepultura era pouco conhecido por aqui, mas já era grande lá fora. Para conferir o poder de fogo dos mineiros, os medalhões do Judas Priest chegaram mais cedo ao estádio e acompanharam o show do palco. Foram apenas sete músicas em trinta minutos redondos de show, o suficiente para o público bater cabeça com as pedradas de Max Cavalera (guitarra e voz), Andreas Kisser (guitarra), Paulo Jr. (baixo) e Igor Cavalera (bateria). O quarteto estava prestes a lançar um de seus melhores trabalhos, *Arise* (março de 1991), de onde saiu "Orgasmatron", cover do Motörhead, e que ficou melhor do que o original. Músicas de *Beneath the Remains* (1989), como "Inner Self" e "Mass Hypnosis", completaram o setlist. O show foi bom, mas não faltou reclamação por parte da banda. "Eu gostei mais do show de 1991 do que o de 2001 [na terceira edição do Rock in Rio], apesar de a produção ter tratado a gente muito mal. Nossos familiares tiveram de comprar ingresso e ficar no meio da muvuca pra ver a gente tocar", reclamou o baterista.

A noite teve os seus pontos baixos. Foi a mais movimentada do posto médico do estádio. Apesar de a lotação não ter sido nem a metade da ocupação do domingo, dia 20, houve quinhentos atendimentos e doze casos graves, a maioria por ingestão de bebida alcoólica. A polícia também teve trabalho: fez 35 flagrantes de uso de entorpecentes. A nota mais triste da noite: um homem morreu ao fraturar o crânio, depois de tentar pular o muro do estádio antes da abertura dos portões.

O clima, de fato, estava ficando mais tenso no Maracanã. Quatro forças de choque foram convocadas para prestar auxílio à Polícia Militar nas ruas próximas ao estádio. Lá dentro, uma pessoa da produção implorava, solitariamente, para que a plateia não jogasse nada no palco, que já estava sendo montado para a entrada de Lobão. Nos bastidores, o músico carioca não estava lá muito satisfeito. De braço enfaixado, Lobão estava impedido de tocar guitarra. O pulso, fraturado poucos meses antes num tombo de moto, ainda não estava 100%. Além disso, o palco reservado para seu show foi reduzido a um pequeno espaço ("à milésima parte", segundo ele) por causa da parafernália do Judas Priest, que usaria o mesmo espaço naquela noite. O teste de som havia sido feito no dia anterior, assim como a marcação do palco. Mas, na hora H, ele estava desconfigurado. Lobão chegou até mesmo a pensar em cancelar a apresentação. No gramado, a plateia, nada amistosa, gritava "fora, Lobão". "Eu estava me sentindo um daqueles cristãos jogados aos leões no Coliseu", contou. Antes de começar o show, alguém lhe entregou um capacete da Cruz Vermelha e disse, tal qual um profeta: "Acho que você vai precisar disto". A camiseta de Lobão trazia a seguinte inscrição: "Matem todos eles e deixem por conta de Deus". "Uma premonição mediúnica", segundo o próprio.

Lobão abriu a apresentação com um de seus maiores sucessos, "Vida louca vida", que também era a música de abertura da última turnê de Cazuza, entre 1988 e 1989. Mas, naquela tarde do Maracanã, os versos da canção ganharam outros contornos. Já na primeira estrofe, uma lata de cerveja com areia derrubou o surdo do baterista Kadu Menezes. Pilhas, latas, sacos com areia, moedas, rolos de papel higiênico molhado e pacotes de biscoito de chocolate eram arremessados impiedosamente no tablado. Na segunda música, "Canos silenciosos", uma garrafa de Coca-Cola estourou na guitarra de Lobão. Foi o estopim. "Eu sei que tem gente aplaudindo, mas a gente não é palhaço, não, pra ficar neguinho jogando lata nessa porra, nessa merda aqui. E eu queria dizer outra coisa pra vocês: vá tratar mal na puta que os pariu, morô? E vocês vão todos tomar no cu, exceto quem não tá tomando no cu." Não teve mais jogo. Depois de apenas seis minutos no palco, Lobão jogou o capacete da Cruz Vermelha na plateia, deu meia-volta e se mandou, sem antes deixar de mostrar o dedo médio para os baderneiros. Vinte minutos depois, jogando ping-pong com um segurança no camarim, ele falou com a imprensa: "Eles são como uma torcida de futebol. Irracionais. Se torcem por um grupo, odeiam os outros. Falei mal deles em outras ocasiões. Não devem ter gostado. A violência foi coisa de uma minoria fascista".

Mas o massacre não terminou por aí. Quinze minutos depois que Lobão deixara o palco, entrou a bateria da Estação Primeira de Mangueira com 41 integrantes e um Ivo Meirelles aterrorizado. Para quê? As vaias aumentaram, e as latas arremessadas idem. Ao mesmo tempo, Igor Cavalera, do Sepultura, se solidarizava com Lobão. "Nós apenas tocamos antes, não instigamos o público contra o Lobão. A culpa, na minha opinião, é da Artplan. Os organizadores não poderiam programar o Lobão numa noite de heavy metal", argumentou o baterista. A produção aquiesceu. "Concordo que a escalação foi equivocada", reconheceu Dody Sirena.

O fato é que naquela noite os metaleiros tiveram a certeza de que haviam ganhado o jogo no Maracanã. A senha foi a guitarra Flying V, de Mustaine, no talo, atacando o *riff* de "Devil's Island". O que se seguiu foi uma catarse sonora, com várias faixas de *Rust in Peace* (1990), álbum que a banda estava divulgando e considerado hoje um dos melhores da história do metal. Não houve tempo de respirar: "Lucretia", "Hangar 18", "Tornado of Souls", "Take no Prisoners", todas de *Rust in Peace*, além de antigas como "In my Darkest Hour" e o encerramento ensurdecedor com "Peace Sells", passando ainda por uma versão purificadora de "Anarchy in the UK", dos Sex Pistols, com o "UK" devidamente substituído por "USA". Uma hora sem parar em um verdadeiro holocausto sonoro.

O Megadeth permaneceu na cidade por cinco dias. Hospedado no Hotel Intercontinental, Dave Mustaine aproveitou a praia do Pepino, em São Conrado, para mostrar suas habilidades no surfe. Na manhã da véspera do show, o guitarrista arranhou seu braço direito na prancha, mas nada que colocasse a apresentação em risco. Além das manobras no mar, Mustaine, junto com Nick Menza (bateria), Marty Friedman (guitarra) e David Ellefson (baixo), curtiu bastante as noitadas em boates da cidade. No dia do show, terminaram a noite às seis da madrugada na Trap, em uma festa privê, ao lado dos integrantes do Judas Priest e do Sepultura. A decoração da boate era inspirada na estética do metal, com bolas pretas e caveiras em abundância.

O Queensrÿche não foi convidado para a festa. Pudera. O grupo estava lançando o álbum *Empire* (1990), cuja balada "Silent Lucidity" era apresentada esporadicamente na MTV. O som, pretensioso, era uma salada de progressivo com hard rock, especialmente depois da paulada sonora do Megadeth. A plateia não teve nenhuma paciência. Além do mais, a banda de Washington era pouco conhecida no Brasil e parecia que o conjunto fora escalado exatamente para tentar emplacar por essas bandas. Não voou lata cheia de areia, mas as vaias encobriam o som vindo do palco. Os bares faturaram bem durante o show, que funcionou como um longo intervalo para a entrada do Judas Priest.

Rob Halford, em seu figurino clássico de couro preto salpicado de tachinhas sobre a moto Harley-Davidson na abertura do show, arrancou uma profusão de urros da plateia, que, ao contrário do que se pensava, não havia desfalecido durante o show do Queensrÿche. Halford (vocais), Ian Hill (baixo), Scott Travis (bateria), K.K. Downing e Glenn Tipton (ambos na guitarra) apresentaram um preciso e competente set de doze músicas, entre elas "The Ripper" e "Painkiller" (faixa-título do disco de divulgação, lançado em 1990). Com seus falsetes alucinados, Halford cantou todos os sucessos do Judas que os metaleiros queriam ouvir. Foram muito aplaudidos. Mas os longos intervalos entre as músicas cansaram um pouco. Nada que a estrondante "Breaking the Law" não resolvesse. Não faltou nem "Beyond the Realms of Death", música que causara polêmica e quase um prejuízo monstruoso para o Judas Priest. Explica-se: em julho de 1990, as famílias de dois rapazes ajuizaram uma ação contra a banda requerendo uma condenação no valor de 7 milhões de dólares sob a alegação de que tal canção, em tese, teria sido a responsável pelo suicídio dos jovens, por causa dos versos "Fique com o mundo, com todos seus pecados/ Ele não é apropriado para se viver". A Justiça deu ganho de causa ao grupo. A plateia, sedenta pelo Guns N' Roses, também deu ganho de causa ao Judas Priest.

Mais uma vez, Axl Rose estava de mau humor no dia do show. De manhã, as fãs concentradas na calçada do Intercontinental, em São Conrado, pediam ao astro que desse seu telefone — o número, é claro. O cantor então arrancou o aparelho e o arremessou do 16º andar sobre as garotas. Por sorte, ninguém se machucou. Mais tarde, nos bastidores, Axl desatou a destilar exigências de última hora. Sobrou até para o Judas Priest, que foi proibido de usar qualquer elemento pirotécnico durante a apresentação. E mais: a performance da banda deveria ser encurtada em vinte minutos e, se o vocalista Rob Halford entrasse no palco em cima da moto Harley-Davidson (uma tradição em seus shows), não haveria Guns N' Roses no Maracanã. Todas as exigências foram atendidas, menos a da motocicleta.

Os ânimos ficaram mais alterados quando os seguranças do Guns expulsaram do palco Michael Wilton e Scott Rockenfield, respectivamente guitarrista e baterista do Queensrÿche, aos quais Axl havia autorizado permanecer ali. Apesar dos ataques de estrelismo, o Guns N' Roses fez um show superior ao primeiro. O repertório e os diálogos de Axl com o público foram exatamente os mesmos, mas a banda estava mais solta e disposta. O Rio de Janeiro deve ter feito bem ao grupo, assim como São Paulo para Slash — criador de treze cobras em sua casa em Los Angeles, ele viajou até a capital paulista para visitar o Instituto Butantan.

No palco, o guitarrista "homenageou" os brasileiros com um solo de "Feelings", aquele velho sucesso de gosto duvidoso de Morris Albert, e Matt Sorum espancou sua bateria em um solo de dez minutos, com direito a cabeçadas no imenso gongo atrás da bateria — John Bonham (ex-Led Zeppelin, morto em 1980) teria ficado orgulhoso. O público não arredou o pé até as três e meia da manhã, horário em que Axl se despediu com "Paradise City".

Nenhuma outra banda teria uma relação tão íntima com o Rock in Rio ao longo dos anos.

16. "FREEDOM, FREEDOM..."

A NOITE DE 23 DE JANEIRO não foi das mais calmas. Mas, no dia seguinte, Serguei, vencedor na categoria hors-concours da Escalada do Rock, ressuscitou o clima "paz e amor" no Maracanã e homenageou sua musa Janis Joplin, com quem jurava ter tido um caso rápido. O cantor carioca pediu ao público que se sentasse no gramado do estádio, tal qual a plateia *flower power* em Woodstock, e cantou "Summertime", canção de George Gershwin que se transformou num clássico na voz de Joplin. Serguei teve direito a apenas vinte minutos no palco, "transformados em vinte horas", segundo o artista, que apresentou mais clássicos do rock. Laura Finocchiaro, também selecionada na Escalada do Rock, teve direito a trinta minutos. Sua sonoridade pode ser sintetizada como uma mistura de diversos ritmos, como o funk norte-americano e a música oriental. A plateia acompanhou respeitosamente.

Se a plateia estava calma no Maracanã, nos bastidores, o clima não era dos melhores. Como já havia acontecido no primeiro dia do festival, as roldanas que sustentavam o palco de Prince quebraram. O artista de Minneapolis teve, assim, de ocupar outro palco. Exatamente o de Alceu Valença. Isso significa que toda a marcação feita uma semana antes pela banda do artista pernambucano foi para o espaço. Conformado, decidiu fazer o show no susto e com a ajuda de seus deuses. Assim, às 19h10, Alceu entrou no palco, e o microfone começou a apitar já na primeira música, "Tournée nordestina". Trocaram o microfone. No meio da segunda canção, "Rajada de vento", o apito voltou. "Nós só vamos tocar em respeito a vocês. Ensaiamos em um palco completamente diferente deste e o som está péssimo", disse ele antes de recomeçar a apresentação. Mas a cena se repetiu novamente e o músico então concluiu ser inviável continuar. O problema não estava apenas no microfone, mas na ausência de marcação das caixas de retorno. "Adoro o Prince, mas assim não dá. É um desrespeito. Viva o Lobão. Boa noite", indignou-se, antes de abandonar o palco de vez.

Segundo o técnico de som do músico, Paulo Junqueiro, com a mudança de palco, os recursos usados na passagem de som não estavam mais disponíveis durante o show. "Acho um absurdo antecipar meu show por causa das exigências do Prince. Se o Prince é o Prince, eu sou o príncipe", disparou Alceu. O público de cerca de 8 mil pessoas berrava impropérios contra a produção do Rock in Rio, enquanto os *roadies* retiravam os instrumentos da banda. Renato Russo saiu em defesa do artista: "O que está acontecendo com os grupos brasileiros é o motivo pelo qual a Legião Urbana se recusou a tocar desde o começo. Macaco velho não mete a mão em cumbuca. A gente já sabia. O que aconteceu com o Barão foi mau. E com o Alceu poderia ter sido evitado. Está sendo um desrespeito desagradável ao músico brasileiro. A gente tem que se livrar desse colonialismo brabo". Vinte anos depois, Alceu ponderou: "Não foi nada premeditado por parte da produção do festival. Apenas uma fatalidade".

Uma fatalidade que não aconteceu no segundo show de Santana no Rock in Rio II. Quando um artista se apresenta duas vezes no mesmo festival, os shows costumam ser praticamente iguais. O guitarrista foi uma louvável exceção. A inédita "Somewhere in Heaven", uma homenagem ao recém-falecido amigo e guitarrista Stevie Ray Vaughan e que faria parte de seu álbum seguinte, *Milagro* (1992), revelou-se a grande surpresa do setlist, assim como a inclusão de "Soweto" e "Oceano", ambas de Djavan, com a participação do próprio, para júbilo da plateia. Por sua vez, Milton Nascimento, apesar de ter aceitado o convite para participar, acabou não aparecendo. Pena.

O início do show foi igual ao do dia 19, com a explosiva "Soul Sacrifice". Felizmente, algumas presepadas da primeira apresentação, como o solo de "Aquarela do Brasil" e os infindáveis discursos pela paz, foram limadas. Além de Djavan, Santana recebeu o guitarrista norte-americano Pat Metheny e também Gilberto Gil, que apresentou uma versão empolgante de "Exodus", de Bob Marley, no encerramento da apresentação. Para grande parte da imprensa, essa segunda apresentação de Carlos Santana foi a melhor deste Rock in Rio.

Quem também deu repeteco na noite do dia 24 foi Prince. Entre a primeira e a segunda apresentação no festival, Prince deu um pulinho em Buenos Aires para mostrar seu show aos nossos *hermanos* (no dia 22, no Estádio do River Plate, para 25 mil pessoas) e, certamente, colocar seus seguranças para inspecionar algumas boates portenhas. No embarque, deixou seu travesseiro de penas de ganso cair no chão do aeroporto do Rio. A decolagem teve de ser atrasada em quinze minutos, tempo necessário para a equipe de segurança do Galeão encontrar a almofada do compositor.

Quando retornou ao Brasil, Prince estava irritado. Chegou logo exigindo que todos os shows começassem quinze minutos antes, pois não aceitava entrar no palco depois da meia-noite. Certamente por causa da festa de arromba que o aguardava no Resumo da Ópera logo após sua apresentação. Não satisfeito, tomou das mãos de Amin Khader a cópia da chave de seu camarim e se trancou lá. Queria privacidade absoluta. Só manteve contato com a cozinheira particular, que lhe preparou um singelo filé de badejo com brócolis. O show apresentado foi praticamente o mesmo da noite de estreia do Rock in Rio e de

Buenos Aires. A única novidade foi a execução de "The Question of U". No meio da apresentação, algumas moças da fila do gargarejo foram chamadas para dançar no palco. A que mais chamava atenção era a que se posicionou em cima do piano. Tratava-se de Márcia Bulcão, que, seis anos antes, cantara na Cidade do Rock com a Blitz.

Mas o melhor da noite aconteceu pós-show. Prince chegou ao Resumo da Ópera às 3h15 da madrugada, e a boate já estava lotada — mulher desacompanhada entrava, mulher acompanhada só se fosse "muito interessante". Homem desacompanhado era barrado. Inclusive o Boni, que argumentou com os seguranças: "Eu tô pagando o Rock in Rio. Eu tô pagando o Prince". O chefe de segurança não se fez de rogado. "O Roberto Medina é quem paga tudo." O então todo-poderoso da Rede Globo não se segurou: "Eu pago o Roberto Medina. Ele é meu empregado. Vou chamar o Hélio Vígio [delegado de polícia] para ele prender este idiota [o segurança]". Deu certo. Boni entrou na festa e comeu uma pizza de cebola com ovos. Vinte e cinco modelos da agência Class foram contratadas para embelezar o ambiente. Como a festa fora organizada para o artista, dessa vez ele não seria barrado. Prince chegou e se sentou na proa do "Navio fantasma", um dos ambientes da boate que homenageava a célebre ópera de Richard Wagner. Permaneceu o tempo inteiro ao lado da modelo Marianne Cotrin, de dezesseis anos, e da mãe dela. Tímido, o cantor levantou-se apenas duas vezes para dançar. Especialmente quando o DJ atacou com músicas de Madonna e de Suzanne Vega.

No dia seguinte, antes de partir para o aeroporto, o cantor deu um pulo na casa de Marianne, que entrou no carro e o acompanhou até o aeroporto. "Prince tem um interior muito bonito. É a pessoa mais incrível que já conheci. Não é a pessoa esquisita que dizem, é um homem gentil, que sofre por ser famoso", dissertou. O ato final do artista que mais deu o que falar no festival foi singelo: na avenida Nossa Senhora de Copacabana, acariciou a cabeça de uma criança de rua e lhe entregou uma nota de cem dólares.

Ao mesmo tempo que a festa de arromba de Prince rolava na Lagoa, os shows continuavam no Maracanã. Um artista brasileiro encerrar uma noite de Rock in Rio parecia algo impensável. Ainda mais seguido de Prince, que não tinha, digamos, o costume de abrir show de ninguém. Mas Alceu Valença queria de todo jeito voltar ao palco. O diretor artístico do festival, Dody Sirena, achava que não seria possível. No fundo, Alceu também. Os músicos de sua banda já estavam bebendo no meio do público, e os instrumentos dentro de uma Kombi prestes a deixar o Maracanã. Porém, Prince, talvez mais preocupado com a festa que o aguardava, autorizou que Alceu cantasse depois dele, e Dody Sirena deu o sinal verde ao cantor. A primeira missão, cumprida com êxito, foi localizar os músicos, um a um, no gramado do estádio. "O Prince acabou abrindo o show pra mim", disse Alceu. O artista norte-americano não se importou: "Eu estou indo embora mesmo...".

Alceu, então, retornou ao palco à uma e quarenta da madrugada, com o mesmo figurino, num estilo Antônio das Mortes, do filme *Deus e o diabo na terra do sol*: capa preta com forro vermelho, chapéu e óculos escuros. Só faltou o rifle, devidamente substituído por um microfone que agora não apitava. Era a glória para um artista brasileiro. A luz e a capacidade de som estavam no talo. O pernambucano então disparou com "Tournée nordestina", "Rajada de vento", "Rima com rima", "Cavalo de pau", "Estação da luz", todas em versões frenéticas puxadas para o rock, sob medida para a guitarra trovejante de Paulinho Rafael, comandante da banda de Alceu Valença, que ainda tinha Edwin, um músico-dançarino que se revezava na percussão e em requebros capoeirísticos. O final foi apoteótico. O povo todo dançou e cantou "Tropicana", "Como dois animais", "Andar andar" e, para terminar, "A cantiga do sapo", repleta de versos de improviso. A festa terminou depois das duas e meia da manhã, e Alceu pôde, enfim, mostrar que um artista brasileiro pode, sim, encerrar uma noite de Rock in Rio com muito brilho. E dúvida não restava mais: Alceu Valença era mesmo o príncipe.

O festival já estava entrando em seu antepenúltimo dia e os fãs já estavam estranhando. Rock in Rio sem chuva? De jeito nenhum. E São Pedro escolheu o show de Ed Motta para comprovar seu poder e desencalhar as capas plásticas dos vendedores ambulantes. "Está chovendo no Rock in Rio", berrava o público, durante "Solução", um dos hits do cantor tijucano, então com dezenove anos de idade e que lançava seu segundo álbum (*Um contrato com Deus*, de 1990). Quem encarou o aguaceiro presenciou um dos shows mais divertidos e animados do festival, assim como a atração seguinte, Elba Ramalho, que não economizou munição desde o começo da sua apresentação. O show da cantora paraibana começou com "Vida", sucesso da banda Obina Schok nos anos 1980. Já no segundo número, a cantora convidou o Olodum ao palco e despejou sucessos como "Morena de Angola", "Bate coração" e "Pisa na fulô". A má qualidade do som foi compensada com a energia da artista, que ainda deu um show de dança ao lado de Carlinhos de Jesus. O show terminou em samba, mais especificamente com "É hoje", clássico de 1982 da União da Ilha do Governador. A cantora Nana Caymmi estava no Maracanã. Disse que queria ver a Madonna, mas acabou se deliciando com Elba Ramalho.

Já com relação à atração seguinte, nem Nana nem ninguém deve ter se deliciado. Quando o Deee-Lite anunciou que estava trazendo Bootsy Collins, baixista conhecido como "o arquiduque do funk", e o tecladista Bernie Worrell, parecia estar tentando dar um passo à frente em sua carreira. Mas a presença dos dois supermúsicos de nada serviu. "Foi como se o Madureira tivesse Maradona e Gullit como convidados para um jogo especial e seu técnico não deixasse a dupla jogar livre, obrigando-os a seguir um rigoroso esquema defensivo. Algo parecido aconteceu com Bootsy Collins e Bernie Worrell, que ficaram tão presos aos mandamentos eletrônicos do Deee-Lite que em nenhum momento puderam mostrar o que sabem. A 'era Dunga' chegou à dance-music. Deee-testante", detonou o jornalista de *O Globo*, Carlos Albuquerque.

O álbum de estreia, *World Clique*, lançado em 1990, havia alcançado alta rotação na MTV, graças ao sucesso "Groove Is in the Heart", mas a sonoridade era por demais desinteressante. Pretensiosamente psicodélica, a banda de Nova York repetia clichês da dance music em faixas, em um primeiro momento, graciosas, mas que já à segunda audição deixavam à mostra a pobreza musical. Na certa, o trio Lady Miss Kier, DJ Dmitry e DJ Towa Tei pensou que o palco do Maracanã fosse o mesmo das boates norte-americanas nos quais estavam acostumados a se apresentar. Nada funcionou. Nem adiantou encher os telões de imagens psicodélicas. Ao final, após um bis não solicitado, o público gritava: "Já vai tarde". Na área vip, o compositor João Bosco concordou: "O Deee-Lite é psicodélico demais para mim. O [George] Michael é um músico que pensa em durabilidade".

No caso, durabilidade de carreira e de exigências, diga-se. George Michael enviou à Artplan nada menos do que dez páginas de exigências: de quatro palmeiras e cortinas com detalhes em azul decorando o camarim a uma variedade de vinhos importados, passando por vinte pratos de comida kosher. Sobrou para Amin Khader produzir o tal prato kosher, receita preparada com carne de animal morto através de um processo que evita dor. O prato ainda deveria ser lacrado e rezado por um rabino. A primeira missão foi fácil. O Clube Hebraica preparava a receita. O difícil foi, em poucas horas, encontrar um rabino disposto a rezar pela comida do Sr. Georgios Kyriacos Panayiotou. Amin, sempre ele, encontrou uma sinagoga que dava conta do recado. Levou os vinte pratos até o local e depois retornou com eles ao camarim, que foi completamente isolado, porque o cantor não queria sentir presença humana por perto.

Como Prince já havia ido embora do Rio, os empresários da noite carioca tinham esperança de que George Michael o substituísse. Afinal de contas, ele trouxera cinquenta amigos a tiracolo ao Brasil. Ledo engano. O cantor trocou a noite pelo dia. Em vez das boates, a piscina do Copacabana Palace e, após o Rock in Rio, as praias da Armação dos Búzios. De noite, o cantor limitou-se a comer, quase todos os dias, peixe e lagosta no restaurante Satyricon, em Ipanema. Em uma das noites, provou o bacalhau do Antiquarius, no Leblon.

A hospedagem de Michael deu dor de cabeça à produção do Rock in Rio, que reservou 68 apartamentos no Hotel Rio Palace para ele e sua equipe. Mas o cantor achou o lugar muito barulhento e foi parar de mala e cuia na residência de Medina. "Eu fechei a parte externa da casa. Então ele entrava todo dia e ia para a piscina com a tropa dele. Era engraçado, porque ele era um cara que não parecia que era o George Michael. E quando ele entrava no palco ele ficava gigante", relembrou o empresário que acabou encaminhando o artista ao Copacabana Palace. Valeu a pena a mudança. Foi na piscina mais famosa do Rio de Janeiro que o cantor conheceu o estilista brasileiro Anselmo Feleppa, com quem namorou até a morte dele, em março de 1993. A canção "Jesus to a Child", inclusive, foi composta por Michael em homenagem ao ex-companheiro.

Ao contrário de Prince, a última preocupação de George Michael era se esconder dos fãs cariocas. Ele estava mais preocupado em se divertir no verão carioca, tanto que caminhou por mais de uma hora no calçadão de Copacabana. E o mesmo aconteceu no palco do Rock in Rio II. Nada de apresentar, burocraticamente, seus maiores sucessos apenas para sair ovacionado. Pelo contrário. Em sua primeira apresentação, para cerca de 20 mil pessoas, Michael cantou uma única canção de *Faith* (seu álbum mais popular, lançado em 1987) e outra de *Listen Without Prejudice* (de 1990, e que estava sendo divulgado). O restante do setlist foi povoado por canções não muito conhecidas, escolhas pessoais de George Michael. O repertório, de um raro bom gosto, misturou de David Bowie a Adamski, Elton John a Soul II Soul e Gladys Knight a Aretha Franklin. Os fãs não paravam de gritar: "Miguelzinho! Miguelzinho!". O cantor, por sua vez, usou a voz apenas para cantar. "Não faz apelos pela paz, não chama ninguém de *motherfucker*, não ama o Rio de Janeiro", como bem observou o jornalista Arthur Dapieve em resenha publicada no *Jornal do Brasil*.

Um dos momentos mais pungentes da apresentação foi a interpretação de "Calling You", de Bob Telson, tema do filme *Bagdad Café*, que contou com os backing vocals de Shirley Lewis. "Don't Let the Sun Go Down on Me", de Elton John, também teve espaço no roteiro, assim como "Fame", de David Bowie. Do próprio repertório, o cantor desfilou a elegante "Father Figure", "I'm Your Man" (sucesso dos tempos de Wham!), a baladona "Careless Whisper" e "Freedom '90", a última, quase às duas da manhã, já no bis, em longa e irresistível versão. O público aprovou, mas, ao final do show, Amin Khader por pouco não teve um acesso de raiva ao entrar no camarim do artista. Dos vinte pratos de comida kosher, dezenove encontravam-se monasticamente lacrados. Apenas um fora consumido. E, mesmo assim, pela metade.

A penúltima noite do Rock in Rio II começou com o sotaque gaúcho do Nenhum de Nós. Com três álbuns no currículo, a banda liderada por Thedy Corrêa apresentou sucessos como "Camila, Camila", e "Extraño", faixa-título do álbum recém-lançado, além de uma versão para "Where the Streets Have no Name", do U2. As 70 mil pessoas, a maioria entre dezesseis e 25 anos, que já batiam ponto no Maracanã viram em seguida o Capital Inicial. Durante os 75 minutos de apresentação, a banda sofreu com um som horroroso e um repertório que deixava saudades dos tempos de seus dois primeiros álbuns (*Capital Inicial*, de 1986, e *Independência*, do ano seguinte). A maioria das canções fazia parte dos discos *Você não precisa entender* (1988) e *Todos os lados* (1989), entupidos de teclados e com uma sonoridade que já soava ultrapassada.

As lembranças não são as melhores, como relembrou o baterista Fê Lemos: "De uma maneira muito clara, no Rock in Rio II, nosso show foi praticamente ignorado e não acrescentou nada à nossa carreira. Estávamos nos afundando na crise que eventualmente levaria à saída do tecladista Bozzo Barretti, em 1992, e a do vocalista Dinho

Ouro Preto, em 1993. A banda estava dispersa e perdida entre diferentes gostos e concepções do que e como deveríamos tocar. Não deixou boas lembranças, talvez tenha contribuído para a eventual separação dos anos seguintes".

Em seguida, foi a vez da primeira atração internacional da noite: o Information Society, que não parava de tocar nas rádios e na MTV. Só fez sucesso no Brasil, é verdade. Apesar da sonoridade sofrível e da chuva fina que insistiu em cair durante todo o show da banda de Minneapolis, o público aplaudiu sucessos como "Think" e "What's on Your Mind". A plateia se impressionou mesmo com os dotes de patinador do vocalista Kurt Valaquen. "Será que ele não cai nunca?", era o que mais se ouvia no gramado e nas arquibancadas, enquanto o cantor deslizava pelo palco do Maracanã. A banda tocou apenas oito músicas, que transformaram o estádio em uma matinê da Mikonos, boate carioca que, à época, fazia sucesso com suas tardes para adolescentes aos domingos. "Eu falo português, mas não entendo vocês", repetia o vocalista. Já o crítico Jamari França, do *Jornal do Brasil*, entendeu: "A cidade de Minneapolis, no apagado estado americano de Minnesota, entrou no mapa musical graças a seu filho mais ilustre, Prince. Mas de lá também veio o Information Society, uma daquelas bandas de terceira divisão que só dão certo em países idem". Já o público, que queria apenas um pouco de diversão, ensaiou coreografias e nem reclamou da ausência de "Repetition", um dos hits do conjunto. Até hoje, o cantor diz que o Rock in Rio II foi o ponto alto da carreira do Information Society. Não é para menos.

A atração seguinte também era daquelas que pouco tempo depois do Rock in Rio foi logo esquecida. Debbie Gibson ficou conhecida pelos jornalistas brasileiros como "Débil" Gibson. Maldade. Mas ela também não se esforçou muito para agradar. Nem adiantou trazer o lendário guitarrista Carlos Alomar a tiracolo como diretor musical de seu show. Assim como o Information Society, ela fazia algum sucesso aqui por conta da MTV. Alguns hits como "Electric Youth", "Lost in

Your Eyes" e a balada "One Hand, One Heart" tocavam nas rádios, mas nada que comovesse. Todas elas, claro, integraram o roteiro da apresentação. Apregoando mandamentos batidos como "quero agitação" ou "cantem comigo", Debbie Gibson cantou dezoito músicas cercada por dançarinos, em intermináveis oitenta minutos de show. Espetáculo longo demais, que nem o medley com clássicos da gravadora Motown, como "Reach Out I'll Be There" e "Baby Love", conseguiu salvar. Tinha gente na plateia que dizia ter sido melhor o festival convidar a Xuxa.

A impaciência era justificada. Parecia que ninguém no Maracanã estava interessado em outro artista que não os noruegueses do a-ha. A banda era um fenômeno no país, graças a sucessos como "Touchy!" e "You Are the One", ambas do disco *Stay on These Roads* (1988). Em 1989, a banda fez cinco shows com lotação esgotada, tanto em São Paulo como no Rio. Dois anos depois, por causa do assédio, os integrantes do a-ha mal saíram do hotel. O local predileto do vocalista Morten Harket era a piscina do Copacabana Palace, local que ele frequentava rotineiramente de cueca. A apresentação da banda — Morten, Magne Furuholmen (guitarra e teclados) e Paul Waaktaar-Savoy (guitarras) — foi a mais concorrida empatada com a do Guns N' Roses no dia 20, com 117 mil pessoas na hora do show. O público, que delirou com a contagem regressiva inicial, cantou tudo, desde a primeira música, "Cry Wolf", com direito a um bonito jogo de raio laser verde. Todos os hits foram apresentados, entre eles "Crying in the Rain", "Take On Me" e "Hunting High and Low", esta última com um coro à capela na voz dos milhares presentes no Maracanã.

Assim como já havia acontecido dois dias antes, a atração principal não encerrou a noite. Depois do a-ha, foi a vez de Paulo Ricardo. O ex-líder do RPM, previsto para abrir o dia, trocou de horário exatamente porque o a-ha não queria se apresentar muito tarde. Melhor para ele, que pôde subir ao palco quando já era noite e com o áudio a toda potência. A performance foi considerada uma das melhores do festival pela crítica. O cantor, que seguia carreira solo, apresentou-se ao lado dos ex-RPM Fernando Deluqui (guitarra) e Paulo P.A. Pagni (bateria). À uma e meia da manhã, o público pulou com clássicos do BROCK, como "Olhar 43", "Rádio pirata", "Louras geladas" e "London, London". Quase vinte anos depois, Paulo Ricardo relembrou: "Guardei uma recordação incrível para sempre: o Maracanã inteiro pulando com os nossos sucessos. *Priceless!*".

E ainda tinha mais. A noite de sábado acabou se transformando na mais longa da história do Rock in Rio porque o Happy Mondays, que se apresentaria na véspera, teve de adiar o show devido a um problema com a sua parafernália de som, que ficara retida em Londres. Um dos dezesseis containers que guardavam o material técnico da banda — incluindo quatro guitarras — foi extraviado antes de chegar ao aeroporto do Galeão. Mas isso não deve ter sido um problema para o grupo. "Costumamos fazer todos os nossos shows sob efeito de drogas. Isso não tem nenhuma importância. O importante é o resultado. Vamos nos acabar no palco." Tal declaração foi dada pelo vocalista Shaun Ryder à *Folha de S.Paulo*. A banda de Manchester, no Reino Unido, já era conhecida pela atitude pró-alucinógenos. Antes de chegar ao Rio, Ryder anunciava que traria mil tabletes de ecstasy ao país. Mas acabou desistindo. "Não estou a fim de experimentar as prisões brasileiras", explicou. Mesmo assim, os membros do conjunto não deixaram de fumar haxixe durante a coletiva de imprensa.

Os ingleses, que estavam lançando o álbum *Pills 'n' Thrills and Bellyaches* (1990), entraram no palco às 2h50 da manhã. Logo na quarta música, desabou uma chuva de quinto ato do *Rigoletto*. Dos quase 120 mil pagantes do show do a-ha, somente 4 mil permaneceram no Maracanã para testemunhar o momento. Renato Russo, declarado fã do rock inglês, foi um deles. Acostumado à área vip — "para tomar aguinha de coco entre os shows" —, encarou o gramado. E, por estranho que possa parecer, a plateia molhada e cansada não parou de provocar a banda, atirando dezenas de copos e latas no palco. O percussionista e dançarino Bez se divertia chutando tudo de volta para o público. Felizmente, os ânimos se arrefeceram. "Todo mundo começou a pular, a gritar, e o Maracanã se transformou numa filial tropical do Clube Haçienda (praticamente a casa do HM em Manchester), sem ecstasy, mas com êxtase", escreveu Tom Leão em *O Globo*.

O último dia de Rock in Rio II teve início com Leo Jaime. Em trinta minutos, mostrou para os cerca de 15 mil presentes que o rock brasileiro dos anos 1980 tem seu valor — muito valor. Tudo temperado com a receita infalível do artista: um punhado de sucessos e muito deboche. Desde o início do show, Leo, debochado, mandava aquelas obviedades em inglês, como *"Hello, Rio!"* e *"What's my name, Rio?"*. O cantor goiano enfileirou sucessos como "Rock Estrela", "Eu vou comer a Madonna" e "As sete vampiras". Durante "O pobre", abusou de gestos propositadamente obscenos e chamou João Penca e seus Miquinhos Amestrados, que arriaram as calças para o público. Nas cuecas de cada um da banda, três letras formando a palavra "paz". Um show divertidíssimo que poderia ter tido, pelo menos, o dobro de duração. E um som melhor. "Quando você está no palco e um técnico americano fica do seu lado rosnando, sem deixar mexer em nada, dá até para entender o Saddam Hussein", disse o Miquinho Avellar Love.

Na atração seguinte, a dupla Moraes Moreira & Pepeu Gomes, o som continuava péssimo. Mas o público pulou como se estivesse na Praça Castro Alves, desde o começo, com "A lua e o mar", até o carnaval final na dobradinha "Bloco do prazer" e "Festa do interior". No meio do caminho, "Eu também quero beijar" e o clássico dos clássicos dos Novos Baianos, "Preta pretinha". A dupla não deixou passar em branco a Guerra do Golfo, apresentando a inédita "Paz em Bagdá", na qual Pepeu solou um trecho do Hino Nacional brasileiro. Moraes e Pepeu acabaram fazendo o último show brasileiro da segunda edição do Rock in Rio. Mas não era para ter sido dessa forma. A questão da passagem de som (ou a falta de) fez sua última vítima nessa segunda edição do Rock in Rio. Os reais motivos do cancelamento são desencontrados. Gilberto Gil e sua banda deveriam estar no Maracanã às três da tarde, mas "preferiram ficar almoçando em Ipanema", explicou a produção do festival. Às 15h45, o teste ainda não havia sido iniciado. A direção do evento então decidiu abrir os portões, e Gil resolveu cancelar seu espetáculo.

Por sua vez, o compositor baiano afirmou ter abandonado o festival por causa de "uma conjunção de falhas da produção e negligências da Artplan". "É uma questão ética, de solidariedade, a todos que faziam parte do show que elaboramos durante todo o mês de janeiro. Acho lastimável esse acúmulo de negligências e desinteresses dos organizadores do Rock in Rio para com os artistas brasileiros. Além disso, é também um desrespeito com o público", escreveu em nota oficial, na qual ainda citava o episódio de um caminhão que deveria buscar os instrumentos da banda no Jardim Botânico e levar para o Maracanã. Uma confusão ocorreu com o transporte dos músicos e de seus instrumentos. O fato é que a sua banda chegou ao Maracanã antes das três horas. Mas não pôde passar o som porque a britânica Lisa Stansfield estava fazendo seu teste nesse horário.

O Rock in Rio II ficou sem o show de Gilberto Gil, mas ficou com o indesejável repeteco do Deee-Lite. Quem se deu ao trabalho de assistir à segunda performance da banda nova-iorquina mais vaiou do que aplaudiu. Foram quarenta minutos de apresentação, debaixo de muita chuva. Nem "Groove is in the Heart" conseguiu animar o público dessa vez. Não se sabe se foi ensaiado, mas o DJ Towa Tie repetiu a performance de sexta-feira, esborrachando-se no palco enquanto tentava fotografar o público. Dessa vez, ele desmaiou, contundiu a coluna e foi removido para o Hospital São Lucas, em Copacabana. Foi o episódio mais *deee-lirante* da passagem do Deee-Lite por terras brasileiras.

Ainda bem que depois teve a Lisa Stansfield. O som e a simpatia da cantora de Manchester seduziram o público e a imprensa.

A cantora circulava tranquilamente pelo Rio Palace, distribuindo declarações, autógrafos e sorrisos para todo mundo, apesar de só ser chamada de "Laiza". Na entrevista coletiva, aproveitou para explicar que o correto era "Lissa". O que também causava curiosidade na moça era seu invariável tubinho preto. Desde a chegada ao Rio, no dia 21, ela não tirou o modelito. Metade dos jornalistas dizia que o vestido era sempre o mesmo. A outra metade apostava que ela trouxera uma coleção de tubinhos iguais. Durante todo o tempo, a cantora também não largou os pais, o namorado e um segurança. O seu show durou pouco mais de uma hora, com doze músicas no roteiro, incluindo os sucessos "This is the Right Time", "Live Together" e "All Around the World", cujo videoclipe rodava incansavelmente na MTV. Como bônus, Lisa colocou o Maracanã para ouvir "Good Morning Heartache", canção eternizada na voz de Billie Holiday. Poucos esperavam algo de Lisa, mas seu show, com toda a justiça, foi um dos mais elogiados do Rock in Rio II.

Para encerrar a festa, George Michael repetiu a dose de seu brilhante show do dia 25. Antes de ele entrar no palco, à uma da manhã, ainda teve uma performance de passistas negras da escola de samba Beija-Flor de Nilópolis. O repertório do show de Michael foi o mesmo da primeira apresentação. Com uma diferença. Dessa vez, ele teria a companhia de seu antigo companheiro Andrew Ridgeley, com quem formava o Wham!, no início da sua carreira. O interesse pelo retorno da dupla era quase nulo, tanto que Ridgeley só apareceu no bis para fazer figuração, com um violão desligado. E ninguém deu bola.

Às 2h45 da manhã, George Michael deixou o palco ao som de "Freedom '90", e o carnavalesco Joãosinho Trinta entrou em cena para comandar a batucada de encerramento do Rock in Rio II, com a bateria da Mocidade Independente de Padre Miguel, integrantes da escola de samba mirim Flor do Amanhã e o intérprete Neguinho da Beija-Flor. O repertório contava com clássicos do rock brasileiro, como "Brasil" e "Era um garoto que como eu amava os Beatles e os Rolling

Stones", além de sambas-enredo. Como qualquer baile de Carnaval que se preza, a festa acabou com a marchinha "Cidade Maravilhosa". A ideia original era o samba tomar as ruas próximas ao Maracanã, com o público atrás, mas não rolou por causa do horário.

A essa altura, George Michael seguia para a última festa do segundo Rock in Rio, na boite Trap. O artista bancou cerca de mil dólares e fechou a casa noturna para seus convidados (cinco homens para cada mulher, segundo relatos). Lisa Stansfield também apareceu por lá. O cantor chegou quase às quatro da manhã na festa, comeu pastel, bebeu água e dançou muito — várias vezes sozinho, diante do espelho. Em outros momentos, se transformou no DJ da noite, colocando na pista de dança Madonna ("Vogue"), James Brown ("Sex Machine") e Prince ("Kiss"). Exausto, voltou de limusine ao Copacabana Palace às 7h15 da manhã. No dia seguinte, partiu para Búzios, junto com uma comitiva de 25 pessoas. Um dos seus programas prediletos na Armação era assistir a shows de lambada, além de curtir seu novo romance com Anselmo Feleppa.

No total, foram nove dias de música. Um público de 750 mil pessoas. Duas noites lotadas, com 117 mil pessoas cada. Setenta horas de música. Doze mil livros vendidos na livraria do Maracanã. Oitenta e oito mil fatias de pizza e 130 mil cachorros-quentes devorados pelos fãs de rock. Também teve o inesquecível cheiro de urina — se você esteve lá, basta fechar os olhos e se lembrar. Vinte anos depois da realização do Rock in Rio II, Roberto Medina fez uma análise crítica do evento: "Não foi brilhante, porque o Maracanã não era o lugar ideal. As pessoas querem outras coisas em um festival de música. Não adianta ter só um elenco bom, como, de fato, era extraordinário. Mas, na verdade, o elenco só serve para as pessoas escolherem qual dia elas querem brincar no Rock in Rio. E a gente estava confinado ao Maracanã. A curtição ficava restrita aos shows. Não dava para viver a Cidade do Rock". Trinta e um anos depois, quando indagado qual foi o maior erro de sua trajetória na condução do Rock in Rio, o empresário foi além. "O Rock in Rio II. Preferia que ele não tivesse acontecido", respondeu.

Depois dos nove dias de rock no Maracanã, demoraria uma década para Roberto Medina ver o seu Rock in Rio entrar de volta nos eixos.

17. "ISTO AQUI PARECE A DISNEYLÂNDIA DO ROCK."

DESDE O ROCK IN RIO II, volta e meia era anunciada uma nova edição do festival, mas o projeto invariavelmente naufragava. Em 1996, por exemplo, já havia até patrocínio da Coca-Cola e negociações adiantadas com Stevie Wonder, Elton John, Pink Floyd e U2, mas a questão da violência no Rio acabou solapando o evento que duraria seis dias. "Torço para que este adiamento seja curto. Só poderemos dizer que estamos bem quando o Rio estiver bem", disse Medina. Foi cogitada também uma edição em julho de 1999, o "Rock in Rio For a Better World", com sete dias de shows simultâneos a uma nova edição do festival de Woodstock, em Nova York. Mais um Rock in Rio entrou em pauta em janeiro de 2000, para comemorar os quinhentos anos da chegada dos portugueses ao Brasil. Nada feito. Para levar o empresário e publicitário Roberto Medina a investir financeira e emocionalmente em uma nova empreitada, era preciso um estímulo muito poderoso. E este veio em uma palestra.

No final dos anos 1990, Medina assistiu a uma apresentação do polêmico fotógrafo italiano Oliviero Toscani, responsável por campanhas publicitárias de impacto, como as da marca Benetton. Toscani questionava a propaganda enquanto um universo habitado por Ferraris e mulheres bonitas, mas que não desempenhava um papel social. Essa ideia calou fundo em Medina. Insatisfeito com o trabalho de publicidade que vinha realizando, foi buscar em seu portfólio algum projeto que houvesse feito diferença na sua carreira e que tivesse mexido com a sociedade.

Só encontrou um: a primeira edição do Rock in Rio. Por meio do festival, Medina acreditava ter causado um entusiasmo autêntico nas pessoas. Decidiu, então, promover uma terceira edição, cuja proposta seria a mobilização das pessoas de forma a deixar o mundo, ao menos, um pouco diferente. Como? Injetando a ideia de que é possível acreditar em seus próprios sonhos e de que a possibilidade de transformar o mundo está em nossas mãos, e não nas do governo. A emoção da música poderia representar essa vontade de forma contundente.

Surgia aí o "Rock in Rio — Por um mundo melhor", uma festa para que cada brasileiro pudesse meditar sobre uma maneira de fazer do Brasil um lugar melhor, lançado em 20 de junho de 2000. Data prevista: janeiro de 2001. Público: 1,5 milhão de pessoas. Onde: a Cidade do Rock original, na Ilha Pura, o mesmo terreno cedido pela Carvalho Hosken para a primeira edição. As primeiras atrações foram logo anunciadas: Foo Fighters, Kid Abelha, Ira!, Fernanda Abreu, Backstreet Boys e Pearl Jam — as duas últimas acabaram canceladas. Para dar mais envergadura ao projeto, na abertura do festival, o publicitário estava decidido a calar as emissoras de televisão e de rádio, por três minutos, de forma que as pessoas parassem para meditar.

Com um investimento inicial de 100 milhões de dólares, o terceiro Rock in Rio teria o compromisso de doar 5% da venda de cada ingresso e esses valores seriam divididos para a Organização das Nações Unidas para a Ciência, Educação e Cultura (a Unesco), a qual ficaria com 30% e a Viva Rio, que ficaria com os 70% restantes para financiar o estudo de jovens em trinta comunidades carentes do Rio de Janeiro. Os shows aconteceriam em sete dias — de sexta a domingo (de 12 a 14 de janeiro) e de quinta a domingo da semana seguinte (de 18 a 21). Se nas edições anteriores quase todos os artistas internacionais se apresentaram duas vezes, neste primeiro Rock in Rio do milênio seguiu-se a tendência dos grandes festivais europeus e norte-americanos em que o artista se apresentava uma única vez.

E ainda haveria mais de um espaço para as apresentações. Além do Palco Mundo, reservado aos principais artistas (brasileiros e estrangeiros), mais quatro tendas. A Tenda Brasil seria ocupada por 55 artistas brasileiros escalados, de novatos como o Los Hermanos a veteranos como Sá, Rodrix & Guarabyra; a Raízes estaria disponível para um elenco heterogêneo, num total de 23 grupos, de países como a Finlândia e a África do Sul; a Eletro seria para o público soltar os demônios ao som das carrapetas com catorze DJS nacionais e nove internacionais, além de atrações circenses durante o dia, comandadas pelo ator Marcos Frota; e a Mundo Melhor, destinada a palestras de especialistas sobre temas como paz, juventude e educação.

A política brasileira, como sempre, fervia. Do impeachment do primeiro presidente democraticamente eleito ao controle da inflação. Entre a segunda e a terceira edição do Rock in Rio, o Brasil ganhou uma nova moeda e Fernando Henrique Cardoso foi eleito presidente duas vezes. O rock brasileiro também passou por transformações nos dez anos que separaram a apresentação do Capital Inicial no estádio do Maracanã e a que aconteceria na última noite no Palco Mundo, em 2001. A começar pelo próprio Capital, que saiu do quase ostracismo no período do Rock in Rio II para se transformar na banda mais popular do país no início dos anos 2000, a bordo do multiplatinado *Acústico MTV* (2000).

Parte da geração de 1980, aliás, continuava na ativa. Se o Legião Urbana já havia encerrado suas atividades, com a morte prematura de seu líder, Renato Russo, em 11 de outubro de 1996, Os Paralamas do Sucesso atravessaram a década de 1990 transitando entre álbuns experimentais (*Severino*, de 1994) e campeões de venda (*Vamo batê lata*, do ano seguinte) até a pausa forçada por causa do acidente de ultraleve de Herbert Vianna, no dia 4 de fevereiro de 2001. Lulu Santos descobriu a dance music com álbuns produzidos pelo DJ Memê, e os Titãs também conheceram um sucesso sem precedentes no final dos anos 1990, por causa do *Acústico MTV* (1997). O Barão Vermelho vendeu muito o seu CD de covers, *Álbum* (1996). No mesmo ano, o Kid Abelha obteve imenso sucesso através do disco *Meu mundo gira em torno de você*.

Em meados da década de 1990, uma nova geração, representada por nomes como Skank, Planet Hemp, Cidade Negra, Chico Science & Nação Zumbi e Raimundos, começava a surgir. Hoje, qualquer antologia séria do rock nacional deve citar álbuns como *Usuário* (lançado pelo Planet Hemp em 1995), *Calango* (Skank, 1994) e *Da lama ao caos*, pedra fundamental do mangue beat, que Chico Science colocou nas lojas em 1994, três anos antes de morrer em um acidente de carro. Na segunda metade dos anos 1990, O Rappa misturou samba, funk, hip-hop, rap, rock, reggae e MPB em *Rappa mundi* (1996). Dois anos depois, o Jota Quest figurava na lista dos mais vendidos, com o seu *De volta ao planeta*, através de hits como "Fácil" e "Sempre assim". No final da década, Charlie Brown Jr. fez sucesso com seu segundo álbum, *Preço curto... prazo longo* (1999), e "Anna Júlia" não parava de tocar nas rádios, transformando o Los Hermanos na banda mais cultuada do Brasil na década seguinte. Posto que era ocupado, no final do segundo milênio, por Cássia Eller, para muitos a maior cantora do Brasil desde Elis Regina.

Quando a produção do terceiro Rock in Rio selecionou as bandas brasileiras para participar do festival, tentou, de certa forma, prestigiar tudo o que tinha surgido no rock brasileiro nos anos 1990, além das bandas consagradas do BROCK, e, como de costume, artistas voltados para a insubstituível MPB. A tarefa ficou a cargo dos produtores Jeff Bandeira e Marisa Menezes, responsáveis pela escalação dos artistas nacionais no Palco Mundo e na Tenda Brasil. A MPB tradicional foi representada por nomes como Luiz Melodia, Jair Rodrigues, Sandra de Sá, Tom Zé, Pepeu Gomes e o rock rural do trio Sá, Rodrix & Guarabyra. Houve até mesmo espaço para o show instrumental do trompetista Márcio Montarroyos. No palco principal, Gilberto Gil e Milton Nascimento abririam o festival, que ainda contaria com o trio elétrico do onipresente Moraes Moreira, a dobradinha dos primos Elba e Zé Ramalho, o axé de Daniela Mercury e a mistureba sonora com direito a muita água mineral (no sentido líquido e literal da palavra) de Carlinhos Brown.

O rock dos anos 1980 estaria espalhado em todos os lugares do Rock in Rio. Com o recesso dos Titãs, Branco Mello e Nando Reis agendaram shows solo na Tenda Brasil, assim como Arnaldo Antunes, Sylvinho Blau-Blau, Moska (ex-Inimigos do Rei), Toni Platão (ex-Hojerizah), além dos consagrados Biquini Cavadão, Plebe Rude, Ira! e Ultraje a Rigor. O Palco Mundo receberia Kid Abelha, Fernanda Abreu, Engenheiros do Hawaii e Capital Inicial, além do show de despedida (temporária) do Barão Vermelho. Artistas como Cidadão Quem, Penélope, Mestre Ambrósio, LS Jack, Nação Zumbi, Tihuana, Otto, Los Hermanos, Luciana Mello, Simoninha e Max de Castro, legítimos representantes da música brasileira dos anos 1990 tocariam na Tenda Brasil, enquanto O Rappa, Cidade Negra, Jota Quest, Raimundos, Charlie Brown Jr., Skank, Sandy & Junior, Cássia Eller, Pato Fu e Pavilhão 9 estrelariam o Palco Mundo. Para completar, revelações ainda podiam tentar a sorte em mais uma edição da Escalada do Rock, que, dessa vez, contou com mais de 2 mil bandas inscritas. As eliminatórias aconteceram no extinto Rock in Rio Café, no Barra Shopping. A banca de jurados era de respeito: os diretores musicais Torcuato Mariano (da gravadora EMI), Tom Capone (Warner Music), Liminha (Sony) e o cantor Toni Platão. A vencedora foi a banda mineira Diesel, que se apresentou no Palco Mundo, na última noite do evento. Outras sete bandas garantiram um lugar ao sol da Tenda Brasil: Tafari Roots, Brau, Cajamanga, Insight, Expresso 4 Oito, Habagaceira e Sem Destino.

Ao mesmo tempo que os nomes nacionais eram fechados, a produção do Rock in Rio, chefiada dessa vez por Roberta Medina, filha de Roberto e coordenadora geral do evento, corria atrás das atrações internacionais. Aos 22 anos, Roberta era a toda-poderosa na mesma Cidade do Rock onde se perdera dos pais dezesseis anos antes, durante a primeira edição do evento, quando costumava dormir no chão do camarote vip. Os shows que ficaram na sua memória foram os de Rita Lee e de Nina Hagen. Em 1991, de tão nervosa, saiu correndo do camarim do New Kids On The Block. Roberta foi praticamente obrigada pelo pai a topar a empreitada. Ele insistiu três vezes. "Tá bem, o problema é seu agora. Eu vou." Também no comando geral da terceira edição do evento figurava o produtor executivo Cesar Castanho. A partir de agosto, essa equipe passou a divulgar, mês a mês, os nomes internacionais confirmados para o festival.

De início, foi anunciada a vinda de Silverchair, Red Hot Chili Peppers, James Taylor, 'N Sync, Britney Spears e, maior surpresa, o R.E.M., uma das bandas mais veneradas do mundo e que tocaria pela primeira vez no país. Em setembro, os metaleiros comemoraram o anúncio do Iron Maiden para fechar a noite do metal, com Bruce Dickinson nos vocais. Em seguida, chegaram as confirmações de Deftones, Sting, Rob Halford e Queens of the Stone Age. Em 26 de outubro, o Rock in Rio anunciava seu grande trunfo, uma aposta pessoal de Roberto Medina: Guns N' Roses. Ausente dos palcos havia oito anos, a banda faria seu grande retorno em terras brasileiras. "Só conseguimos trazer Axl Rose de volta ao Rio por causa dos dois grandes mistérios que temos: a cidade do Rio de Janeiro, que encantou o artista quando esteve aqui, e o maior festival de música do mundo", afirmou à época Roberto Medina.

Já a velha guarda do rock, que reclamava da programação, soltou fogos quando saiu a comunicação oficial de que Neil Young viria com a lendária banda com que fazia parceria Crazy Horse para encerrar a penúltima noite. Para finalizar, em novembro, a Artplan anunciou os nomes do Papa Roach e do Oasis. A programação do festival já estava tão bem composta que aos irmãos Gallagher, expoente do *britpop* que lotava estádios na Grã-Bretanha, coube abrir o show do Guns. Pena mesmo foi o Rush não ter aceitado o convite, apesar da insistência do festival. Enfim, noite do metal, dos velhos roqueiros, dos teens, do rock, do pop rock adolescente... Tinha para todos os gostos.

Estava tudo indo muito bem, até o surgimento do "Grupo dos Seis". "O Rappa se retirou do festival por não concordar em abrir a noite que teria Deftones, Raimundos, Silverchair e Red Hot Chili Peppers. A partir daí, as demais bandas (Skank, Charlie Brown Jr., Raimundos, Jota Quest e Cidade Negra) se solidarizaram por não concordar com os termos gerais em que vinham sendo tratadas pela empresa Novamente, encarregada da contratação do cast nacional." Essa foi a notícia que saiu no *Jornal do Brasil* no dia 1º de novembro de 2000. Segundo a banda O Rappa, na assinatura do contrato ficou estabelecido que o seu show seria à noite. Porém, eles foram escalados para tocar às 18h30, debaixo do sol por conta do horário de verão. O grupo ainda alegava dificuldade no diálogo com a Artplan e desigualdade de condições técnicas, especialmente no horário da passagem de som, em relação às atrações internacionais. José Fortes, empresário dos Paralamas do Sucesso, foi chamado às pressas para, em nome da Artplan, tentar contemporizar. Não teve papo.

Resultado: Skank, Raimundos, Cidade Negra, Charlie Brown Jr. e Jota Quest, em apoio ao Rappa, também se retiraram do festival. A decisão do chamado "Grupo dos Seis" era clara: para uma banda voltar, todas deveriam ser incluídas na programação. Segundo Ricardo Queirós, empresário dos Raimundos, diversos artistas internacionais que nem tinham discos lançados no país estariam recebendo tratamento melhor do que bandas do primeiro escalão da música nacional. A revista britânica *New Musical Express* apoiou a atitude dos dissidentes brasileiros. "Essas bandas vendem muito mais no Brasil do que as principais atrações internacionais do festival", noticiou. Já o guitarrista do

Barão Vermelho, Roberto Frejat, criticou a atitude: "Uma banda que tem sete anos de carreira está fazendo um fuzuê por tocar de dia. Nós já tocamos muito de dia em festivais. Eles têm todo o direito de sair. Mas o Barão não poderia sair só por isso. Não sei se eles tiveram outros problemas". Roger Rocha Moreira, líder do Ultraje a Rigor, banda que se apresentou em seu auge, em 1988, no Hollywood Rock, abrindo para o Simply Red e o Duran Duran, com um palco reduzido pela metade, concordou com o Barão. "Acho bacana essa união e idealismo dos grupos nacionais, mas já tenho um bom tempo de carreira para não cair na mesma ingenuidade. O público, queira ou não, vai para esses festivais para ver artistas internacionais, que não dão as caras todo dia por aqui", disse na época. Já Lobão, deu apoio aos desertores. "Deveriam pôr grandes artistas nacionais para fechar todas as noites. Gente como O Rappa, Raimundos, o Sepultura e eu, inclusive, merecia um destaque maior neste Rock in Rio, não é?"

Fred Castro, então baterista dos Raimundos, 21 anos após o acontecido, explicou a situação. Segundo ele, a questão não se tratou de apenas uma adesão ao Rappa. "Acho que cada banda teve um desconforto na hora de negociar. No caso dos Raimundos, a gente estava muito grande. Pela primeira vez, usamos o mesmo cenário, a mesma estrutura em cada cidade onde tocávamos. E quando a gente fez a leitura do contrato, vimos que não poderíamos passar o som, usar o nosso cenário nem a nossa iluminação. Dependendo da situação da banda, isso até pode ser interessante, mas não para a gente. O som podia estar ruim e queimar o nosso filme. A gente via o Rock in Rio como uma celebração do nosso maior momento. Não houve uma tentativa de boicote ao festival, muito pelo contrário", afirmou. Indagado se há algum arrependimento, o músico ainda tem dúvidas. "Não sei dizer se me arrependo, porque, simplesmente, não houve negociação por parte do festival."

Diante do impasse, restou à Artplan fazer um remanejamento, levando algumas bandas da Tenda Brasil para o Palco Mundo. O Ultraje a Rigor, por exemplo, passou a dividir um set com o Ira! no palco principal, no mesmo dia do Oasis e do Guns N' Roses. A programação estava fechada no dia 6 de novembro. E tinha para todos os gostos. Quem quisesse estar dentro da festa era só esperar até o dia 24 para comprar os seus ingressos, que custariam, a unidade, 35 reais por noite. Quinze mil e quatrocentos ingressos saíram das bilheterias nas primeiras 24 horas.

Além de tantas atrações famosas, a plateia teria a sua disposição um enorme elenco de artistas na Tenda Raízes, onde se apresentaria um time para qualquer aficionado por *world music*, esse rótulo que não define nada, botar defeito. O responsável pela escalação do elenco foi o músico e diretor artístico Toy Lima, que já havia produzido o Heineken Concerts e o Chivas Jazz Festival. Vinte e três grupos fariam 42 shows na tenda. "Torre de Babel" seria pouco para definir o espaço, que reunia dezenove nacionalidades e etnias diferentes. Do Mali (a dupla Amadou & Mariam) ao rock pesado catalão da Companyia Elèctrica Dharma, passando pelo Brasil, representado por artistas como o Uakti e o sanfoneiro pernambucano Targino Gondim, autor do sucesso "Esperando na janela" (uma das músicas mais executadas no Brasil no ano 2000, na voz de Gilberto Gil), não faltaria diversidade para quem se desse ao trabalho de aproveitar a Tenda Raízes, sem preconceitos. "As pessoas pensam que vão encontrar algo como gente tocando na jaula, e não é nada disso. É música que toca nas rádios, o som pop de cada país", explicou Toy.

A escalação dos artistas corria a todo vapor, e Roberto Medina estava decidido a não poupar esforços para arquitetar a melhor estrutura da história do seu festival até então. De início, a America Online, principal patrocinadora do Rock in Rio III, liberou 20 milhões de reais. Os demais, Coca-Cola, Schincariol e Itaú, injetaram mais 13 milhões de reais. Ao lado do rockódromo, os pavilhões 3 e 4 do Riocentro foram transformados em um playground para os artistas: banheiras de hidromassagem, "espaço zen", com centro de meditação, acupuntura, tai chi chuan e shiatsu, uma academia de ginástica aberta 24 horas com dez bicicletas ergométricas e dezoito professores bilíngues da Rio Sport Center em vários turnos, além de pista de corrida de um quilômetro e meio de extensão e rodeada por obras de arte. O espaço ainda englobava 44 camarins nos andares superiores, ao redor da academia. Para recuperar as calorias, os artistas dispunham de um bar Rock in Rio Café, um restaurante self-service, um outro indiano e mais um japonês (uma filial do Kotobuki, o único que era pago). No comando desse complexo estava, novamente, Amin Khader, mas dessa vez acompanhado de uma produtora, Ingrid Berger, além de um staff de quarenta pessoas, entre arrumadeiras, passadeiras, motoboys e faxineiras.

O público também teria as suas "regalias". Nos bares da nova Cidade do Rock, a cerveja seria bombeada diretamente de caminhões para garantir a temperatura, num serviço rápido e sem filas graças a serpentinas que enchiam 160 copos de uma vez. Para a fome, haveria estandes do Mister Pizza, da loja de massas Spaghetti's e da Geneal, com seu sempre bem-vindo cachorro-quente. No total, seriam cinquenta lojinhas distribuídas em dois shoppings, que também dispunham de quarenta computadores à disposição da plateia, que não precisaria mais do selo do Cazuza ou do Raul Seixas para enviar um e-mail. Nas duas laterais do terreno, setecentos banheiros químicos foram instalados.

Um mini-hospital de duzentos metros quadrados com cinquenta leitos e três postos médicos, com dez leitos cada um, bem como uma UTI móvel, dariam conta dos excessos de bebida e de casos de insolação. Oitenta profissionais da área médica se revezariam no plantão. Para os casos mais graves, um helicóptero e doze ambulâncias de resgate estariam de prontidão. No total, trezentos médicos e paramédicos foram envolvidos. Todos os hospitais de emergência do município do Rio, o grupamento de Socorro e Emergência da Defesa Civil, o Corpo de Bombeiros e a Unimed também estariam a postos.

A primeira edição do Rock in Rio, além de ter aberto as portas do país para os artistas internacionais, desempenhou um papel importante na profissionalização do setor de grandes eventos no Brasil. Dezesseis anos depois, toda a equipe responsável pela construção da Cidade do Rock era brasileira. O engenheiro Nelson Fiedler trabalhou durante trinta meses e desenhou mais de 2 mil esboços da Cidade do Rock. A obra, realizada em um terreno de cerca de 130 mil metros quadrados, envolveu 1,4 mil pessoas, entre engenheiros, consultores e operários. A maior parte desses profissionais teve de se dedicar aos palcos, especialmente o Mundo, um "porco-espinho" gigantesco de duzentas toneladas de aço, com quarenta metros de largura e 88 de boca de cena, em um total de 4 mil metros quadrados de área construída. Não à toa, foram necessários 35 alpinistas para cobrir o palco com quinze quilômetros de lona. Fiedler revelou que projetou o palco escutando o álbum *The Wall*, do Pink Floyd. "São 88 tetas que jorram som para fertilizar o mundo", disse.

O palco principal possuía três estruturas móveis computadorizadas, o que proporcionava três grandes e distintos arcabouços de luz, som e cenário por dia, diminuindo, assim, o tempo de intervalo entre os shows. Dois tablados deslizavam de um lado para o outro durante o intervalo entre as bandas, e a parte de trás ficava reservada para a banda principal. "Foi um sistema de palco superespetacular, extremamente caro, e que na vida normal não deu para repetir. Foi só naquele ano. Foi um luxo, mas, em termos de custo não tem como justificar. Foi uma obra complicada e um resultado maravilhoso", relembrou o diretor do palco Maurice Hughes. O escocês trabalhava como técnico de som em Londres, momento em que conheceu Caetano Veloso e Gilberto Gil durante o exílio dos baianos. Quando os dois retornaram ao Brasil, Hughes veio junto. Gostou do país e acabou ficando. "Sou carioca desde 1972", brincou. Na primeira edição do Rock in Rio, trabalhou na equipe de Lulu Santos. Em 1991, participou discretamente do festival até que, dez anos depois, foi contratado como diretor do Palco Mundo.

Todo o aparato de iluminação ficaria pendurado na parte superior dos palcos, podendo ser movimentado por meio de computador. Com esse sistema, eliminavam-se os grandes pilares estruturais nas laterais do palco. As tendas Brasil e Raízes não eram tão grandiloquentes, mas tinham lá seu charme. O palco brasileiro era encoberto por um gigantesco *ombrellone* com a bandeira do Brasil estilizada. A tenda Raízes era mais sóbria, em uma estrutura fechada e circundada por arquibancadas, com capacidade para 1600 pessoas. Seu sistema de refrigeração despejava gotas d'água sobre o público, uma boa opção para quem quisesse se refrescar nos sete dias de festival. Outra tenda, inspirada em uma foto do planeta Terra visto do espaço, servia de entrada da Cidade do Rock. Seu sistema acústico reverberava cem vezes o som, dando a sensação de que as pessoas se encontravam em um estádio de futebol.

Até o subterrâneo da Cidade do Rock foi ocupado. Debaixo da terra corria uma rede de cabos telefônicos, que dava conta de quinhentas linhas, cabos de energia e sistemas hidráulicos. Toda a construção, que consumiu quatrocentas toneladas de aço mais quinhentas toneladas de estrutura metálica em três meses de obra, era rodeada por um muro inspirado naquele famoso que já havia deixado de existir em Berlim fazia algum tempo, com um grande tubo metálico coberto de graxa diariamente. A montagem de toda a Cidade do Rock consumiu 60 milhões de reais. E para a terceira edição, nada de lama — "só se eu fabricar", brincou Medina, que garantiu que os sistemas de drenagem funcionariam perfeitamente.

Mais uma vez, Peter Gasper estava à frente do projeto de luz. Seria um novo desafio retornar à Cidade do Rock, agora com várias tendas e um número muito maior de possibilidades de iluminação. Dessa vez, Gasper desenvolveu a chamada iluminação arquitetural — ou "uma iluminação monumental do entorno", nas palavras do próprio. A empresa General Electric (GE) investiu 1 milhão de dólares para colocar em prática o projeto de Gasper, o que incluiu alterar a linha de produção de suas fábricas nos Estados Unidos. A empresa fabricou 3 mil lâmpadas, além de quatrocentas luminárias e projetores, gerando um total de 2 milhões de watts, o suficiente para iluminar uma cidade de 50 mil habitantes. A maior novidade eram os 25 refletores Glarefighter trazidos da matriz, nos Estados Unidos, que possibilitavam direcionar o foco de luz de variadas maneiras, com uma luminosidade uniforme em grandes áreas verticais e sem incomodar ao incidir no olho humano. Ele ainda teve a ideia de colocar buquês de lâmpadas azuis nos "furúnculos" da lona do Palco Mundo. No dia em que Gasper mostrou o resultado para Medina, o empresário não se segurou. "Aquele monstro branco espalhando luzes azuis para o céu mais parecia uma nave extraterrestre pousada no meio do mato de Jacarepaguá", deslumbrou-se.

Devido ao grande número de palcos, e à possibilidade de shows simultâneos, a acústica da Cidade do Rock foi um dos pontos que mais deu dor de cabeça aos organizadores do evento. Quinhentos metros distanciariam as tendas Raízes e Brasil, o suficiente para não haver nenhum conflito sonoro. As caixas de som para o Palco Mundo foram dispostas em sistema *line array*, programadas para que não ocorresse o chamado *delay*, retardo em circuitos eletrônicos, que faz com que o som que sai do palco chegue com atraso às pessoas muito afastadas dele.

Já estava quase tudo pronto. Em meio ao calorão do Rio de Janeiro, com as praias e os shoppings cheios por causa das férias escolares, o assunto principal era um só: o Rock in Rio. A Rede Globo, mais uma vez, foi parceira do festival. A emissora investiu na cobertura do evento, utilizando seis câmeras exclusivas e mobilizando cerca de 160 profissionais. A Redação do RJ-TV se mudou temporariamente para a Cidade do Rock. Os outros telejornais da emissora também dedicavam amplo espaço diário para noticiar o festival. Nos dias de show, a transmissão do Rock in Rio, cuja apresentação ficou a cargo do ator Márcio Garcia, iniciava por volta de meia-noite e meia, com trechos ao vivo e os melhores momentos dos shows que haviam acontecido mais cedo, além de entrevistas com os artistas e jornalistas que analisavam os shows. A Globo também transmitia flashes diários durante a sua programação, dando dicas, especialmente, sobre o trânsito na região próxima ao rockódromo. E também dava notícias sobre a previsão do tempo.

As chuvas de verão são sempre um problema no Rio de Janeiro, e Medina não queria repetir a dose de lama que marcou a primeira edição, em 1985. Aquilo tudo foi legal, ficou no imaginário das pessoas, mas, convenhamos, ver os shows sem a lama nos pés é muito mais legal. Para não correr riscos, o empresário contratou os "serviços meteorológicos" da Fundação Cacique Cobra Coral, criada para "intervir nos desequilíbrios provocados pelo homem na natureza".

Um cacique faria uma espécie de "dança da chuva ao contrário" para afugentar as nuvens de Jacarepaguá. Mas não imagine que um índio de tanga e cocar apareceu na Cidade do Rock para fazer o ritual. O cacique, na verdade, chegou de terno e laptop na mão, tal qual um executivo. Os honorários não eram nada modestos: 10 mil dólares. Medina negociou: "Pago 2 mil agora e, se não chover, pago os 8 mil no último dia". O "cacique" aceitou, mas, no meio do festival, ressaltou que havia um risco de chover "um pouquinho". O empresário bateu o pé: "Se chover, não pago". Não choveu.

No dia 9 de janeiro, com cerca de 500 mil ingressos vendidos, o sistema de som da Cidade do Rock passou pelo seu primeiro teste. As bandas Funk'n Lata e Nocaute foram as primeiras a testar a aparelhagem da Tenda Brasil e a conhecer os camarins onde ficariam durante o Rock in Rio. Antes, na véspera do Natal de 2000, Medina ligou simbolicamente a chave de energia durante o teste de iluminação da Cidade do Rock, com direito a uma pequena queima de fogos e um show de Pepeu Gomes, que tocou "Happy Xmas", de John Lennon e Yoko Ono, para marcar a abertura do Palco Mundo. O guitarrista aprovou tudo: "Isto aqui parece a Disneylândia do rock. É uma diferença absurda em relação aos outros dois festivais. Tudo é mais astral".

Poucas horas após a aprovação do sistema de som, uma notícia não muito agradável bateu à porta da Artplan. A queima de fogos, marca registrada do Rock in Rio, prevista para todas as noites, estava proibida. Motivo: na virada do ano, uma pessoa morreu e 48 ficaram feridas por causa de um acidente com os morteiros na praia de Copacabana. A empresa responsável pelo fatídico Réveillon era a Promo 3, a mesma do Rock in Rio. A Secretaria de Segurança do Estado do Rio de Janeiro, mesmo aprovando o local onde aconteceria a queima de fogos, por medida de segurança proibiu que fosse disparado um único rojão da Promo 3. Isso porque, a perícia sobre a explosão na praia de Copacabana ainda não estava concluída, e não era sabido o verdadeiro motivo do acidente. A Artplan teve que se virar para substituir a empresa.

O sistema de segurança da entrada principal da Cidade do Rock — 25 detectores de metais e cinquenta catracas eletrônicas ligadas a uma central de dez computadores — também foi testado. Para garantir a paz, nenhuma pessoa, incluindo policial ou qualquer um dos 750 homens da segurança interna, tinha permissão de entrar no rockódromo portando qualquer tipo de arma.

Na véspera do evento, o coordenador do movimento Viva Rio, Rubens César Fernandes, abriu a primeira das 30 mil mensagens de paz deixadas por moradores do Rio para a campanha do Rock in Rio III. A nota de Augusto Lobarinhas dizia o seguinte: "Me comprometo a jamais jogar nas ruas, praças, praias e quaisquer lugares lixo, por menor que seja".

Tudo por um mundo melhor... Dez anos depois, o Rock in Rio estava de volta.

18. "A PARTIR DE AGORA VOCÊ TEM TRÊS MINUTOS PARA PENSAR NUM MUNDO MELHOR."

DUAS DA TARDE do dia 12 de janeiro de 2001. Os portões se abrem e o público volta à Cidade do Rock na Ilha Pura 5836 dias depois do último acorde do Yes. Os jovens (e não tão jovens) comemoram. Muitos beijam o gramado. Alguns já enchem a cabeleira de spray colorido no estande do principal patrocinador. Outros formam rodas, dançando e cantando o jingle do festival ao redor da "árvore da esperança", cuja semente havia sido plantada por Roberto Medina em 1985 e já exibia alguns mirrados galhos. (A árvore fora batizada em homenagem a duas estrelas que se apresentaram em 1985: Cazuza e Freddie Mercury.) O governador Anthony Garotinho e o prefeito Cesar Maia decretam ponto facultativo. O gramado ainda brilha.

Os pagantes ainda se ambientavam com a Cidade do Rock quando, às 16h30, o músico africano Ray Lema abriu os trabalhos com sua peça sinfônica *The dream of the Gazelle*, executada pela Orquestra Sinfônica Brasileira e pelo coro do Theatro Municipal do Rio de Janeiro, no Palco Mundo.

"A partir de agora você tem três minutos para pensar num mundo melhor. Isso não quer dizer que você, nestes poucos minutos, vai descobrir a pólvora e resolver todos os problemas do planeta." Esse era o texto da peça publicitária do Rock in Rio veiculada às sete da noite. A mensagem, escrita com letras pretas sobre fundo branco, vinha após uma abertura com imagens do planeta Terra cedidas pela Nasa. Ao fundo, o som das batidas de um coração. Quem não estava na Cidade do Rock também foi convidado a parar por três minutos. A programação de 528 emissoras de televisão e 2232 estações de rádio foi interrompida para veicular o anúncio e ainda permanecer em silêncio durante os 180 segundos. Calcula-se que a mensagem tenha atingido cerca de 90 milhões de pessoas.

Não foi fácil mobilizar essa quantidade imensa de veículos de comunicação. Roberto Medina pediu ao presidente da República, Fernando Henrique Cardoso, que intercedesse junto às rádios. "E a televisão?", indagou FHC. "Se você conseguir parar as rádios, pode deixar a televisão comigo", respondeu Medina, sem ainda saber, ao certo, como daria cabo de sua imensa empreitada. O presidente suspendeu a "Hora do Brasil" por três minutos no dia de abertura do festival. Para intervir na programação das TVs, Medina teve de gastar algum dinheiro. O investimento em marketing no Rock in Rio III chegou a 15 milhões de reais, e grande parte dele foi necessária para transmitir a mensagem nas TVs.

Às 18h54, a Orquestra Sinfônica Brasileira executou *Also sprach Zarathustra* ("Assim falou Zaratustra"), peça sinfônica composta em 1896 por Richard Strauss, baseada no livro homônimo de Friedrich Nietzsche e consagrada no filme *2001 — Uma odisseia no espaço*, de Stanley Kubrick. No final, Holly May, de seis anos de idade, filha do diretor de palco Maurice Hughes, tocou um sino confeccionado em 1988 pelo projeto Embaixada da Paz, com 210 quilos de sucata de munição deflagrada em guerras como a do Vietnã. Em seguida, o grupo AfroReggae surgiu no palco, pediu paz e anunciou os três minutos de silêncio. Nelson Rodrigues dizia que brasileiro não respeita nem mesmo o minuto de silêncio. Mas no Rock in Rio foi diferente. Os espectadores obedeceram e balançaram os lenços brancos distribuídos pela America Online na entrada.

Às 19h15, após uma discreta queima de fogos, Gilberto Gil e Milton Nascimento entraram no palco para uma interpretação do hino pacifista "Imagine", de John Lennon. Em seguida, a OSB, regida pelo maestro argentino Yeruham Scharovsky e com arranjos de Eduardo Souto Neto, apresentou uma arrepiante suíte de canções de artistas ligados ao festival e de outros que já não estavam mais aqui, enquanto aviões riscavam o céu jogando fumaça. A apresentação foi comovente, misturando trechos de "Será" (Legião Urbana) a "Losing my Religion" (R.E.M.), passando por "Eleanor Rigby" (The Beatles), "Sunday Bloody Sunday" (U2), "Love of My Life" (Queen), entre outros. Ao mesmo tempo, um telão exibia imagens de personalidades ligadas à causa da paz no mundo, como Nelson Mandela, Madre Teresa de Calcutá, Martin Luther King e Mahatma Gandhi. A apresentação encerrou com a música-tema do festival.

Nem a orquestra esperava, mas o público pediu bis. E ele foi dado, enquanto Milton se recuperava da emoção no camarim batendo um papo com James Taylor. Quando o artista surgiu no palco para cantar "Meia hora só pra te ver/ Meia hora só com você/ Meia hora só pra te ver/ Meia hora", a emoção aflorava na Cidade do Rock. De bata branca com detalhes em dourado, Bituca e sua banda, durante sessenta minutos, fizeram o público pular com "Maria, Maria", "Cravo e canela" e "Fé cega, faca amolada". Com a sua sempre competente banda, interpretou primorosamente "Caçador de mim" e "Certas coisas", para tudo terminar "Nos bailes da vida". O público dançou e aplaudiu o tempo todo, especialmente quando Milton chamou o parceiro Lô Borges para cantarem juntos "Resposta" (do Skank, ausência sentida do festival), "Para Lennon e McCartney" e "Clube da Esquina".

O anúncio do mineiro para a noite de estreia do festival causara estranhamento. Muitos questionavam: "Milton em um festival tipicamente de rock, como assim?". Na coletiva de imprensa, o músico simpático, explicou: "Sou avesso a festivais. Mas a ideia desse evento me conquistou de cara. É importante o papel do músico e da música nessas ocasiões. Gostei da ideia dos três minutos pela paz para a gente refletir sobre como a vida seria melhor se o homem não fosse tão burro". Nos bastidores, Milton "foi o que menos deu trabalho", contou o coordenador de backstage, Amin Khader. Sua única exigência para o camarim: uma cama.

Gilberto Gil e banda entraram no palco quando Milton ainda encerrava o show. A dupla dividiu o microfone em algumas músicas, como "Andar com fé" e "Sebastian", homenagem à Cidade Maravilhosa, que faria aniversário oito dias depois. A afinidade dos dois saltava aos olhos, tanto nos vocais, harmonicamente ensaiados, quanto nas coreografias, bem divertidas. Eles vinham de uma turnê pelo Brasil e pela Europa realizada no ano anterior para divulgar o álbum *Gil & Milton* (2000).

Milton saiu do palco e Gil apresentou, em sessenta minutos, um verdadeiro *greatest hits* ao vivo para uma plateia que já passava das 180 mil pessoas. Acompanhado por Jorginho Gomes (bateria), Gustavo di Dalva (percussão), Cicinho (acordeon), Ângela Lopo e Tita Alves (backing vocals), Claudinho Andrade (teclados), Sergio Chiavazzoli, Celso Fonseca (ambos na guitarra) e o saudoso Arthur Maia (baixo), Gil tocou de tudo um pouco. Mais uma vez, baião, pop e reggae conviveram em harmonia. Mas o show começou mesmo com rock ("fazendo jus ao nome do evento", como disse o baiano, antes de dedicar a sua apresentação a Raul Seixas), nas primeiras cinco canções: "Realce" (a primeira do setlist, assim como ocorrera em 1985), "Tempo rei", "Punk da periferia", "Extra II (O rock da segurança)" e "Back in Bahia". Depois vieram, entre outras, "Expresso 2222", "Esperando na janela" e "Is this Love?", de Bob Marley. Muito falante, Gil era só simpatia. Trajando uma camisa verde e calça branca, ele brincou, dizendo entre risos que estava "cobrindo a folga de Lulu Santos". "Olha como eu estou vestido à Lulu Santos." O filho Bem, nascido entre as duas apresentações de Gil no Rock in Rio de 1985, também foi homenageado. "Estou aqui por causa do festival, mas também para comemorar o aniversário de dezesseis anos do meu filho." Aliás, antes de entrar no palco, Gil se reuniu com a família nos camarins e pediu uma torta para celebrar a data.

Àquela altura, Sandra de Sá já tinha arrebentado na Tenda Brasil, que ainda teria shows de Luiz Melodia, Arnaldo Antunes e Jair Rodrigues. E se em 1985 os roqueiros apelidaram a cerveja Malt 90 de "Malt Nojenta", dezesseis anos depois era a vez da Schincariol, a bebida oficial do evento, virar "Xixicariol". Os maldosos diziam que esse era o motivo de a Cidade do Rock contar com um "vomitódromo". Em um dos dias, um cartaz no meio da plateia chamava atenção: "Rock in Rio: Por uma cerveja melhor".

Sandra de Sá cantou Cazuza ("Blues da piedade"), Tim Maia ("Do Leme ao Pontal"), Peninha ("Sozinho"), o hino do Clube de Regatas do Flamengo, além de sucessos de sua carreira, como "Olhos coloridos". Melodia, ao lado dos violonistas Renato Piau e Perinho Santana, fez com que jovens que nem eram nascidos na época do estouro de "Pérola negra" e "Magrelinha" cantassem tudo em altos brados. Jair Rodrigues mostrou sucessos como "Deixa isso pra lá", "Disparada" e "Não deixe o samba morrer". Já Arnaldo Antunes, que na segunda edição do Rock in Rio experimentou a consagração total no arrebatador show dos Titãs, causou estranheza com um repertório pouco comercial. O seu show esquentou mesmo quando desceu do palco para se jogar nos braços do público. Foi aplaudidíssimo, claro. Já na Tenda Raízes, destaque para a banda finlandesa Värttinä, e o seu "roquenrol sem guitarras", nas palavras do crítico Jamari França.

No Palco Mundo, Gilberto Gil deixou a temperatura alta para a próxima atração. James Taylor entrou com o jogo ganho, e ainda fez alguns gols ao longo de seus setenta minutos regulamentares. O show, tecnicamente perfeito, teve um setlist repleto de sucessos, quase igual ao apresentado dezesseis anos antes. Aliás, em entrevista ao *Estado de S. Paulo*, ele rememorou a ocasião. "O primeiro Rock in Rio foi uma experiência fantástica, representou um momento extremamente importante na minha carreira e é muito bom voltar ao local que me marcou tanto. Claro que eu sei que não será mais a mesma coisa, o mundo mudou, as coisas mudaram", filosofou.

O cantor de Massachusetts emocionou com números como "Carolina in My Mind" (a primeira), "You've Got a Friend" e "Fire and Rain". Como seu último álbum de inéditas (*Hourglass*) havia sido lançado quatro anos antes, ele aproveitou para apresentar uma retrospectiva da sua carreira, da mesma forma que na primeira edição, em 1985. Em dezembro de 2000, as lojas brasileiras receberam *Greatest hits 2*, que serviu de base para o repertório do show. Apesar do cabelo mais ralo e de algumas novas rugas no rosto, a sensação era de que uma máquina do tempo havia transportado a Cidade do Rock para o dia 12 de janeiro de 1985, quando Taylor ressuscitou artisticamente. E claro que "Only a Dream in Rio" não ficou de fora.

Depois, do *soft rock* de James Taylor, o axé de Daniela Mercury. "Novidade sou eu, que sou sempre uma novidade. O povo dança com Gil, descansa com James Taylor e depois eu entro. Estou mal-intencionada. Acho que vou dar um jeito de todo mundo sair do chão", avisou Daniela Mercury na entrevista coletiva que precedeu o show. Ela sabia o que falava. Dois dias antes da apresentação, em uma reunião organizada por Paula Lavigne — Caetano Veloso, desta vez, estava em Salvador —, Sting lhe confidenciou: "Ah, você que é o meu problema de depois de amanhã?". E talvez fosse mesmo. Sua apresentação foi, de longe, a mais animada da primeira noite do evento.

Estreando um penteado com dreads que deu o que falar e um figurino composto de bustiê e microssaia de paetê prateado, a cantora apresentou uma afiadíssima banda que mesclou guitarra e percussão como quem naturalmente mistura dendê ao acarajé. Resultado: fez explodir o descampado de Jacarepaguá com rock, reggae, axé, frevo e eletrônico. A baiana soube dosar as músicas de seu recente álbum, *Sol da liberdade* (2000), como "Ilê pérola negra" e a balada romântica "Como vai você?", a arrasa-quarteirões como "Canto da cidade", "Faraó" e "Rapunzel". Tudo isso embalado por uma coreografia arretada. Já bem no final do show, debaixo de uma chuva de papel picado prateado, Daniela homenageou Raul Seixas, cantando um trecho de "Maluco beleza", e provou que o axé pode conviver com o rock 'n' roll.

E acabou que Daniela não foi problema para Sting. Pelo contrário, entregou um público quente para o ex-The Police. O compositor inglês de Newcastle já estava bem aclimatado ao Brasil. Havia festejado o Ano-Novo em Salvador com Gilberto Gil e as respectivas famílias. No Rio, seguiu aquele roteiro turístico que todo estrangeiro adora. Sua segunda casa, depois da principal suíte do Copacabana Palace, era o restaurante Satyricon, em Ipanema, onde bateu ponto praticamente todas as noites com a mulher, Trudie Styler. O prato era sempre o mesmo: pargo grelhado. No dia 6 de janeiro, aniversário de Trudie, a comemoração também foi lá, com um jantar ao lado de Gilberto Gil e Ivan Lins. Um dia antes, Sting deu um pulo na quadra da Estação Primeira de Mangueira, onde foi recebido pela cantora Alcione, sambou e tocou tamborim com Trudie e os seis filhos. Em seguida, assistiu a uma apresentação da bateria mirim e da ala das baianas da escola de samba. Alcione relatou à época que o casal demonstrou muita curiosidade e preocupação com a qualidade de vida dos moradores da comunidade da Mangueira.

Na véspera do show, o cantor concedeu uma entrevista coletiva, durante a qual criticou o slogan do festival, "Por um mundo melhor". "É muito idealista. Não é algo que eu usaria para mim mesmo, mas, já que estou aqui, vou apoiá-lo." Um humorista argentino perguntou onde estava o cacique Raoni. "Ele não gosta de rock", respondeu Sting. Um jornalista perguntou a ele o que achava da convocação do jogador Ronaldo para falar na CPI da CBF/Nike. "Só mesmo aqui no Brasil. Alan Shearer [ex-capitão da seleção inglesa] nunca seria chamado pelo governo para explicar uma derrota. Até porque perdemos sempre", encerrou o assunto.

No dia do show, bronzeadíssimo, Sting chegou mais cedo à Cidade do Rock só para ver a performance de Daniela Mercury. Passadas as três primeiras músicas, rumou ao camarim no pavilhão 4 do Riocentro para se concentrar. Antes do show, um sujeito corria em direção ao palco berrando: "É o Sting, cara! É o Sting!". Só faltou dizer que aquilo seria um "showzaralhaço". E foi. Às duas da manhã, diante de 185 mil pessoas, o músico abriu o show com "If You Love Somebody (Set them Free)", pavimentando o caminho para sucessos da sua carreira solo, como "We'll Be Together", "If I Ever Lose My Faith in You" e "Brand New Day", além de clássicos do Police como "Every Breath You Take", "Roxanne" e "Every Little Thing She Does Is Magic" — aquele tipo de canção pop perfeita que a gente tem vontade de escutar pelo menos três vezes seguidas para ter a certeza do quanto uma música pop pode ser perfeita. Também tinha o Manu Katché na bateria. Não poderia ser melhor.

Já cansada da maratona do dia, a plateia vibrou nos sucessos. Em alguns momentos, a peteca até caiu um pouco, especialmente nas novas "Perfect Love... Gone Wrong" e em algumas longas improvisações, como a do ótimo tecladista Jason Rebello em "Englishman in New York". James Taylor se juntou a Sting em "Fill Her Up". Foi tão discreto que muitos nem notaram a canja. O percussionista Marcos Suzano também participou do show. Após "Fragile", e sob alguns protestos pela ausência de "Message in a Bottle", uma tímida queima de fogos encerrou a primeira noite do festival.

O segundo dia de Rock in Rio, 13 de janeiro, era um típico sábado carioca de sol. Mas a praia estava mais vazia. As cangas haviam sido transportadas da areia direto para Jacarepaguá. Quem chegou cedo se deu muito bem. Já passava da uma da tarde, e o R.E.M. ainda testava o som, mas Michael Stipe e companhia não admitiram atraso na abertura dos portões por causa deles. Conclusão: cerca de 2 mil sortudos puderam ver um show exclusivo da banda norte-americana. O vocalista até conversou com a plateia e, acredite, deu bis. O calor era forte e um caminhão-pipa despejava jatos de água na plateia. Pronto. A lama de 1985, ainda que tímida, estava de volta.

No Palco Mundo, a noite começou às seis horas, com o show visceral de Cássia Eller. Ela misturou um repertório que foi de Chico Buarque a Nirvana, passando por Cazuza, Nando Reis e Renato Russo, mostrou os peitos (como de costume), correu que nem uma moleca e cantou. Cantou muito. Em suma, fez do imenso Palco Mundo a sala de estar de sua casa, como uma anfitriã com seus 80 mil convidados. Era a despedida da turnê *Com Você... Meu Mundo Ficaria Completo*, cujo álbum de origem, lançado em 1999, apresentava uma Cássia mais contida, cantando músicas mais suaves. Contudo, a delicadeza passou a léguas de distância da Ilha Pura durante os cinquenta minutos de show. A cantora convocou amigos como Márcio Mello, que colocou ainda mais veneno em "Coroné Antonio Bento", Fábio Allman, da banda A Bruxa, e a Nação Zumbi, que tocou "Corpo de lama" e "Come Together", dos Beatles, em versão mangue beat. Ela revelou ter gastado todo o seu cachê — 20 mil reais — e mais 3 mil reais para pagar as despesas de seus músicos convidados. Valeu a pena. A imprensa, assim como em 1985, ainda tentava levantar a questão de diferença de tratamento entre artistas brasileiros e estrangeiros. "Ainda não falei com o Sting, não sei se ele está tendo o mesmo tratamento que eu", disse a sempre espirituosa Cássia.

A cantora carioca soube dosar seus sucessos, "ECT", "Malandragem", "1º de julho" e "O segundo sol", e ainda uma pérola pouco conhecida de Cazuza, "Obrigado (Por ter se mandado)". Cássia misturou baião, partido-alto e muito rock 'n' roll. O encerramento é digno de constar dos anais do festival. "Smells Like Teen Spirit", sucesso do Nirvana, levantou a maior quantidade de poeira que a Cidade do Rock viu durante toda a terceira edição do festival. O filho de Cássia Eller, Chicão, de sete anos, que ficou zanzando na parte de trás do palco durante o show, apresentou-se ao vivo, pela primeira vez, ao lado da mãe, tocando percussão nessa música, que, aliás, foi uma indicação dele. O público gostou. Dave Grohl também. O ex-baterista do Nirvana, que se apresentaria mais tarde com o Foo Fighters, dormia atrás do palco. Quando Cássia iniciou a canção, a namorada do cantor o acordou para testemunhar aquela catarse. Depois, o músico teria comentado que nunca escutara versão parecida para o hino da década de 1990. Neil Strauss, do *New York Times* também elogiou. "Cássia Eller tocou versões de Chico Science e do Nirvana que deixaram o público num frenesi suplantado apenas quando o baterista do Nirvana, Dave Grohl, subiu ao palco mais tarde."

Os jatos d'água do caminhão-pipa até que atiçaram a nostalgia ao público na Cidade do Rock. James Taylor, na véspera, também ajudou um pouco. Mas o janeiro de 1985 reapareceu de verdade durante o show de Fernanda Abreu. No telão, imagens da apresentação da Blitz no primeiro Rock in Rio. No palco, surgiu Evandro Mesquita com um figurino colorido e chutando imensas bolas para a plateia. A música era "Você não soube me amar", a oitava do roteiro de onze canções. "Eu tava lá, fazendo meu show, que não é uma coisa superpopular. Mas quando ele entrou a energia mudou, foi incrível. O show deslanchou de uma maneira impressionante", reconheceu Fernanda Abreu na biografia *As aventuras da Blitz*, do jornalista Rodrigo Rodrigues. A ideia de chamar Evandro foi da própria cantora, que ligou para o ex-parceiro um dia depois de ser convidada para participar do evento. A Blitz se separou poucos meses após a primeira edição do festival. Depois de alguns anos, a banda voltou.

No roteiro do show, com a participação do Funk'n Lata, a cantora valeu-se de uma sequência de hits, como "Jorge da Capadócia" (de Jorge Ben Jor), "Veneno da lata", "Garota sangue bom" e "Rio 40 graus". O gramado virou uma imensa pista de dança. Para o encerramento, um vigoroso medley, que ia de Furacão 2000 ("Rap da cachorra") a Gerson King Combo ("Mandamentos black"). Ao final, havia um só grito: "tá dominado, tá tudo dominado". E estava mesmo. Com a "garota sangue bom" não tinha como ser diferente.

A Tenda Brasil também pegava fogo. A banda gaúcha Cidadão Quem tocou a lindíssima "Dia especial". Já o genial e saudoso Márcio Montarroyos transformou o Rock in Rio em Free Jazz Festival. A Penélope atacou de "Should I Stay or Should I Go?", do The Clash. O trio Sá, Rodrix & Guarabyra, que voltava a atuar juntos depois de 28 anos, mostrou o melhor do rock rural através de clássicos como "Mestre Jonas" e "Sobradinho". Nando Reis fechou a noite na Tenda apresentando o repertório de seu novo disco, *Para quando o arco-íris encontrar o pote de ouro* (2000), além de sucessos dos Titãs, como "Marvin" e "Os cegos do castelo". Não deu para entender o motivo pelo qual o ex--Titã não estava se apresentando no Palco Mundo. Na Tenda Raízes, a Companyia Elèctrica Dharma (da Catalunha) agradou, e na Tenda Mundo Melhor, houve um debate cujo tema era "Tecnologia & globalização". A Tenda Eletro passou por problemas. Houve um temor da produção de uma briga generalizada entre lutadores de jiu-jítsu, e o som foi desligado.

No Palco Mundo, era a vez de um dos melhores shows nacionais da terceira edição do festival. O Barão Vermelho e o Rock in Rio constituem, praticamente, uma história de amor — com as DR's no meio, claro. Em 1985, no dia da eleição de Tancredo Neves, houve a apresentação apoteótica. A banda domou os metaleiros com arte. No Rock in Rio II, um desentendimento cancelou a apresentação do Barão. Dez anos depois, o grupo carioca se despedia oficialmente dos palcos por tempo indeterminado. Alguns de seus integrantes partiriam para experiências solo. O Rock in Rio 2001 era a ocasião perfeita para encerrar esse capítulo de sua vitoriosa carreira.

A banda desejava se despedir em grande estilo com uma apresentação, no mínimo, memorável. Foi exatamente o que fez nos 55 minutos em que desfilou quinze canções de todas as fases da sua carreira para 170 mil pessoas. Desde "Pro dia nascer feliz" até "Por você", incluindo justas homenagens a Bezerra da Silva, Renato Russo, Roberto Carlos e, claro, Cazuza. A apresentação foi dedicada ao compositor Luiz Bonfá, expoente da Bossa Nova, e ao atleta Adhemar Ferreira da Silva, que haviam morrido na véspera. "Dois grandes heróis brasileiros", proclamou Roberto Frejat. Guto Goffi (bateria), Frejat (voz e guitarra), Rodrigo Santos (baixo), Fernando Magalhães (guitarra), Peninha (percussão) e Maurício Barros (teclados) contaram com o auxílio luxuoso de um trio de metais formado por Zé Carlos Bigorna, Bidinho e PC. A banda teve a oportunidade de mostrar tudo o que havia aprendido nos dezesseis anos que separaram a primeira da terceira edição, especialmente em relação à performance em festivais. O Barão não desperdiçou um segundo sequer a que tinha direito, enfileirando clássico atrás de clássico. A banda mostrava que não tinha tempo a perder com o alucinante set inicial, dedicado aos anos 1980, que contou com "Maior abandonado", "Pense e dance", "Bete Balanço", entre outros. Os momentos mais introspectivos vieram com "O poeta está vivo", que foi seguida por "O tempo não para", da carreira solo de Cazuza, e "Por você".

Renato Russo, outro nome importante do BROck, surgiu no telão atrás do palco, enquanto a banda executava "Quando o sol bater na janela do teu quarto". O final foi o mesmo de 1985. Não havia a esperança de Tancredo, mas o dia continuava nascendo feliz. A bandeira brasileira tremulou mais uma vez no palco, no final do show. Depois, nos bastidores, a banda confraternizou e foi convidada para se juntar aos integrantes do R.E.M., que queriam elogiar o show dos brasileiros. Diferenças entre 1985 e 2001? Muitas. A começar pelo vocalista. A presença de palco de Cazuza sempre fez falta ao Barão — não tinha como ser diferente —, mas Frejat, corajosamente, assumiu o posto em 1986 para se tornar um dos maiores *frontman* do rock brasileiro. O Rock in Rio 2001 também era uma prova evidente da evolução do guitarrista enquanto líder, assim como da segurança de uma banda que sempre tratou o palco como sua casa.

Pena que a atração seguinte, apesar de ser um artista genial, não segurou o tranco. Beck fazia parte daquele time de artistas cuja presença era sempre cobrada pelos fãs brasileiros. A cada Free Jazz Festival, o seu nome entrava na lista dos artistas convidados, mas, na hora H, invariavelmente, ele dava para trás. Até sua chegada ao Rio foi cercada de mistério. Beck desembarcou no aeroporto na véspera do show, dia 12. Ninguém tinha muita ideia do que ele apresentaria no palco — sua última turnê se encerrara mais de um ano antes. A única informação realmente concreta era a respeito de suas singelas exigências para o camarim: legumes, frutas e uma centrífuga para preparar sucos. Fã de música brasileira, na coletiva, disse que tentava falar com Caetano Veloso, mas era esnobado. "Caetano, me liga, por favor!", implorou.

Os fãs poderiam compensar o atraso da vinda do cantor californiano com esse show no Rock in Rio. Porém, o palco de Jacarepaguá não era o do Free Jazz. Resultado: no horário de seu show, entre dez e onze da noite, os bares ficaram lotados, e parte do gramado se transformou em uma concentração de corpos deitados sobre cangas. A sua situação ficou mais difícil depois da apresentação enérgica do Barão, com um sucesso atrás do outro, que todo mundo sabia de cor. Os ouvidos ainda zuniam quando o norte-americano pisou no palco para cantar "Novacane", a primeira do set de doze músicas. A sonoridade não muito comercial, cheia de referências que passam pelo country, funk e pela Tropicália, deixou o público um pouco perdido. O repertório era centrado em seu último trabalho de estúdio, *Midnite Vultures* (1999), e nem mesmo seu maior sucesso, "Loser", que o cantor apresentou logo no início do show, animou a audiência.

Pelo contrário. Apáticos, os espectadores perderam momentos interessantes como "Mixed Bizness", "Tropicalia", "Milk & Honey", a country "One Foot in the Grave" (com direito a solo de gaita de Beck), além do rock ensurdecedor "Devil's Haircut". Após um longuíssimo intervalo que beirou os dez minutos, o bis veio com "Where It's At", com direito a uma curiosa coreografia de Beck e de sua banda. Para o bis, o cantor trocou a roupa preta por um terno vermelho, com bordados e brilhantes, no melhor estilo James Brown. Não adiantou muito. Ficou a sensação de que a apresentação de Beck, infeliz e injustamente, serviu como um longo intervalo entre os shows do Barão Vermelho e do Foo Fighters.

Parte da mídia apelidou o dia 13 de janeiro de 2001 de "Sábado de aleluia" do rock no Brasil. Isso porque os fãs finalmente poderiam ver artistas que, volta e meia, cancelavam shows no país. Além de Beck, o Foo Fighters deixara os brasileiros a ver navios em fevereiro do ano anterior. A banda tinha shows agendados em São Paulo, Rio de Janeiro e Belo Horizonte, com venda de ingressos já anunciada. Até que o grupo descobriu que um dos shows seria exclusivo para clientes de uma empresa de telefonia. Outros fatores, como a morte do pai do guitarrista Chris Shiflett e a gravação de um videoclipe, colaboraram para o cancelamento. Os fãs ficaram decepcionados, mas não desesperançosos. A banda de Dave Grohl foi uma das mais pedidas pelo público no site oficial do Rock in Rio em meados do ano 2000.

Descansada, graças ao show de Beck, a plateia pôde enfim presenciar o rock básico, furioso e sem maiores pretensões do Foo Fighters. Dave Grohl estava bem feliz e isso era evidente — ele completava 32 anos naquele dia. O show não foi muito diferente dos que a banda andava apresentando àquela época, quando divulgava o álbum *There is Nothing Left to Lose* (1999). Talvez, apenas, um pouco mais enxuto: treze músicas extraídas dos três álbuns lançados até então. Começou com "Breakout" e emendou com "My Hero" e "Learn to Fly". O único senão da performance foi a baixa potência do som, que deixou músicas como "Stacked Actors" (um dueto, ou melhor, duelo de baterias entre Grohl e Taylor Hawkins) e "Monkey Wrench" com pouco peso. Antes de "Next Year", a namorada de Grohl, Melissa Auf Der Maur, ex-baixista do Hole e do Smashing Pumpkins, subiu ao palco com um bolo, enquanto o guitarrista Chris Shiflett tocava os acordes de "Happy Birthday". Após apagar a imensa vela e brindar com o público, a nova "melhor amiga de infância" do vocalista apareceu, deu um beijo nele e ameaçou uma patolada. Era a Cássia Eller, claro. A apresentação teve direito a bis, com "Everlong".

A estada do Foo Fighters no Rio de Janeiro foi uma festa. Comemorando o final da turnê — só haveria mais um show em Buenos Aires —, os integrantes trouxeram as respectivas namoradas, pularam de asa-delta, assistiram ao show do Oasis e do Guns N' Roses, foram à praia e ainda celebraram o aniversário de Grohl. Espirituoso, o líder do grupo se registrou no hotel com o nome de um de seus ídolos: Freddie Mercury.

O show do Foo Fighters abriu caminho para a primeira e histórica apresentação do R.E.M. no país. A banda de Michael Stipe vivia uma situação muito parecida com a dos colegas do Foo Fighters: encerrando a turnê do álbum *Up* (1998). Após o show no Rio, só teriam mais um show (na capital argentina) agendado para 2001. O restante do ano seria dedicado à produção, ao lançamento e à divulgação do álbum *Reveal* (maio de 2001). E, assim como Dave Grohl, Michael Stipe se divertiu no Rio, "a cidade mais sexy que já conheci", em suas palavras.

No palco, ele entornou copos de caipirinha, se jogou na plateia, rebolou e cantou muito. Até hoje, o descampado da Cidade do Rock deve se lembrar de "Man on the Moon" ou "It's the End of the World, As We Know It (And I Feel Fine)". À frente de um cenário colorido, com desenhos em neon, Stipe (vocalista), Mike Mills (baixo) e Peter Buck (guitarra) apresentaram uma espécie de *best of* ao vivo, com a inclusão de duas canções inéditas que viriam a fazer parte de *Reveal* — "She Just Wants to Be" e "The Lifting". (Stipe disse que o título do álbum foi inspirado nas "vibrações positivas" do Rio de Janeiro.) Nada mau para a primeira apresentação no país de uma das maiores bandas de rock de todos os tempos. O guitarrista Peter Buck estava animado: "Sempre sonhamos em tocar no Brasil, mas nos convidavam para festivais com patrocinadores de cuja política discordamos, então nunca deu. Desta vez conseguimos".

Esforço não faltou. A banda chegou ao Copacabana Palace, praticamente incógnita, na segunda-feira, dia oito. Desde então, os músicos não deixaram de ir um dia sequer ao estúdio, na Barra da Tijuca, para ensaiar a imensa lista de possíveis canções do setlist. Durante os sete dias na cidade, a banda também passou todas as músicas do álbum *Reveal*. "Vivemos em cidades diferentes, então é uma oportunidade rara para ensaiar", disse o guitarrista. Quando saíam do estúdio, os músicos do R.E.M. aproveitavam de alguma forma o verão carioca. O primeiro passeio só aconteceu dois dias depois da chegada. Deram uma voltinha pelo calçadão de Copacabana, sem seguranças. Ninguém os importunou. Michael Stipe ficou fã das lojas de suco da cidade. Na sexta, véspera da apresentação, o vocalista saiu às onze da manhã com o guitarrista Scott McCaughey para a Oficina do Guaraná, em Ipanema. Beberam sucos de açaí com banana, abacaxi com hortelã e acerola com cacau, antes de partir para a coletiva de imprensa. Na véspera do show, a banda foi ao Mika's Bar, em Ipanema, para assistir a um show do saxofonista Mauro Senise. Chegaram tarde demais. O show já tinha terminado, e ao pessoal do R.E.M. restou comer uma picanha com batata frita. No quesito exigências, o R.E.M. não deixou por menos. Além de solicitar massagem nos camarins antes do show, pediu cem toalhas brancas. No mesmo estilo de Rod Stewart, que, em 1985, havia pedido setenta — "bem branquinhas". Dessa vez, a produção, mais experiente, havia alugado antecipadamente 5 mil toalhas, além de ter estocado 2 mil garrafas de água gasosa, mais 6 mil sem gás e 2,5 mil latas de cerveja.

O show do R.E.M. deu sinais logo no início de que muitas surpresas rolariam naquela madrugada do dia 14 de janeiro. A começar pelo horário. Teve início quinze minutos antes do previsto. Com um som desregulado, desfiaram "Finest Worksong", faixa de *Document* (1987), que a banda não tocava fazia um bom tempo. Já nessa primeira música, Stipe, vestindo uma calorenta camisa vermelha de manga comprida, dançava de seu jeito característico. Muito simpático, o vocalista falou à beça sem cansar o público e elogiou a cidade. O bis contou com "Everybody Hurts", "Pop Song '89" e "It's The End of the World". Nessa última, apoteótica, o vocalista pulou para o gramado. Enquanto corria de cabeça baixa no vão que dividia os dois lados da plateia, Stipe teve sua careca carinhosamente acariciada por algumas centenas de fãs. Nem os seguranças, que corriam feito baratas tontas, conseguiram acompanhar a empolgação do cantor.

Foram dezenove músicas em uma hora e 45 minutos de show, com um repertório que cobriu grande parte dos álbuns da banda, agradando tanto os fãs antigos como aqueles que conheceram o grupo a partir do sucesso estrondoso de "Losing my Religion", em 1991. No meio da apresentação, mais um afago de Michael Stipe: "Este é o maior grupo de pessoas para o qual já tocamos em toda a nossa carreira". Ele parecia muito satisfeito. E sua camisa azul sem manga encharcada de suor — a vermelha comprida já havia ido para o espaço — era a maior prova. A blusa trazia a inscrição "Posso mudar tudo por você, menos eu mesmo". Mudou alguma coisa, com certeza. Pelo menos para as 190 mil pessoas presentes na Cidade do Rock.

19. "E O DEDINHO PODEM ENFIAR NO TRASEIRO."

A CALMARIA DAS DUAS PRIMEIRAS NOITES passou longe deste primeiro domingo de festival, dia 14 de janeiro. Desde cedo, duas filas imensas se formaram na avenida Salvador Allende, em frente à Cidade do Rock. No meio da tarde, elas chegavam a quatro quilômetros de extensão, e a espera para entrar durava até três horas. Fora um dia de calor e sol forte. Com o rockódromo cheio, os ânimos de alguns ficaram mais exaltados, e foi preciso um jato de água gelada dos bombeiros para acalmar. O gramado, depois de "It's the End of the World", se fora. Agora o chão era de terra batida mesmo. Uma nuvem de poeira encobriria o rockódromo permanentemente até o último dia do evento.

Às seis horas, o Pato Fu abriu a noite. "Pedimos uma toalha para os quatro e dois litros de água", brincou a vocalista Fernada Takai, fazendo troça com as exigências absurdas de alguns artistas estrangeiros. Escalada inicialmente para se apresentar na noite teen (dia 18), a banda mineira tinha de justificar sua escalação na mesma noite de grupos como Oasis e Guns N' Roses — ao menos para os roqueiros que não a conheciam. De cara, jogou para escanteio a fama de "banda fofa". Quando a cantora Fernanda Takai deu seu boa-noite, já havia

120 mil pessoas na Cidade do Rock. Começou a apresentação "detonando essa porra", como gritou o guitarrista John Ulhoa, emendando com a pauleira "Capetão 66.6 FM", música propositadamente cheia de clichês do rock, como vozes com efeitos e guitarras distorcidas. Apesar de a maioria estar ansiosa e impaciente para ver o show do Guns N' Roses, os mineiros apresentaram seus sucessos, como "Perdendo dentes", "Canção pra você viver mais" e "Made in Japan", a faixa-título do álbum recém-lançado, na mais absoluta tranquilidade.

Sobre a construção do roteiro do show, a própria Fernanda Takai explicou. "A gente sabia que seria mais adequado e menos complicado se o Pato Fu tocasse numa noite mais pop. Mas, como não dava pra trocar, resolvemos fazer um setlist pop pesado. Também adotamos a postura de falar pouco e tocar muito. Funcionou." Tanto que, em determinado momento, a banda tocou a introdução de "Enter Sandman", do Metallica, para interromper repentinamente, como quem diz "é apenas uma brincadeirinha". O público gostou e também aplaudiu quando a vocalista rasgou elogios ao líder do Guns. "Se o Axl Rose se candidatasse, eu trabalharia na campanha dele." Mas nem precisava, e a banda ainda foi acompanhada pelo público em baladas pop como "Sobre o tempo" e "Antes que seja tarde". Na apresentação da canção "Depois", Takai disse: "Essa é uma das músicas mais fofinhas do mundo e nós vamos tocá-la porque achamos que as pessoas deveriam ser mais fofinhas". E deveriam mesmo... Ainda mais com a próxima atração...

A sensação era de "esse filme eu já vi": Erasmo Carlos em 1985, Lobão, seis anos depois. Agora, Carlinhos Brown. Misturar pop-axé com Oasis e Guns N' Roses em festival de rock não foi uma boa pedida. Lógico que daria problema. E deu. "Ainda não sei como vai ser. Tudo vai depender da energia", dissertou o compositor baiano na coletiva. A ideia inicial do músico era ressuscitar a "Caetanave" no palco, uma espécie de trio elétrico em que Caetano Veloso saía na década de 1970 e que Brown havia recuperado. Por problemas logísticos, o compositor acabou destituído da ideia. Em compensação, colocou em cima do palco trinta músicos, incluindo catorze percussionistas da banda hip-hop Roots, todos paramentados com os turbantes do grupo baiano Filhos de Gandhi.

Brown abriu a apresentação com uma capa prateada que deixava o peito desnudo e um imenso cocar na cabeça. Mostrou músicas como "Omelete man" (a primeira do roteiro e também o momento em que as primeiras garrafinhas começaram a voar no palco), "Rapunzel" e o funk "Tribal United Dance". Esta última até que chegou a animar a plateia. Mas Brown deixou a impressão de que discutir o gosto musical do público era o que ele mais queria. Na metade do show, diante da dispersão da plateia, interrompeu "Segue o seco" e declarou: "Não adianta gostar de nada quando é ignorante e não tem juízo. Vocês, que gostam de rock, têm muito o que aprender na vida, aprender a amar. E o dedinho podem enfiar no traseiro".

Ao se aventurar a descer do palco para cantar "A namorada", dançando no vão central que separava os dois lados do gramado, as garrafas plásticas foram arremessadas de todos os lados, como lanças em uma guerra romana. Até os seguranças se agacharam para se proteger. Não adiantou mostrar o cartaz com a inscrição "Paz no mundo", entregue a ele por uma alma caridosa da plateia. Em determinado momento, o baiano virou para sua banda e ironizou: "Eles querem rock. Então vamos fazer uma improvisação". E começou a cantarolar o Hino Nacional Brasileiro, com guitarra em punho. A bronca continuou: "Podem jogar o que quiserem, que eu sou da paz e nada me atinge". Depois do show, ele disse: "São meninos criados no Toddy, no leite e no playground. Têm essa coisa roqueira, de andar de preto, insistir nessa postura agressiva". Medina garantiu que Brown que quis se apresentar na noite do Guns N' Roses. "Eu só aprovei", disse. Tivesse escolhido uma noite mais apropriada, Carlinhos Brown poderia ter feito um grande show. Como escreveu José Simão: "Botar o Brown para tocar em show de Guns N' Roses é a mesma coisa que botar o Flamengo batendo uma bola no intervalo do jogo do Vasco".

O público queria mesmo rock. Finalmente, com dezesseis anos de atraso, as bandas paulistas teriam sua noite de celebração na Cidade do Rock. Ira! e Ultraje a Rigor recolocaram o trem nos trilhos após o desvio promovido por Carlinhos Brown. Inicialmente, as duas bandas se apresentariam na Tenda Brasil. Com a desistência do "Grupo dos Seis", elas ganharam o direito de dividir um set no Palco Mundo. Cada banda tocaria meia hora e uma canção em conjunto. Quem começou o set foi o Ira!, com um bloco inicial que contemplou "Gritos na multidão", "Dias de luta" e "Núcleo base". Nasi (vocal), Edgard Scandurra (guitarra), Ricardo Gaspa (baixo) e André Jung (bateria) ainda mandaram um bloco de canções mais leves, mas que ganharam arranjos pesados, como a nova "Vida passageira" e "Flores em você". Depois, Nasi chamou Fernanda Takai, do Pato Fu, para homenagear Júlio Barroso, fundador da Gang 90 e um dos grandes poetas da geração 1980 da música brasileira. A música escolhida foi "Telefone", acompanhada em coro pela plateia e com Takai muito bem no papel das Absurdettes. Sobraram reverências também para a Legião Urbana, lembrada com "Teorema", logo após o sucesso "Envelheço na cidade".

Rapidamente, o Ultraje a Rigor entrou no palco e, ao lado do Ira!, desfiou uma versão cheia de pólvora de "Should I Stay or Should I Go?", o clássico do The Clash. Aí o tablado ficou livre para Roger Rocha Moreira e companhia pisarem fundo no acelerador com seus rocks escrachados como "Pelado", "Nada a declarar", "Marylou", "Filha da puta" (dedicada a "todos os Lalaus que estão começando a ir para a cadeia", nas palavras de Roger), bem como "Paranoid", do Black Sabbath, para encerrar com a dobradinha "Inútil" e "Nós vamos invadir sua praia". A despedida foi memorável. Toda a banda se virou de costas e abaixou as calças para o público.

Quem também merecia estar no Palco Mundo era a banda Los Hermanos, certamente o show mais concorrido da Tenda Brasil em todo o festival. O local, com capacidade para 2,5 mil pessoas ficou pequeno, e a plateia escorria Tenda afora, Moraes Moreira incluído, que viu o show e adorou. O Los Hermanos era uma das bandas que mais vendia disco no Brasil no início dos anos 2000 — até o festival, o seu álbum de estreia já havia vendido mais de 300 mil cópias. Durante a apresentação, que contou com a participação do baixista Kassin (que mais tarde veio a produzir álbuns do grupo), não faltaram canções que o público sabia de cor, como "Anna Júlia" (a música mais tocada nas rádios cariocas na época) e "Tenha dó". Marcelo Camelo, Rodrigo Amarante e Rodrigo Barba ainda adiantaram "A flor" (a primeira do setlist) e "Todo Carnaval tem seu fim", que viriam a ser lançadas no álbum que saiu poucos meses depois, *Todo Carnaval tem seu fim* (2001). O baterista Rodrigo Barba, no entanto, acredita que foi melhor para a banda ter tocado em um espaço menor: "A turnê tinha parado fazia algum tempo, e já entrar de cara naquele palco principal podia ser ruim. A Tenda foi muito boa para a gente".

A Nação Zumbi também se destacou na Tenda Brasil, assim como o The Silva's, banda de surf music instrumental formada por João Barone, Dé Palmeira e Liminha. A apresentação de Sylvinho Blau Blau e Os Pelúcias foi divertida. O show contou com a aparição especial de Serguei, que se fantasiou de urso de pelúcia, fez danças libidinosas e terminou só de cueca. Já na Tenda Raízes, o show mais falado foi do Trio Chemirani, formado por membros iranianos da mesma família — o pai e os dois filhos, todos percussionistas. A Tenda Eletro teve a sua noite *trance* ao som de Alexey, Ziggy e Wig, Ferry Corsten e Sasha Collinson.

Sobre o show do Los Hermanos, Bernardo Araujo foi cirúrgico na resenha publicada em *O Globo*: "O que seria um show alternativo se tornou uma grande atração, com o público invadindo o espaço do Palco Mundo. Os Hermanos mostraram a segurança de sempre e provaram que mereciam estar no palco principal". A primeira atração internacional da noite no Palco Mundo serviu de exemplo para o que o jornalista escreveu. Muitos apostavam no Papa Roach como o Faith No More do Rock in Rio 2001. Mas a banda indicada pelo Guns N'

Roses passou longe, muito longe disso. O Papa Roach fez um dos shows mais criticados do festival, embora houvesse acabado de lançar o bom álbum *Infest* (2000). Grande parte do público, que já contava com 140 mil pessoas, permaneceu sentada durante a performance.

Enquanto o Ultraje e o Ira! se apresentavam, o clima no camarim do Papa Roach era de ansiedade. O vocalista, Coby Dick, passou um bom tempo no chão, em posição fetal, gemendo, balbuciando palavras sem sentido e suando frio. No palco, além de ter dado várias microfonadas na própria cabeça, Dick vomitou. No dia seguinte, na piscina do Intercontinental, assediado por fãs que beijavam seu pescoço, explicou que golfou de tão feliz que estava. Durante o show, ele pediu cerveja para a plateia e reclamou que faltava maconha no palco. A cada duas palavras, soltava um *fuck*. Músicas como "Dead Cell", "Snakes", "Last Resort" e até mesmo uma versão de "La cucaracha" passaram despercebidas, uma atrás da outra. O show terminou mais cedo do que o previsto. Antes de sair do palco, Coby Dick ainda destruiu o kit do baterista Dave Buckner, jogou para o alto a guitarra de Jerry Horton e gritou "Papa Roach é energia".

Energia. Exatamente o que faltou também no show do Oasis. Apesar da ansiedade reinante na Cidade do Rock, o Oasis parecia sem a menor boa vontade de estar no palco se apresentando para aquelas cerca de 200 mil pessoas. Em 2001, o Oasis já era uma banda que lotava o estádio de Wembley duas noites seguidas, feito que talvez o Guns N' Roses não fosse capaz de alcançar — pelo menos naquele momento. Os irmãos Gallagher teriam se sentido desprestigiados por tocar antes da banda americana? Talvez. Eles também foram prejudicados por uma péssima equalização, que deixou a voz de Liam Gallagher praticamente inaudível. Era mais fácil ouvir a declaração de amor ao pé do ouvido do casal ao lado na plateia do que o som do palco.

O show foi uma espécie de *Familiar to Millions* (álbum duplo gravado ao vivo na Inglaterra, lançado poucos meses antes do Rock in Rio) versão *redux*, basicamente formado pelo repertório do disco *Standing on the Shoulder of Giants* (2000), além de sucessos antigos. A banda executou protocolarmente músicas como "Go Let it Out", "Don't Look Back in Anger", "Wonderwall" e "Live Forever". Nem a homenagem a Neil Young, com "Hey hey, my my", empolgou. A audiência parecia não conhecer a canção. O Oasis encerrou a apresentação com "Champagne Supernova" e "Rock 'n' Roll Star", após setenta minutos bem mornos, talvez frios, e sem comunicação com a plateia que não fosse a própria música. Noel Gallagher, no entanto, gostou do show: "Foi maravilhoso, realmente um grande show. Tocamos bem e a plateia esteve maravilhosa. Nunca tocamos para um público tão grande. Foi fantástico. Do palco parecia ser 1 milhão de pessoas".

Da mesma forma que não apresentaram o esperado show explosivo, fora do palco os irmãos Gallagher também desapontaram quem aguardava histórias e confusões. Comportaram-se como príncipes. Na piscina, batiam papos animados com os integrantes do Five. Antes da meia-noite já estavam na cama. Por volta das dez da manhã, pediam café no quarto. Na volta do show, encomendaram uma pizza.

As farpas ficaram mesmo para o Guns N' Roses. Na véspera do show, Noel deixava claro seu "descontentamento" com a banda. "O mundo seria melhor se não houvesse armas... e rosas", disse, sutilmente, na coletiva. A conhecida imodéstia de Noel também compareceu. Segundo o guitarrista, as únicas bandas de rock que restavam no mundo eram o Black Crowes e o... Oasis! No palco, antes de tocar a última do set, mais uma farpa para o Guns: "Essa vai para o Senhor Rose". A música era "Rock 'n' Roll Star". A entrevista reservou outros momentos hilários. "Você sabia que um dos patrocinadores do festival é uma bebida alcoólica?", perguntou um jornalista. "Sério? Bom, um dos integrantes da banda é alcoólatra, então não será problema", retrucou Noel. "Do Brasil, você prefere a música, os drinques ou as mulheres?", perguntaram. "Prefiro música brasileira tocada por brasileiras que bebam", divertiu-se o guitarrista. Indagado qual a coisa mais absurda que já falaram do Oasis, respondeu: "Que não gostamos de beber, não brigamos e não gostamos de mulher". Entre goles de cerveja e de caipirinha, encerrou, dizendo: "Ninguém consegue fazer músicas tão bem quanto John Lennon, apenas eu". Perguntado por que o irmão não compareceu à coletiva, o guitarrista respondeu: "Ele deve estar pichando as paredes do quarto". Na verdade, Liam Gallagher estava na praia. "*Brazil is cool*", limitou-se a dizer ao séquito de jornalistas e fãs que o seguiam.

O vocalista, aliás, deu o que falar antes de chegar no Rio de Janeiro. Liam foi acusado de ter assediado sexualmente uma funcionária da British Airways enquanto fazia o check-in para embarcar para o Brasil. Segundo o tabloide *The Sun*, o vocalista fez indagações à funcionária sobre a sua vida sexual, e ainda teria passado a mão em seu traseiro.

O Guns N' Roses, claro, também deu o que falar. Na sexta-feira, dois dias antes do show, Axl Rose — alguns bons quilos mais gordo do que dez anos antes — já era o assunto mais comentado no hotel Intercontinental, em São Conrado, onde ficou hospedado. Com um quarto comum reservado pela produção (de 89 metros quadrados), o vocalista foi transferido para a suíte presidencial do hotel, com 158 metros quadrados, e que contava com banheira de hidromassagem, sala de estar e de jantar (equipada com pratarias), além de... rosas. Muitas rosas. O próprio vocalista bancou a diferença da diária, e o restante da banda preferiu ficar dois andares abaixo. Apesar da suíte espaçosa, o escritório de Axl era mesmo a piscina do hotel. Era lá que ele ficava o dia todo, cercado de fãs e de garrafas de bebidas. O cantor saiu poucas vezes do hotel. Na véspera do show, resolveu correr na praia do Pepino às duas da manhã e saiu de helicóptero para jantar numa churrascaria. Antes, pediu tequila no quarto e lá ficou o dia todo ligando para a recepção para reclamar do barulho no corredor. Tratava-se do cantor Beck, seu vizinho de quarto, que recebia as mais variadas equipes de televisão para conceder entrevistas.

O responsável pela segurança de Axl durante sua estada no Rio foi o lutador de jiu-jítsu Royce Gracie. O patriarca Hélio Gracie também acompanhou o cantor pela cidade. De uma forma inusitada, Axl Rose aproveitou para aprender a arte marcial. Royce ensinava para o empresário do vocalista, Doug Goldstein, que, por sua vez, transmitia a aula ao cantor. Talvez tenha sido por esse motivo que o Hotel Intercontinental recebeu um e-mail de um fã da banda: "Eu quero apanhar do Axl Rose".

No dia do show, na Cidade do Rock, a plateia precisava ter tolerância. Entre o término do show do Oasis e o início da apresentação do Guns N' Roses foram mais de duas horas de espera. Razão: Axl quis assistir ao show do Oasis pela televisão na suíte do hotel e só depois do bis subiu no helicóptero rumo ao rockódromo. Além disso, deslumbrado com a vista, o cantor pediu ao piloto que desse várias voltas no ar. Quando chegou, pôde ainda desfrutar do camarim, repleto de exigências. Axl sabe pedir como poucos. Quis porque quis 24 rosas vermelhas de cabo longo. As garrafas de champanhe — ele só bebe Cristal, uma das mais caras — tinham de ser servidas em baldes de prata e copos de cristal. À mesa, talheres de prata, água vulcânica comprada no Havaí e duas caixas de chocolate Godiva. O relógio já marcava duas horas da manhã da segunda-feira quando a voz inconfundível do cantor, logo após um vídeo de animação, ribombou nos alto-falantes, que naquele momento estavam mais potentes do que em todas as outras apresentações da noite. *"You know where the fucky you are? You are in the jungle, baby."* A introdução de "Welcome to the Jungle" foi a senha de que Axl estava disposto a fazer o show da sua vida na Cidade do Rock. Tirando um show quase secreto em Las Vegas dias antes, era a primeira apresentação do Guns N' Roses em oito anos.

A cenografia usou e abusou de todos os clichês do rock: muitas labaredas, explosões, um paredão de terminais de vídeos ao fundo, iluminação a mil, solos de guitarra e de bateria e figuras bem esquisitas em cima do palco, a começar pelo guitarrista Buckethead, que só andava com uma máscara japonesa e um balde da rede norte-americana de fast-food Kentucky Fried Chicken na cabeça. Com relação ao repertório, a maior surpresa do show foi a execução do principal álbum da banda, *Appetite for Destruction* (1987), praticamente na íntegra. Além de "It's So Easy", "Rocket Queen" e afins, o cantor ainda lembrou "You Could Be Mine", "Patience" e "November Rain", de outros discos. Versões de "Knockin' on Heaven's Door", de Bob Dylan ("uma música eterna", segundo Axl) e de "Live and Let Die" (Paul McCartney) também tiveram destaque no longo repertório. Até mesmo "Sossego" ganhou uma versão do guitarrista Robin Finck, que ficou três dias no quarto treinando a música de Tim Maia. "E aí, galera do Brasil, tudo bem? Beleza? Vou fazer uma música. Espero que vocês gostem", disse Finck, em português afetadíssimo, antes de lembrar o "Síndico".

Paul Tobias (guitarra), Dizzy Reed e Chris Pittman (teclados), Tommy Stinson (baixo) e Brain Mantia (bateria) eram os outros integrantes da versão 2001 do Guns. Para os antigos, Axl soltou, durante o show: "Sei que muitos de vocês estão decepcionados porque algumas pessoas que conheceram e amaram não puderam estar conosco aqui hoje. Eu também estou sentido e desapontado como vocês. Ao contrário do Oasis, não conseguimos encontrar um caminho para que todos se entendessem bem. Independentemente do que vocês ouviram ou leram, teve gente que se esforçou muito, ou seja, meus antigos amigos, fazendo todo o possível para que eu não pudesse estar aqui hoje. Eu digo que se foda". A brasileira Beta Lebeis ajudou Axl no palco. Dois dias depois, os jornais revelaram que Beta era uma espécie de "anjo da guarda" do cantor havia muitos anos.

Por volta de quinze para as quatro da manhã, a banda saiu, abrindo espaço para a bateria da escola de samba Unidos do Viradouro. As garrafinhas de água mineral, guardadas desde o show de Carlinhos Brown, voltaram a ser arremessadas. Contudo, poucos minutos depois, o Guns N' Roses voltou, com a imagem da bandeira do Brasil ao fundo, para mandar "Paradise City", música que deve fazer muito sentido para Axl no Rio de Janeiro.

Antes de ir embora, a última homenagem, dessa vez, para Beta Lebeis: "Para encerrar, eu gostaria de dizer, com todo o amor, sobre o apoio de uma pessoa, sem a qual não estaria aqui hoje". Nesse momento, o empresário Doug Goldstein empurrou a assistente para o palco. "Na América, nos últimos sete anos, eu tenho tido a ajuda..." Axl e Beta então se abraçam e choram. Ele continua: "É muito difícil para ela. A banda tem contado com a ajuda dela nos ensaios, gravações, contratos...". Mais lágrimas. "Eu adoro ele", gritou Beta. "Uma família brasileira tem tomado conta de mim nos últimos sete anos. Essa é Beta Lebeis, minha assistente, que tem três filhos, Alexandre, Vanessa e Fernando. Ela tem sido uma mãe para mim. Minha empresária, minha secretária. E qualquer um da banda pode contar com ela a qualquer hora. Eu agradeço a ela e agradeço a todos vocês por ela. Paz. Eu amo vocês. Estarei aqui no próximo verão com as músicas novas. Sejam bons para os outros. Boa noite", encerrou Axl. Estava assim, às 4h20 da madrugada — e emoção à flor da pele —, terminada a primeira semana de shows do Rock in Rio 2001, que contabilizou mais de 550 mil telespectadores.

Mas não pense que a noite do vocalista terminou. Às seis da manhã, ao voltar da Cidade do Rock para o Intercontinental, Axl nem passou pelo quarto. Foi direto para a piscina, onde ficou doze horas consecutivas. Ele e mais três pessoas consumiram dezoito garrafas de tequila, mais dezoito de Cointreau, algumas caipirinhas, além de suco de melancia. E lá aconteceu, às 11h30 da manhã, antes de Axl devorar um filé com fritas de café da manhã, o que se poderia chamar de uma coletiva de fãs — com um jornalista de penetra.

O líder do Guns N' Roses não estava nem aí para a imprensa. Tanto que nem concedeu entrevista coletiva. O repórter Gustavo Leitão, do jornal *O Globo*, vivia à caça do cantor. Naquela manhã, ele viu Axl bebendo caipirinha no bar da piscina. "Eu tinha, àquela altura, ficado amigo do relações-públicas do hotel, que me passava algumas informações sobre as andanças do Axl. Quando ele já estava na terceira ou na quarta caipirinha, fãs que estavam hospedados no hotel começaram a chegar perto. Uma mais saidinha puxou conversa, ele respondeu, ela se sentou ao lado. Vários outros se juntaram", relatou o jornalista.

Não demorou muito e Axl, bêbado, no meio de uma mesa, estava cercado por um grupo de fãs babando. A "coletiva" estava montada. "Foi quando eu implorei para o RP que me deixasse entrar na piscina. Ele deixou, mas alertou: 'Nada de bloquinho ou gravador. Se aquele segurança te vê, avança em você e eu vou ter de responder por isso'", relembrou Leitão, que chegou de mansinho, sentou ao lado de uma fã e lá ficou, fazendo cara de turista por quase uma hora. "Por pelo menos quarenta minutos, ouvi o Axl falar mal da antiga banda, da quantidade de drogas que eles consumiam, das gravações interrompidas por excesso de substâncias, da nova banda, dos futuros projetos. Tudo sem anotar uma linha e fazendo um esforço absurdo para me lembrar de frases inteiras como ele havia falado. Sabia que eu era o único repórter ali e que o momento era importante", recordou. No papo, o cantor elogiou Emílio Santiago (que tocava nos alto-falantes do hotel) e disparou: "Todo mundo [da antiga formação da banda] se odiava, menos eu. Slash disputava poder com Izzy Stradlin porque queria assumir o comando da banda e destruí-la". Ele ainda garantiu que, após uma overdose, Slash recebeu uma injeção no coração, "igual aquela do filme *Pulp Fiction*". O vocalista ainda garantiu que nunca mais trabalharia com Slash. E confessou que o show da noite anterior não tinha sido dos melhores porque sua voz não estava na melhor forma por falta de sono.

Axl Rose só deixou a piscina às seis da tarde da segunda-feira, com a mesma camiseta preta, o rosto vermelho como um camarão e o cabelo encharcado de suor. Como se não bastasse, ainda ficou circulando (e bebendo muito) pelo Rio de Janeiro até o dia 19, sexta-feira, quando foi embora.

20. "POSITIVO. É PRA PRENDER O GUITARRISTA EM FLAGRANTE. ELE ESTÁ COMPLETAMENTE NU."

A SEGUNDA SEMANA DE FESTIVAL começou com a chamada noite teen, que gerou protestos da tribo roqueira, mas trouxe um novo público para o Rock in Rio. A temperatura chegava aos 40°C. A abertura dos portões, prevista para uma da tarde, teve de ser antecipada em uma hora, devido às imensas filas que se formavam na entrada da Cidade do Rock — dois dias antes já havia fãs acampados na entrada. O público era formado majoritariamente por meninas, em uma proporção de duas para cada rapaz. E também havia um grande número de pais que provavelmente queriam ver o Neil Young, mas acabaram vendo a Britney Spears. Os pais vascaínos sofreram ainda mais. Perderam o show de Romário e de Juninho Pernambucano na vitória de 3 a 1 contra o São Caetano, que deu ao time de São Januário o título da Copa João Havelange.

Mas eles tiveram um consolo. Moraes Moreira. Com uma roupa colorida e cabelo pintado de vermelho, azul e branco, ele entrou às seis da tarde no Palco Mundo. Aliás, palco que nada. Moraes preferiu apresentar-se em cima de um trio elétrico, vindo diretamente de Salvador. Parte da imprensa cogitava tratar-se de tática de proteção contra o que acontecera com seu conterrâneo Carlinhos Brown, o que não é verdade. No início do show, Moraes foi direto ao assunto, arrancando aplausos dos adolescentes: "Perguntaram se eu teria medo de cantar nesta quinta-feira... Afinal, quem pode ter medo da juventude do Brasil?".

As dimensões do trio eram dignas da Praça Castro Alves: quarenta toneladas, 90 mil watts de potência, 23 metros de comprimento e quatro de altura. Um dos nomes mais ligados à história do festival, Moraes Moreira repassou 32 anos de carreira em retrospectiva. A festa começou com "Colégio de aplicação", primeiro compacto lançado pela sua ex-banda, Novos Baianos, em 1969. A aula aos teens estava apenas começando. Seu filho Davi, que em 1985, aos doze anos, participou do primeiro festival, estava novamente na Cidade do Rock, dessa vez tocando guitarra na banda com outros dez músicos. O público, de 130 mil pessoas, recebeu muito bem a apresentação de vários clássicos, como "Brasil pandeiro", "Eu também quero beijar" (sucesso à época por conta da regravação da banda Cidade Negra), "Lá vem o Brasil descendo a ladeira" e "Preta pretinha", que encerrou a festa.

O formato inédito do trio elétrico na Cidade do Rock, no entanto, causou mais dois problemas. A multidão, ávida para se aproximar do artista, cercou o caminhão, impedindo-o de dar a volta completa no gramado, conforme o programado. Resultado: o trio elétrico ficou parado na maior parte do show, espremido entre o Palco Mundo e a Tenda Raízes. O som também não rendeu a contento. Ficou muito baixo porque só as caixas de som do trio funcionaram; as do gramado estavam desligadas. Mas foi bonito. Moraes fez muita história no festival. Sem dúvidas, um dos artistas mais importantes da história do Rock in Rio.

Depois da farra no trio elétrico, era a vez dos pais começarem a penar — e dos filhos ficarem eufóricos. A partir da apresentação de Aaron Carter, a noite de 18 de janeiro foi mesmo das crianças e dos adolescentes. Com treze anos de idade, Aaron fez a sua sessão playback em vinte minutos, o que, dependendo do ponto de vista, pode ter representado uma eternidade — uma fila no banheiro feminino poderia durar mais tempo do que o show do rapaz. Sua contratação foi uma sugestão do Backstreet Boys. Nick Carter, irmão de Aaron, era um dos integrantes da boy band norte-americana. À época do festival, Aaron já estava lançando seu segundo álbum. Dividindo o palco com seis dançarinos, o menino não convenceu. Até mesmo as mocinhas que berravam seu nome no início do show logo demonstraram impaciência com a sua voz de Pato Donald em cima de um ritmo repetitivo.

Bem melhor fez a dupla Sandy & Junior. Os irmãos apresentaram uma versão compacta do show "As quatro estações", que estava rodando o país com casas lotadas em todas as cidades e que incluía uma parafernália monumental. Os efeitos especiais e tecnologias que davam a sensação das quatro estações do ano estavam presentes no verão do Rock in Rio 2001. Por isso, até o gigantesco Palco Mundo teve de ser modificado. Além de imensas colunatas e cinco telões ao fundo, uma passarela que avançava na plateia foi instalada. Havia cerca de duzentas pessoas na equipe de produção da dupla, cinquenta delas em cena, incluindo vinte bailarinos e acrobatas, uma orquestra de cordas com vinte músicos, além da banda, maquiadores, assessores e produtores. No palco, a cada respiração, os figurinos eram trocados.

O show durou uma hora e vinte minutos. Começou com "Vamo pulá", após uma apresentação malabarística da Intrépida Trupe. Em seguida, tanto Sandy quanto Junior tiveram direito a momentos solo. No meio da apresentação, ele pediu para o público cantar o hino do festival. Também mostrou seus dotes de instrumentista, tocando guitarra, bateria, violão e percussão, especialmente em "Smooth", gravado por Carlos Santana e Rob Thomas. Já a irmã teve seu momento íntimo, interpretando "Fascinação" e "Em cada sonho" (versão para "My Heart Will Go On", do *Titanic*).

No palco, Junior se sobressaiu mais do que a irmã. Primeiro, devido ao público predominantemente feminino. E também por ser o único no palco que não estava vestido de amarelo. Trajando camisa azul e calça branca, o cantor parecia mais solto e animado do que todos os outros. Ao final da apresentação, Sandy se despediu da plateia, visivelmente comovida. "Foi a maior emoção de toda a nossa vida." Deve ter sido também da maioria na plateia. Havia a galera que estava ali para ver o Five. Outras gritavam pelo 'N Sync. O resto pela Britney Spears. Mas, naquele dia, a dupla Sandy & Junior era a única unanimidade da galera teen. Poderia muito bem ter encerrado a noite.

A Tenda Brasil seguiu o espírito teen. O SNZ, trio formado por Sarah Sheeva, Nãna Shara e Zabelê, filhas de Pepeu Gomes e Baby do Brasil, abusou do hip-hop. Ivo Meirelles & Funk'n Lata vieram em seguida, abrindo caminho para o LS Jack, que preferiu não arriscar, e abusou de covers no show. Dando continuidade, Luciana Mello mostrou músicas de seu álbum *Assim que se faz* (2000) e recebeu o seu irmão Jair Oliveira para encerrar a apresentação com a bela "Simples desejo". KLB, Vinny e Pedro Camargo Mariano encerraram os trabalhos da Tenda. Este último relembrou a primeira edição do festival, cantando "Fazendo música, jogando bola", que Pepeu Gomes estava lançando exatamente no Rock in Rio de 1985. Já na Tenda Raízes, o show mais aplaudido foi do Ray Lema et Group, da República Democrática do Congo. Como registro histórico, no mesmo dia, houve um golpe de estado no país, o que gerou um surto de violência, resultando no assassinato do presidente Laurent-Désiré Kabila e na ascensão de seu filho, Joseph. "Dizem que o país se chama República Democrática... Que democracia é essa em que o presidente morre e seu filho assume o poder? Acho isso o fim...", disparou Lema durante a apresentação.

No Palco Mundo, era a vez do Five. Abs Breen, Ritchie Neville, Scott Robinson, Jason 'J' Brown e Sean Conlon haviam garantido que não fariam playback. Até hoje ainda há dúvidas se a promessa foi cumprida. De qualquer maneira, o Five pecou de tão preocupado que ficou em acertar. O show não evoluiu de maneira espontânea. Centrada nas coreografias, a apresentação sofreu com as rígidas marcações de palco. Apesar de alguma gritaria de tietes mais histéricas, o grupo não empolgou. Do figurino (todos vestidos de preto básico) à dança, passando pelas falas entre as músicas, tudo parecia parte de um DVD muito conhecido por todos. A apresentação terminou com "We Will Rock You", do Queen, e toda a plateia batendo palmas de maneira sincronizada, como acontecera dezesseis anos antes. Pena que Brian May, cujo nome era especulado para participar do show do quinteto, não deu as caras. Os melhores momentos da noite foram os sucessos "Lights" e "Keep On Movin'", este último acompanhado pela plateia, que improvisou uma versão à capela.

A verdade é que dificilmente alguém tiraria o posto de "sensação da noite" de Britney Spears. Antes mesmo de se apresentar, ela parava o hotel Intercontinental, onde ficou hospedada — talvez só não mais do que Axl Rose. Britney desembarcou na manhã do dia 16 junto com os rapazes do 'N Sync, entre eles o seu então namorado, Justin Timberlake, que se hospedou em um quarto colado ao dela. Do aeroporto ao hotel, um comboio de cinco carros e mais cinco batedores da Polícia Militar escoltou a cantora. Encapuzada, ela foi direto para seu quarto no hotel em São Conrado, ignorando algumas dezenas de fãs que a aguardavam. Logo apareceu na piscina do Intercontinental, onde permaneceu quase quatro horas debaixo do sol, de biquíni vermelho estilo fraldão e boné preto. Os integrantes do Papa Roach, ao lado, não tiravam o olho dela. Mas Britney só deu bola mesmo para Taylor Hawkins, baterista do Foo Fighters, com quem conversou por alguns minutos.

Depois do sol, Britney fechou a academia do hotel por duas horas. Todo o subsolo do andar foi isolado para a loura não ser incomodada durante a execução dos seus abdominais. A piscina do hotel acabou ganhando o merecido título de "local mais badalado *off-festival*". Oficialmente, ela fechava às seis da tarde. Mas durante o Rock in Rio teve de funcionar 24 horas por dia. À noite, a cantora se esbaldou na boate Studio 54, na Barra da Tijuca, ao lado dos rapazes do 'N Sync. Beberam cachaça, malibu com laranja, cuba libre, tequila e hi-fi e ainda dançaram com os garçons, todos cercados por dez seguranças. Do lado de fora, mais dez seguranças vigiavam a movimentação.

No dia do show, Britney Spears passou por um contratempo. A caminho da Cidade do Rock, a Polícia Federal parou o carro que transportava a cantora. O motivo: para se livrar do trânsito, o motorista entrou pela contramão. No show, como não poderia deixar de ser, tudo chamou a atenção: os cenários de gosto duvidoso, o figurino feito de modelos minúsculos e o tão propalado playback, que gerou protesto de parte do público. Para começar, Britney entrou em cena vinda diretamente de um imenso globo, para, pouco depois, ser vaiada ao mostrar no telão a bandeira dos Estados Unidos, cujo presidente, George W. Bush seria empossado no dia seguinte. A cena aconteceu durante a canção "Lucky", quando seus bailarinos ainda se fantasiaram de *marines*. O público respondeu com o coro: "Brasil! Brasil! Brasil!". Sobre o playback, até Dave Matthews, que se apresentaria dois dias depois, entrou na discussão: "Tive a impressão de ouvir a voz dela duplicada no show. Devia ter alguém apertando alguns botões para ela".

Assim como já havia acontecido com o Five, a plasticidade imperou no show da cantora norte-americana. O telão, sincronizado, revezava videoclipes da artista com trechos da apresentação. Durante "Baby One More Time", ela aparecia vestida de colegial. Aliás, no quesito figurino, Britney Spears foi hors-concours. Trocou de roupa em praticamente todas as músicas, nada menos do que dez vezes. A cenografia também era um espetáculo à parte. No funk "The Beat Goes On", uma tenda bem excêntrica subiu no meio do palco para erguer a cantora. Já a balada "Don't Let Me Be the Last to Know" teve como cenário uma escadaria. Britney, de vestido longo, parecia um croqui da atriz Gloria Swanson em *Sunset Boulevard*. A impressão que deu foi a de que a cantora queria reproduzir no palco o ambiente de seus videoclipes. Ficou cansativo. Além do mais, tantas trocas de cenários e de figurinos acabaram gerando problemas. Em uma delas, o seu microfone estava ligado, e qualquer um na Cidade do Rock pôde escutar os impropérios dirigidos por ela à sua equipe de produção. Um punhado de *shit* e *fucking* saiu da boca da até então angelical Britney Spears.

    Entre as exigências da cantora do Mississippi, a primeira era uma condição para se apresentar no Brasil. Teria de haver uma sósia, idêntica a ela, circulando pelo Rio de Janeiro para despistar fãs e repórteres. De guloseimas, a cantora exigiu sacos e mais sacos de batatas chips e caixas da bala americana Altoids. Antes do show, pediu salada de camarões e lagostins grelhados para jantar. No repertório, os sucessos que a artista norte-americana havia acumulado até então, como "Oops!... I Did It Again" e "Don't Go Knocking on My Door". Britney Spears cantou também uma versão *funky* de "(I Can't Get No) Satisfaction", dos Rolling Stones. Sentada em um trono.

    Ao 'N Sync coube a tarefa de encerrar a catarse teen. A banda aprendeu a lição direitinho com Axl Rose: atrasou uma hora e meia. O show só começou às duas da madrugada, mas o público não foi para casa. Àquela altura, cerca de 200 mil almas estavam presentes na Ilha Pura, em Jacarepaguá. A apresentação da banda de Orlando provavelmente foi a mais bem-acabada da noite, com direito a explosões, muito raio laser, dando ares futuristas ao rockódromo, chuva de dinheiro falso sobre o público (durante "Just Got Paid"), músicas que todos sabiam cantar e, claro, muita troca de figurino. O show teve início com a execução, em off, de "Paint It Black", dos Rolling Stones. Os componentes do grupo entraram em cena feito marionetes, pendurados no teto do palco, em cordas, com "No Strings Attached". Mas foi "I Want You Back", a segunda do roteiro, que levantou a galera. O conjunto vocal usou uma plataforma móvel, que avançava uns cem metros pelo gramado, para desfiar "Tearin' Up My Heart" (com direito a uma improvisação hip-hop), "This I Promise You" e "It Makes Me Ill". Ainda rolou uma homenagem à capela com sucessos do Bee Gees.

Diferentemente das performances do Five e da Britney Spears, a apresentação do 'N Sync foi a que mais manteve o público atento na Cidade do Rock. E, por mais incrível que possa parecer, foi nesse dia que a polícia teve mais trabalho em todo o festival, com o registro de três roubos e 46 furtos. O 'N Sync foi quem trouxe a maior estrutura entre todos os artistas do festival. O grupo ainda veio acompanhado pela maior comitiva de todas, que ocupou 67 quartos dos 320 reservados pelo evento. No dia seguinte ao show, com missão cumprida, a banda optou por aproveitar as últimas horas no Rio dentro do quarto do hotel. Apenas Lance Bass saiu. Distribuiu autógrafos no saguão do Intercontinental e depois partiu para voar de asa-delta na Pedra da Gávea.

No dia seguinte, 19 de janeiro, o público do rockódromo mudou. "Maiden! Maiden! Maiden!", esse era o grito de guerra desde cedo em Jacarepaguá. As roupas coloridas deram lugar às camisetas pretas. A segurança na portaria foi redobrada, e a revista no público ficou mais intensa. Quando os portões se abriram, à uma e meia da tarde, a segurança começou a apreender acessórios como soco-inglês, correntes, pulseiras, cintos de rebite e até uma carcaça de cabeça de boi. À parte os quarenta quilos de material confiscado, o clima era de tranquilidade. Como medida de prevenção, a produção limitou os ingressos a 150 mil unidades, em vez dos 250 mil habituais. Nem precisava.

A noite do metal foi uma das mais serenas dessa terceira edição. Não houve tumulto na entrada, os banheiros estavam mais limpos do que em qualquer outro dia e era possível transitar facilmente pela Cidade do Rock. Todos os 150 mil ingressos se esgotaram. Ao final da noite, os postos médicos atenderam 119 pessoas a menos que na noite teen (985 contra 1104). Roberta Medina, que se traumatizou com o heavy metal em 1991, mudou o seu conceito com relação aos metaleiros. "Comecei a andar pelo gramado, vi o pessoal cantando e dançando com Ray Lema. A partir dali, relaxei, o público metaleiro é o mais bacana de todos. Eles são muito fãs, muito focados, vão por paixão e devoção aos artistas. Dez anos depois, se desfez o trauma", afirmou.

O que ninguém na plateia sabia é que nem a organização do festival sabia exatamente se os shows no Palco Mundo iam de fato acontecer. Na madrugada anterior, um cabo de som foi rompido, o que quase inviabilizou os shows. Apenas quinze minutos antes do horário previsto para o Sheik Tosado pisar no palco, que o problema foi resolvido. A banda estava lançando seu único álbum, *Som de caráter urbano e de salão* (1999), mas poucos meses depois, se desintegrou. Na primeira música, "Hardcore brasileiro", algumas garrafas aterrissaram no palco, mas nada muito assustador. O som pesado do conjunto, uma mistura de rock com mangue beat, frevo e maracatu, em músicas como "Toda casa tem um pouco de África", ao final, já estava agradando, com metaleiros batendo cabeça no show, que durou meia hora.

A noite metal também teve rap com o Pavilhão 9. À época, a banda liderada por Rhossi estreava em uma gravadora multinacional (a Warner), com o álbum *Reação* (2000), produzido por Tom Capone e cheio de participações especiais de artistas como Igor Cavalera (Sepultura) e Falcão (O Rappa). O Rock in Rio 2001 representou um divisor de águas para o Pavilhão. Não se trata de exagero. Foi no palco da Cidade do Rock que seus integrantes, pela primeira vez em dez anos de carreira, apareceram em público sem as características máscaras ninjas. A revelação aconteceu durante a segunda música, "Execução sumária". "Não devo nada a ninguém e acho que está na hora de mostrar o rosto", disse o vocalista na coletiva de imprensa. A banda soube vencer a resistência do público desde o início da apresentação, que começou antes do horário, com "Planos, mapas, esquemas", cuja letra critica a polícia. Da mesma forma continuaram em "Otários fardados", não sem antes o vocalista berrar: "Essa aqui é pros otários fardados chamados policiais. Que se ferre a polícia". O público, metaleiro ou não, adorou.

Andreas Kisser e Igor Cavalera, que se apresentariam com o Sepultura na mesma noite, deram uma canja em "Aperte o play" e em "Mandando bronca", as duas últimas do show. O público, até então morno, aplaudiu bastante. Além de ter mostrado o rosto, o Pavilhão 9 aproveitou o Palco Mundo para executar uma sonoridade menos rap e mais roqueira, muito influenciada pelo Sepultura. E, no frigir dos ovos, pelo menos para o público do dia 19 da Cidade do Rock, a banda acertou em cheio. Apesar do som péssimo.

A primeira atração internacional do palco principal foi o Queens of the Stone Age, que não era lá muito conhecida do grande público. Uma pena, pois, em 2000, a banda havia lançado *Rated R*, um dos grandes álbuns daquele ano — o melhor, segundo a *New Musical Express*. Ninguém havia entendido direito como a banda californiana de Palm Desert foi parar na lista de atrações do Rock in Rio. Alguns diziam que havia sido indicada pelo Foo Fighters. Para outros, a causa era o sucesso de *Rated R* na crítica internacional.

A impressão era a de que o público não estava a fim de dar confiança para mais ninguém que não fosse o Sepultura e o Iron Maiden. Talvez por isso Josh Homme e seus companheiros tenham apresentado uma espécie de "não show", que começou quando a banda pisou no palco, e o baixista Nick Oliveri surgiu completamente pelado — ele já havia ficado nu na piscina do hotel, enquanto Britney Spears se bronzeava. Apresentar-se sem roupa era um costume dele, o que pouca gente sabia aqui, inclusive os organizadores do festival. Não por falta de aviso. Uma semana antes, Dave Grohl, do Foo Fighters, avisou na entrevista coletiva: "O baixista deles é o ponto alto do show. Ele fica pelado, é nojento". Antes da primeira música, "Tension Head", o coro dirigido ao baixista era um só: "Veado! Veado! Veado!". O músico não se importou e tocou com o baixo vermelho e branco tapando o seu dito-cujo. A bizarrice durou cerca de vinte minutos — ou cinco músicas. Durante "Quick and to the Pointless", as autoridades tomaram uma atitude.

"Positivo. É pra prender o guitarrista em flagrante. Ele está completamente nu." Do alto de seu camarote vip, o juiz da 1ª Vara da Infância e da Juventude do Rio de Janeiro, Siro Darlan, dava a ordem por rádio aos agentes do Juizado de Menores presentes no rockódromo. Dez comissários se encaminharam ao backstage. Não foi fácil chegar lá. Tiveram de pular dois bloqueios de grades e passar por cima dos seguranças. "Dr. Siro, estamos em cima do palco. Não estamos localizando o guitarrista que está pelado. Copiou, dr. Siro? Onde ele está?", perguntava o agente. Oliveri, que não é guitarrista, mas baixista, estava, sim, em cima do palco, mas já vestido com uma calça preta, o que certamente poupou 150 mil pessoas de presenciarem a prisão do músico em flagrante. Enquanto os agentes se encaminhavam para os bastidores, o produtor executivo do festival, Cesar Castanho, interrompeu o descanso no seu container, localizado a cem metros do palco, ligou a televisão e não acreditou quando viu o baixista pelado no palco. "Ele não pode se apresentar assim. Cadê a roupa dele?", perguntou ao empresário da banda. "Ele não vai colocar. Tem o costume de tocar assim mesmo", respondeu. "Se não tem jogo, estou indo desligar a luz", retrucou Castanho. Aí, sim, o empresário tomou uma atitude e mandou Oliveri vestir uma calça imediatamente. Um minuto depois chegavam os agentes do Juizado de Menores, o que não impediu que a prisão fosse comunicada a Castanho.

"Calma. Isso não pode ser feito no meio do show. Deixa acabar e aí vocês o levam", negociou o produtor. O juiz Siro Darlan aceitou, com a condição de que o músico, tão logo terminasse o show, fosse encaminhado ao container do Juizado de Menores. Ao término da apresentação, seis seguranças cercaram o músico. Houve bate-boca entre comissários do Juizado e funcionários da produção do festival. Oliveri chegou a ser agarrado pelo pescoço por um dos seguranças no trajeto de três lances de escada entre o palco e a Kombi do Juizado. O juiz Siro Darlan já aguardava o baixista, que permaneceu detido por dez minutos sob a acusação de atentado violento ao pudor.

"Eu não sabia que não podia. No meu país isso não é problema. Todo mundo aparece nu na televisão aqui, na época do Carnaval. Achei que não tinha problema", justificou. A gravadora da banda, a Universal Music, defendeu o músico, afirmando que ele não tinha consciência de que cometia um erro, porque "estava acostumado a ver mulheres peladas no Carnaval carioca". A explicação convenceu. Darlan não prendeu o músico, por desconhecimento da legislação brasileira, e limitou-se a repreendê-lo. Tudo resolvido, e Nick Oliveri subiu em um helicóptero direto para o Intercontinental. "Toco pelado em 60% dos nossos shows. Não gosto de me sentir confinado, gosto de sentir o ambiente, de celebrar. Música é celebração. E, além disso, estava muito quente. Mas o juiz estava lá com a sua filha e queria cortar o nosso som. Por isso me vesti, porque viajamos muito para tocar aqui. Mas ele foi legal, na posição dele, tinha obrigação de fazer alguma coisa", comentou Oliveri no dia seguinte. Após o baixista vestir uma calça, o grupo tocou "The Lost Art of Keeping a Secret", "Regular John", "Supa Scoopa and Mighty Scoop" e finalizou com "You Can't Quit Me Baby", que teve direito à participação de um grupo de capoeiristas. Foram mais de quinze minutos de improvisos que consumiram o que restava da paciência de parte da plateia.

Os integrantes do Queens of the Stone Age preferiram passar as últimas horas no Rio, como de costume, no hotel. Apenas Nick Oliveri deu uma volta na ensolarada praia de São Conrado. Vestido de preto dos pés à cabeça, foi reconhecido até pelas crianças, que pediram para tirar uma foto com ele. "É o peladão!", gritavam. Já as mulheres berravam "tira! tira! tira! tira!" — a roupa, claro. De qualquer forma, o músico preferiu se resguardar. Vai que tinha alguém do Juizado de Menores por perto...

O Sepultura foi o responsável pelo primeiro grande momento da noite no Palco Mundo. A figura de Eddie, mascote do Iron Maiden, estampada na camiseta de metade da plateia indicava quem era a grande atração da noite. Mas a segunda era brasileira, exatamente o Sepultura, que lançou em 1998 o álbum *Against*, o primeiro com o vocalista Derrick Green. Dois meses depois da participação no Rock in Rio, *Nation* chegaria às lojas. O show no festival marcou o início da turnê desse novo álbum, com duas faixas então inéditas, "Sepulnation" e "Saga", no setlist.

Pouco antes das dez da noite, uma imensa tela vermelha no fundo do palco, com a silhueta dos quatro integrantes da banda, anunciava o início do show. Andreas Kisser (guitarra), Derrick Green (vocal), Igor Cavalera (bateria) e Paulo Jr. (baixo) exibiram a habitual competência na fusão do metal, tão caro à banda, com ritmos tribais. Uma espessa nuvem de poeira se formou na Cidade do Rock, e a plateia cantou junto os petardos iniciais "Roots Bloody Roots", "Choke" e "Spit". O Sepultura reviveu o passado em "Troops of Doom", do primeiro álbum da banda, *Morbid Visions* (1986). Derrick Green se mostrou extremamente à vontade no palco, mesmo nas músicas dos tempos de Max Cavalera, como "Refuse/Resist", "Territory" e "Attitude". O grupo, que já estava com a plateia nas mãos, ainda ganhou alguns pontos a mais quando interrompeu a apresentação, ao final de "Sepulnation", para defender, da truculência de um segurança, um fã que havia invadido o palco. Os músicos tiraram o jovem dos braços dos seguranças e o devolveram à plateia. "Sem violência desnecessária. E dá água pra esses caras aí, caralho", berrou Kisser. Para fechar a apresentação de uma hora, a banda mineira escolheu os petardos "Arise" e "Dead Embryonic Cells", duas músicas de seu álbum *Arise* (1991).

Os músicos nem quiseram ficar para assistir à apresentação do Iron Maiden. Viram um pouco do Halford e voltaram para o hotel. O motivo era nobre: comemorar a apresentação perfeita e o aniversário de Derrick Green. Praticamente desconhecido do público brasileiro dez anos antes, em 2001 o Sepultura era, enfim, uma grande banda em seu país.

Se o metal comeu solto no Palco Mundo, na Tenda Brasil houve uma boa diversidade de gêneros. Os trabalhos começaram com a banda

Tafari Roots, mas o primeiro destaque foi o Supla, que ainda viu o seu pai, o então senador Eduardo Suplicy, no meio do público. "Podem passar a mão na careca dele", gritava Supla no meio da apresentação. Em seguida, veio a dupla Pepeu Gomes & Armandinho, que mandou "Brasileirinho" (de Waldir Azevedo), "Something" (George Harrison), e, ao final, chamou a bateria da Mocidade Independente de Padre Miguel. O público, mais tolerante que o de 1991, aplaudiu a mistura de ritmos. A atração seguinte foi a banda Rumbora, cujo baterista Bacalhau alfinetou Carlinhos Brown. "Teve um cara que tocou aqui na semana passada, um tal de Carlinhos Brown, que disse que o público de rock é ignorante. Mas ele é quem faz música para gringo", gritou no meio do show, para delírio da massa. Tom Zé veio em seguida, e, com a sua receita tropicalista, usou até jornal como instrumento. Branco Mello com a sua banda S Futurismo, mostrou músicas do projeto infantil "Eu e meu guarda-chuva", além de sucessos dos Titãs como "Televisão". A Tenda Raízes assistiu a um excelente show da dupla Amadou & Mariam, um casal cego do Mali, que mistura ritmos originais de seu país com influências roqueiras de John Lee Hooker, Eric Clapton e Led Zeppelin.

Após o show do Sepultura no palco principal, tudo que o público queria era se preparar para o Iron Maiden: comprar uma bebida, ir ao banheiro ou simplesmente sair da nuvem de poeira que demoraria algumas horas para baixar. O show de Halford acabou tendo esse propósito para muita gente. O cantor havia se apresentado no Rock in Rio de 1991 como líder de uma das maiores bandas de metal do mundo, o Judas Priest. Agora ele chegava sozinho e era visto pela maioria como um cantor tentando dar um gás em sua carreira solo. A apresentação foi apenas correta. O setlist centrou-se em seu primeiro álbum solo, *Ressurection* (2000), de onde saíram seis músicas — um número exagerado para um festival, convenhamos. Além do mais, Halford alinhou três delas logo de cara. No entanto, o público não cansou de aplaudir a complexa "Silent Screams", de oito minutos de duração. Rob Halford comprovou que não queria viver apenas de seu glorioso passado. Vestido da mesma forma que em 1991, roupa de couro preto apertadíssima com aplicações de metal, ele relembrou os tempos de Judas Priest em clássicos imediatamente reconhecidos pelos fãs, como "Stained Class" e "Jawbreaker", ambas com arranjos idênticos às gravações originais. O set final, que teve "Electric Eye", "Metal Gods" e "Breaking the Law", deve ter transportado muita gente para o estádio do Maracanã em 1991.

Halford não se dirigiu ao público em momento nenhum. Em compensação, quebrou guitarras e, ao final, se enrolou em uma bandeira do Brasil. O público aplaudiu respeitosamente. Alguns anos depois, chegou às lojas o DVD *Halford Resurrection World Tour — Live at Rock in Rio III* (2008). Se não falou no palco, deu uma das entrevistas mais emblemáticas de toda a história do Rock in Rio. Em 1998, ele assumiu a sua homossexualidade, e, indagado se se preocupava com a reação dos fãs, respondeu: "Os fãs de metal são suficientemente inteligentes para saber que minha opção sexual não tem nada a ver com a minha música. Eu não poderia ter chegado onde cheguei sem assumir. Senti-me como que livre das grades. E também me senti bem de assumir uma espécie de figura paterna para gays e lésbicas. Amanhã, serão 250 mil pessoas e com certeza haverá gays, bissexuais… Todos juntos desfrutando o show. O som é que é importante".

O grande momento da noite se aproximava, e os gritos de "Maiden!" ficavam cada vez mais fortes. As últimas apresentações do Iron Maiden no Brasil com o vocalista Bruce Dickinson haviam ocorrido nove anos atrás, em 1992, durante a turnê do álbum *Fear of the Dark*, lançado no mesmo ano. De quebra, o show no Rock in Rio teria a volta do guitarrista Adrian Smith, ou seja, a mesma formação da edição de 1985, mais o guitarrista Janick Gers, que entrou na Donzela em 1990. Também se especulava a possibilidade de Jimmy Page (ex-Led Zeppelin) dar uma canja.

A turnê "Brave New World" estreara em junho de 2000 e havia percorrido oitenta cidades antes de chegar ao rockódromo. Como se não bastasse, um DVD oficial da banda seria gravado. Obviamente, os fãs comparariam, canção a canção, minuto a minuto, com o show de 1985. *Brave New World* pode não ser um álbum tão bom quanto *Powerslave* (1984), mas ele é bastante vigoroso, principalmente por marcar o retorno do vocalista e de Smith à banda, após longo e tenebroso inverno. Os integrantes do Iron pareciam querer aproveitar antecipadamente suas férias durante a estada no Rio de Janeiro. Adrian Smith pescou na Prainha; Dave Murray e Nicko McBrain jogaram golfe no Gávea Golf Club; Steve Harris aproveitou a piscina do Intercontinental; e Bruce Dickinson treinou esgrima na Gávea, com atletas do Clube de Regatas do Flamengo. Janick Gers, acompanhado por Harris, foi ao Maracanã assistir à final da Copa João Havelange, vencida pelo Club de Regatas Vasco da Gama. A banda gostou tanto do Vasco que queria levar uma bandeira do time para o palco no dia do show. A produção fez o Iron Maiden desistir da ideia, com medo de haver brigas de torcida no festival.

A banda ainda trouxe Jimmy Page, amigo pessoal de Adrian Smith, na bagagem. O ex-Led Zeppelin veio ao Brasil para visitar a Casa Jimmy, instituição que ajuda jovens carentes no Rio de Janeiro e é apoiada pelo músico. O Iron doou à ONG uma guitarra Fender autografada por todos os seus integrantes, que ficou exposta no Rock in Rio Café, no Barra Shopping, e depois foi leiloada. Page chegou a participar da coletiva de imprensa e a declarar: "Estou ansioso para subir no palco. Todo mundo sabe que a plateia brasileira, se não é a melhor do mundo, concorre seriamente a esse título", disse esperançoso. Mas fortes dores na coluna impediram a realização do histórico encontro. Na mesma coletiva, Dickinson falou da importância do Iron, sem deixar de jogar uma farpa para a estrela da noite anterior: "Sabemos que Britney Spears sempre venderá mais discos que nós, mas o Maiden é uma banda que representa algo".

A apresentação do Iron Maiden começou à uma e dez da manhã do dia 20, dez minutos antes do horário previsto. Quando as luzes se apagaram, e a introdução "Arthur's Farewell" (composta por Jerry Goldsmith para o filme *Lancelot — O primeiro cavaleiro*, de 1995) soou nos alto-falantes da Cidade do Rock, os fãs tiveram a certeza de que estavam, finalmente, no show do Iron Maiden. Em seguida, o palco se iluminou, e a banda surgiu com a pilha carregada ao som de "The Wicker Man", primeira faixa do novo disco. No cenário, tudo o que tinha direito: imensas labaredas, explosões e, claro, Eddie. O Iron Maiden é uma das poucas bandas que podem abusar dos clichês do rock sem soar ridícula.

Mesmo emendando com mais duas faixas do novo álbum ("Ghost of the Navigator" e "Brave New World"), o Iron teve a atenção da plateia e ganhou todo mundo com a jurássica "Wrathchild" e com "2 Minutes to Midnight", esta lançada à época do primeiro Rock in Rio. Os berros de *"Scream for me, Brazil!"* voltaram, enfim, a ecoar em Jacarepaguá. Bruce Dickinson dedicou a nova "Blood Brothers" ao público e a todas as bandas que haviam tocado antes dos britânicos. "Quem gosta do Sepultura? Quem gosta do Halford? Quem gosta da Britney *'fucking'* Spears?", perguntou o vocalista. O setlist ainda teve "Sign of the Cross", "The Trooper" e "The Evil That Men Do", durante a qual Janick Gers duelou, dando socos e pontapés no imenso Eddie futurista, manipulado por controle remoto. O show, em seu final, contou com "Fear of the Dark", "The Number of the Beast" (com a introdução berrada pelos fãs), "Iron Maiden", "Hallowed Be Thy Name" e "Sanctuary". No bis, para surpresa geral, "uma música que não tocamos há muitos anos".

Era "Run to the Hills", que não fora apresentada em nenhum show da turnê. "Vocês são o melhor público que existe", garantiu Dickinson em cima do palco. E Jimmy Page, no frigir dos ovos, não fez falta — ele assistiu ao show na lateral do palco, próximo ao guitarrista Janick Gers.

O vocalista tem as melhores recordações daquela noite: "Nunca fiquei tão exausto em toda a minha vida, não apenas fisicamente, eu estava cansado, mas isso era fácil. Foi um cansaço emocional e mental tão intenso como se o tutano tivesse sido sugado dos meus ossos. Nunca me sentira daquela forma antes. Lembro-me de ficar sentado, às quatro da manhã, após o show, profundamente deslumbrado. A banda inteira estava assim. Em geral, depois de sair do palco, vamos tomar umas cervejas e dizer: 'Que show incrível'. Mas, depois daquele, sentamos, absolutamente mudos, o que é raro de acontecer. Aliás, nunca vi o pessoal daquela maneira antes, nem tornei a ver desde então. Foi uma maneira espetacular de concluir a turnê". O show terminou às 2h45 da madrugada do dia 20 de janeiro de 2001. Mas também poderia ser 11 de janeiro de 1985. "Nem melhor nem pior. Brilhante como sempre", nas palavras do jornalista Mario Marques, em resenha no jornal O Globo. O DVD está aí para provar.

21. "KEEP ON ROCKIN' IN THE FREE WORLD..."

O segundo sábado do Rock in Rio 2001 foi o dia mais calmo do festival e de público mais eclético. Muito parecido com a noite de James Taylor em 1985. Alguns aguardavam o dinossauro do rock Neil Young, outros queriam rever a Dave Matthews Band e ainda havia a turma pop do Kid Abelha.

Os Engenheiros do Hawaii entraram no palco às seis da tarde, com o sol ainda a pino e temperatura por volta dos 37°C. A banda gaúcha acabara de lançar o álbum ao vivo *10.000 destinos* (2000), com sucessos acumulados em dezesseis anos de carreira. Foram esses que integraram o setlist do show na Cidade do Rock. Humberto Gessinger (baixo e vocal), Adal Fonseca (bateria), Luciano Granja (guitarra) e Lucio Dorfman (teclados) tocaram músicas como "A montanha", "Ouça o que eu digo: não ouça ninguém" e "Toda forma de poder". Gessinger, vestido de branco dos pés à cabeça, homenageou a filha Clara durante "Parabólica", que queria ter visto o show da dupla Sandy & Junior. "Era um garoto que como eu amava os Beatles e os Rolling Stones", só no violão, perdeu a força que levara o público à catarse dez anos antes, no Maracanã, no entanto, "O papa é pop" fechou o show lá em cima, que foi visto por 50 mil pessoas. Durante a apresentação, Paulo Ricardo deu uma canja em "Rádio Pirata", do RPM.

Logo depois, a mistura de frevo, baião, xote, maracatu, pop e rock da dupla Elba Ramalho e Zé Ramalho domou a plateia, que pulou e dançou o show todo, levantando muita poeira do descampado de Jacarepaguá. Logo de cara, os primos apresentaram "Eu nasci há dez mil anos atrás", de Raul Seixas. Ganharam o público e continuaram com o desfile de sucessos: "Banquete dos signos", "Baião", "Asa branca", "Avôhai", a romântica "De volta pro aconchego", "Admirável gado novo", anunciada por Zé Ramalho como "a canção do povo"... Música boa não faltou. Foram talvez os cinquenta minutos mais animados de toda a terceira edição do festival. O final com "Banho de cheiro" e "Frevo mulher" é a melhor prova.

Tal qual os Engenheiros e os primos Ramalho, o Kid Abelha fez o possível para resumir seus dezoito anos de carreira em pouco mais de uma hora. Conseguiu. Paula Toller (vocal), George Israel (sax) e Bruno Fortunato (guitarra), acompanhados por Dunga (baixo), Kadu Menezes (bateria), Humberto Barros (teclados) e Jefferson Victor (trompete), entraram no palco com o hit "Eu tive um sonho". Depois, seguiram-se mais treze canções em 75 minutos, todas conhecidíssimas, como "No meio da rua" e "Grand'hotel". Ainda houve tempo para Paula Toller homenagear duas de suas cantoras prediletas: Wanderléa ("Pare o casamento") e Rita Lee ("Desculpe o auê"). Nem o som muito ruim — o solo de sax de George Israel em "Alice" estava inaudível —, que fez a cantora reclamar, conseguiu diminuir a energia. "Tem um cara falando inglês no meu ouvido o tempo todo", desabafou Toller durante a apresentação. O show de luzes foi bacana, muito alegre e colorido, no melhor estilo Kid Abelha. E o figurino de Paula Toller, um minivestido dourado e botas de cano alto, merece ser lembrado. O set final teve "Como eu quero", "Fixação" (em versão *dance*) e "Pintura íntima", antes da qual a vocalista brincou: "Cantei essa no videokê e tirei 97, vamos ver que notas vocês tiram". Nota 100. Ao menos para a nostalgia.

Na Tenda Brasil houve uma mistura de bandas pouco conhecidas com outros artistas com carreira mais sólida. A tarde teve início com os grupos Sem Destino, Cabeça de Nego e Nocaute. Toni Platão fez um show correto, antes de Wilson Simoninha cantar por quarenta minutos (o dobro do previsto) sucessos como "Marvin" e "Gostava tanto de você". Paulinho Moska levantou a plateia com "País tropical", de Jorge Ben Jor, enquanto Max de Castro mostrou músicas do disco *Samba raro* (2000). Torcuato Mariano encerrou os trabalhos homenageando Jimi Hendrix, Santana e Jeff Beck. Quem ganhou mais atenção na Tenda Raízes foi o conjunto brasileiro Uakti.

Já no Palco Mundo tinha continuidade a relação de amor dos cariocas com a Dave Matthews Band. O grupo havia se apresentado na cidade em 1998, no Free Jazz Festival. A banda não gostou do show — curto e com qualidade de som muito ruim —, mas teve uma das recepções mais fortes da sua carreira. Três anos depois, o Rock in Rio representaria o sinal verde para a entrada da Dave Matthews Band no mercado da América do Sul. Cerca de 115 mil pessoas estavam na Cidade do Rock quando a banda do ex-barman de Charlottesville subiu ao palco para um show de sete músicas espalhadas em 55 minutos. Para os padrões do conjunto, acostumado a shows de três horas de duração, a apresentação no Rock in Rio foi um aperitivo. A abertura com a versão de nove minutos e repleta de improvisos de "Two Step" serviu de amostra do que viria, como "Tripping Billies" e "#41", esta com treze minutos de duração, além de algumas menções sonoras a "Everyday", faixa-título do álbum que a banda lançaria um mês depois. Surpreendente mesmo foi a ausência das faixas de *Before These Crowded Streets* (1998), o trabalho mais conhecido da banda no país.

Antes do show, Dave Matthews transbordava nervosismo, a ponto de ter dificuldade para subir ao palco. Além de enfrentar um dos maiores públicos da sua carreira até então, ele tinha ciência de que não muitos estavam lá para ver sua banda. Escolher as músicas para o show foi um parto, com vários setlists riscados e descartados até a definição final. Mas a Dave Matthews Band exibiu a competência de sempre. A qualidade do som não tirou a animação da turma do gargarejo, que urrava a cada acorde inicial, especialmente o de "#41". Para os fiéis fãs brasileiros, apesar de curto, o show foi um deleite. Já os menos afeitos à sonoridade da banda estranharam as longas jams e os solos proporcionados por Dave Matthews (voz e violão), Stefan Lessard (baixo), Leroi Moore (sopros), Boyd Tinsley (violino) e Carter Beauford (bateria). A banda não tocou a prometida e inédita "I Did It", mas, em compensação, mandou "All Along the Watchtower", de Bob Dylan.

Sheryl Crow, com suas madeixas tingidas de louro, entrou no palco "de salto alto". Esse era o comentário geral sobre o show da ex-cantora de apoio de Michael Jackson, que deixou de lado a empolgação com que abrira as apresentações brasileiras de Elton John seis anos antes, para protagonizar o show provavelmente mais gelado de todo o Rock in Rio 2001. Crow errou na mão ao apostar em um repertório com músicas mais recentes e pouco conhecidas do público. A plateia se dispersou. No entanto, ela deu provas da ótima instrumentista que é, revezando-se entre violão, baixo, guitarra e gaita. No repertório, músicas variadas como uma versão de "Sweet Child o' Mine" (do Guns N' Roses), "All I Wanna Do", "Leaving Las Vegas" e "The Difficult Kind", esta em uma sonolenta versão acústica. Uma empolgação no final, com "Everyday Is a Winding Road". Mas aí já era um pouco tarde. "American Girl", que seria o bis, ficou de fora. Ninguém pediu mesmo. A plateia já estava aflita para ver Neil Young em seu primeiro show em terras brasileiras. Sheryl Crow tinha noção disso. "Boa noite, obrigada. Vamos lá que agora tem Neil Young", despediu-se do público.

E lá estava ele. Vestindo uma calça jeans surrada, camiseta branca e chapéu de palha, Neil Young, antes de subir ao palco, deu um alô rápido para Roberto Medina no *hospitality center* da sua gravadora, a Warner. O show começou à uma e vinte da madrugada. Com 55 anos de idade, o compositor trouxe a sua guitarra Les Paul velha de guerra e, sem cenários ou efeitos especiais, apresentou um dos shows mais perfeitos da história do festival. Ele pagou a dívida com juros. Há anos, os fãs o esperavam para um show no país. Quase veio em 1995 para o festival Hollywood Rock, mas acabou cancelando porque não se apresenta em eventos patrocinados por marcas de cigarro. "Não faço publicidade de um produto que leva as pessoas à morte", disse na coletiva no Copacabana Palace. Ele também afirmou gostar muito da versão de "Hey hey, my my" cantada pelo Oasis, e que se os britânicos não tivessem ido embora, poderiam ter feito um show em conjunto no Rock in Rio. Indagado sobre a nudez do baixista do Queens of the Stone Age, limitou-se a responder: "O som tava bom?".

O setlist teve apenas onze músicas que ocuparam as quase duas horas de show. O artista estava acompanhado pela sua banda Crazy Horse (com a qual gravou alguns de seus melhores discos, como *Tonight's the Night, Zuma*, ambos de 1975, e *Rust Never Sleeps*, de 1979), formada por Ralph Molina (bateria), Billy Talbot (baixo) e Frank Sampedro (guitarra e órgão *hammond*). Em eventuais backing vocals, contava com Peggy, sua mulher, e a irmã Astrid. Não precisaram ocupar mais do que um quinto do imenso Palco Mundo, que mais parecia a garagem da casa de Neil Young. O crítico Carlos Albuquerque resumiu a apresentação, em resenha publicada no jornal *O Globo*: "Apenas quatro sujeitos, dois discretíssimos vocais de apoio, e nada mais. Nenhum efeito especial, nenhuma troca de roupa, nenhuma tradutora, nenhuma coreografia, nada. Apenas música alta e distorcida, repleta de emoção e história. É o que basta".

Para dar uma ideia do que foi essa apresentação, Neil Young tocou uma versão de dezesseis minutos de duração de "Like a Hurricane" e só a terminou quando já não havia cordas na guitarra. Com a mão direita sangrando, ainda torturou os captadores de sua Gibson Les Paul, chicoteando-os com as cordas arrebentadas. Mas, antes disso, Young desfiou, logo de cara, "Sedan Delivery" e, em seguida, "Hey Hey, My My (Into the Black)", as boas-vindas do compositor canadense para o movimento punk. Era também um prenúncio do que viria a seguir: um show muito barulhento, cheio de microfonia, com longos solos, e, claro, a voz de Neil Young. Outros destaques foram "Cinnamon Girl", a bela "Cortez the Killer" (quem viu não se esquece daquela introdução de quatro minutos na guitarra) e "Rockin' in the Free World", com direito a citação do hino dos Estados Unidos, "Star-spangled Banner", no meio do solo, à Jimi Hendrix em Woodstock.

Em dois bis — quem queria deixá-lo ir embora? —, o músico enfileirou "Powderfinger", "Down by the River" (em uma versão que ultrapassou os treze minutos) e "Welfare Mothers". O delírio sonoro terminou às 3h10 da madrugada do dia 21 de janeiro. Young se dirigiu ao público apenas em dois momentos para dizer "Nós amamos vocês". Ao final do show, levantou os braços e bateu no peito, num gesto que valeu mais do que mil palavras. As lágrimas ainda se misturavam à poeira do rosto imundo dos fãs na fila do gargarejo. Eles tinham certeza de que aquele momento jamais seria esquecido. Quarenta anos do mais puro rock 'n' roll postos à prova para cerca de 80 mil pessoas, incluindo o produtor musical e jornalista Ezequiel Neves, que afirmou: "Foi, de longe, a melhor coisa do festival. Neil Young é autêntico e está em grande forma. Eu me emocionei, valeu ele ter vindo para acabar com toda essa gentalha *fake*". (Três anos após a apresentação, tive a sorte de encontrar Neil Young em Nova York. Perguntei sobre o show. Ele suspirou fundo, abriu um leve sorriso, tirou o chapéu, e disse: "É... Foi um momento bastante especial".)

Enfim, a última noite. Parecia que todo mundo que não havia comparecido nas seis noites anteriores decidiu ir no dia 21 de janeiro. Ao menos era a impressão que dava. Os 250 mil ingressos foram vendidos. O rockódromo se transformou em um formigueiro humano. Era praticamente impossível andar de uma tenda a outra. Por volta das cinco da tarde, o tempo de espera na entrada ultrapassava noventa minutos. Para tentar organizar o caos, a polícia teve a infeliz ideia de bloquear, por meia hora, a entrada. Os ânimos se exaltaram e o público começou a forçar as grades de proteção dispostas a quinhentos metros das catracas. Houve muito empurra-empurra, e o efetivo de segurança teve de ser aumentado de 850 para 1300 homens.

Do lado de dentro, a situação também ficou tensa. Cerca de 150 pessoas invadiram a arena pela saída de veículos próxima ao portão A. Houve arrastões no gramado. Até a meia-noite, três assaltantes haviam sido presos e 52 armas apreendidas nos portões da Cidade do Rock. Os postos médicos também trabalharam mais do que o habitual: antes do início dos shows no palco principal, 280 pessoas já haviam sido atendidas devido a problemas na entrada. Até o final do dia, o número de atendidos chegaria a 1030, a maioria por insolação, dor de cabeça e excesso de álcool.

Coube à quase desconhecida banda mineira Diesel (que depois virou Udora), campeã da Escalada do Rock, tranquilizar a plateia. Gustavo Drummond (voz e guitarra), Leonardo Marques (guitarra), Thiago Correa (baixo) e Jean Dolabella (bateria) tentaram. Na metade da última música, "Plastic Smile", uma assistente da produção entrou no palco pedindo que o show terminasse imediatamente. A polícia mandou parar o show porque seria mais fácil conter a multidão do lado de fora. Mas o show não teve grandes momentos de empolgação. As músicas, além de desconhecidas, eram, em sua maioria, cantadas em inglês.

A banda O Surto, que já havia se beneficiado com a desistência das seis bandas nacionais lideradas pelo Rappa, se deu bem mais uma vez, pois começou o show com a Cidade do Rock praticamente lotada (200 mil pessoas). Mas, em cima do palco, o grupo deixou a desejar. Com sua mistura de hardcore e ritmos nordestinos, O Surto era um dos grupos mais executados nas rádios do Rio, especialmente a faixa "A cera", do álbum *Todo mundo doido* (2000), que havia faturado disco de ouro. Sabendo que seria difícil ganhar aquele público à flor da pele com suas próprias músicas, a banda optou por um repertório essencialmente de covers, como "Californication" (do Red Hot Chili Peppers) e "Eu quero ver o oco" (dos Raimundos).

O Deftones foi a primeira atração internacional do Palco Mundo na última noite da edição 2001 do Rock in Rio. O grupo californiano disputou com o Papa Roach o título de pior show do festival. O nu metal de Chino Moreno (vocais), Stephen Carpenter (guitarra), Frank Delgado (teclados), Chi Cheng (baixo) e Abe Cunningham (bateria) soou cansativo para um público já disperso e irritado com o calor e a superlotação da Cidade do Rock. Os jatos d'água providencialmente espargidos pelos bombeiros ajudaram a evitar que algo pior acontecesse. Ao mesmo tempo, levaram o pessoal a se divertir na lama que se formava. Já que não caiu uma gota de chuva, foi o jeito de reviver o Rock in Rio de 1985.

A tarefa de acalmar o público na última noite do festival foi cumprida com louvor pelo Capital Inicial, banda ressuscitada à época do festival com o estrondoso sucesso de seu álbum *Acústico MTV* (2000), especialmente da música "Natasha", que, óbvio, fez parte do setlist. Nos dez anos que separaram as últimas edições do festival, Dinho Ouro Preto (vocais), Loro Jones (guitarra), Flávio Lemos (baixo) e Fê Lemos (bateria) passaram da condição de quase figurantes para a atração brasileira mais popular. No horário em que o Capital subiu ao palco, a Cidade do Rock estava com lotação completa — 250 mil pessoas.

A apresentação foi boa, mas poderia ter sido arrebatadora. O vocalista perdeu muito tempo conversando com a plateia, o que esfriou o show em vários momentos. Além do mais, a banda deixou de lado a raiz punk e insistiu basicamente no formato acústico (pouco apropriado a eventos desse porte). Kiko Zambianchi (autor de "Primeiros erros", um dos maiores sucessos do *Acústico MTV*) participou do show, assim como o produtor e guitarrista Marcelo Sussekind. Dinho dedicou aos políticos brasileiros a música "Que país é este", escrita por Renato Russo. Aos berros, o público respondeu "é a porra do Brasil!".

O vocalista relembrou novamente o compositor para levantar a plateia com "Fátima", "Veraneio vascaína" e "Música urbana", todas do tempo do Aborto Elétrico. Os espectadores reagiram aos gritos de "Por que parou? Parou por quê?".

O último dia na Tenda Brasil, como de costume, contou com um elenco bem variado. Foi necessário adiantar os shows em trinta minutos, por causa do imenso público já presente no rockódromo. As bandas Cajamanga e Autoramas abriram os trabalhos, antes da entrada de Wilson Sideral. Em seguida, foi a vez da Plebe Rude, que superlotou a Tenda e incendiou o público com sucessos oitentistas como "Johnny vai à guerra" e "Até quando esperar". A Tribo de Jah, por sua vez, misturou composições próprias com sucessos de Bob Marley. O Biquini Cavadão apelou acertadamente para os seus hits dos anos 1980, como "Tédio", além de covers como "Chove chuva" (de Jorge Ben Jor). O seu primeiro sucesso, "No mundo da lua", teve a participação especial de Marcelo Hayena, da banda Uns & Outros. De longe, o show mais animado da noite em todos os palcos. Tianastácia e Tihuana encerraram os trabalhos na tenda brasileira. Carlos Malta e Pife Muderno fizeram sucesso na Tenda Raízes, que, no total, apresentou trinta horas de música. Infelizmente, o encerramento da Tenda Eletro foi melancólico. Com algumas brigas pipocando, o som foi desligado aos vinte minutos do set do DJ norte-americano George Morell. Já a Tenda Mundo Melhor debateu o tema "paz". Dois minutos de silêncio marcaram o encerramento dos trabalhos. Cinquenta mil pessoas depositaram os seus votos de um mundo melhor nas urnas da Cidade do Rock.

Saturada da multidão ou talvez já satisfeita com os hits do Capital Inicial, muita gente começava a deixar a Cidade do Rock quando o Silverchair, banda formada por Ben Gillies (bateria), Chris Joannou (baixo) e Daniel Johns (guitarra e voz), entrou no palco. Formado em uma escola da cidade australiana de Newcastle, com influências do Nirvana e do Pearl Jam, o Silverchair iniciou sua carreira tocando um rock juvenil, sem grandes pretensões, como era evidente no álbum *Frogstomp* (1995), quando seus integrantes ainda tinham, em média, quinze anos de idade. Nessa época, qualquer adolescente sabia cantar "Tomorrow" e "Pure Massacre" de cor.

Em *Freak Show* (1997) e *Neon Ballroom* (1999), o trio já demonstrava certo amadurecimento. Quando veio para o Rock in Rio, fazia mais de um ano que o Silverchair não pisava em um palco. Antes de chegar ao Brasil, o vocalista revelou que a proposta do festival era "irrecusável". A banda mostrou que continuava em forma. Os integrantes estavam entrosadíssimos. Daniel Johns, com seu paletó brilhante, mostrou enorme presença de palco. Também usou e abusou de sua voz. Para o bem e para o mal, porque, assim como Dinho Ouro Preto, falou muito entre uma música e outra. Na maioria das vezes, para pedir mais empolgação ao público. Antes de "Ana's Song (Open Fire)", por exemplo, ele apelou: "Gritem por mim! Vocês gritaram pelo Guns N' Roses".

O repertório foi dividido entre os três álbuns da banda. "Israel's Son", primeira faixa de *Frogstomp*, abriu os trabalhos. "Slave" incendiou a galera, assim como "Pure Massacre". O show continuou na sua carga total com "Emotion Sickness" e a balada "Miss You Love". No meio do gramado, alguém estendeu uma imensa faixa onde se lia *"grunge not dead"*. Ainda houve espaço para duas músicas inéditas: "Hollywood" (que seria lançada oficialmente como lado B do single *Without you*, de 2002) e "One Way Mule" (que saiu no disco *Diorama*, de 2002). No final, "Anthem for the Year 2000" e "Freak" deixaram todo mundo feliz.

Finalmente o último show. E o que poderia ter sido um encerramento antológico, não passou de um balde de água fria. O Red Hot Chili Peppers fez um show no piloto automático, sem empolgação e curto. Eles já haviam tocado no país, dois anos antes, divulgando *Californication* (de 1999), que em 2001 chegou a 11 milhões de cópias vendidas no mundo todo, 500 mil só no Brasil. A proposta dos organizadores do festival animou a banda a voltar para apresentar um dos últimos shows da turnê.

O grupo entrou no palco à uma e quinze da madrugada, ao som de "Around the World". O rock funkeado da banda deu as caras logo em seguida, com "Give it Away". O som estava muito baixo, o que irritou os fãs. A banda homenageou o Circle Jerks, banda formada em 1979, também na Califórnia, com "Beverly Hills" e "I Just Want Some Skank". Já o Oasis, uma das bandas favoritas do guitarrista John Frusciante, voltou a ser tema no rockódromo, com uma rápida versão de "Hello". Em canções mais lentas, como "Otherside", a voz de Anthony Kiedis era completamente abafada pelo público. "Aumenta o som", berrava parte da plateia. Não aumentaram. O áudio baixo foi a trilha sonora ideal para o público que restava começar a voltar para casa. No bloco final do show, o som ficou mais alto, mas a apresentação continuou protocolar, com intervalos muito longos entre as músicas e os integrantes comportados demais. Quando o relógio bateu duas e dez da manhã, após um bis com "Soul to Squeeze", "Search and Destroy", dos Stooges, e uma interminável jam instrumental de mais de dez minutos; ninguém sabia muito bem se o show havia terminado. Tinha. Uma queima de fogos de quinze minutos de duração, com a música-tema do festival ao fundo e jatos de água disparados pelo caminhão-pipa na frente do Palco Mundo deu ao público a certeza de que a festa acabara.

Assim como já ocorrera nas outras duas edições do evento, os números do Rock in Rio — Por Um Mundo Melhor surpreenderam. Foram consumidos 600 mil litros de chope, 630 mil sanduíches, 140 mil lasanhas e 435 mil litros de refrigerante. O público total foi de 1,235 milhão de pessoas, que despejaram 265 toneladas de lixo na Cidade do Rock. Houve 7709 ocorrências médicas (com trinta remoções para os hospitais, sendo que o caso mais grave aconteceu no dia 14, com um rapaz com suspeita de fratura) durante as 160 horas e quarenta minutos de música no Palco Mundo e nas três tendas, em 1186 canções. Toneladas de equipamento de som, iluminação e cenários foram transportados, consumindo o total de 660 megawatts de energia, o suficiente para iluminar uma cidade com 200 mil habitantes.

O Rock in Rio estava pronto para ganhar o mundo.

Mas o bom filho à casa torna.

22. "ERA ESTRANHÍSSIMO NÃO ESTAR NO RIO."

POUCO ANTES DO YES SUBIR AO PALCO da Cidade do Rock no dia 20 de janeiro de 1985, Roberto Medina concedeu uma entrevista coletiva para falar sobre os resultados, bem como as falhas e os acertos daquela empreitada monumental. Além do mais, o empresário prometeu um Rock in Rio para 1986. Bom, como já sabemos, a segunda edição só foi acontecer mesmo em 1991. No entanto, a frase mais importante daquela coletiva meio improvisada que aconteceu no rockódromo, foi a seguinte: "Estamos festejando o fim de um projeto que deu certo e o início de um caminho que terá o tamanho que nós quisermos".

Mais dez anos separaram a segunda da terceira edição do festival. Volta e meia, Medina tentava emplacar um novo Rock in Rio. Mas diversas questões (econômicas, políticas, sociais) empacavam o projeto. Apenas a partir de 2004 o Rock in Rio, de fato, teria o tamanho que quisesse. Em entrevista ao jornal *Gazeta Mercantil*, em outubro de 2003, Rodolfo Medina, então vice-presidente da Artplan, ressaltou a força do festival. "Criamos uma marca chamada Rock in Rio e queremos universalizá-la. Por que não exportar uma marca de sucesso como essa? De acordo com uma pesquisa que fizemos, essa é a marca mais conhecida na América Latina, quando se fala em entretenimento. Não existe nenhuma marca tão forte de festival de música como essa." Aí você pergunta: "Mas e o Woodstock?". Sim, um grande festival, mas que não teve a preocupação de virar projeto de marketing. Está na nossa memória afetiva, mas, em termos comerciais, é outra história.

A família Medina estava disposta a levar o Rock in Rio para outros cantos do planeta. O primeiro país? Portugal. Por quê? Rodolfo Medina responde: "Além da grande simpatia que temos por Lisboa, a língua é similar, o que facilita a contratação de técnicos não só brasileiros como portugueses, o povo é extremamente pacífico, o que é excelente para um evento como esse e a receptividade está sendo fantástica". O martelo estava batido. E em 2004, realizou-se o primeiro Rock in Rio Lisboa, no parque Bela Vista. Cerca de 390 mil pessoas prestigiaram os seis dias do evento, que aconteceu entre 28 e 30 de maio e 4 e 6 de junho. Na abertura, uma noite exclusiva para ninguém menos que Paul McCartney. Sting, Peter Gabriel, Foo Fighters, Metallica, Britney Spears, Ivete Sangalo, Gilberto Gil, Xutos & Pontapés, Charlie Brown Jr. e Sepultura foram outros destaques. Sucesso absoluto para que a segunda edição acontecesse dois anos depois. Guns N' Roses, Red Hot Chili Peppers, Roger Waters, Santana, Shakira, Pitty, Marcelo D2, entre outros tocaram na nova edição.

Em 2008, uma novidade. Além do Rock in Rio Lisboa, para mais desespero dos puristas, agora seria a vez também do Rock in Rio Madrid. Amy Winehouse, Rod Stewart, Bon Jovi, Linkin Park, Alanis Morissette e Skank subiram ao Palco Mundo da terceira edição do evento em Portugal, que se destacou pela estreia do Palco Sunset. Já em Arganda del Rey, na capital espanhola, brilharam The Police, Shakira, Bob Dylan, Alejandro Sanz, Jack Johnson e Carlinhos Brown. Dois anos depois, nova dose em Lisboa (Elton John, Miley Cyrus, Muse, Megadeth, John Mayer, Motörhead, Zeca Baleiro, Maria Rita e Martinho da Vila) e em Madri (Bon Jovi, David Guetta, Shakira e Metallica, entre outros).

Por aqui no Brasil, em janeiro de 2003, Luiz Inácio Lula da Silva (PT) foi eleito presidente da República, vencendo José Serra (PSDB), com 61% dos votos no segundo turno. Em outubro de 2006, ele se reelegeu, derrotando, também no segundo turno, Geraldo Alckmin (PSDB). Lula lançou o programa Bolsa-Família, manteve a estabilidade econômica no país, bem como reduziu os níveis de pobreza e de desigualdade social. Em meio a escândalos de corrupção, como o do "Mensalão", o presidente se mobilizou para trazer eventos internacionais importantes ao país, como os Jogos Pan-Americanos (2007), a Copa do Mundo (2014) e os Jogos Olímpicos (2016). Em 1º de janeiro de 2011, Dilma Vana Rousseff (também do PT e ex-ministra-chefe da Casa Civil) foi eleita a 36ª presidenta do Brasil. Dois dias antes do início do Rock in Rio, ela se tornaria a primeira mulher a fazer o discurso de abertura da assembleia geral da Organização das Nações Unidas (ONU).

Enfim... Quatro edições em Portugal e duas na Espanha. Ou seja, em 2010, já havia acontecido mais Rock in Rio em Lisboa do que no... Rio de Janeiro. Será que ele nunca mais voltaria? No dia 11 de janeiro de 2010, o site *G1* publicou uma entrevista que Roberto Medina concedeu ao repórter Henrique Porto para celebrar os 25 anos da primeira edição. O empresário aproveitou para relembrar 1985: "Pensando bem, foi uma maluquice mesmo. Era uma época de transição entre o governo militar e a democracia, um momento em que a juventude queria ir para a rua. Eu, como empresário de comunicação, achava que seria bom tentar ajudar nesse sentido, mostrar a cara do Brasil". No papo, Medina falou sobre a hipótese de retornar em 2011, mas ele não tinha muita certeza.

Demorou pouco para Medina, que morava entre Lisboa e Madri, ter a certeza absoluta. "O jornalista Henrique Porto, do *G1*, veio fazer uma entrevista comigo. No final, ele falou: 'você não tem noção do tamanho da sua marca. Você não sabe o que ficou aqui'. Quando se passaram uns dias, fiquei pensando naquilo e resolvi investigar, ver qual era a imagem que a gente deixou. E aí constatei que era muito maior... Aquela conversa foi fundamental para eu voltar ao Brasil. Eu ainda não sabia o tamanho da história. Essa entrevista me despertou para a volta. Eu fui porque achava que tinha feito coisas grandes aqui, que eu tinha que levar uma bandeira nossa. Eu fiz umas entregas muito legais lá fora. Mas a minha alma é do Rio. Não é só Brasil, é Rio. Se eu saio do Rio, eu tenho uma vida profissional mais estável, mas a minha paixão está aqui. Aqui eu estou vivo, aqui eu trabalho. Eu não aceito que o Rio de Janeiro esteja decadente. Está, mas eu não quero saber."

O jornalista ficou surpreso com a declaração de Medina. "Na ocasião daquela entrevista, eu era apenas um repórter tentando compreender a questão que mais me incomodava — não só como jornalista, mas como um aficionado por música. Por que um festival tão popular, importante e de lugar cativo na memória afetiva de tanta gente havia simplesmente desaparecido do mapa dos grandes eventos no Brasil? Evidentemente que é uma alegria saber, pelo próprio Roberto, a importância que aquele encontro teve para ele e para os acontecimentos que se seguiram e que possibilitaram o retorno do festival ao país. Fico lisonjeado. Só que não consigo enxergar dessa forma. Não tenho essa dimensão. E acho que nunca vou ter", afirmou.

Cinco dias após a publicação da entrevista, o jornal *O Globo* trazia boas novas. "Nos 25 anos da estreia do festival, Roberto Medina tenta quarta edição na cidade em setembro de 2011", eis a notícia, anunciada após um encontro de Roberto Medina com o prefeito do Rio, Eduardo Paes. "Estive agora, entre dezembro e o início de janeiro no Rio, e era parado na rua toda hora por gente pedindo pela volta do festival", disse o criador do Rock in Rio. "As condições são favoráveis, já que há interesse do Poder Público, a economia brasileira vive um bom momento e a visibilidade do Rio aumentou muito com os Jogos Olímpicos de 2016", completou. Se tudo continuasse nos conformes — em termos de Brasil, nunca se sabe —, em dois meses Medina anunciaria oficialmente a volta do Rock in Rio à sua terra natal.

Para dar cabo da empreitada, o Rock in Rio, pela primeira vez, contratou um CEO. Em 1985, Luis Justo viu os seus pais chegarem em casa cobertos de lama. Três anos depois, em um passeio escolar, visitou a Artplan e viu Roberto Medina. "Esse é o cara do Rock in Rio", pensou. Em 1991, ainda adolescente e baixista de uma banda cover do Iron Maiden, ele estava no Maracanã para assistir ao show do Guns N' Roses. Engenheiro de produção formado, atuou como CEO da loja de roupas Osklen até ser convocado para um processo de seleção para o mesmo cargo no Rock in Rio. Quando ele e mais um finalista disputavam o posto, Luis Justo ligou para Medina, marcou um almoço e disse que queria muito o cargo. A atitude foi determinante para a sua contratação.

O prefeito Eduardo Paes manifestou o desejo de trocar o mês de janeiro pelo de setembro. Pode parecer esquisito imaginar Rock in Rio sem o calor de 40°C e as chuvas de verão. Mas havia um motivo. O prefeito argumentou que, em janeiro, a rede hoteleira já alcança normalmente 100% de ocupação. A troca de mês não seria problema para Roberto Medina. Para ele, o importante era a queda do câmbio do dólar, ao mesmo tempo que os preços dos ingressos no Brasil subiram, o que facilitaria a realização do evento. Diferente do início dos anos 2000, em que o dólar jogava contra, sendo necessário um patrocínio gigante para que os preços dos bilhetes não ficassem impraticáveis. Soma-se a isso o fato de o nome da marca estar mais forte ainda, graças ao sucesso na Europa. Além do mais, dessa vez as esferas municipal, estadual e federal jogavam a favor do Rock in Rio. A simples possibilidade de o festival voltar ao Brasil fez com que os artistas estourassem garrafas de champanhe. "Fui feliz e infeliz com as apresentações, de minha própria parte e por causa das circunstâncias.

Mas o artista que sou hoje, a precisão e o profissionalismo que buscamos em nossas apresentações tiveram sua origem no Rock in Rio", comemorou Lulu Santos.

Roberto Medina ainda aproveitou a oportunidade para mandar um recado acerca da escalação dos artistas. Quem acompanha minimamente a história do Rock in Rio sabe muito bem que, apesar do "rock" no nome, o festival nunca se baseou apenas nesse gênero musical. Caso contrário, jamais teríamos Elba Ramalho, Alceu Valença, Ivan Lins, Al Jarreau e George Benson se apresentando em 1985. Mesmo assim, Medina fez questão de frisar, ao menos para os desatentos: "Farei até um dia para crianças. Na Europa, famílias inteiras vão. Vou abrigar todas as tribos, tendas Brasil, *world music*, rock, dance…". Nelson Motta fez coro à ideia de Medina, e aproveitou para sugerir alguns nomes. "Gostaria de ver a Amy Winehouse antes que acabe." Infelizmente, a cantora morreu em julho de 2011, dois meses antes da volta do festival. "Jorge Drexler com o Bajofondo de Gustavo Santaolalla. Shakira, se possível, bem de perto. Dylan e Prince sempre. Alternativos como Beirut e Gogol Bordello. Lady Gaga, nem precisa pedir. E adoraria D2 e Diogo Nogueira com bateria de escola de samba e big band", completou Nelson Motta.

A partir do final do primeiro semestre de 2010, a volta do Rock in Rio começou a esquentar de verdade, e o festival seria notícia constante nos jornais. No dia 17 de junho, a jornalista Anna Ramalho soltou a bomba em sua coluna no *Jornal do Brasil*: "É dada como favas contadas a volta do Rock in Rio ao Brasil em 2011. A favor das negociações, a construção pela prefeitura de um grande parque para as Olimpíadas. O local, segundo fontes ligadas ao festival, seria ideal para abrigar a Cidade do Rock". Um mês depois, o jornal *O Globo* oficializou: "Rock in Rio de volta em setembro de 2011". A matéria ainda dá conta de que o local do evento estava em processo de desapropriação e que, em 2016, abrigaria o Parque Olímpico para os Jogos Olímpicos. Ou seja, o Rock in Rio daria a largada oficial para os grandes eventos dos quais o Rio de Janeiro faria parte: Copa das Confederações (2013), Copa do Mundo (2014) e as Olimpíadas (2016). Nada mau.

Com a confirmação, a produção do festival tomou providências. Entrou em contato com algumas dezenas de artistas brasileiros para que regravassem a música-tema do festival. "Que a vida começasse agora..." Mais uma vez. Trinta artistas ainda participaram da apresentação oficial do projeto, que aconteceu no Palácio da Cidade, no dia 16 de agosto, com a presença do prefeito Eduardo Paes. "Era estranhíssimo não estar no Rio", assombrou-se Medina sobre o festival. Lá, foi apresentado o mapa da nova Cidade do Rock, em uma área de 150 mil metros quadrados às margens da lagoa de Jacarepaguá.

O novo local ganhou até nome: Parque Olímpico Cidade do Rock, que, visto de cima, curiosa e coincidentemente, tem o formato de uma guitarra muito semelhante ao logotipo do festival. "A realização do Rock in Rio vai antecipar a execução de um projeto que já precisávamos fazer para as Olimpíadas. O Parque será uma área para a realização de grandes eventos da cidade de forma ordenada. A cidade precisa disso", celebrou o prefeito, entre convidados como Toni Garrido, Sandra de Sá, Dinho Ouro Preto e Ed Motta. Na ocasião, todos tiveram a oportunidade de assistir a imagens das edições anteriores do Rock in Rio, incluindo o vídeo de "Love of My Life", com o Queen, em 1985. Alguns choraram. Eduardo Paes, brincando com aquela velha guitarra estilizada do Scorpions de 1985, parecia mais feliz do que todos. "Esse evento talvez seja, junto com o Carnaval, o que mais representa o jeito de ser do carioca", apostou. Toni Garrido também estava emocionado: "Não dá para não ficar feliz com um grande espaço desses para eventos, ainda mais que temos mais edições do festival garantidas a cada dois anos". Pois é, naquele momento estavam certas mais duas até 2015. "Não estamos aqui falando de namoro, e sim de casamento. Nosso compromisso com o Brasil é fazer o Rock in Rio a cada dois anos, religiosamente", confirmou Roberta Medina, vice-presidente do Rock in Rio.

O investimento seria grande, mas não preocupava, tendo em vista a certeza de tantos frutos. A prefeitura gastaria cerca de 44 milhões de reais em indenizações para a desapropriação da área, bem como em sua urbanização. Por sua vez, o Rock in Rio injetaria 60 milhões de reais para a implantação de uma infraestrutura permanente para eventos no local, como dutos para passagens de fios e espaços a serem usados como camarins. As datas também foram anunciadas: duas jornadas de sexta a domingo, dias 23, 24, 25 e 30 de setembro e 1º e 2 de outubro. A capacidade do terreno era de 150 mil pessoas, mas a organização queria evitar a lotação máxima. Então ficou decidido que 100 mil bilhetes seriam vendidos por dia, além de cerca de 20 mil funcionários e convidados.

Medina aproveitou para apostar nas primeiras contratações, e cravou os nomes de Shakira, Radiohead, Lady Gaga, Guns N' Roses e Iron Maiden, entre as mais de cem atrações que gostaria de trazer. Ele também disse que adoraria ver uma noite toda eletrônica no Palco Mundo, o principal, que ainda seria acompanhado pelo Palco Sunset (para encontros inéditos de artistas, principalmente brasileiros) e pela Rock Street, uma área com lojas e shows de jazz, inspirada na cidade de Nova Orleans, nos Estados Unidos. Além disso, haveria um Espaço Fashion. A expectativa era a de que 720 mil pessoas curtissem os seis dias de show. No evento, o preço dos ingressos foi anunciado: 190 reais (inteira) e 95 (meia-entrada). Roberta Medina explicou que até 5% da receita obtida com a venda das entradas seria destinada a promover ações socioambientais. Ah, sim, os primeiros nomes também foram anunciados: Ivete Sangalo, Pitty, Frejat, Marcelo D2, Capital Inicial, NX Zero e Jota Quest. Ao mesmo tempo, o site do Rock in Rio entrou no ar para que o público pudesse votar em suas bandas prediletas. A palavra de ordem para a edição 2011 era "Voltei", em alusão ao "Eu vou", de 1985.

Um ano antes do início do evento, o Rock in Rio anunciou a primeira atração internacional, o Metallica. Ao mesmo tempo, o festival fechou com os principais patrocinadores: Claro, Coca-Cola, Heineken, Trident e Volkswagen. Dessa vez, a Cidade do Rock contaria com atrações não necessariamente ligadas à música. Além de bares, restaurantes, e shopping center com trinta lojas, desta vez o evento também contaria com roda-gigante, montanha-russa e tirolesa, além de uma área com recreadores para que os pais pudessem deixar os filhos enquanto assistissem aos shows. "Não é só música. É um grande parque temático da música. Música é a ligação dessa grande festa, que serve como plataforma de comunicação e mobilização por um mundo melhor", dissertou Roberta Medina, atual vice-presidente executiva do Rock in Rio. Na verdade, a filha de Roberto estava colocando um velho plano em prática.

Quando adolescente, no último ano da escola, passeando com o pai no Barra Shopping, encontrou-se com o gerente de marketing do estabelecimento. O papo girou em torno de uma série de shows que aconteceria no espaço na época do Natal, com personagens da Disney. Roberta se meteu na conversa e foi convidada para trabalhar no projeto. "Uma semana depois, ele ligou para a minha casa para me perguntar se eu ia ou não. Tá querendo agradar o meu pai, agora o problema passou a ser seu. Me chamou pra trabalhar com o Mickey, ainda insistiu, agora eu vou, né? Fui ser estagiária da equipe de marketing só porque ia ter o Mickey", brincou. Ela foi e descobriu o que era a produção de eventos. E tomou gosto pela coisa. Depois, ajudou a produzir a famosa árvore de Natal da lagoa Rodrigo de Freitas, no Rio, e levou a ideia para as cidades de Lisboa, Porto, Varsóvia e Bucareste. Roberta estreou no Rock in Rio 2001 para, em seguida, produzir as edições em Lisboa e Madri. Ficou tão famosa em Portugal que foi convidada para participar do júri do programa "Ídolos". Para a edição carioca em 2011, Roberta estava certa do que queria. "Por mim, o festival seria a Disney com um show dentro." Essa era a ideia.

O pai concordou com tudo. Era uma nova forma de pensar o Rock in Rio. Simples assim. "As bandas não passam de vinte, é uma mesmice tremenda, e elas tocam em tudo que é lugar. O pessoal vem aqui para viver uma experiência, uma atmosfera, uma festa, que inclui diversão, consumo, reunião de marcas, encontro de tribos", raciocinou Roberto Medina. "Mudaram a escala e a abrangência. Hoje, a coisa da cultura, das bandas, não é o mais importante. O importante é a variedade. A festa, atmosfera que se vive aqui, entre os palcos, a Rock Street, o Sunset, as esplanadas, o parque de diversões, a tirolesa", continuou. Na sua concepção, os artistas que pisariam nos palcos eram mais um elemento, tão importante quanto os outros, dentro de um conjunto de ações. "As bandas que estão tocando aqui vão tocar em São Paulo também. Em locais para 20 mil pessoas, estão à venda há quatro meses. Aqui acabou em quatro dias. Por que será?" Em novembro de 2010, houve uma pré-venda de ingressos para o festival (o Rock in Rio Card), todos esgotados antes mesmo do lineup completo ser anunciado.

Como dizia o velho Abraham Medina, a proposta era vender uma "ideia", e não apenas shows.

Até o fim do ano, bandas de peso como Coldplay e Red Hot Chili Peppers já estavam confirmadas para o Palco Mundo — pena que o alto cachê pedido por Simon & Garfunkel impediu o show da dupla no festival. Mas também tinha o Sunset. Com capacidade para 25 mil pessoas, ele seria um local de encontros, de apresentações exclusivas especialmente preparadas para a ocasião, reunindo dois artistas ou mais. As atrações começariam às 14h40 até o pôr do sol, por volta das sete da noite. Os primeiros nomes foram anunciados: Arnaldo Antunes & Erasmo Carlos, Tiê & Jorge Drexler, Sepultura & Les Tambours du Bronx, além de João Donato & Céu. O músico Zé Ricardo, curador do espaço, revelou que quando convidava alguém, a sua primeira pergunta era: "Com quem você gostaria de tocar?". Quando Marcelo Camelo foi chamado, ele disse: "É uma das melhores propostas artísticas que já recebi. Pode tudo". "Tenho liberdade total para escalar, nunca houve uma imposição ou veto por parte da produção do Rock in Rio", afirmou Zé Ricardo. O conceito do Sunset já começa nos camarins, todos voltados para um lounge, um espaço com diversos instrumentos plugados para os músicos que quiserem se aventurar em jams.

"É bom ressaltar que o Palco Sunset de forma alguma é um palco secundário do Rock in Rio. É outro conceito. Arnaldo e Erasmo, por exemplo, poderiam estar no Palco Mundo. Assim como Sepultura e Angra, que são maiores que as atrações nacionais do Palco Mundo no mesmo dia", explicou Zé Ricardo, que foi convidado pelo Rock in Rio por causa de seu trabalho a partir de 2003, no evento Telefônica Open Air, que lhe abriu as portas para que se tornasse diretor artístico de outros eventos. Além do Sunset, haveria uma tenda eletrônica, com trinta nomes e destaques como os estrangeiros Danny Tenaglia, François K, Joe Claussel e Danny Krivit, além dos brasileiros Leo Janeiro, Gui Boratto, Memê e Rodrigo Penna.

Cinco meses antes do início do festival, Roberto Medina decidiu como seria o show de abertura do Rock in Rio 2011. O empresário estava relembrando a história do festival, assistindo a alguns vídeos, quando se deparou com a apresentação do Queen em 1985. "Isso nos levou à ideia de fazer uma homenagem em vídeo ao Freddie Mercury, através da maior voz do Brasil que é a do Milton Nascimento", explicou Medina. Questionado se a música escolhida seria "Love of My Life", Milton Nascimento tergiversou. "Essa é uma boa música mesmo. Independente de qual seja o repertório escolhido, vai ser uma responsabilidade muito grande fazer o show de abertura do Rock in Rio e lembrar o talento de Freddie Mercury." Além de Milton, Os Paralamas do Sucesso e Titãs, que também tiveram passagens marcantes pelo festival, fariam a grande abertura. O baterista João Barone comemorou. "No primeiro Rock in Rio nós éramos praticamente desconhecidos do grande público. Vai ser muito emocionante pisar naquele palco de novo. Acho que vai ser um momento de afirmação da nossa trajetória, já que estamos quase completando trinta anos de estrada." Tony Bellotto, por sua vez, aproveitaria o momento para, mais uma vez, acertar as contas com o festival. "A gente viu o primeiro Rock in Rio no meio de uma turnê pelo Sul do país, e ficamos todos com a maior inveja. Mas compensamos isso com um show muito legal em 1991", disse.

Na segunda quinzena de abril, o Parque Olímpico recebeu as estacas de sustentação dos palcos. A previsão de conclusão da obra era de dois meses. Para baratear a construção e reduzir o impacto no meio ambiente, a prefeitura fez uso de parte do entulho da implosão do complexo penitenciário da rua Frei Caneca para construção do aterro. No dia 7 de maio, os ingressos começaram a ser vendidos. Quatro dias depois, todos os 600 mil tickets para os seis dias do festival estavam esgotados. "A velocidade das vendas foi uma surpresa para nós. Felizmente, hoje temos uma realidade diferente no país, com uma cidade sólida, que nos possibilita transformar o Rock in Rio em um evento bianual", comemorou Roberta Medina.

A procura foi tão intensa nos postos físicos que a fila atravessava o Túnel Novo — que liga os bairros de Copacabana e Botafogo —, para quem optou por comprar os bilhetes no Shopping Rio Sul. Muitos fãs também dormiram na fila do Estádio Olímpico João Havelange, em Engenho de Dentro. No Leader Via Center, em Niterói, a Guarda Municipal foi acionada para evitar tumultos. Por conta da rapidez das vendas, a produção adicionou mais um dia de Rock in Rio (quinta-feira, 29 de setembro), que teria Stevie Wonder como atração principal. Pela primeira vez na história do festival, os ingressos seriam vendidos exclusivamente através da internet.

Enquanto os retardatários davam um jeito de arrumar um ingresso com amigos ou cambistas, as obras na Cidade do Rock avançavam. A estrutura de estacas do Palco Mundo já estava pronta. O conceito do palco seria diferente do "porco-espinho" de dez anos atrás. "Na estrutura tubular do palco, que tem uma frente de 86 metros de largura por 26 metros de altura, vamos encaixar módulos metálicos de dois metros por quatro, que parecem chapas de inox. Elas formarão um efeito de côncavo e convexo que, dependendo de onde você esteja e da luz que estiver batendo, a visão é diferente", explicou Walter Ramires, diretor de engenharia do Rock in Rio e "prefeito" da Cidade do Rock.

Em agosto, o Palco Sunset também já estava pronto, aguardando apenas o acabamento. Ao mesmo tempo, as fachadas coloridas da Rock Street começavam a ser finalizadas. Ramires deu algumas dicas sobre a Rock Street: "Nossa ideia é trazer cada vez mais movimento de arte para o Rock in Rio. Por isso, decidimos fazer esta rua. Ali, o público poderá assistir bandas de street jazz se apresentando em meio a bares e restaurantes, além de cartomantes, mágicos, caricaturistas e malabaristas". Vinte lojinhas como as de um parque de diversão estavam sendo montadas. Ao longo dos seus 160 metros de extensão, noventa mesas e 540 cadeiras, os pagantes poderiam assistir a shows e performances de artistas entre as 14h30 e 22h, com direito a um coreto típico de cidade do interior no centro da via. O músico e produtor Bruce Henri seria o responsável pela escolha dos artistas, dentre eles, Rodrigo Santos, George Israel e Evandro Mesquita. Medina apostava alto na Rock Street. "É um lugar para o pessoal relaxar, tomar uma bebida ouvindo uma música mais tranquila." Acertou em cheio. A rua do jazz estreou em 2011 e nunca mais deixou de existir, inclusive nas edições internacionais do festival.

Os 40 mil metros quadrados de grama sintética já estavam instalados (xô, lama!), ao mesmo tempo que a área vip recebia a sua imensa cobertura branca de lona. A tenda, com os seus cem metros de comprimento, trinta metros de largura e quase quinze metros de altura, receberia um público de 4 mil pessoas por dia. O espaço climatizado contaria com varandas, onde os vips poderiam assistir aos shows do Palco Mundo. Cerca de trezentos garçons estariam a postos todas as noites para servir a comida e a bebida a cargo do bufê Aquim. Àquela altura, Ramires garantiu que em não menos do que vinte dias, toda a cenografia estaria pronta para receber o "recheio de luz, vídeo e tecnologia". A instalação dos postes, feitos em esculturas metálicas, também já estava na etapa final. Ao todo, 320 pessoas suavam para deixar o rockódromo finalizado. O número dobraria na reta final para dar conta das 3 mil toneladas de equipamentos.

O contorno também estava quase pronto: uma fonte de água filtrada, de cerca de setenta metros, com direito a efeitos de luz e coreografia de jatos, uma roda-gigante de 28 metros de altura, uma montanha-russa, um "kabum" de dezessete metros de altura, além de uma tirolesa de duzentos metros de extensão, que permitiria ao fã um voo sobre a plateia em frente ao Palco Mundo a 24 metros de altura. Para garantir o funcionamento de tudo isso, a produção providenciou geradores com capacidade para abastecer até seiscentas casas. Quem quisesse conforto para chegar à "Disneylândia do Rock", poderia optar pelas linhas de ônibus especiais, de primeira classe (RioCard Rock in Rio), que partiriam de catorze pontos espalhados pela cidade.

A produção queria garantir uma organização total da festa. Os portões abririam às duas horas da tarde e a Cidade do Rock deveria estar vazia às quatro horas da madrugada. Antes de alcançar as roletas, os fãs passariam por três barreiras ao longo de um quilômetro, para verificação da autenticidade dos ingressos, bem como impedir a entrada de armas e objetos cortantes, através de detectores de metais. O conforto dos artistas também estava garantido. O Rock in Rio providenciou 3 mil quartos de hotel e novecentas toalhas por dias para os camarins.

Além de línguas de sogra pedidas por uma determinada artista.

23. "HOJE É DIA DE ROCK, BEBÊ."

"**A CONTAGEM REGRESSIVA ACABA AGORA.** Começa hoje, às 14h30, o Rock in Rio 2011, que marca a volta do evento à cidade depois de quatro edições em Portugal e duas na Espanha." Essa era a manchete estampada na capa do Segundo Caderno do jornal *O Globo*, no dia 23 de setembro. Para uns, os dez anos que separavam a última edição tinha sido uma eternidade. Para outros, parecia que tinha sido ontem. Não era verão, mas fazia muito calor. O chafariz da Cidade do Rock funcionava a pleno vapor e as pessoas não se envergonhavam de se molhar. De roupa e tudo. O posto médico atendia uma média de dez pessoas por hora, basicamente por causa do calor. Aliás, não foi das missões mais fáceis entrar no rockódromo. Estava todo mundo tão ansioso que, antes mesmo da abertura dos portões, a fila alcançava mais de dois quilômetros de comprimento.

Os portões abriram pontualmente às duas horas da tarde. Dentro da Cidade do Rock, mais filas, dessa vez para a roda-gigante e a montanha-russa. Perto da entrada, Roberto Medina recepcionava os primeiros visitantes. "É muito difícil fazer isso aqui. Esses sorrisos lavam a alma", dizia, a bordo de um carrinho elétrico com o seu nome e a inscrição "número 1", aos repórteres ao seu redor. O público, enfim, tinha a chance de conhecer a "Disneylândia do rock". Na Rock Street, uma estátua humana de Freddie Mercury, pintado de ouro, derretia ao sol. Uma banda de *bluegrass* arranhava os seus banjos, enquanto outra mandava covers de músicas do Bob Dylan e do Creedence Clearwater Revival, ao mesmo tempo que o baterista Guto Goffi, do Barão Vermelho, se apresentava no coreto central. Algumas pessoas buscavam respostas para suas dúvidas existenciais com as cartomantes. Outras compravam o livro sobre a história do Rock in Rio no shopping.

O primeiro show agendado no Palco Sunset começou pouco depois das três horas da tarde, com meia hora de atraso. A banda Móveis Coloniais de Acaju se juntou à deslumbrante Orkestra Rumpilezz e à cantora Mariana Aydar. O maestro Letieres Leite, fundador da Rumpilezz, falou sobre a ideia do show: "O mais interessante do palco é podermos experimentar as músicas em novos formatos. No ensaio, nós nos juntamos à metaleira do Móveis, Mariana pôde cantar com um grupo de sopros maior do que o habitual. É um exercício de experimentar". Pena que o som sofreu com uma equalização muito ruim, o que fez com que o Palco Sunset ganhasse o apelido de "Passagem de Som". Ed Motta, o português Rui Veloso e o guitarrista do Sepultura Andreas Kisser entraram logo depois para resgatar clássicos do rock, de Beatles a Led Zeppelin.

O show seguinte reuniu duas amigas de Cazuza. Bebel Gilberto e Sandra de Sá se conheceram por intermédio dele, aliás. O som continuava péssimo, mas foi bonito vê-las cantando "Ideologia", "Todo amor que houver nessa vida" e "Brasil". As duas ainda se beijaram na boca, antes de Sandra causar o primeiro grande momento de empolgação no Rock in Rio, ao som de "Joga fora" e "Olhos coloridos". O último show do Sunset contou com a união da banda dinamarquesa The Asteroids Galaxy Tour e a portuguesa The Gift. Como o som já estava começando a rolar no Palco Mundo, a apresentação teve de ser encurtada.

A banda The Gift ainda tocava "'Índios'", da Legião Urbana, quando o Palco Mundo se apagou e cerca de 45 mil pessoas urraram. O telão anunciou: "Ninguém sabe de onde vêm os sonhos. Mas nós sabemos aonde eles nos levam". Herbert Vianna, à frente dos Paralamas, canta "Vital e sua moto" no Rock in Rio de 1985. Corta para Sérgio Britto cuspindo "Polícia", na segunda edição do festival, no estádio do Maracanã, em 1991. Dentre imagens das três edições brasileiras do evento, o locutor diz: "Realizava-se ali um grande sonho. Um sonho que vem sendo revivido de geração a geração. O Rock in Rio mostrava ao mundo a força de uma ideia. Uma ideia que atravessou fronteiras, reuniu povos e se transformou em uma grande marca internacional". Neste momento, surge no telão a imagem do Cristo Redentor. O texto continua: "Agora chegou a vez do Brasil, mas especialmente do Rio de Janeiro, mostrar ao mundo a força inabalável de uma gente que sonha e faz acontecer. O Rock in Rio está voltando pra casa". Fogos de artifício espocam no céu para todos termos a certeza de que, sim, o Rock in Rio estava de volta pra casa.

Quem testemunhou a história de alguma forma não se segurou, e as lágrimas rolaram. Holly May, aquela mesma garotinha que badalara o sino dez anos antes anunciando os três minutos de silêncio, agora fazia o mesmo em cima do palco, através de um iPad — o sino, desta vez, estava desenhado no telão, e as badaladas foram eletrônicas. Rogério Flausino e Ivete Sangalo surgem no telão cantando um trecho da música-tema do festival. "Que a vida começasse agora..." Mais uma vez. O logotipo aparece na tela, enquanto o locutor continua: "Rock in Rio, 25 anos unindo pessoas, países, continentes, e principalmente unindo gerações". A essa altura, Freddie Mercury e Brian May já estão no telão executando "Love of My Life". A plateia toda canta. Da mesma forma que fizera em 1985. No palco, Tony Bellotto, guitarrista dos Titãs, acompanha os acordes de May. O maestro Roberto Minczuk levanta a sua batuta e a Orquestra Sinfônica Brasileira com os seus 48 integrantes ataca para Milton entoar o clássico do Queen. São sete horas da noite de 23 de setembro de 2011. Mas, para alguns, poderia ser a madrugada do dia 12 de janeiro de 1985.

Não deu nem tempo de respirar, e os telões são acionados novamente para a introdução de "Óculos", dos Paralamas do Sucesso, na edição 1985 do Rock in Rio. João Barone manda a clássica introdução de bateria da música. No palco, o baterista entra no momento certo da canção, unindo o 13 de janeiro de 1985 ao 23 de setembro de 2011. O telão se apaga e os alto-falantes estrondam. Haviam se passado 26 anos, oito meses e dez dias. Ou 9749 dias. Mas naquele exato segundo, quando João Barone atacou o bumbo e os pratos de sua bateria, os tempos se uniam. E tudo fazia sentido. Afinal, o desejo do Rock in Rio não é unir gerações?

O convite para abrir o festival emocionou Barone. "Roberto Medina é o cara que atesta aquela velha máxima: não é o que você faz, mas como você faz. Então, ele chamou a gente, chamou os Titãs, chamou o Milton pra fazer aquela abertura emocionante. A gente topou e foi muito bacana se reunir naquele palco mega e poder reafirmar toda a importância que o Rock in Rio tem na sua diversidade e na sua representatividade. Foi realmente uma emoção muito grande, um recomeço e um sentido de pertinência com a história do rock brasileiro."

Os Paralamas e os Titãs constituem uma verdadeira história de amor e, sobretudo, amizade. Começaram praticamente juntos, lançaram discos históricos, passaram pelas suas barras e nunca se desgrudaram. Se se juntassem e se intitulassem "Os Titãs do Sucesso", ninguém estranharia. Em 2008, fizeram uma imensa turnê que originou o álbum *Paralamas e Titãs — Juntos e ao vivo*. Na primeira vez que dividiram um palco, encerraram uma noite de Hollywood Rock em 1992. Uma vitória. Dezenove anos depois, eles abrem o Rock in Rio. Mas ser banda de abertura ou de encerramento não era mais uma questão de acordo com Barone: "Naquela época, a gente não queria ser bucha de canhão, havia uma certa arrogância. Hoje, nós até preferimos abrir, pois passamos o som por último, o público está mais quente, não tem o desgaste de ficar esperando. Nada como amadurecer". Das catorze músicas do roteiro, sete foram executadas com o acompanhamento da Orquestra Sinfônica Brasileira. Não faltaram "Alagados", "Lourinha Bombril" (com participação de Maria Gadú), "Polícia" e "Epitáfio". Antes de "Comida", Paulo Miklos berrou: "A gente não quer só democracia, a gente quer o fim da corrupção nesse país". E ainda tem gente que diz que arte e política não devem ser misturadas...

O público estava no ponto para receber Claudia Leitte, muito criticada, aliás, por ter sido escalada para o festival. Abriu a apresentação com "As máscaras", acompanhada por vários dançarinos. Mandou "Beijar na boca", "Caranguejo" (com a plateia, a essa altura, acompanhando a coreografia da cantora) e ainda sucessos de sua antiga banda, o Babado Novo, como "Amor perfeito" e "Paz, Carnaval e futebol". Para satisfazer a turma do rock, pegou o violão para cantar "D'yer Mak'er", do Led Zeppelin, e, momentos depois, atacou de "Satisfaction", dos Rolling Stones, além de "Da lama ao caos", de Chico Science. Claro que o seu maior sucesso, "Exttravasa", encerrou o show, com a cantora suspensa no ar se embolando desajeitadamente nos cabos de aço. Pronto. Estava criado o primeiro meme da história do Rock in Rio. Tempos modernos.

Katy Perry foi a primeira atração internacional do Rock in Rio 2011. Apesar de nova — ela tinha 27 anos —, a sua vida já poderia dar um filme. Fruto de uma família extremamente religiosa — seus pais eram pastores —, era proibida de ouvir qualquer outro estilo musical que não o gospel. Tanto que, em 2001, aos dezessete anos de idade, gravou um álbum gospel intitulado *Katy Hudson*, seu nome artístico à época. Três anos depois, se mandou para Los Angeles e virou Katy Perry. Em 2008, lançou *One of the Boys* (com o sucesso "I Kissed a Girl") e, dois anos depois, *Teenage Dream*, quando colocou cinco músicas no topo da parada da *Billboard*. Até então, apenas *Bad* (1987), de Michael Jackson, tinha alcançando tal feito.

Perry estava animada desde que chegou ao Rio. Desembarcou no aeroporto Tom Jobim na véspera do show usando uma máscara de Carmen Miranda. Não é sabido se ela solicitou ao Rock in Rio uma cadeira de dentista, onde ela costuma descansar antes do show para não estragar a maquiagem. De toda forma, tuitou antes de subir ao palco com meia hora de atraso: "Tô pronta pro Rock Rio! Cem mil pessoas hoje! Vocês esperaram tanto por mim que essa noite vou dar tudo". E, dentro do possível, ela deu. Fantasiada de "Alice no País das Maravilhas versão banana split", segundo o jornal *O Estado de S. Paulo*, ela surgiu no palco numa nuvem suspensa, ao som de "Teenage Dream", cuja letra devia fazer algum sentido para as 100 mil pessoas presentes na Cidade do Rock: "Você e eu, nós seremos jovens para sempre".

No show, Katy Perry variava entre a menina maliciosa e a menina inocente dentro de um cenário repleto de pirulitos gigantes. Trocou de roupa durante todas as músicas — dezessete vezes no total, com muitas plumas e paetês. Em uma delas usou um vestido que era uma grande bandeira do Brasil, cheio de lantejoulas. Assim como Michael Stipe fizera dez anos antes, disse que o Rio era a cidade mais sexy que ela já tinha conhecido. No setlist, "I Kissed a Girl", "Last Friday Night (T.G.I.F.)" e "Firework". No meio do show, convocou até um garoto da plateia. "Ouvi muito dos brasileiros, mas nunca experimentei um. Quem quer ser meu namorado por uma noite? Vou chamar o primeiro que tirar a camisa. O primeiro a tirar a camisa pode vir ao palco." E aí surgiu Júlio César de Salvo, ou melhor, o "Júlio de Sorocabááá". Os dois trocaram carícias, mas Perry o dispensou após olhar para a sua região genital. "Você parece um garoto tão legal... Eu acho..." A cantora abusou das caras, das bocas e dos decotes, e o repertório pop-chiclete segurou o público. Na última música, "California Gurls", ela cantou perto da fila do gargarejo e pareceu se divertir bastante.

Não só em cima do palco. Na véspera da apresentação, dançou a madrugada toda com Rihanna na boate Le Boy, em Copacabana. Katy Perry, fato, deu o que falar nessa sua primeira visita ao Rock in Rio. Mas não mais do que a atriz Christiane Torloni. Do alto do camarote vip, a cem metros do palco, enquanto Katy Perry mostrava o seu lado pin-up de butique, a atleta e repórter Dani Monteiro, do Multishow, perguntou: "Você estava dançando com a Katy Perry?". Visivelmente alterada e com os braços levantados, Torloni, que estava no ar na novela *Fina estampa*, de Aguinaldo Silva, respondeu: "Eu tava! Hoje é dia de rock, bebê". Mesmo que o Rock in Rio tenha mais duzentas edições, dificilmente haverá frase mais famosa pronunciada dentro da Cidade do Rock. Depois da entrevista com Christiane Torloni, o Multishow foi proibido de abordar famosos na tenda vip depois de determinado horário. Eles poderiam comer o penne com ervilhas e salmão ou o risoto de pato do Aquim, na mais absoluta paz.

E também assistir ao show de Elton John, que fecharia a noite, mas trocou com Rihanna. A apresentação antecipada estava prevista no contrato. De fato, Elton John era o *headliner* da noite, mas ele não queria dormir tarde. No quesito exigências, o gênio britânico é mestre. Exige flores com talos de até onze centímetros e envia as fotos dos arranjos do jeito que ele deseja ver em seu camarim. Também sempre pede um sofá grande para poder descansar após a passagem de som. No entanto, o seu cochilo foi prejudicado por causa da festa que rolou o dia inteiro no camarim de Katy Perry. O último trabalho de Elton John era *The Union* (2010), em parceria com Leon Russell. Mas o seu show, como de costume, seria mesmo um bailão de sucessos.

O músico subiu ao palco às 23h50, após comer sanduíche de atum e salada de ovo, além de chocolate branco com macadâmia de sobremesa. Ele começou atacando com "Saturday Night's Alright for Fighting" e "I'm Still Standing". Com os indefectíveis óculos de lentes vermelhas, calça preta e jaquetão da mesma cor com o desenho do próprio rosto na parte de trás — mais Elton John, impossível —, ele mandou "Levon", "Tiny Dancer", "Rocket Man", "Philadelphia Freedom" e "Goodbye Yellow Brick Road", todas turbinadas com a melhor qualidade de som de toda a quarta edição do Rock in Rio. Pra não dizer que não teve nenhuma novidade, executou protocolarmente "Hey Ahab", do novo álbum. Terminou com "Crocodile Rock", com pais e filhos fazendo o clássico corinho no rockódromo. A verdade é que, apesar de ter cantado tantas músicas conhecidas, Elton John não segurou a animação dos shows anteriores. Infelizmente, o seu público não era exatamente aquele. Além do mais, Elton John não parecia estar com muita boa vontade — quem mandou atrapalhar o seu cochilo? Não cantou "Your Song", seu primeiro sucesso, e muito menos a tão esperada "Skyline Pigeon", a bela canção que fez sucesso apenas no Brasil pelo motivo de ter sido tema da novela *Carinhoso* (1973), de Lauro César Muniz.

O palco estava pronto para Rihanna. Mas a plateia ainda passaria por uma longa espera. Ela não pisaria tão cedo no Palco Mundo. O show começou com uma hora e quarenta minutos de atraso. Motivo: Rihanna estava participando de uma festa no camarim de Katy Perry. Só se lembrou dos fãs às 2h30 da madrugada. Mas, para os fãs, ela podia tudo. Contando 23 anos de idade e mais de 20 milhões de discos vendidos, Rihanna foi a artista mais jovem a colocar dez músicas no número 1 da parada da *Billboard*. O caminho, contudo, foi longo. A artista teve uma infância modesta, até completar quinze anos e conhecer o produtor norte-americano Evan Rogers. Mudou-se de Barbados para os Estados Unidos e assinou contrato com a gravadora Def Jam, de Jay-Z. A partir de "S.O.S." (2006), os hits se sucederam, como "Umbrella", "Disturbia" e "Rude Boy". O seu show prometia. Mais de cinquenta guarda-chuvas foram confiscados na entrada, inclusive. E não era medo da chuva, mas apenas uma tentativa de coreografia por parte de alguns fãs no momento em que rolasse "Umbrella".

Quando subiu ao palco, de top e shortinho cavado, Rihanna foi vaiada por causa do atraso. Ela abriu com "Only Girl (In the World)" cercada por dançarinos, seguiu com "Disturbia" e emendou com "Shut

Up and Drive", momento em que pilotou um tanque cor-de-rosa. A *best friend* Katy Perry assistia o show próxima à grade de proteção, na frente do palco, e levou uma cantada. Os seguranças entraram em ação. Antes de "Run This Town", de Jay-Z, perguntou: "Quem manda nesta cidade esta noite?". Como àquela altura só tinha fã da Rihanna no rockódromo, a resposta foi fácil. Aliás, a plateia nem se importava com o fato de a ídola ter cantado algumas canções apoiada por uma base pré-gravada. Pouco antes do bis, em "Cheers (Drink to That)", entornou uma dose de tequila. Muita gente criticou o fato no Twitter, mas a cantora não deixou por menos: "E para todos os IDIOTAS dizendo que sou viciada em drogas! Vão se ferrar! Sem desculpas! Viva sua vida, me deixe viver a minha!".

Quando retornou para o bis, ela agradeceu ao público, fez um brinde ao Rio de Janeiro e emendou "Love the Way You Lie (Part II)" e "Umbrella", com direito a chuva de papel picado e fogos de artifício. Sobre o show, o crítico Leonardo Lichote, do jornal *O Globo*, metralhou: "Cantora mostra mais pose que consistência e pouco faz além de passear por fórmulas já conhecidas em apresentação que terminou quase às quatro horas da madrugada". Já os fãs, mesmo cansados, foram embora felizes para casa após o primeiro dia de festival.

Mas não pense que o show terminou por aí. Ainda teve um piti de "Riri", quando ela tentava ir embora da Cidade do Rock. O seu carro encontrou pela frente um caminhão de lixo, o que atrasou sua saída. Por conta do estresse, foi proibida a circulação de caminhões de lixo durante o festival, o que fez com que mais lixo fosse acumulado no rockódromo. A cantora tinha os seus nobres motivos para ter pressa. Uma festa a aguardava no barco Pink Fleet, ancorado na Marina da Glória. Um grupo de amigos mal podia esperar a chegada da estrela para o rega-bofe, incluindo..., bem, a essa altura, você já sabe quem é. Rihanna, que para o camarim exigiu água vulcânica Fiji, matou a larica no barco devorando um saco de Elma Chips. A festança rendeu. "Acabei de lembrar que dancei 'We Found Love' em um *mosh pit* com a @katyperry ontem à noite!!! Aaaah... Bem, hoje de manhã, na verdade", escreveu no Twitter.

O segundo dia do Rock in Rio 2011 seria um pouco diferente. Um cachorro vira-lata circulava pelo gramado e era devidamente alimentado pelos fãs de rock. (Sabe-se lá o que ele comeu...) Os berros vinham abafados da montanha-russa — média de três horas de fila. Fãs do Red Hot Chilli Peppers exibiam orgulhosos as suas camisetas pretas com o logotipo da banda em vermelho. Já os fãs do NX Zero eram zoados por todos. "Hoje os emos vão morrer!", berravam alguns. Mas teve um que gritou: "Todo mundo nu!". Não, não se tratava de uma campanha para incentivar o nudismo no rockódromo. O que acontecia é que dois fãs do Red Hot estavam se casando na Rock Street. Um ano antes do festival, Maria Raquel Lettres e Gabriel Genelli agendaram o casório em Porto Alegre exatamente no dia que aconteceria o show da banda predileta deles. Então, ligaram para a produção do Rock in Rio e comunicaram que estavam dispostos a perder o sinal pago pelo bufê caso pudessem montar a patuscada no festival. Medina gostou, chamou a Rede Globo para registrar e ainda providenciou um carrão para levar os noivos. "A vida só gosta de quem gosta dela", arengou a juíza de paz que exibia um coque geometricamente perfeito no cabelo. Enquanto ela chorava e elogiava os fãs do "Red Rock", a multidão gritava "Cala a boca, Hebe!". A noiva preferiu jogar logo o buquê para acabar com aquilo — Daniele Sant'Anna pegou — e poder andar na tirolesa ou até mesmo, se desse tempo, assistir a alguns shows.

E os shows começaram no Palco Sunset com o encontro de Marcelo Yuka, Cibelle, Karina Buhr e Amora Pêra. Yuka, ex-baterista e um dos fundadores d'O Rappa, estava preparando o seu primeiro disco solo. Da antiga banda, ele mostrou "Minha alma". "A carne", conhecida através da versão de Elza Soares, foi o momento alto do show, que contou com discursos afiados de Marcelo Yuka: "Não acredito em paz armada. Não acredito em UPPs baseada em tiros", falou sobre as Unidades de Polícia Pacificadora do Rio de Janeiro. Tulipa Ruiz e a Nação Zumbi entraram em seguida. A cantora de Santos sempre quis escutar a Nação Zumbi executando a sua canção "Efêmera". Seu desejo foi atendido no Sunset. Não é essa a proposta do palco, afinal? "Efêmera tem uma coisa tão feminina, e a Nação é uma banda tão masculina... Queria ver como isso funcionava. No ensaio, ficou ótimo", garantiu Tulipa. A Nação Zumbi, como de costume, arrebentou, principalmente em canções como "Blunt of Judah" e "Manguetown".

Depois foi a vez de um dos encontros mais esperados do Sunset. Esperanza Spalding era uma jovem estudante de contrabaixo na Berklee College of Music quando conheceu a música de Milton Nascimento, através do álbum *Native Dancer* (1975), de Wayne Shorter com participação de Bituca. "Ele é a força de vida de sua música", disse Spalding, uma das mais jovens professoras da Berklee e vencedora do Grammy de Artista Revelação em 2011 — foi achincalhada na internet pelos fãs de Justin Bieber, que perdeu. A musicista regravou "Ponta de areia" e convidou Milton Nascimento para cantar em seu disco mais recente, *Chamber Music Society* (2010). Os dois artistas ficaram mineiramente amigos e passaram o Réveillon juntos.

A união foi abençoada no Palco Sunset do Rock in Rio através de uma tempestade que durou seis minutos. Bendita grama sintética! Pena que o som estivesse tão ruim. Se o baixo de Esperanza Spalding estava inaudível, as microfonias causavam mais arrepios do que giz na lousa. O show terminou ao som de "Maria Maria", com as camisetas do Red Hot sendo agitadas no ar. Ao fim do show, Milton disse: "Esta é a minha nova companhia para a vida toda". Já a chuva causou algum transtorno no rockódromo, o principal deles foi um alagamento na Rock Street. E antes que você pergunte se Medina contratou a Fundação Cacique Cobra Coral para afastar o aguaceiro, a resposta é sim. Só que, no segundo dia de festival, profissionais da Fundação foram barrados no portão da Cidade do Rock, porque não constava adesivo de credenciamento no carro. Segundo Osmar Santos, porta-voz da instituição, a chuva foi resultado disso. Não é sabido se a Cobra Coral sofreu desconto em seus honorários.

A banda NX Zero abriu os trabalhos no Palco Mundo. E aí surgiram as primeiras vaias realmente fortes do Rock in Rio 2011. Parte da plateia berrava para que o show acabasse logo. Outros apontavam o dedo médio para o palco. O NX Zero até que apresentou um show competente, mas não o suficiente para agradar ao público, que certamente estava mais interessado na última atração do Palco Sunset. O show de Mike Patton e a sua Mondo Cane com a participação da Orquestra Sinfônica de Heliópolis estava previsto para às seis horas da tarde, mas só começou às oito da noite, porque os técnicos tentavam solucionar o problema no áudio que parecia não ter fim naquele espaço. Mike Patton, que disse ter passado o momento mais emocionante de sua carreira vinte anos antes, no palco do Rock in Rio no Maracanã, agora, em 2011 estava à frente da Mondo Cane, que fazia uma mistura de rock, jazz e hip-hop. Enquanto o show não começava, os 25 integrantes da orquestra formada em uma favela de São Paulo, todos trajando camisas da seleção, brincavam com o público.

Finalmente, Mike Patton, de paletó e camisa sem gravata, cabelo engomado, bem diferente daquele de 1991, entrou no palco. Começou cantando baladas em italiano e depois atacou com pop sessentista do mesmo país, com direito à batucada e tudo mais. Ele ainda brincou com as vocalistas de apoio, rebolou e mexeu com o público. No repertório, muita trilha sonora italiana dos anos 1950 e 1960. Em um italiano macarrônico — não que alguém na plateia se importasse com isso —, o cantor mandou "Ore d'amore", "Lontano lontano" e "Il cielo in una stanza". O show foi radical, tudo comandado pela fina ironia de Patton, que fez uso até de um megafone. A plateia aprovou e até parou de gritar "Faith No More". Carlos Albuquerque, do jornal *O Globo* fez o resumo perfeito do acontecimento: "Foi uma performance cinematográfica, que causou, com bravura indômita, *western spaghetti* com Austin Powers. Mais gonzo, impossível".

O Palco Mundo tinha continuidade com a apresentação do Stone Sour, uma banda paralela de Corey Taylor e Jim Root, ambos integrantes do Slipknot. Nada de memorável, tão somente um hard rock sem maiores pretensões. De curioso mesmo, apenas os rostos dos dois sem as tenebrosas máscaras do Slipknot. Mais interessante foi o show do Capital Inicial. "Sei que na hora do show vai me dar um pavor", disse o vocalista Dinho Ouro Preto na véspera. Era justo. O cantor ainda carregava o trauma de ter caído do palco durante uma apresentação em Minas Gerais, dois anos antes. Mas quando o show no Rock in Rio começou, parecia até 2001, quando o Capital tocou no encerramento da terceira edição do festival, coincidentemente na mesma noite do Red Hot Chili Peppers. Outra coincidência: assim como dez anos antes, a banda quebrou a lógica dos festivais, e se apresentou após uma banda estrangeira. "É o nosso terceiro Rock in Rio. E, a cada edição, somos escalados com mais destaque. Quem sabe lá por 2021 o Capital Inicial possa fechar uma noite? Mas aí vou ter 57 anos, acho que não vai dar", brincou Dinho.

O vocalista, aliás, avisou que não ia ter balada no repertório. "São trinta anos de Aborto Elétrico. Então, vamos trazer algumas coisas da banda para o show." A apresentação do Capital foi uma chuva de hits, ao mesmo tempo que a chuva de verdade dava uma trégua. No repertório teve "Natasha", "Independência" e "Primeiros erros (Chove)", esta última, o primeiro coro de verdade na quarta edição do Rock in Rio. Dinho, claramente emocionado, errou algumas entradas. Não fez diferença para as 100 mil pessoas na plateia. Antes de "Que país é este", ele protestou contra José Sarney, que havia ganhado na Justiça o direito de não ter o nome de sua família veiculado no jornal *O Estado de S. Paulo*. "Essa aqui é para as grandes oligarquias, que conseguem manter os jornais censurados, como o Estadão. Essa aqui é para o José Sarney", dedicou. Durante "Quatro vezes você", fogos foram disparados em vários pontos do palco, para mostrar que a produção do Capital não estava abaixo das bandas internacionais.

Durante a coletiva de imprensa do Capital Inicial, Dinho Ouro Preto, sem modéstia, soltou a seguinte frase: "É, a coisa pode complicar para o Snow Patrol". E complicou mesmo para a banda de rock irlandesa, dona do hit "Open Your Eyes". Apesar de ter feito a abertura de mais de duas dezenas dos shows do U2 na Europa, parece que não aprendeu muito. A banda, liderada pelo vocalista e guitarrista Gary Lightbody, prometeu inéditas que viriam a ser lançadas no novo disco, *Fallen Empires*, agendado para novembro. A apresentação foi morna, adornada por um rock melancólico com intenção de ser vibrante. O Snow Patrol até que tentou, é verdade, mas aquele não era o público deles. Eles tocaram o sucesso "Take Back the City" e ainda dedicaram a nova "This Isn't Everything You Are" ao Brasil. Lightbody ainda puxou uma bandeira verde e amarela em meio a elogios ao futebol brasileiro. Para completar, durante "Set The Fire To The Third Bar", o vocalista chamou Mariana Aydar ao palco para um dueto. Muita simpatia, de fato. Mas a plateia só queria saber de uma coisa: o Red Hot Chili Peppers.

Depois de apresentações decepcionantes no Brasil, em especial no Rock in Rio de 2001, o Red Hot finalmente fez o show que os seus fãs esperavam. Estava tudo perfeito para Anthony Kiedis (vocais e bigodão), Flea (baixo), Chad Smith (bateria) e Josh Klinghoffer (guitarra), com a luxuosa participação do brasileiro Mauro Refosco na percussão. O Capital Inicial deixara o público no ponto — o Snow Patrol foi apenas um intervalo de luxo. A banda mandou sucessos antigos como "Higher Ground" (de Stevie Wonder) e "Me and My Friends". Antes dessa última, Flea brincou com os fãs. "Foi escrita quando vocês eram espermatozoides nadando nos testículos de seus pais. Ou antes dos pais terem testículos. Ou antes de inventarem os testículos..."

Mas o show começou com a nova "Monarchy of Roses", do recém-lançado *I'm With You*, álbum que chegou às lojas menos de um mês antes do show. Dele, ainda rolaram "The Adventures of Rain Dance

Maggie" e "Look Around". As jams intermináveis de 2001 deram lugar a improvisos que desaguavam em grandes canções como "Around the World" ou "Under the Bridge". No final, durante "Give it Away", os músicos usaram camisetas (enviadas por Dinho Ouro Preto) estampadas com a imagem de Rafael Mascarenhas, filho da atriz Cissa Guimarães, morto em 2010, atropelado em um túnel, e que completaria vinte anos naquele mesmo dia. Rafael era fã de skate e do Red Hot. O show não contou com "Scar Tissue", mas os fãs puderam escutar "Otherside", "By the Way" e "Californication". Um dado notável do show e que não deve ser esquecido: Anthony Kiedis se apresentou com uma camiseta na qual se lia "Brahma — Red Hot Perú". O motivo? A Brahma patrocinou a turnê latino-americana da banda. A cerveja patrocinadora do festival, a Heineken, não gostou nem um pouco.

O primeiro fim de semana do Rock in Rio 2011 seria encerrado com a famosa noite heavy. E os metaleiros (olha eles aqui de novo!) chegaram cedo. Os portões tiveram até que ser abertos às 13h30, com meia hora de antecedência, porque a fila chegava a três quilômetros de extensão. Houve empurra-empurra e algumas pessoas passaram mal. Na entrada, evangélicos empunhavam faixas que diziam "Por um mundo melhor? Só Jesus". Para completar, um arrastão a duzentos metros da entrada deixou 28 pessoas sem carteira, ingresso e celular. Se deu bem quem chegou mais tarde. Como 60% do público entrou no rockódromo antes das cinco da tarde, as roletas ficaram tranquilas depois.

Mas quem chegou tarde também perdeu um ótimo show no Sunset, que manteve a coerência da noite do metal. O "countrycore" do Matanza se juntou ao ex-Planet Hemp BNegão para canções como "Ressaca sem fim" e "Clube dos canalhas". Ao contrário dos dois primeiros dias, o Sunset já estava lotado neste primeiro show, com um volume tão alto que parecia Palco Mundo. O público cantou todas as músicas. O mesmo aconteceu no encontro da banda paulista Korzus com o Punk Metal Allstars, um apanhado de integrantes de grupos como Dead Kennedys, Suicidal Tendencies e Ratos de Porão. O Sunset se transformou em um "parque de diversões punk metal", nas palavras de Bernardo Araujo de *O Globo*. Já na primeira música, "Guilty Silence", um clarão se abriu para as rodas de pogo que surgiam. O ápice aconteceu durante "Beber até morrer", com participação de João Gordo. Apesar da voz do vocalista do Korzus, Marcello Pompeu, estar baixa, a plateia manteve o ânimo na temperatura máxima até o fim.

Em seguida, a banda brasileira de *power metal* Angra e a cantora Tarja Turunen, ex-vocalista do Nightwish encararam um público imenso para apresentar músicas como "Lisbon" e "Carry On", além de covers de "Wuthering Heights" (Kate Bush) e do tema do musical "O fantasma da ópera", de Andrew Lloyd Webber. Em suma, uma enxurrada de agudos e de falsetes para comemorar os vinte anos do Angra. Os fãs se dividiram. Alguns aprovaram, mas outros garantiram que a banda estava longe da sua melhor fase. O Sunset estava tão cheio que dava a impressão que o público nem queria saber do Palco Mundo. E, pelo menos naquele momento, ninguém queria saber mesmo. Apesar do atraso de uma hora e quinze minutos por causa de problemas técnicos, os fãs não pararam de berrar "Sepultura! Sepultura!". Ninguém entendeu direito o motivo pelo qual a banda brasileira mais bem-sucedida no exterior não estava no palco principal do evento. Ao lado do grupo de percussionistas franceses Les Tambours du Bronx, o Sepultura mostrou que, independentemente do palco, as outras bandas teriam que suar bastante. Durante a apresentação, o Sunset roubou o público do Palco Mundo. Pudera. "Quero ouvir vocês cantando mais alto do que o som desse outro palco aí", urrou Derrick Green antes de anunciar "Roots Bloody Roots". O show ainda contou com a participação especial de Mike Patton. O encontro das duas bandas funcionou gloriosamente. Tanto que, dois anos depois, estariam no Palco Mundo.

O único senão da última apresentação no Sunset foi o vazamento de som do Palco Mundo. Por conta do atraso, a banda paulista Glória começou o seu show enquanto o Sepultura ainda estava em ação. O grupo já contava com nove anos de carreira e três álbuns lançados. O seu baterista, Eloy Casagrande, poucos meses depois, se juntaria ao Sepultura. Assim como o Glória mandou "Walk", do Pantera, a banda seguinte, a Coheed And Cambria, em meio ao seu metal com toques progressivos, apelou para "The Trooper", do Iron Maiden. Inutilmente. Depois do Sepultura, apenas o Motörhead seria capaz de satisfazer à plateia. A banda liderada por Lemmy Kilmister, então com 65 anos de idade, gostava tanto do país que, além de ter aparecido por essas terras várias vezes, compôs uma canção chamada "Going to Brazil". Lógico que ela não ficou de fora do setlist da apresentação que teve início pouco antes das dez da noite, com o clássico "Iron Fist". Para mostrar mais amor ao país, o guitarrista Phil Campbell vestiu uma camisa do Atlético-MG que foi dada de presente pelo baixista do Sepultura, Paulo Xisto.

O show do Motörhead terminou com "Ace of Spades" e "Overkill", o que significava que a próxima atração estava em maus lençóis. O circo do Slipknot começou com o baterista Joey Jordison surgindo no palco em cima dos ombros do percussionista Shaw Crahan. A banda toda estava grotescamente mascarada e trajando macacão vermelho. O som, uma mistura de metal com hardcore, agradou os mais aficionados. Já quem esperava o Metallica apenas torceu o nariz ou comeu um balde de frango no gramado. Talvez o erro tenha sido mesmo o Slipknot se apresentar entre o Motörhead e o Metallica. No palco, dezenas de lança-chamas formavam o cenário perfeito para um verdadeiro circo no inferno, mas que, para muitos, funcionou apenas como um longo intervalo antes do show do Metallica. Valia de tudo, até mesmo o DJ Starscream se jogar nos braços do público. O grupo apostou em canções mais melódicas, como "Wait and Bleed", mas a coisa pegou fogo mesmo nas mais pesadas, como "Before I Forget" e "Spit it Out". Nesta última, Corey Glover pediu para o público sentar para depois pular sob o seu comando. "Vamos bater um recorde", disse para as 100 mil pessoas.

Mas o melhor show do primeiro fim de semana do Rock in Rio 2011 coube mesmo ao Metallica. A banda estava em dívida com o público carioca. Veio ao Brasil em 2010, mas não passou pela cidade. O Metallica estava prestes a lançar um álbum em parceria com Lou Reed (*Lulu*, em 31 de outubro), mas o show seria mesmo calcado em clássicos, como de costume. Sobre *Lulu*, o guitarrista Kirk Hammet disse ao jornal *O Globo*: "Sei que grande parte dos fãs de Metallica e de Lou não gostarão do disco". Acertou em cheio, apesar de o álbum ser uma obra-prima. Nos camarins, Kirk prometeu que o show seria uma homenagem a Cliff Burton, ex-baixista do Metallica, cuja morte completaria 25 anos dois dias depois. O músico faleceu em decorrência de um acidente de ônibus numa estrada coberta de neve na Suécia durante uma turnê da banda.

Ingrid Berger, responsável pelos camarins do Rock in Rio — e que trabalha com as estrelas da música desde a primeira edição do Free Jazz Festival, em 1985 —, revelou um costume da banda. Logo que chegam ao local do show, os músicos retiram absolutamente tudo de dentro do camarim para depois recolocar, mudando a decoração. E ainda incluem máquinas de lavar e de secar que eles fazem questão de trazer no avião. Manias à parte, o último álbum do grupo, *Death Magnetic*, havia sido lançado em 2008, mas o repertório do show seria abrangente, já que a banda não visitava o Rio havia doze anos. Das dezoito músicas programadas, dez seriam da era Cliff Burton, dos discos *Kill 'Em All* (1983), *Ride The Lightning* (1984) e *Master of Puppets* (1986). A grande homenagem veio na instrumental (e rarissimamente tocada) "Orion", cocomposta por Burton, e executada durante o funeral do baixista. "Em espírito e nos nossos corações, o senhor Cliff Lee Burton", disse o vocalista James Hetfield, antes da música.

Além da "era Burton", o Metallica atacou com "One" (o chão da Cidade do Rock tremeu tanto que, até hoje, deve se lembrar do baixista Rob Trujillo e do baterista Lars Ulrich), "Sad But True", "Nothing Else

Matters" e "Enter Sandman". Kirk, fã declarado de Bossa Nova, esboçou na guitarra o "Samba de uma nota só". Entre "Creeping Death" e "Seek & Destroy", ainda teve espaço para as músicas do disco novo. "Alguém aqui tem o disco *Death Magnetic*?", perguntou Hetfield antes de tocar "Cyanide" e "All Nightmare Long". Modesto, Kirk asseverou: "Esta é a melhor noite do festival, eu acho".

Durante a apresentação, James Hetfield perguntou à plateia: "Vocês estão sentindo? Rock in Rio, vocês sentem o que eu sinto?". Sim. Todos sentimos. Cliff Burton teria ficado satisfeito.

24. "*EVERYBODY OK*, FUNDÃO?"

SEGUNDA SEMANA DE ROCK IN RIO. Descanso de três dias para o público. Mas não para a organização. Alguns problemas tinham que ser resolvidos. O das longas filas nos bares foi solucionado. A segurança, por sua vez, foi redobrada após os 417 furtos ocorridos nos três primeiros dias de festival. Mas quando os portões abriram, foi só alegria. A Rock Street, a queridinha do Rock in Rio, contava até com um bloco de Carnaval mandando "País tropical" para animar a rapaziada. Scott Feiner batia firme no couro de seu pandeiro, e Mark Lambert dedilhava a sua guitarra. A atriz Sonia Braga se empolgou com a Rock Street. "Acho que deveriam conservá-la após o término do Rock in Rio, pois não há muitos lugares que tocam jazz e blues na cidade", declarou. Ao mesmo tempo, os percussionistas do bloco O Passo arrastavam uma multidão ao som do "Xote das meninas". Na grama sintética, casais estendiam suas cangas.

Mas a melhor notícia mesmo foi a melhoria do som no Palco Sunset. Após a troca da equipe responsável pelo áudio, tudo entrou nos conformes, o que ficou provado durante a apresentação de Marcelo Jeneci e Curumin. Durante "Caixa preta", um funk reforçado pela sanfona de

Jeneci, o público, ainda que pequeno, saiu do chão. O show seguinte juntou Afrika Bambaataa, a cantora paulista Paula Lima e o rapper português Boss AC. Debaixo de muito sol, Bambaataa, o pioneiro do eletro-funk, comandou um bailão, com clássicos como "Planet Rock" e "Jungle Boogie" (do Kool & The Gang). Paula Lima soltou a voz em "Quero ver você no baile" e "Mangueira". No final, "Sossego", de Tim Maia. Podia ser melhor do que isso?

Joss Stone se apresentou no Palco Sunset, mas o seu público era mesmo de Palco Mundo. Mais de 30 mil pessoas prestigiaram o show da cantora inglesa que lançou o seu primeiro disco, *The Soul Sessions*, em 2003, aos dezessete anos de idade. Ela começou com "You Had Me". Depois vieram "Free Me", "Karma", até chegar em "Super Duper Love", o seu maior sucesso. Durante a sua estada no Rio, ela visitou e doou um violão autografado para a Escola Municipal Dom Pedro I, na Barra da Tijuca, uma das dez instituições da rede pública que receberam salas especialmente equipadas para aulas de educação musical, construídas pelo projeto "Por Um Mundo Melhor", do Rock in Rio. O "Baile do Simonal" fechou o Sunset, às 21h15. Wilson Simoninha e Max de Castro, filhos do genial Wilson Simonal, convidaram Diogo Nogueira e Davi Moraes para interpretarem clássicos como "Mamãe passou açúcar em mim", "Sá Marina" e "Meu limão, meu limoeiro". O Palco Sunset se transformou no Maracanãzinho de 1969.

Antes do Sunset encerrar os seus trabalhos, às sete da noite, no Palco Mundo, a Legião Urbana finalmente participou do Rock in Rio. Renato Russo disse não em 1991, mas, vinte anos depois, Dado Villa-Lobos e Marcelo Bonfá seriam os responsáveis pelo emocionante tributo "à maior banda que este país já teve" — palavras de Herbert Vianna. Renato tinha partido quinze anos antes, mas as suas letras continuavam — continuam — mais vivas do que nunca. Parte da plateia que assistia Joss Stone no Sunset correu para gritar "U--hu! É Legião!". Quando a Orquestra Sinfônica Brasileira iniciou um medley com os sucessos da banda de Brasília, até mesmo os agentes de segurança e os vendedores das lojas do rockódromo pediram licença para cantar. "A Legião Urbana são vocês", disse Renato no telão. Mesmo quinze anos após a sua morte, continuava sendo. Rogério Flausino cantou "Tempo perdido" e "Quase sem querer"; Toni Platão, "Quando o sol bater na janela do teu quarto"; Pitty arriscou "'Índios'"; Herbert se esgoelou em "Será"; Dinho Ouro Preto, com camiseta do Aborto Elétrico, escolheu a delicada "Por enquanto"; e Bonfá emocionou com "O teatro dos vampiros". No final, todos eles (e mais João Pedro, filho de Bonfá, e Nicolau, filho de Dado) entoaram "Pais e filhos". Mas nem tinha necessidade, porque, no final das contas, quem cantou de verdade mesmo foi o público. "Isso é uma seita, uma religião. Não precisava de ninguém aqui em cima cantando", embasbacou-se Dinho Ouro Preto. Quando saiu do palco, Dado falou: "Quando você entra no palco, os vídeos aparecem e você fica de frente pra plateia, você sente o que a gente experimentou há vinte anos". É, com duas décadas de atraso. Poderia ter sido em 1991... Mas valeu.

A atração seguinte, Janelle Monáe, tinha cantado no Rio de Janeiro oito meses antes, quando abriu para Amy Winehouse — e fez um show muito superior, diga-se de passagem. A sua voz é poderosa e a sua dança, no mínimo, curiosa. Os dois melhores covers da quarta edição brasileira do Rock in Rio aconteceram no seu show: "Take Me With U" (Prince) e "I Want You Back" (The Jackson 5). Nos cinquenta minutos a que teve direito, ela ainda cantou os seus sucessos, como "Tightrope" e "Cold War". Depois, fez questão de testar a tirolesa. No quesito exigência, Monáe foi a campeã. Antes do show, queria porque queria comer asinhas fritas de frango banhadas por molho *blue cheese*. Não tinha o tal do queijo. "Tem que arrumar esse *blue cheese*", berrava a banqueteira Monique Benoliel em seu rádio. Além da refeição, a cantora exigiu um aparelho desumidificador, velas de lavanda, chá de gengibre e — sim, foi ela — dezenas de línguas de sogra espalhadas pelos camarins.

Ke$ha veio logo depois, com a sua mistura de purpurina, rock, dance music, letras desbocadas e camiseta estampada com a bandeira dos Estados Unidos. A sua apresentação foi tão elogiada quanto criticada. Thales de Menezes, da *Folha de S.Paulo*, escreveu: "Colorida como Katy Perry e safada como Rihanna, conseguiu se sair melhor". Já Jotabê Medeiros e Roberto Nascimento, do *Estado de S. Paulo*, compararam a cantora com uma "versão glitter de Britney Spears". O Jamiroquai teve melhor sorte. A banda de Jay Kay já tinha uma longa relação com o país, desde que se apresentou pela primeira vez por aqui no Free Jazz Festival, em 1997. O Rock in Rio também não era novidade para ela, que já havia tocado na versão 2008 de Madri. O Jamiroquai iniciou a sua trajetória na cena inglesa do acid jazz, misturando disco music com o funk jazzificado dos anos 1970. Não inventou a roda, mas o som é deveras interessante. Durante o show, Jay Kay, trajando um estiloso cocar, botou os fãs para dançar, com a sua voz bastante semelhante com a próxima atração que pisaria no Palco Mundo. "Space Cowboy" e "Virtual Insanity" ficaram de fora, mas a plateia se deliciou com "Deeper Underground", "Cosmig Girl", "High Times" e a balada "Love Foolosophy". Não era a tenda eletrônica, mas o Jamiroquai transformou o rockódromo em uma discoteca. O aquecimento perfeito para a grande estrela da edição 2011 do festival.

Quando anunciou o Rock in Rio II, em 1991, Roberto Medina disse que o artista que ele mais gostaria de ver no palco do Maracanã era Stevie Wonder. Demorou vinte anos, mas aconteceu. Wonder não lançava disco de inéditas desde 2005, *A Time to Love*, mas isso não era um problema. Com 22 estatuetas do Grammy na bagagem até então, o músico sabia que o jogo já estava ganho. Afinal, para curtir o seu som, não precisa de idade. Crianças já nascem escutando "Isn't She Lovely", adolescentes já deliram com a versão de "Higher Ground" do Red Hot Chili Peppers, e os coroas, bom, os coroas sabem todas as músicas de Stevie Wonder de cor e salteado. Muitos deles, inclusive, já haviam chorado horrores quando viram o ídolo pela primeira vez no país no Free Jazz de 1995.

A apresentação teve início à uma e meia da madrugada. Wonder entrou no palco, sem alarde, fazendo improvisações com a sua *keytar* (um teclado portátil, que carregava com uma alça sobre o ombro) em cima de "How Sweet It Is (To Be Loved by You)", de Marvin Gaye, que, assim como Wonder, iniciou sua carreira na gravadora Motown. Michael Jackson, outro parceiro de gravadora, também foi lembrado, ao som de "The Way You Make Me Feel". A verdade é que quando Stevie Wonder pisou no imenso palco, mais parecia que tudo antes tinha sido nada mais do que um couvert de bisnaga com manteiga no papel laminado. Foram pouco mais de duas horas de show. E rolou de tudo um pouco. "Overjoyed", "You Are The Sunshine of My Life", a politizada "Living for the City", uma versão longa de "Visions" (gema de *Innervisions*, 1973, e raridade em seu repertório), "Sir Duke, a romântica "I Just Called to Say I Love You", para tudo culminar no funk rock "Superstition", com direito à canja de Janelle Monáe. Como bem escreveu Arnaldo Bloch, em *O Globo*: "Alguém disse: o cara é mesmo um *hitmaker*. Não se trata disso. Emplacar hits nem sempre corresponde a criar clássicos da música, nem a criar qualquer coisa: o mais comum é se repetir uma fórmula, sem qualquer trabalho mental além do que um farmacêutico tem ao manipular os dados de uma receita. No caso de Stevie, cada hit é um clássico, e quase tudo é hit".

E você quer mais hits? Então tome "I Wish", "Ribbon in the Sky", "Do I Do", "My chérie amour", esta última, dedicada a Yvonne Whitmore, professora de Stevie Wonder na escola para cegos de Michigan, e que falecera dois dias antes do show, aos 87 anos. Como se ainda precisasse, Wonder mergulhou na bossa nova com "Garota de Ipanema" — em dueto com a filha Aisha Morris, a quem ele dedicara "Isn't She Lovely" — e ainda mandou "Você abusou", o sambão de Antônio Carlos e Jocáfi. Durante um trechinho de "Take the 'A' Train", de Billy Strayhorn, brincou: "*Stevie loves Brazil! Take me to*

Bahia...". No bis, "Another Star", o clássico de *Songs in the Key of Life* (1976), um dos melhores álbuns da história da música pop. Apenas isso. Dois dias depois, ao final de seu show no Palco Sunset, indagado pela repórter do Multishow se ainda havia alguma banda que gostaria de ver no Rock in Rio, Erasmo Carlos respondeu: "Não. Eu já vi o Stevie Wonder, então eu já vi tudo!".

Mas ainda havia muito Rock in Rio, e tinha gente querendo ver outras coisas. Na sexta-feira, dia 30 de setembro, as meninas abusaram dos shortinhos, por causa do forte calor — o figurino ideal para assistir shows de Ivete Sangalo e Shakira. As camisetas da Hollister e da Abercrombie & Fitch também bombaram no rockódromo. O calor fez com que mais de oitocentas pessoas procurassem o posto médico. Além disso, o público teve dificuldades para chegar. Um acidente no túnel Zuzu Angel, uma das opções de trajeto entre a Zona Sul e a Cidade do Rock, deixou o trânsito complicado a partir das duas da tarde. Três horas depois, a lentidão era grande e os últimos cinco quilômetros duravam duas horas e meia para serem atravessados.

Mas quem chegou a tempo, conseguiu ver o primeiro show no Palco Sunset, que juntou a Buraka Som Sistema (banda portuguesa que mistura a batida techno com o kuduro angolano) à dupla eletrônica Mixhell, formada pelo baterista Igor Cavalera e sua mulher Laima Leyton. A versão de "Buffalo Stance", de Neneh Cherry, agradou ao público, que foi recompensado com baldes de água arremessados pelos músicos. Como a ideia do Sunset é atender a todos os gostos, a atração seguinte foi a lenda João Donato (do alto de seus 77 anos de idade) e a cantora Céu, com participação de Donatinho. Segundo João, "setenta e sete, 28... A idade é só um número. São as cabeças que determinam o modo de cada um. Existem jovens velhos e velhos jovens". João Donato não está em nenhum desses dois grupos. Ele é "jovem jovem". E simpatia pura. Antes do show, na grade que dividia o backstage do público, deu autógrafo em uma bandeira do Acre de um grupo que veio do seu estado natal apenas para prestigiá-lo.

Em 1970, Donato havia lançado lá fora o álbum *A Bad Donato*. O seu intuito era romper com os padrões da bossa nova, e apostar numa sonoridade mais voltada para o funk e a psicodelia, com arranjos de Eumir Deodato. Para o show, a ideia era se basear no disco. Céu cantou "Malandro", música instrumental de *A Bad Donato* e que ganhou letra em *Quem é quem* (1973). "The Frog" e "Mosquito" também estiveram presentes no setlist. Céu, sozinha, cantou "Cangote" e "Malemolência". Durante "Bananeira", Donato pediu para a plateia: "Vamos fazer barulho!". Nem precisava. O encerramento do show, com a dupla mandando ver "Cala a boca, menino" e "Rainha" foi lindo de morrer.

A mistura de ritmos continuou no Sunset com a reunião da banda Cidade Negra com o sambista Martinho da Vila e o rapper Emicida. "Conhecia pouco o Emicida, mas já temos uma identidade forte. A mãe dele estava toda alegre aí, é minha fãzoca", divertia-se Martinho falando do rapper que ganhou fama disparando versos de improviso nas batalhas de MCs realizadas entre Rio e São Paulo. A apresentação correu com todos os artistas no palco. Enquanto o Cidade Negra mandava "Onde você mora?" e "Firmamento", Emicida improvisava. "É um espetáculo de 'brodagem', uma grande homenagem à cultura africana, raiz de todos nós. Aqui todos têm o mesmo sobrenome: da Vila", jurou Toni Garrido, vocalista do Cidade Negra. Martinho, por sua vez, relembrou sucessos como "Disritmia" e "Casa de bamba". No fim, todo mundo se esbaldou com "Madalena do Jucu", afinal de contas, como disse o sambista da Vila Isabel, "rock, samba, reggae, rap... É tudo música negra. Quem diz que não, está com a cabeça no passado".

O Palco Sunset encerrou dando continuidade ao Carnaval fora de época. Monobloco, Pepeu Gomes e a banda espanhola Macaco se juntaram para um batuque que fez o Rock in Rio mais parecer a Fundição Progresso, casa de shows na Lapa. "Uh! É Monobloco", a galera gritava. Os percussionistas liderados por Pedro Luís mandaram até

"Smoke on the Water", o clássico do Deep Purple. Mas também rolou funk, frevo e, claro, samba. "Eu só quero é ser feliz", "Pagode russo", "Fio Maravilha"... Teve de tudo. O grupo Macaco não deixou a peteca cair com "Moving", e Pepeu tocou guitarra como se não houvesse amanhã em "Eu também quero beijar" e "Brasileirinho". Poucas vezes o Sunset viu um show tão animado.

Enquanto isso, Marcelo D2 iniciava os trabalhos no Palco Mundo. Como de costume, soltou o bordão *"vamo* fazer barulho" o tempo todo — treze vezes em cinquenta minutos de show. O público, óbvio, cantou e acompanhou tudo. "Vai vendo", "A maldição do samba" e "À procura da batida perfeita" rolaram enquanto o telão despejava imagens de álbuns históricos da música. No gramado, os fãs consumiam seus baseados sem moderação. O filho de D2, Stephan Peixoto deu uma canja em "Eu já sabia", e o Planet Hemp foi lembrado em "Mantenha o respeito". Tudo terminou com "Qual é?" e "Cadê o isqueiro", de Mr. Catra, para, em seguida entrar o Jota Quest. "Estamos numa excitação absurda. Sonhamos com isso a vida inteira, foi o melhor presente de quinze anos que uma banda poderia ganhar", deslumbrava-se Rogério Flausino nos bastidores. Foi quase uma hora show. Quer dizer, quase uma hora de sucessos. Começou com a nova "É preciso (Próxima parada)" para esquentar o bailão. "Na moral", "Sempre assim", "De volta ao planeta", "Dias melhores", "Encontrar alguém" para tudo acabar com "Do seu lado". Flausino fez de tudo para agradar: correu com a bandeira brasileira, puxou a música-tema do Rock in Rio e agradeceu à família Medina.

Quando o Rock in Rio teve a sua última edição brasileira até então, em 2001, Ivete Sangalo estava começando a sua carreira solo. Ela não participou daquela edição, mas quando subiu ao palco dez anos depois, já era uma veterana em termos de Rock in Rio. Ela havia participado de todas as edições até então do festival em Lisboa e de uma em Madri. Enfim, não seria um Rock in Rio no Rio de Janeiro que ia tirar o sono da cantora de Juazeiro. "Ninguém tem a obrigação de gostar de mim. Não vou fazer malabarismos, dar cambalhota ou me fantasiar de roqueira para conquistar o público. Sou uma cantora de axé e fui contratada para o festival. É perigoso fazer algo que não seja natural, porque fica perceptível. Mas vai ter uma pegada rock no meu show, sim", avisou. "Ouvi AC/DC durante toda a minha adolescência", completou Ivete na coletiva. E ainda disse que das bandas que tocariam no Rock in Rio, a que mais gostaria de ver era o System of a Down. "Na hora que eles tocarem 'B.Y.O.B.', vou enlouquecer." A baiana subiu ao palco às 21h54, com "Brasileiro" e jogou pra galera com "Acelera aê (Noite do bem)", "Abalou", "Festa", "Sorte grande", e ainda se arriscou no piano (durante "Easy", dos Commodores) e no violão (em "More Than Words", do Extreme). Quando cantou a trinca "Eva"/ "Alô paixão"/ "Beleza rara", levantou mais do que Rihanna, Katy Perry e Ke$ha juntas. Foi a Micareta in Rio. Ou, como ela mesma disse: "Explode, Rock in Rio!".

Explodiu mesmo, e ficou difícil para o cantor, produtor, arranjador, compositor e multi-instrumentista Lenny Kravitz, que estava voltando ao Rio de Janeiro após quatro anos para apresentar as músicas de seu novo álbum *Black and White America* (lançado um mês antes do show). A entrada no palco foi *cool*, as luzes nem se apagaram e Kravitz já estava lá, às 23h40, para cantar a nova "Come On and Get It". O público estranhou até ele continuar com o belíssimo clássico "It Ain't Over 'till It's Over". Dentre muitas desconhecidas que deixaram o público com cara de paisagem, houve espaço para "Always on the Run", "Are You Gonna Go My Way", "Fly Away" e "Let Love Rule", esta última no bis, em versão longuíssima, com destaque para as linhas do baixo da sempre ótima Gail Ann Dorsey e também para o passeio do cantor no meio do público. No final, teve funk, soul, pop, rock e até jazz. Kravitz sabia que aquele público não era exatamente o seu, mas soube jogar. Depois do show, ele foi homenageado com uma festa em São Conrado, onde se encontrou com Aécio Neves, bateu um papo com Gabriel, o Pensador e ficou de olho na modelo e atriz

Ildi Silva. Mas acabou a festa mesmo vendo a reprise de seu show pela televisão.

Enquanto tudo isso acontecia, Shakira encerrava a noite no Palco Mundo. A cantora esteve no Brasil em março, mas não passou pelo Rio. Pagou a dívida com juros. No camarote vip, Elba Ramalho era das mais ansiosas. "Minha sósia", sapecou. A primeira vez que Shakira veio ao país foi em 1996, quando ainda tinha dezenove anos. Só na primeira turnê, foram quarenta shows por estas terras. Na 34ª Exposição Agropecuária do Camaru, em Uberlândia (Minas Gerais), o ingresso custou cinco reais. Naquele momento, ela parecia apenas uma artista comum procurando o seu lugar ao sol, mas se reinventou e chegou ao Rock in Rio, quinze anos depois, como uma das maiores artistas pop do mundo. Saía a Shakira de "Estoy aquí" e entrava a Shakira de "Loca". A cantora entendeu como funcionava a engrenagem da música pop e tornou-se a maior estrela do mercado latino a conquistar o mundo. Além da música, a diva colombiana está sempre atenta às causas sociais. "Alguns meses atrás tive a oportunidade de estar com a presidenta Dilma e conversar sobre como unir esforços. Estou muito feliz porque a aliança está dando resultado", afirmou durante visita à Creche Comunitária Espaço de Educação Infantil, na Cidade de Deus, ao lado da apresentadora Xuxa Meneghel.

Para o show, Shakira foi clara: "Estou aqui para satisfazer vocês", sempre falando em ótimo português. Começou com "Estoy aquí" (e não tinha como ser diferente), passou pela flamenca "Sale el sol", pela mais roqueira "Ciega, sordomoda", arriscou Metallica em "Nothing Else Matters", botou todos para dançar em "She Wolf" e "Loca", e ainda convidou seis meninas próximas ao palco para uma coreografia rebolativa durante "Whenever, Wherever". A apresentação foi encerrada com "Ojos así", mas ainda teve bis com "País tropical" ao lado de Ivete Sangalo. "Tira o pé do chão, Shakira", desafiou a baiana, que recebeu como resposta "sou Brasil e amo vocês". Para terminar, "Hips Don't Lie" e, mais uma vez não tinha como ser diferente, "Waka Waka".

O penúltimo dia de Rock in Rio começou com o encontro do Cidadão Instigado e do Júpiter Maçã no Palco Sunset. A mistura de surf music, psicodelia e ritmos regionais da banda de Fernando Catatau deu liga com o estilo único do gaúcho Flávio Basso. Catatau, líder do Cidadão Instigado, após os dois primeiros números, "O cabeção" e "Homem velho", gritou: "Viva a resistência roqueira!". Basso mandou ver com os sucessos "A marchinha psicótica de Dr. Soup" e "Um lugar do caralho". Foi a deixa para o próximo show, comandado pela cantora e compositora paulista Tiê e o uruguaio Jorge Drexler, que tem um Oscar na bagagem por conta da canção "Al otro lado del río", tema do filme *Diários de motocicleta* (2004), de Walter Salles. Tiê parecia nervosa, quando abriu o show com "Na varanda da Liz", mas depois mandou bem em canções como "Piscar o olho". Drexler se juntou a ela para "Al otro lado del río" e "La edad del cielo". Tudo acabou com uma versão latina para "Você não vale nada mas eu gosto de você", música originalmente lançada pelo grupo Calcinha Preta.

O maranhense Zeca Baleiro se juntou ao cantor, compositor e arranjador congolês Lokua Kanza para dar continuidade aos trabalhos no Sunset. Baleiro cantou canções próprias, como "Versos perdidos" antes de chamar Lokua Kanza. Juntos, mandaram "Plus vivant" e "Babylon". Ainda teve espaço para "Toca Raul" (o bordão estava estampado na camiseta de Zeca Baleiro) e "Telegrama". "Heavy metal do senhor" encerrou o show, mas, dessa vez, o título da música de Baleiro não causou problemas a Erasmo Carlos, que vinha em seguida, acompanhado por Arnaldo Antunes. "Fui com Woodstock na cabeça, mas me colocaram no inferno. Os metaleiros ocuparam a frente do palco e fizeram aquilo. Jogaram pedra, tudo. Foi a pior experiência da minha carreira. Neste ano, [...] vou agradecer, fechar os olhos e ficar alguns segundos nessa viagem", disse o Tremendão antes do show.

Mas ele nem deve ter perdido tempo com essa viagem. O show da dupla foi arrebatador. Erasmo e Arnaldo iniciaram a parceria na gravação do DVD *Ao vivo lá em casa*, que Arnaldo Antunes lançara no ano anterior. Na ocasião, eles cantaram "Sou uma criança, não entendo nada". No disco mais recente de Erasmo, *Sexo* (2011), os dois retomaram a parceria, e o show no Rock in Rio seria o primeiro da dupla. A alegria era tanta que eles entraram abraçados no palco. Abriram com "Iê iê iê" e "Essa mulher", ambas de Arnaldo. Depois do momento solo do ex-Titã, Erasmo relembrou clássicos como "Quero que vá tudo pro inferno" e "É proibido fumar". E tudo terminou com "Vem quente que eu estou fervendo". Lógico que também teve "Festa de arromba", até mesmo porque o show foi uma festa de arromba mesmo. Vaiado no primeiro Rock in Rio, Erasmo fez as pazes com o festival. Xô, 1985!

No Palco Mundo, Roberto Frejat falava da emoção de tocar no mesmo dia do astro da Jovem Guarda. Ao contrário de Erasmo, Frejat fez um show consagrador na primeira edição do festival, com o Barão Vermelho. No intervalo de mais de duas décadas, muita coisa aconteceu. Cazuza morreu, Frejat assumiu os vocais da banda e, no momento, investia em sua carreira solo. A apresentação foi uma espécie de karaokê de luxo — no melhor dos sentidos —, com clássicos do rock, do soul brasileiro, da MPB, de sua carreira solo e do Barão, é claro. A apresentação teve início com "Exagerado", em homenagem a Cazuza. Também rolaram músicas de Caetano Veloso ("Você não entende nada"), Renato Russo ("Ainda é cedo"), Roberto Carlos ("Não vou ficar") e Tim Maia ("Réu confesso"). O guitarrista não deixou de lado hits de sua carreira solo, como "Amor pra recomeçar" (com participação especial do seu filho Rafael, arrebentando na guitarra) e "Segredos". Mas o bicho pegou mesmo com as canções do Barão Vermelho, como "Por que a gente é assim?", "Bete Balanço" e "Puro êxtase". O dia continuava nascendo feliz 26 anos depois.

O Skank veio em seguida para a chuva costumeira de sucessos, como "É uma partida de futebol", "Jackie Tequila", "Vou deixar" e "Garota nacional". O grande momento aconteceu durante "Três lados", com o rockódromo todo agitando suas camisetas feito hélices ao comando de Samuel Rosa, que registrou tudo com uma câmera que ele fez questão de deixar claro que era 3D. A excelente versão de "Vamos fugir" (de Gilberto Gil) foi a deixa para o grupo mexicano Maná entrar em cena. Fundado em 1978 na cidade de Guadalajara, a banda já havia vendido mais de 20 milhões de discos, sendo 600 mil somente no Brasil. O álbum *Drama y luz* (2011) tinha acabado de sair do forno, mas o que a galera queria mesmo era sucessos como "Corazón espinado", "Labios compartidos" e "Vivir sin aire". E o Maná tocou todos, sendo que o primeiro ainda contou com a participação do guitarrista do Sepultura Andreas Kisser. O vocalista Fher Olvera conversou animadamente em português com a plateia e teve uma boa resposta, apesar do pop açucarado da banda nunca ter emplacado de verdade no Brasil.

O Maroon 5 entrou em seguida. A banda americana foi escalada de última hora para substituir Jay-Z. Foi como trocar 1 milhão por um real. O pop rock genérico do grupo, que teve o seu primeiro álbum lançado em 2002 (*Songs about Jane*), serviu como um interminável intervalo para o Coldplay. "Moves Like Jagger" abriu o show, e Adam Levine abusou dos falsetes em "Sunday Morning" e "This Love". O vocalista ainda dedicou "She Will Be Loved" "às lindas mulheres presentes". Digno de registro mesmo foi a quebra de recorde mundial de sanduíches vendidos durante um dia de festival. Mais de 68 mil do Bob's contra os 58 mil do McDonald's, na primeira edição de Rock in Rio.

Goste-se ou não, fato é que o Coldplay sabe o que é fazer um show. Tanto sabe que não teve nenhum constrangimento em mostrar sete (sete!) músicas que entrariam no álbum que seria lançado três semanas depois. E o mais impressionante: pelo menos quatro delas com cara de hit. *Mylo xyloto* contaria com a participação de Rihanna, o que já demonstrava a mudança de rumo do Coldplay. Hospedada no hotel Fasano, na praia do Arpoador, a banda explicou o título do álbum em entrevista ao *Estado de S. Paulo*: "Parece grego, mas é uma palavra que inventamos. Para usar algo que nenhum músico tenha usado antes".

Registre-se que o Coldplay foi a única banda/artista deste Rock in Rio a levar fãs a acampar na porta do hotel. Tudo bem diferente de 1985...

    O grupo havia se apresentado no Rio em 2010, mas o show do Rock in Rio seria bem diferente, já uma nova turnê. A apresentação começou por volta de uma da manhã com o rap "99 Problems" nos alto-falantes — quem disse que Jay-Z não estaria no Rock in Rio? Em seguida, entrou a música-tema do filme *De volta para o futuro* (1985) como sinal para fogos de artifício estourarem no céu e a banda mandar a vinheta "Mylo xyloto" e emendar com "Hurts Like Heaven". A primeira catarse da noite aconteceu com a balada "Yellow" seguida de "In My Place". Não demorou muito para o vocalista Chris Martin desfraldar a bandeira brasileira e escrever com spray no fundo do palco, a palavra "Rio", com um coração no lugar do "o". Para ganhar a multidão de vez, ainda cantou um trecho de "Mas que nada". O som não estava bom, mas tudo bem. Martin compensou conversando em português com a plateia. "Aprendi quatro [palavras]", disse. Em determinado momento, perguntou para a galera lá atrás: *"Everybody ok, fundão?"*. Na sua camiseta, a mensagem: "Rio, eu amo, eu cuido". O jogador Neymar assistiu tudo do camarote vip, após o seu Santos ter tomado de dois a um do Fluminense.

    O show de luzes foi impressionante. O setlist também. Além de novidades como "Charlie Brown", "Paradise" e "Every Teardrop is a Waterfall" (a última da noite), a plateia ainda escutou sucessos como "The Scientist", "Viva la vida", "Fix You" e "Clocks", esta última com direito à citação de "Rehab", de Amy Winehouse, morta meses antes. Chris Martin (vocais, violão, teclados), Jonny Buckland (guitarra), Guy Berryman (baixo) e Will Champion (bateria) realmente se esforçaram. Apresentaram o show mais curto entre os *headliners*, cerca de oitenta minutos, mas um dos mais memoráveis da quarta edição brasileira do Rock in Rio. Mais de uma hora depois do término, quando a plateia se encaminhava aos pontos de ônibus, ainda se ouvia centenas de pessoas cantando o coro de "Viva la vida". "Oh-oh-oh, oh-oh, oh..."

O último dia do Rock in Rio IV começou sob tensão. Houve duas tentativas de invasão entre 20h e 21h30 na Cidade do Rock. A Polícia Militar reagiu com bombas de gás lacrimogênio, spray de pimenta e dois tiros de bala de borracha para o alto. O Batalhão de Choque foi acionado e reforçou a segurança no local, em frente a um dos portões de entrada dos credenciados. Mas, dentro da Cidade do Rock, tudo estava tranquilo. A banda espanhola The Monomes se juntou ao músico português David Fonseca para abrir o Palco Sunset, ainda com um público reduzido.

Em seguida, dois grandes símbolos da Tropicália, Os Mutantes e Tom Zé se reuniram para um dos shows mais esperados da quarta edição do evento. O encontro, aliás, veio a calhar. Tom Zé foi parceiro em sete faixas de *Haih... Or amortecedor* (2009), disco mais recente da banda que criou o rock psicodélico brasileiro. Pena que as expectativas não foram alcançadas. Pra começar, Tom Zé e Os Mutantes permaneceram pouco tempo juntos no palco. Duas canções, para ser exato. O som, especialmente na apresentação de Tom Zé, também não estava dos melhores. Ademais, a plateia parecia não conhecer o repertório, composto de músicas como "Balcão de negócios" e "Xique xique". Nem adiantou o cantor vestir um terno com faixa presidencial e meia enfiada (calma, fãs do Red Hot) na cabeça. Os Mutantes, por sua vez, mandaram "Balada do louco", "Ando meio desligado", "Panis et circenses", entre outras. O momento de maior empolgação do show acabou mesmo sendo quando o guitarrista Sérgio Dias anunciou a entrada de "Lee" no palco. Não era a Rita, mas sim o filho, Beto Lee, que já tinha sido criticado pela mãe, via Twitter, por fazer parte da emissora oficial do evento.

O encontro de Marcelo Camelo e do The Growlers foi mais interessante. A banda californiana liderada por Brooks Nielsen faz uma mistura de estilos ciganos com surf music que deu liga com o som de Camelo e a sua banda, Hurtmold. Juntos, ensaiaram durante quatro dias para apresentar um dos shows mais elogiados do Palco Sunset em

2011. Quando convidado, Camelo disse que escolheu o grupo porque a sonoridade remetia às bandas que ele escutava na adolescência, bem como o bairro de Jacarepaguá, onde cresceu. "O corpo solto de calor, o quadril molengão pra dançar com a barriga solta, o desleixo bom, que faz você se sentir em casa", comentou. O clima de descontração estava todo lá no palco. Marcelo Camelo chegou de bermuda e cerveja na mão, camisa desabotoada no peito e começou com "Sea Lion Goth Blues", do Growlers. Todos ficaram o tempo todo juntos no palco, justificando a existência do Sunset. E claro que as músicas do Los Hermanos não poderiam ficar de fora. Rolaram "Morena", "A outra" e "Além do que se vê". No final, o coro era um só: "Uh! Los Hermanos!".

No Palco Mundo, o Detonautas Roque Clube fazia as honras da casa com um show pesado de cinquenta minutos sem sair de cima. "Cadê a rapaziada do rock de camisa preta?", perguntou Tico Santa Cruz. O público correspondeu cantando alto músicas como "O dia que não terminou", "Quando o sol se for" e "Metamorfose ambulante", de Raul Seixas. Ao mesmo tempo, o vocalista continuava jogando para a plateia: "Corrupção tem em todo o lugar, o pior é essa impunidade. Vamos ficar de olho nos nossos desembargadores e juízes. Tem um aí que cuida do Sarney, que disse que o Rock in Rio é uma reunião de maconheiros, bandidos e marginais. Eu prefiro conviver com um maconheiro honesto do que com um bandido de terno e gravata". A cantora Pitty, no auge de sua popularidade, manteve o pique. Quando soltou os primeiros versos de "Admirável chip novo", ninguém ficou calado no rockódromo. Antes de cantar "Memórias", pediu para a plateia abrir uma rodinha punk. Todos se esbaldaram, ainda mais quando rolaram "Equalize", "Me adora" e "Máscara", com citação de "Smells Like Teen Spirit", do Nirvana.

O último show do Palco Sunset não foi ao pôr do sol, mas às nove horas da noite. Coube aos Titãs e aos Xutos & Pontapés a despedida do palco. Os brasileiros e os portugueses se conhecem desde 1988 e têm influências parecidas, em especial do punk rock inglês. No álbum

As dez mais (1999), os Titãs gravaram "Circo de feras", dos Xutos, enquanto Tim, vocalista do conjunto português, registrou "Epitáfio" em seu disco solo de 2006. No show, um *best of* das duas bandas. Tudo começou com "Diversão". Depois, o Xutos cantou "Polícia", e os Titãs retribuíram com "À minha maneira". As duas bandas permaneceram no palco o tempo inteiro, como se fosse um único grupo, com os vocalistas se revezando nos microfones. Os Titãs emendaram "Porrada", "Bichos escrotos" e "Vossa Excelência". Os Xutos mandaram "Para ti Maria" e "Alta rotação", enquanto bandeiras de Portugal tremulavam no rockódromo. Sérgio Britto cantou "Cabeça dinossauro" e puxou uma versão à capela de "Eu nasci há dez mil anos atrás", de Raul Seixas. Foi o suficiente para a galera berrar "toca Raul!", e a banda emendar com "Aluga-se". "Flores" e "Lugar nenhum" encerraram o show antes de "Aa uu" no bis. Um grande encerramento para o Palco Sunset que, apesar do som ruim no primeiro fim de semana, eternizou grandes encontros da música.

No Palco Mundo, era a vez do rock gótico com a voz operística e atormentada de Amy Lee. O Evanescence foi formado pela cantora e também pelo guitarrista e compositor Ben Moody, que se conheceram em uma colônia de férias na adolescência. Estourou em 2003 a bordo do álbum *Fallen*, que vendeu 17 milhões de cópias ao redor do planeta, muito por causa do sucesso "My Immortal". Lógico que ela rolou no show e muita gente na plateia chorou. Mas o show começou com a nova "What You Want", abertura do álbum *Evanescence*, que chegaria às lojas cinco dias depois. Outras do novo trabalho fizeram parte do repertório, como "Made of Stone" e "The Change". No total foram treze músicas, incluindo sucessos como "Going Under" e "Bring Me to Life".

Na atração seguinte, o coro comeu. Não era de estranhar: a primeira vez do System of a Down no Brasil. "Antes do hiato da banda [entre 2006 e 2011], passamos uns cinco anos tentando tocar no Brasil e não entendo por que não conseguimos. Sempre soubemos que tem um público insano aí", disse o baterista John Dolmayan a Lúcio Ribeiro, da *Folha de S.Paulo*. Ele acertou. O rock étnico da banda armeno-americana formada por Serj Tankian (vocal), Daron Malakian (guitarra, vocais), Shavo Odadjian (baixo) e John Dolmayan (bateria) arrebentou e fez o melhor show da última noite. O SOAD não estava fechando o festival mas foi tratada como *coheadliner*. Justo. Foi a banda mais votada no *site* do Rock in Rio — 499 mil votos contra 450 mil do Guns N' Roses. Até mesmo porque tudo no SOAD é superlativo mesmo. *Toxicity* (2001) vendeu 12 milhões de cópias. *Mesmerize*, de quatro anos depois, 10 milhões. Já nas exigências, a banda passou longe do estrelismo. Exigiu quatro camisetas pretas e dois pacotes de meias pretas com listras amarelas tamanho GG.

Depois do hiato, o SOAD voltou em maio de 2011 para shows no Canadá, uma ótima oportunidade para vir ao Brasil. O show começou com as hipnóticas batidas de "Prison Song". O início foi mesmo avassalador, com a banda emendando "B.Y.O.B." (será que Ivete Sangalo viu?), "Revenga" e "Needles". Serj Tankian cuspia as suas politizadas letras tal qual uma metralhadora. O mais impressionante: a plateia cantava tudo. Ao mesmo tempo que Daron Malakian convidava o público para "sambar", rodinhas de pogo eram abertas, em especial durante "Chop Suey!", "Aerials" e "Toxicity". Tankian ainda criticou o "desenvolvimento desnecessário que afeta a vida dos índios brasileiros" e mandou o recado: "Nós somos os animais mais idiotas deste planeta de merda". O show terminou com "Sugar", do disco de estreia homônimo lançado em 1998. No fim das contas, por causa do atraso do show do Guns N' Roses, os fãs do SOAD se deram bem, com um setlist de inacreditáveis 29 músicas.

O show do System of a Down causou o mesmo efeito que o do Faith No More em 1991. Não apagou a ansiedade dos fãs pela apresentação do Guns N' Roses. Mas mesmo que Axl Rose não tivesse pisado no palco, todos iriam felizes para casa. Aliás, o Guns N' Roses, vinte anos antes, era a maior atração do Rock in Rio. Em 2001, a banda era cercada por mistérios, já que estava havia oito anos sem se apresentar. Os fãs se perguntavam quando seria lançado o tão aguardado álbum *Chinese Democracy*. Em 2011, o disco já havia chegado às lojas — ele saiu em 2008. E mesmo com a banda tendo marcado presença nos palcos brasileiros em 2010, ninguém sabia muito o que esperar do último show do Rock in Rio 2011. A bem da verdade, ninguém nunca sabe o que pode acontecer em um show de Axl Rose & Cia. Nem a equipe de produção. "Eu sinto que todos nós, inclusive a equipe dele, estamos sempre muito nervosos porque ele é uma pessoa meio instável", explicou Ingrid Berger, a coordenadora de backstage.

Como era de esperar, houve atraso. A apresentação estava prevista para às 00h50. O jornal *O Globo* cravou que se começasse até às duas da manhã, o público já estaria no lucro. Tinha toda a razão. Axl pisou no palco às 2h45, e cumprimentou os fãs com um apropriadíssimo "bom-dia". Curioso notar que uma biografia da banda poderia ser escrita através de seus shows no Rock in Rio. O Guns não esteve no primeiro por motivos óbvios. O grupo nasceu poucos meses depois, no mesmo ano de 1985. Mas depois marcou presença em 1991 e em 2001. E mais uma vez em 2011. Todos estavam de olho. Show do Guns N' Roses, é sabido, não tem meio-termo. Ou é o melhor ou o pior da história. O de 2011, infelizmente, é daqueles para se esquecer. Até mesmo Axl Rose concordaria. E a culpa nem foi da chuva torrencial que desabava sobre a Cidade do Rock.

Ao contrário das edições anteriores, não há histórias de Axl no Rio. Isso porque ele chegou no dia do show. Havia boatos, inclusive, no sentido de que ele nem desembarcaria no aeroporto Tom Jobim. Mas o seu avião particular pousou quando o rockódromo já fervia. Um ano e meio antes, o Guns N' Roses teve que remarcar uma apresentação na Praça da Apoteose, no Rio, por causa de um temporal que danificou a estrutura do palco. Na Cidade do Rock, por sua vez, uma passarela de acesso não resistiu e desabou. Houve problemas no palco também. Uma semana antes, o show do Metallica contou com diversas labaredas, o que acarretou em alguns buracos na lona plástica que encobria o palco. Ninguém conseguiu detectar os tais buracos, até começar a tempestade. "Eu não sei como rolou aquele show na verdade, porque tinha caído água na mesa de monitor do Guns N' Roses. Foi, mas podia ter sido muito pior, provavelmente prejudicou muito o som de retorno do Axl", explicou o diretor do Palco Mundo, Maurice Hughes. "Além de atrasar, ele chama essas coisas, como a chuva", completou.

Alheio a esse problema, faltando trinta minutos para o horário programado do show, o cantor ainda estava dormindo no hotel em Copacabana. A produção do Rock in Rio batia na porta do quarto, e Axl respondia que queria dormir mais um pouco. A porta do seu quarto quase foi levada abaixo. "Acabou que ele chegou um pouco tarde, mas a chuva também foi culpada pelo atraso. A gente teve que segurar um pouco mais", explicou o CEO Luis Justo. Tanto que o líder do Guns ainda pôde aproveitar o camarim, abastecido por comida turca, duas garrafas de champanhe Krug, vinho tinto Barolo, tequila Patrón e cervejas tchecas e australianas. Depois, finalmente subiu no palco com uma capa amarela (que rendeu todos os tipos de memes na internet), óculos escuros e um chapéu preto por cima da clássica bandana. "Vou me concentrar em cantar em vez de correr por aí que nem um idiota", disse o cantor observando a água que inundava o palco.

O fôlego de Axl não era mais o mesmo e, por conta disso, o show contou com muitas jam sessions dos músicos, o que esfriou a plateia. Além do mais, a chuva causou problemas nos telões de LED, e Axl saía a toda hora do palco para entrar em uma cabine coberta com pano preto e trocar a camisa. "Mas os graves de músicas como 'It's So Easy' e os agudos de 'Welcome to the Jungle' estavam todos lá", conforme observou a resenha do jornal *O Globo*. No total, eram oito músicos no palco, além de Axl Rose: três guitarras, dois teclados, baixo e bateria. O repertório incluiu quase todo o disco *Appetite for destruction* (1987) e surpresas como "Estranged", que não era executada ao vivo desde 1993. No total, dezoito músicas (mais sete constavam do setlist, mas ficaram de fora) em duas horas e vinte minutos de apresentação, que começou com "Chinese Democracy", faixa-título do último disco. Dele também rolaram, entre outras, "Better" e "Street of Dreams". As versões de "Knockin' on Heaven's Door" (Bob Dylan) e "Live and Let Die" (Paul McCartney) animaram um pouco mais, só que nem tanto. Até mesmo "Sweet Child o' Mine" e "Patience" foram executadas no piloto automático. Talvez até em ponto morto. A verdade é que o Guns N' Roses em 2011 parecia um cover pálido de si mesmo.

Estava na cara que Axl Rose não estava nos seus melhores dias. Dizia-se que ele estava doente, com problemas na garganta. "Paradise City" encerrou o show depois das cinco da manhã para talvez metade do público, desgastado pelo horário e pela chuva. A *Folha de S.Paulo* foi cruel em sua resenha: "Se o Guns já não faz diferença no cenário rock mundial, difícil será convencer os 100 mil fãs que deliraram com o banho de hard rock — e de chuva pesada — que encerrou o Rock in Rio 2011". Durante a execução de "Patience", Axl murmurou no microfone: "Eu não tenho paciência". O retrato mais fiel do show. Quando saiu do palco, o cantor nem voltou para o hotel. Enquanto a produção desmontava tudo, ele deitou no sofá e cochilou até a hora de ir para o aeroporto, às 8h30 da manhã.

A volta do Rock in Rio ao Brasil terminava com 700 mil pagantes na plateia — quatro mil deslizaram na tirolesa — que assistiram a 170 atrações numa maratona de 98 horas de música. A cidade do Rio de Janeiro arrecadou 800 milhões de reais para os seus cofres. Num mês morno, em que a taxa de ocupação dos hotéis costuma variar entre 60% e 70%, nos dias de show, ela chegou a 100%, segundo o *Rio Convention & Visitors Bureau*. A quarta edição do Rock in Rio trouxe à cidade 315 mil turistas, 20% deles do exterior, principalmente do Mercosul. Nem os 863 furtos apagaram o brilho do primeiro grande teste do Rio como sede de um evento internacional de massa desde que a cidade fora escolhida para abrigar os Jogos Olímpicos de 2016.

Para o prefeito Eduardo Paes, o Poder Público fez um "ótimo negócio" ao investir nos preparativos do festival.

E o Rock in Rio fez um ótimo negócio ao voltar para o Rio de Janeiro. Dessa vez, não demoraria muito para o próximo.

25. "BIG LIGHTS WILL INSPIRE YOU TONIGHT IN RIO."

DUAS SEMANAS ANTES DA primeira edição do Rock in Rio, o astrólogo Antonio Carlos Harres, mais conhecido como Bola, elaborou um mapa astrológico do Rock in Rio. A conclusão era a seguinte: "O evento tem todas as possibilidades de se tornar um grande sucesso e um marco no renascimento cultural do Brasil. Indica também que o Rock in Rio abre um espaço para sedimentar a expansão da cultura brasileira aqui no Brasil e no exterior. É um acontecimento que veio para ficar e tem toda a indicação de durabilidade e solidez que desenvolverá uma porção de possibilidades ainda não vislumbradas". Pode-se dizer que, em 2013, pelo menos aqui no Brasil, as previsões do Bola foram confirmadas. Depois de tantos longos intervalos entre as edições brasileiras do Rock in Rio, pela primeira vez o festival tornava-se um evento bianual, da maneira que Roberto Medina sempre sonhou. Agora, alguns fãs podiam se dar até mesmo ao luxo de falar: "Já fui no último, deixa para o próximo".

A quinta edição do Rock in Rio brasileiro foi oficialmente anunciada no último dia da edição 2011, e Medina fez logo uma promessa: reduzir o público em 15%, dos 100 mil ingressos vendidos para

85 mil por dia para melhorar a circulação das pessoas e diminuir as filas. Ele também revelou que pretendia colocar mais atrações no espaço, como um palco de street dance, sob a direção de Miguel Colker e Bruno Bastos. Curioso notar que quando o empresário fez o anúncio, 10 mil pessoas já haviam comprado o Rock in Rio Card, cartões que dariam direito a ingressos, mesmo sem nenhuma atração anunciada. Para essas pessoas, estava valendo o que Roberto Medina falou na coletiva: "A música não é o mais importante. Ela faz parte do conjunto". Mas até a volta do Rock in Rio, o prefeito Eduardo Paes anunciou que a Cidade do Rock estaria disponível para a população como área de lazer. Antes disso, o festival aportaria mais uma vez em Lisboa (maio de 2012) e Madri (junho de 2012).

Para quem já estava roendo as unhas aguardando a nova edição do evento, em janeiro de 2013, estreou *Rock in Rio: O musical*, embalado ao som de cinquenta músicas que fizeram história no festival. O espetáculo, produzido pela Aventura Entretenimento e orçado em 12 milhões de reais, foi escrito por Rodrigo Nogueira e dirigido por João Fonseca. Ele contava a história de Alef (Hugo Bonemer) e Sofia (Yasmin Gomlevsky), dois jovens que buscavam superar traumas familiares. Alef perdeu a fala aos quinze anos, no momento em que seu pai, um líder político, foi dado como desaparecido. Desde então, ele só se comunicava através da música. Já Sofia, filha de Orlando (Guilherme Leme), o organizador de um festival de música, não escutava nenhum tipo de música desde a morte da mãe. No palco, 25 atores interpretavam canções como "Pro dia nascer feliz", "Fear of the Dark", "Poeira" e "Isn't She Lovely".

Em março, grandes nomes já estavam confirmados para o festival. Bruce Springsteen, acompanhado pela sua E Street Band, foi a maior surpresa. O rock ainda estaria bem representado pelo Alice in Chains, Avenged Sevenfold, Ghost, Iron Maiden, Metallica, Muse, Bon Jovi, Slayer, Frejat, Capital Inicial e Seputura. Pena que o Van Halen, desejo de Medina, acabou não vindo devido a problemas de saúde do guitarrista Eddie Van Halen. A turma do pop marcaria presença com Beyoncé, Florence and the Machine, John Mayer, Matchbox Twenty, Nickelback, Thirty Seconds To Mars, Skank, Jota Quest e Ivete Sangalo. No final do mês, Zé Ricardo revelou o farto menu do Palco Sunset: The Offspring, Nando Reis, Living Colour, Mallu Magalhães, Ben Harper, Elba Ramalho, Sebastian Bach, Angeliqué Kidjo, entre outros. No total, 32 apresentações com a participação de nada menos que 58 artistas. O Palco *Rock Street*, por sua vez, contaria com 65 shows em um ambiente inspirado nas ruas da Grã-Bretanha. No topo de um dos prédios cenográficos, um grupo cover dos Beatles tocaria todos os dias em um show nos moldes do que o quarteto inglês fez em 1969, no telhado do prédio da Apple, em Londres. Além de tudo isso, haveria a estreia do palco Street Dance, num cenário inspirado nas ruas de Nova York.

O Rock in Rio nunca gastara tanto no cachê de um lineup. Os ingressos seriam vendidos a partir de 4 de abril, por 130 reais (meia-entrada) e 260 reais (inteira). O festival de Medina quebrava mais um recorde em sua história. Mesmo sem que o público soubesse todas as atrações, os 595 mil ingressos postos à venda foram esgotados em apenas quatro horas e quinze minutos. Pelo menos até 2019, os bilhetes para uma edição de Rock in Rio (seja em qualquer país) nunca acabaram tão rapidamente. E mais: cerca de 2 milhões de pessoas tentaram comprar e não conseguiram. O Rock in Rio aumentava a cada edição, fato. Em 2011, foram captados 95 milhões de reais junto a sessenta marcas para a realização do evento. Dois anos depois, foram cerca de 135 milhões de reais captados com 73 marcas parceiras.

O Rock in Rio 2013, enfim, estava prestes a começar. Mas, antes, um pouco de história. Aqui no Brasil, o ano começou de forma trágica, com o incêndio em 27 de janeiro que matou 242 pessoas e feriu outras 636 na boate Kiss, em Santa Maria, no estado do Rio Grande do Sul. Menos de dois meses depois, perdemos um dos ícones do rock brasileiro. No dia 6 de março, Alexandre Magno Abrão, o Chorão, líder da banda Charlie Brown Jr., faleceu aos 42 anos de idade, vítima de uma overdose de cocaína. Exatos três meses depois, o Brasil virava de cabeça para baixo por conta das manifestações contra o aumento das tarifas de transporte público em São Paulo. "Não é pelos vinte centavos!", gritavam milhares de pessoas na rua. E não era mesmo. O aumento das passagens funcionou como um rastilho de pólvora para outras cidades do Brasil. A partir daquele momento, protestava-se contra a crise sistêmica em todas as esferas — social, política e econômica. Até o dia 20 de junho, protestos em 69 cidades levaram 1,55 milhão de pessoas às ruas. E em muito pouco tempo, as chamadas Jornadas de Junho atingiriam mais de quinhentas cidades, com uma aprovação de 89% da população brasileira, segundo o Ibope.

Tudo era alvo dos manifestantes: corrupção, violência policial, precariedade de serviços públicos como saúde e educação, realização da Copa do Mundo no país, utilidade das Unidades de Polícias Pacificadoras (UPPs) no Rio de Janeiro, após o assassinato do pedreiro Amarildo Dias de Souza... Os black blocs invadiram as ruas, ônibus foram incendiados, lojas e agências bancárias ficaram depredadas, movimentos grevistas ganharam força — em 2013, registrou-se o maior número de greves na história do país. Houve tentativas de invasões de palácios e de prefeituras e até mesmo no exterior brasileiros protestavam. Conforme escreveu o jornalista Mário Magalhães no livro *Sobre lutas e lágrimas: Uma biografia de 2018*, "as Jornadas de Junho, no Brasil de 2013, mobilizaram nas ruas sentimentos difusos contra as estruturas carcomidas e 'tudo o que está aí'". As tais manifestações permeariam toda a quinta edição do Rock in Rio, dentro e fora do palco.

No dia 13 de setembro, uma sexta-feira, Jotabê Medeiros, no jornal *O Estado de S. Paulo*, descreveu o assunto principal no Rio de Janeiro. "Vai chover ou a Cidade do Rock vai se tornar um deserto escaldante com esse calor que está fazendo? Vai ter vaia? Vai ter gafe? Vai ter playback? Vai ter cantora pagando calcinha sem querer querendo? Vai ter polêmica com juiz de menores? Vai ter arrastão? A 13ª edição do Rock in Rio começa hoje na Cidade do Rock, numa área de 150 mil metros quadrados, e segue até o dia 22 de setembro, ocupando dois fins de semana e todas as atenções do país, com a mesma voracidade para o *gossip*, a fofoca, o *trending topic* que para a grandiosidade cênica e a novidade musical." Respondendo à primeira pergunta, a inauguração do festival foi debaixo de muito calor. E de muita dificuldade para o público chegar ao rockódromo. Um engarrafamento monstruoso se espalhou por diversos bairros, e os fãs demoraram até três horas para alcançar a Cidade do Rock.

Mas quem chegava era recebido por uma big band executando canções dos Beatles. Também havia os já tradicionais cartomantes, mágicos e malabaristas para divertir o pessoal. Do outro lado, em frente ao Palco Sunset, coletivos de dançarinos requebravam na Street Dance. Nos brinquedos, uma novidade: um aviso digital anunciava o tempo de espera. As filas, porém, continuavam imensas. Melhor mesmo escutar música no Sunset, que ganhou mais oito metros de largura na boca de cena, chegando a vinte metros. O rapper mineiro Flávio Renegado e a banda portuguesa de hip-hop instrumental Orelha Negra abriram os trabalhos. Em seguida, aconteceu o encontro da excelente banda norte-americana Vintage Trouble com a cantora britânica Jesuton, que foi revelada ao mundo cantando nas ruas do Rio de Janeiro. O grupo liderado pelo carismático vocalista Ty Taylor promoveu uma viagem aos anos 1960 com o seu soul dançante, enquanto Jesuton chorava de emoção. "Gente, eu sonhei muito com isso que estou vendo agora", disse enxugando as lágrimas. Claro que rolou Jorge Ben Jor, em uma versão soul de "Mas que nada". Em seguida, o homenageado foi Gonzaguinha, com a cantora Maria Rita, que recebeu a belga Selah Sue.

O Palco Mundo, por sua vez, esquentou os motores às cinco da tarde, com a Orquestra Sinfônica Brasileira misturando temas de Richard Strauss à canção "Eye of the Tiger", trilha do filme *Rocky III* (1982). A abertura oficial, contudo, foi ao som de Cazuza. Se dois anos antes foi a vez de homenagear Renato Russo, agora era a vez do compositor carioca, que iniciou carreira no Barão Vermelho e morreu em 1990, vítima da aids. O concerto "O poeta está vivo" reuniu os ex-colegas de Barão, assim como amigos, Ney Matogrosso incluído. "Cazuza trouxe um discurso muito forte para a música. O que procurei fazer foi pegar pessoas que estiveram envolvidas com a história dele e também uma geração mais nova de artistas que têm um vínculo com a mensagem dele", disse Roberto Frejat, curador da homenagem, que ainda teve a direção musical do produtor Liminha. Lucinha Araujo, mãe de Cazuza, era das mais ansiosas. "Estava demorando essa homenagem. Eu fecho os olhos e lembro de ver meu filho aplaudido por 200 mil pessoas, até metaleiros", rememorou. A apresentação contou com clássicos de Cazuza, como "Down em mim" (na voz de Paulo Miklos), "Faz parte do meu show" (Maria Gadú), "Preciso dizer que te amo" (Bebel Gilberto), "O nosso amor a gente inventa" (Rogério Flausino) e "O tempo não para" (Ney Matogrosso). Para fechar, a formação original do Barão Vermelho (Guto Goffi, Maurício Barros, Frejat e Dé Palmeira) relembraram 1985 e fecharam com "Pro dia nascer feliz". Não tinha Cazuza no palco para pedir que o dia nascesse lindo pra todo mundo amanhã, mas Frejat afirmou que o colega "certamente estaria adorando essas manifestações do povo nas ruas".

Após a bonita homenagem, o Palco Sunset recebeu o seu último show, certamente um dos melhores da edição 2013 do Rock in Rio, o encontro do Living Colour com a cantora beninense (e diva da música africana) Angélique Kidjo. A banda norte-americana, apadrinhada por Mick Jagger no início de sua carreia, iniciou um set explosivo com Vernon Reid descendo a mão em sua guitarra, enquanto o vocalista Corey Glover cantava como se não houvesse amanhã. Rolaram "Cult of Personality", "Open Letter (To a Landlord)" e "Glamour Boys". Após a entrada de Kidjo, o palco se transformou numa panela de pressão ao som de "Afirika" e de "Voodoo Child (Slight Return)", esta última, de Jimi Hendrix.

Lá do outro lado, no Palco Mundo, a música era bem diferente. Ivete Sangalo atacou com o seu axé em "País tropical", "Sorte grande", "Arerê", entre outros. "Que emoção louca estar aqui no palco sendo uma cantora brasileira. A gente tem o poder! A gente tem a força! A gente que manda nesse país!", emocionou-se. Rolou até uma zoada em Beyoncé, a última atração da noite. "Vamos ensaiar, que os clipes dela são pá! Carão! Pá! Coxão!" Como o axé não bastava, Ivete cantou "Love of My Life", do Queen. Como o coro da plateia não veio, Freddie Mercury apareceu no telão.

A primeira atração internacional do palco principal foi o DJ francês David Guetta, com dois prêmios Grammy na bagagem e mais de seis milhões de discos vendidos em todo o mundo. Ele iniciou sua carreira tocando house em casas noturnas de Paris e, depois, começou a produzir suas próprias canções. O sucesso comercial veio em 2009, através do álbum *One Love* (2009), que gerou o sucesso "Sexy Bitch". A partir daí, Guetta se transformou em popstar das pistas de dança, tocando em grandes festivais e firmando parcerias com artistas como Rihanna.

O show de David Guetta no Rock in Rio, no entanto, causou polêmica — e não pelo fato de ser um DJ se apresentando no Palco Mundo e não na tenda eletrônica. O problema era mesmo a data. O DJ é judeu e se apresentaria no começo do *Yom Kippur*, o Dia do Perdão, uma das datas mais importantes do judaísmo. "É um absurdo, uma profanação", indignou-se Osias Wurman, ex-presidente da Federação Israelita do Rio. Questões religiosas à parte, ele queria transformar o Rock in Rio na maior festa do planeta, e fez de tudo para isso: tocou sucessos como "Play Hard", pediu para o público colocar as mãos para o alto e elogiou a sensualidade dos brasileiros. Mas não deu. Uma apresentação entre Ivete Sangalo e Beyoncé oferece duas opções: ou vai ser maravilhoso ou uma catástrofe. Senão chegou a ser uma catástrofe total, o show do DJ foi o momento mais frio da primeira noite de Rock in Rio.

Já Beyoncé sabia que a noite era mesmo dela. Bastava escrever coisas como "não existe lugar como Brasil" nas redes sociais que os seus fãs só faltavam desmaiar de emoção. Em atividade desde 1995 com o grupo Destiny's Child, começou a sua carreira solo em 2003 e, sete anos depois, se apresentou no Brasil. Aos 32 anos de idade, ela já havia vendido mais de 150 milhões de discos contando apenas a carreira solo. Nos últimos dez anos, tinha participado de filmes como *Dreamgirls* (2006) e *Cadillac Records* (2008, no papel da cantora Etta James), e, a bordo de álbuns como *I am... Sasha Fierce* (2008) e *4* (2011), estabeleceu-se como uma das artistas mais importantes da música pop em todos os tempos. Agora em 2013, ela chegava ao Brasil com a turnê *Mrs. Carter Tour* — o sobrenome de seu marido Jay-Z, Shawn Carter.

Poucas artistas sabem ser estrelas como Beyoncé. Sempre quando viaja, a cantora traz os próprios lustres de cristal e seu chef de cozinha. Dos dez camarins a que sua equipe tinha direito, três seriam apenas dela: um para ficar sozinha e ter privacidade; mais um, com toda a mobília vindo de fora para a filha, Blue Ivy, então com um ano e oito meses; e outro, rodeado de orquídeas, para fazer a maquiagem antes de entrar em cena. As garrafas de água mineral por ela consumidas têm que ser sempre de vidro. "E pior é que só encontramos de uma marca, quatro vezes mais cara do que as que vêm em recipientes plásticos", disse Ingrid Berger, responsável pelos camarins.

Durante a sua apresentação, Ivete Sangalo disse: "Aqui é de igual pra igual, Bi!". Mas não foi bem assim. Quando Beyoncé entrou rebolando no palco pouco antes da meia-noite, o jogo já estava ganho de goleada. A impressão que dava era a de que todas as 85 mil pessoas que compraram ingresso estavam lá apenas para assisti-la. Bastava mandar um *"I love you, Rio"* ou algo como "é um sonho estar aqui", que a plateia urrava de satisfação. Em quase duas horas de duração, a cantora mandou todos os seus hits, além de lados B. Começou emendando "Run the World (Girls)" e "End of Time", e passou por tudo o que tinha direito. Em alguns momentos, o show parecia um filme de Hollywood, em outros, um musical da Broadway. Acompanhada por uma banda formada apenas por mulheres, Beyoncé meteu um trecho de "Bittersweet Symphony", do The Verve, durante "If I Were a Boy", enquanto que "Naughty Girl" ganhou citação de "Love to Love You Baby", de Donna Summer. As referências eram as mais variadas, incluindo uma homenagem a Whitney Houston (morta em 2012), com uma versão de "I Will Always Love You", de Dolly Parton. Sucessos como "Love on Top", "Crazy in Love" e "Irreplaceable" também não faltaram. Após "Halo", tudo terminou em funk, com versos de "Passinho do volante", do mc Federado & Os Lelekes. "Ah lelek lek lek…"

Enquanto Beyoncé partia para um descanso em uma mansão em Trancoso, alugada pela bagatela de 1 milhão de dólares por dez dias, o Rock in Rio continuava, assim como o calor. Os problemas de acesso, ainda bem, diminuíram. Valia de tudo para chegar à Cidade do Rock, aliás. Algumas dezenas de pessoas tentaram, em vão, entrar no festival via barco, através do braço de água localizado ao fundo do Palco Mundo. No Sunset, o som começou com BNegão e os Autoramas, que transformaram o Rock in Rio em Garage, a famosa casa de shows na Praça da Bandeira que revelou tantas bandas nos anos 1990. Cerca de duzentas pessoas curtiram o repertório que uniu clássicos como "A verdadeira dança do patinho" (de BNegão) à recente "Auto boogie" (parceria com os Autoramas), além de covers como "Walk on the Wild Side" (Lou Reed) e "Wild Thing" (Jimi Hendrix). O show terminou com "Surfin' Bird", dedicada a Marky

Ramone, que subiu no palco logo depois para executar impressionantes 26 canções em 56 minutos de show, ao lado de Michale Graves, ex-vocalista dos Misfits. Agora era a vez do rockódromo se transformar em CBGB, a lendária casa de Nova York onde o punk reinou, ao som de "Rockaway Beach", "Teenage Lobotomy" e "Rock and Roll High School". Ao final, o grito só podia ser um: *"Hey, ho, let's go!"*.

Depois dos Ramones, Raul Seixas. Os Detonautas, com participações de Zeca Baleiro e Zélia Duncan, lideraram um tributo em homenagem ao roqueiro baiano, repleto de palavras de ordem proclamadas pelo vocalista Tico Santa Cruz, que vestia uma camiseta com a imagem do personagem Anonymous, do filme *V de Vingança* (2005), símbolo das manifestações Brasil afora. "Quem está mascarado é quem vota secreto no Congresso Nacional. Tenho certeza de que, se Raul Seixas estivesse vivo, ele estaria nas ruas se manifestando junto com o povo brasileiro", garantiu o cantor antes de mandar "Eu nasci há dez mil anos atrás". O público entendeu o recado e mandou o governador do Rio de Janeiro, Sérgio Cabral, para aquele lugar.

Os protestos continuaram quando, às 18h30, o Capital Inicial pisou no Palco Mundo, em sua quarta apresentação no festival. "Os caras do Congresso olham aqui para baixo e veem o povo assim", disse Dinho Ouro Preto, colocando um nariz de palhaço, antes de cantar "Saquear Brasília", do recém-lançado álbum *Saturno* (2012), de onde saíram mais duas canções do setlist. Dentre sucessos do Capital e do Aborto Elétrico, Dinho cantou "Só os loucos sabem", em homenagem a Chorão (morto em março) e Champignon (que se suicidara cinco dias antes do show), que integravam o Charlie Brown Jr. "É difícil entender o que aconteceu. Só sei que a gente tinha muito respeito por essa banda", falou Dinho antes da música. "Veraneio vascaína", do Aborto, encerrou a apresentação em altíssima octanagem.

A intensidade também marcou presença no show do The Offspring no Palco Sunset. "Acabamos de participar de um festival em que o Metallica tocava num palco maior na mesma hora. Ficamos preocupados, mas juro que havia fãs esperando a gente", brincou o guitarrista Noodles em entrevista ao jornal O Globo. Para o Rock in Rio, ele não teria com o que se preocupar. O espaço do Sunset ficou pequeno para tanta gente que queria ver a estreia da banda californiana no festival. Liderada por Dexter Holland, a banda atacou sucessos como "Come Out and Play" e "Why Don't You Get a Job?". Foi como se todo mundo tivesse sido transportado de volta para a década de 1990. Após "The Kids Aren't Alright", o grupo voltou para um catártico bis ao som de "Self Esteem", com a participação de Marky Ramone.

Para muita gente, após o The Offspring, o ingresso já tinha valido a pena. Mas quem queria mais teve a Thirty Seconds To Mars no Palco Mundo. Liderada pelo galã de Hollywood Jared Leto, a banda entregou o que os fãs queriam. "Podem esperar insanidade total, um clima mágico. Temos uma grande expectativa, já que sabemos que o público no Rio é um dos melhores do mundo", disse o cantor que havia se apresentado na cidade dois anos antes. "Temos muito orgulho de tocar no Rock in Rio, esse lendário festival de que vínhamos querendo participar desde que éramos adolescentes. Ouvimos falar dele por causa de bandas de heavy metal como o Iron Maiden." Jared Leto tinha acabado de interpretar um transsexual HIV positivo no filme *Dallas Buyers Club* (2013), e sua banda tinha posto nas lojas o álbum *Love Lust Faith + Dreams* (também de 2013). No repertório do show, canções como "Birth", "This is War" e "The Kill (Bury Me)", mas o que ficou na memória mesmo não foi a música em si, mas o passeio de tirolesa de Jared Leto no meio do show. Afinal de contas, não esqueçamos, o cara é ator também.

Já Florence Welch, líder da Florence and the Machine, não é atriz, mas poderia ser a personagem principal de um remake do filme *As brumas de Avalon*, baseado no livro de Marion Zimmer Bradley. Quem habitava o planeta Terra e era vivo em 2009 escutou em algum momento "Dog Days Are Over", o maior sucesso da carreira da fada ruiva psicodélica, que já havia lançado os álbuns *Lungs* (2009) e *Cerimonials* (2011). O show no Rock in Rio, inclusive, marcaria o fim da *Cerimonials Tour*, que havia percorrido cinco continentes. O cenário, simulando vitrais de uma igreja, já dava uma ideia do que seria o show. E quando Florence entrou, com pés descalços, vestido esvoaçante e cabelos cor de fogo, tudo parecia mais um ritual ao som de música etérea, com direito a harpa e um órgão de igreja. "Only If for a Night" foi a deixa para canções que eram recebidas como hinos religiosos pelos fãs. "Estamos muito felizes por estar aqui hoje. E, em troca, só vamos exigir alguns sacrifícios humanos", explanou Florence, antes de pedir que as pessoas levantassem aqueles que amam nos ombros. Durante "Shake it Out" e "Spectrum (Say My Name)", fãs choraram na grade em frente ao palco. A catarse final aconteceu ao som de — o que mais? — "Dog Days Are Over". Nem o fato de a vocalista ter cantado as músicas em um tom mais baixo do que as gravações originais fez diferença. O show da Florence and the Machine foi considerado por parte da imprensa um dos melhores do Rock in Rio 2013. Mas se, no palco, Florence conquistou todo mundo, fora dele, não foi bem assim. Os fãs que fizeram vigília na porta do hotel Fasano, em Ipanema, não se conformaram com a falta de atenção da cantora e não pouparam xingamentos toda vez que ela cruzava a porta do hotel.

Se o show de Florence mais parecia um filme passado na Idade Média, o seguinte poderia ser uma ficção científica para Ridley Scott nenhum botar defeito. Era a vez do Muse, que estava lançando o álbum *The 2nd Law* (2012) e trazia o seu show futurista para a Cidade do Rock. Fortemente inspirado em bandas como o Queen e o Led Zeppelin, o trio formado por Matt Bellamy (vocal, guitarra e teclados), Chris Wolstenholme (baixo) e Dominic Howard (bateria), no palco, mais parecia um grupo de dez integrantes, tamanha a potência do som. Voltando ao país dois anos depois de abrir shows do U2 em São Paulo, o grupo não se preocupou em fazer concessões e executou nada menos do que sete canções do novo álbum. Sem problema, os fãs pareciam conhecer uma a uma, cantando tudo de cor e salteado. A apresentação teve início com uma delas, "Supremacy", e como o Muse não é bobo nem nada, emendou logo com "Supermassive Black Hole", um de seus maiores sucessos, para ganhar a plateia de vez.

Em cerca de noventa minutos, o trio, pelo menos no início, apostou em músicas mais dançantes, como "Hysteria" e "Stockholm Syndrome", que ainda ganhou o *riff* de "Freedom" (do Rage Against the Machine). Na hora de ir para o piano cantar "Feeling Good" (sucesso na voz de Nina Simone), Bellamy abusou dos falsetes. Depois disso, o clima *sci-fi* retornou ao som de "Follow Me", "Madness" e, já no bis, "Uprising" (quando o vocalista foi pra galera e voltou enrolado com a bandeira do Brasil) e "Starlight", todas elas com aqueles refrões grandiosos que o Muse sabe cometer tão bem. "Knights of Cydonia", em um segundo bis, fechou a tampa. Alvo de desconfiança quando foi escalado para encerrar uma noite de Rock in Rio, o Muse mostrou que tinha capacidade de sobra para cumprir o papel com louvor.

O último dia do primeiro fim de semana do Rock in Rio 2013 começou de forma inusitada. Se no sábado tentaram invadir o rockódromo via água, no domingo foi via ar. Um rapaz partiu da Pedra Bonita, em São Conrado, e voou 25 quilômetros de parapente até a Cidade do Rock. Infelizmente, o plano falhou, e o sujeito foi retirado do local por seguranças. Pelo menos deve ter causado inveja às pessoas que aguardavam a sua vez de voar na tirolesa — o aviso digital do brinquedo indicava seis horas de espera.

Quem não perdeu tempo na fila do brinquedo pôde testemunhar o que talvez tenha sido o dia mais interessante do Palco Sunset nesta edição do festival. A cantora portuguesa Aurea, discípula de Amy Winehouse, se juntou ao grupo The Black Mamba, do mesmo país. O show foi bom, só não precisava o vocalista Pedro Tatanka ter se comunicado em inglês com a plateia. Nando Reis e Samuel Rosa, duas máquinas de hits, entraram em seguida para apresentar músicas famosas ("N", "All star", "Ali") e não tão conhecidas ("Pré-sal", "O que eu só vejo em você"). Antes de "Marvin", clássico da época dos Titãs, Nando mandou o recado: "Todos aqueles que acham que a gente tem que fazer esse país ficar melhor levantem as mãos". Pena que foi rápido. Somados os sucessos dos dois, daria para ficar no Sunset até o dia seguinte.

Mas era a hora da neozelandesa Kimbra se juntar ao Olodum para uma mistura tão bizarra quanto interessante. A cantora, com o seu saiote vermelho estilo Katy Perry parecia estar possuída pelo batuque do grupo percussivo baiano. A versão de "They Don't Care About Us", de Michael Jackson, provou, por mais estranho que possa parecer, que a Nova Zelândia tem um pouco de Pelourinho. E vice-versa. Ao mesmo tempo, o Jota Quest retornava ao Palco Mundo depois de dois anos. Nada de muito diferente (como de costume, "Na moral", "Além do horizonte", "O sol"...), apenas a participação especial de Lulu Santos, que entrou de surpresa no palco no fim da apresentação para cantar o seu clássico "Tempos modernos".

No fim das contas, quem ficou quieto no Sunset esperando o encontro de George Benson e Ivan Lins se deu melhor. Vinte e oito anos depois da primeira edição do Rock in Rio, os dois relembraram juntos "Dinorah, Dinorah". Benson guardava boas lembranças: "Há muitos anos, no primeiro Rock in Rio, cantamos juntos essa música para 350 mil pessoas. Agora, estamos felizes de cantá-las para vocês". O público se deliciou com "In Your Eyes" e "Novo tempo". Antes dessa, Ivan mandou o recado: "É muito bom vê-los aqui, se divertindo. Mas, acabado o Rock in Rio vamos para os nossos deveres. As ruas também esperam por vocês". Durante a música, ainda reforçou os versos "Estamos nas ruas/ Quebrando as algemas/ Pra nos socorrer". Foi aplaudidíssimo. "Vitoriosa", por sua vez, foi a responsável pelo maior coro do Sunset neste primeiro fim de semana de Rock in Rio. Depois de cantar a última do show, "On Broadway", George Benson chorou. Parte da plateia também — de nostalgia e de deleite.

No Palco Mundo, a cantora britânica Jessie J apresentou um show dançante e pasteurizado com destaque para o seu maior sucesso "Price Tag". Alicia Keys, por sua vez, deu uma aula de classe, dentro e fora do palco. Alicia é daquele tipo raro de cantora pop que sabe que não precisa exagerar no vibrato na voz feito uma galinha cacarejando. Além do mais, toca um piano pra lá de elegante. Já na segunda música do setlist, ela provou tudo isso ao executar "You Don't Know My Name" — e, mais tarde, em "A Woman's Worth" e "No One". O seu figurino também é digno de registro: um top azul frente única, calça preta justa, salto alto, gargantilha e cabelo chanel. "Fallin'" contou com a presença de Maria Gadú, antes do show pegar fogo de vez com "New Day" e "Girl on Fire" até culminar em "Empire State of Mind, Part II: Broken Down", quando o Rio de Janeiro virou Nova York durante cinco minutos. *"Big lights will inspire you tonight in Rio"*, ela cantou para delírio da massa. Aquela noite de Rock in Rio não poderia ser melhor resumida.

No dia seguinte ao show, Alicia publicou uma carta em seu site oficial: "Querido Brasil, estou apaixonada por você. [...] Me senti em casa aqui! O calor é minha companhia, a música é minha inspiração e eu agradeço vocês todos por me receber tão bem neste lugar fenomenal". E finalizou: "Estou ansiosa para sermos amigos por um longo tempo". De fato, a artista aproveitou a sua estada. Ela chegou ao Rio alguns dias antes para comemorar o aniversário de seu marido, o rapper Swizz Beatz, levou o filho para uma roda de capoeira, na Praça XV de Novembro, no Centro, e ainda visitou a casa de samba Carioca da Gema, na Lapa, após um jantar em Santa Teresa com

Matt Bellamy, do Muse, e sua mulher, a atriz Kate Hudson. As boas vibrações se refletiram no melhor show da noite de domingo do Rock in Rio.

Tanto que ficou difícil para Justin Timberlake. O desejo de Roberta Medina era mesmo contratar um outro artista pop. "Uma das minhas maiores vontades era trazer Robbie Williams ao Rock in Rio, mas sei que não tem público para isso aqui." Mas Justin Timberlake, ao seu modo, honrou o posto de *headliner*. Um dia antes do show, ele já mandou o recado: "Eu vou estar me divertindo no palco, se não for divertido, a culpa será de vocês". Era a sua segunda apresentação no festival, mas agora as coisas eram bem diferentes. Em 2001, ele namorava Britney Spears e fazia parte do 'N Sync. Doze anos depois, ele mostrava a sua faceta de artista sério, embora as exigências para o camarim fossem de banda teen: chicletes, balas mastigáveis e caramelos. Em março, ele havia lançado a primeira parte do álbum *The 20/20 Experience*. Duas semanas após o show, seria a vez do volume 2, e a turnê só começaria em novembro. Então, para o Rock in Rio, Timberlake trouxe um show genérico — um apanhado de sucessos — que acabou decepcionando muita gente. Até dava a impressão de que o cantor queria mesmo era promover o seu novo filme, *Aposta máxima*, que estrearia no Brasil em três semanas. "É um jogador que vive um dilema moral. Quer ser direito, mas é levado a fazer coisas ruins. No final, tem de arriscar tudo", Timberlake resumiu o filme em uma pomposa coletiva de imprensa no Copacabana Palace, onde o que menos se falou foi sobre o show. Sinal dos tempos.

Na Cidade do Rock, o cantor subiu ao palco meia hora atrasado, com um estilo despojado, quase carioca: violão, camisa branca, calça preta e um chapéu fedora. Se a crítica reclamou da ausência da nova "Strawberry Bubblegum", os fãs deliraram com sucessos como "Like I Love You", "Pusher Love Girl", "Cry Me a River" e "Señorita". Já "FutureSex/LoveSound" ganhou o acompanhamento de "Need You Tonight", do INXS, e "Rock Your Body" foi sucedida por "Shake

Your Body", do The Jacksons. O show terminou com "SexyBack" e, duas horas depois, Timberlake já estava em seu jatinho particular voltando para os Estados Unidos. Ele devia ter assuntos mais importantes para resolver.

26. "OLÊ, OLÊ, OLÊ, OLÊ! BRUCÊ! BRUCÊ!"

SEGUNDA SEMANA DE ROCK IN RIO 2013. A combinação shortinhos + camisas de paetê ou vestidos vaporosos dos primeiros dias deram lugar às camisas e casacos de couro pretos. Sim, a noite do metal estava de volta! E, pra começar, Ivete Sangalo foi vaiada. Calma. Ela não se apresentou no Palco Mundo cantando uma versão de "B.Y.O.B.", mas surgiu no telão em um vídeo institucional no qual a organização fez um balanço dos três primeiros dias de festival. O calor continuava insuportável, apesar da previsão de chuva que não veio. No quesito civilidade, os metaleiros continuavam dando show. Até o meio da noite, apenas quarenta ocorrências contra uma média de cem nos três primeiros dias.

O Palco Sunset abriu os trabalhos com o encontro do guitarrista californiano Roy Z com as bandas República e Dr. Sin. Em seguida, os grupos brasileiros Almah e Hibria uniram forças antes de Sebastian Bach abusar dos seus já cansados agudos em clássicos de sua antiga banda, o Skid Row, como "Slave to the Grind", "18 and Life" e "I Remember You". Rob Zombie, ex-líder do White Zombie e em carreira solo desde 1998, que não se apresentava no Brasil havia dezoito anos, veio em seguida e não fez por menos. Rosto pintado, dreadlocks, roupa de couro com detalhes metálicos... Todos os clichês do metal turbinados pelo fato de Zombie também ser diretor de cinema. Um show sujo e pesado em um palco decorado com imagens macabras e eróticas ao mesmo tempo que os telões despejavam cenas de filmes B do terror. De lambuja, clássicos como "Superbeast" e "More Human Than Human".

Rob Zombie encerrou a programação no Sunset, e o Sepultura, ao lado do grupo francês Les Tambours du Bronx já começou a fazer barulho do outro lado após um merecido upgrade. Se dois anos atrás eles estavam no palco menor, agora era a vez do principal. "Finalmente o dia do metal chegou", eis as palavras de boas-vindas de Andreas Kisser seguidas por alguns palavrões. O grupo mandou logo de cara "Kaiowas", faixa ainda da época de Max Cavalera, que fez a ponte do thrash metal da banda com a percussão indígena. Ao mesmo tempo, o telão mostrava índios antes de anunciar as palavras "Belo Monte", em protesto contra a instalação da usina de mesmo nome. Kisser ecoou: "Todo mundo de punho cerrado pra cima! Vamos mostrar que o Brasil não está dormindo. Muda Brasil!". "Refuse/Resist" veio acompanhada por imagens de conflitos entre manifestantes e policiais. O encerramento com "Roots Bloody Roots" foi o sinal para a abertura de dezenas de rodas de pogo na plateia.

O Ghost foi a próxima atração. Aliás, em termos visuais, o grupo sueco faz com que o Slipknot pareça brincadeira de criança. A começar pelo vocalista Papa Emeritus, uma mistura de zumbi com máscara de caveira, trajando túnicas e símbolos religiosos, com direito a um cajado. Os demais integrantes, todos encapuzados, não têm nomes. O som é lento e pesado (num estilo semelhante ao do Black Sabbath), com espasmos de canto gregoriano. As letras, por sua vez, ficam entre o inglês e o latim — não que Papa Emeritus não tenha arriscado um português bem honesto com a plateia. Como não poderia deixar de ser, o Ghost fez do rockódromo uma missa campal baseada nas faixas dos álbuns *Opus eponymous* (2010) e *Infestissumam* (2013). Mesmo sem ter noção das letras, os fãs deliraram com canções como "Per aspera ad inferi" e "Con clavi con Dio", cujas letras eram declamadas ao embalo de guitarras demolidoras. Antes da última música, "Monstrance Clock", o vocalista pediu para a plateia cantar o refrão. "Vamos juntos para o filho de Lúcifer", bradou. Quem teria coragem de não obedecer ao Papa Emeritus?

A maioria do público presente na Cidade do Rock estava lá mesmo para ver o Metallica, mas, assim como o Ghost, a atração seguinte surpreendeu. O Alice in Chains chegava ao Brasil sob desconfiança. Em 1993, quando tocou no festival Hollywood Rock, a banda estava em seu auge. Tinha acabado de lançar o álbum *Dirt* (1992) e chegava por aqui como um dos expoentes do movimento grunge, tocando no mesmo evento que o Nirvana. Nos anos seguintes, a banda ainda lançou um bom disco (*Alice in Chains*, de 1995), mas o vocalista Layne Stanley não segurou a onda — morreu, vítima de overdose em 2002, aos 34 anos de idade. A banda entrou em hiato e, em 2009, lançou *Black Gives Way to Blue*, com o vocalista William DuVall. Cheio de músicas boas, era a prova de que o Alice in Chains não seria apenas um cover de si mesmo.

Quando veio ao Rock in Rio, o grupo já tinha posto mais um disco nas lojas, *The Devil Put Dinosaurs Here* (2013), mas o álbum mais lembrado foi mesmo aquele de 21 anos antes. Só que, ao contrário do Hollywood Rock, o grupo fez um show pra cima. Se as canções eram as mesmas (das treze executadas, seis foram de *Dirt*), o clima era outro. O grupo começou logo com duas pedradas de 1992: "Them Bones" e "Dam That River". As rodinhas se abriram na mesma proporção que a guitarra de Jerry Cantrell grunhia. DuVall, além de cantar muito, se comunicou bastante com o público. Para encerrar, mais três seguidas do mesmo álbum: "Down in a Hole", "Would?" e "Rooster". No final, os fãs do Ghost e do Metallica se renderam. "Man in the Box", primeiro sucesso do Alice in Chains, ganhou um coro tão merecido quanto monumental.

Cabia ao Metallica encerrar, mais uma vez, a catarse do metal. E, novamente, ele não tinha tempo a perder. O grupo veio diretamente do aeroporto para a Cidade do Rock. Perguntado por um repórter, de qual país estava chegando, o baixista Robert Trujillo não soube responder — era a Dinamarca. Antes da apresentação, a banda deu uma entrevista para divulgar o filme *Through the Never*, que seria exibido no Festival do Rio e entraria em cartaz em outubro. "Não, não sou um astro do cinema. E nem do rock, aliás", disse James Hetfield, entre risos. "Mas há anos queríamos fazer um filme do Metallica em 3-D. Foi um pouco assustador entrar nesse universo do cinema que não é o nosso", confessou o músico, que também se lembrou da apresentação de dois anos atrás no rockódromo. "O show foi emocionante. Foi uma noite especial. Vocês, sul-americanos, têm ótima memória, quando se trata de pessoas. Cliff estava lá conosco em espírito. Tocamos 'Orion', que é a composição dele por excelência." Ele também deu dicas sobre o próximo álbum do Metallica: "Não estamos em casa comendo pipoca. Estamos reunindo ideias para o disco, acho que vamos para o estúdio ainda este ano, para tentar lançar em 2014". (*Hardwired... to Self-Destruct* só chegou às lojas em novembro de 2016).

Para muitos, o Metallica apresentou o melhor show da edição 2011 do Rock in Rio. Em 2013, a apresentação em si não foi muito diferente. Aos 35 minutos já do dia 20 de setembro, os alto-falantes foram acionados com a música orquestral "The Ectasy of Gold", de Ennio Morricone, e o telão exibiu um clipe do filme *Três homens em conflito* (1966), de Sergio Leone. A plateia solfejou e o Metallica atacou, de cara, com "Hit the Lights", faixa de abertura do álbum de estreia do grupo, *Kill 'Em All* (1983). Era o início de uma viagem no repertório do Metallica para 85 mil pessoas. Sem tempo para respirar, o grupo emendou com "Master of Puppets" e "Holier Than Thou". Não precisava fazer mais muita coisa. "Estamos vivendo nosso sonho aqui", agradeceu Hetfield. Kirk Hammett também já se sentia íntimo dos cariocas. Após um solo avassalador em "Harvester of Sorrow", perguntou: "Está bom para vocês? Estamos tocando alto o bastante?". Ele ainda brincou tocando o tema do filme *Star Wars*, composto por John Williams, antes da balada (para padrões metálicos, que fique claro) "The Day That Never Comes", a única de *Death Magnetic* (2008), o último disco lançado, no setlist. Após o encerramento com "Seek & Destroy", a banda rumou ao aeroporto. A vida do Metallica é dura.

No dia seguinte, Roberto Medina estava preocupado com o tempo. Ao que tudo indicava, a chuva que estava ameaçando a Cidade do Rock havia alguns dias, agora ia chegar pra valer. A fim de se precaver, o empresário contratou os serviços da médium Adelaide Scritori para incorporar o espírito do Cacique Cobra Coral. Deu certo. O sol continuou brilhando em Jacarepaguá e seis itens da lista de exigências do Bon Jovi certamente ficaram sem utilidade: dois esfregões, duas vassouras e dois rodos gigantes. O tempo bom fez com que o rockódromo se transformasse em um piquenique. No palco montado na Rock Street, mais um casamento. Daniele Sant'Anna estava entre as "convidadas" do casamento que rolou na Cidade do Rock em 2011. Mais: ela agarrou o buquê arremessado. Mais ainda: ela que estava se casando na Rock Street em 2013. Poucos meses antes, Daniele entrou em contato com a produção do Rock in Rio e enviou um dossiê para provar que ela que tinha agarrado o buquê. Ganhou a autorização e oficializou o casamento com Alan Costa, seu namorado havia sete anos.

A banda portuguesa The Gift inaugurou o Palco Sunset ao lado do grupo brasileiro Afro Lata, espécie de costela do coletivo Afro-Reggae. Depois, a cantora Mallu Magalhães se uniu à poderosa Banda Ouro Negro, criada por Mario Adnet e Zé Nogueira para interpretar o repertório do maestro Moacir Santos. "Pode parecer loucura eu ter chamado a Ouro Negro, que pouca gente conhece, mas eu acredito muito no público do Rock in Rio. Ele vai gostar", garantiu Mallu. E gostou mesmo, ainda que houvesse pouca gente assistindo. Em seguida, a banda norte-americana Grace Potter and the Nocturnals se juntou ao músico e surfista californiano Donavon Frankenreiter.

No Palco Mundo, mais uma dose de Frejat, dessa vez com a nova turnê *O amor é quente*. Ele subiu ao palco às 18h30 para a sua quarta aparição no festival. Começou atacando de MPB, com "Divino maravilhoso" (Gil e Caetano), "A minha menina" (Jorge Ben Jor) e "Não quero dinheiro", de Tim Maia, "meu cantor favorito", nas palavras de Frejat. Claro que também teve "Maior abandonado", "Amor pra recomeçar", "Por que a gente é assim?" e "Pro dia nascer feliz", porque show de Frejat não é show de Frejat sem essas músicas. Ao mesmo tempo, seu ex-parceiro de Barão Vermelho, o baixista Rodrigo Santos tocava na Rock Street. Quando ele anunciou Serguei para acompanhá-lo em "Satisfaction", o palco quase foi abaixo quando dezenas de pessoas subiram para agarrar o ícone do rock brasileiro. Até as calças de Serguei caíram. A segurança não deu conta e um produtor entrou para erguê-las enquanto o cantor mandava os versos dos Rolling Stones. "O cara mais rock and roll que eu conheço está aqui com a gente", disse Rodrigo Santos. Acertadamente.

Que o Palco Sunset oferece ótimas surpresas ninguém duvida. Mas trazer Ben Harper e Charlie Musselwhite para um show conjunto merecia uma placa no rockódromo. Era a vez do blues na Cidade do Rock, que ainda contava com a presença do skatista Bob Burnquist na plateia. No início do ano, o cantor de 43 anos e o veterano gaitista de 69 tinham lançado o disco *Get Up!* e estavam em turnê pelo mundo. Mas aqui no Brasil esse é o tipo de show que só poderia acontecer no Palco Sunset mesmo. "Um imaginário passeio pelo Delta do Mississippi e pelas esquinas de Chicago, onde o segundo aprendeu os códigos secretos do blues", escreveu Carlos Albuquerque, em *O Globo*. O show teve início com a faixa-título do álbum para depois rolar "I Don't Believe a Word You Say". Em seguida, Charlie cantou "The Blues Overtook Me" para provar que o blues alcançou a todos mesmo. Não teve "Boa sorte/ Good luck" ou "Diamonds on the Inside", mas nem precisava. A dupla encerrou com algo muito melhor: uma arrepiante versão de "When the Leeve Breaks", canção eternizada pelo Led Zeppelin.

No Palco Mundo, o público era bem diferente para ver os shows do Matchbox Twenty e do Nickelback. O primeiro, liderado por Rob Thomas, arriscou músicas mais agitadas, como "Jumpin' Jack Flash", dos Rolling Stones, além da autoral "Push". Já o Nickelback, com mais de 50 milhões de discos vendidos, fez sua estreia na América do Sul. Famosa por baladas mais enjoativas do que doce de leite, a banda canadense estava aflita para se apresentar no país. "Era algo que vínhamos querendo fazer há muito tempo, mas que não aconteceu por uma série de razões", disse o baixista Mike Kroeger, que garantiu não se importar com as críticas. "Aprendemos desde cedo a não ligar para o que se diz sobre nós, buscamos não internalizar as críticas. Não tocamos para todos os outros, mas para os nossos fãs." A banda, que já tinha sete álbuns no currículo, fez um show mais barulhento do que o Matchbox Twenty, e mesmo as baladas mais românticas ganharam peso, casos de "Photograph" e "Far Away".

Ao Bon Jovi cabia a missão de encerrar a noite, logo após o set do DJ Paul Oakenfold na tenda eletrônica. Muita gente duvidava que a banda de Nova Jersey conseguisse realmente se apresentar. O guitarrista Richie Sambora deixara definitivamente o Bon Jovi dois meses antes, e o baterista Tico Torres teve que ser submetido a duas cirurgias de emergência às vésperas da apresentação. Tinha fã que argumentava que o show deveria ser anunciado como uma apresentação solo de Jon Bon Jovi. Mas o tecladista David Bryan estava lá, assim como os sucessos "You Give Love a Bad Name", "Livin' on a Prayer" e "Wanted Dead or Alive". Pena que as músicas mais recentes do fraco álbum *What About Now* (2013) dispersaram o já cansado público. Nenhum problema em um artista apresentar novidades no palco. Pelo contrário, é saudável. Desde que as novidades sejam boas.

O show começou com a nova "That's What the Water Made Me", e as que vieram em seguida, todas dos anos 1980, deram a impressão de que o show engrenaria, mas não foi o caso. Logo vieram um punhado de canções desconhecidas, e nem uma "It's My Life" aqui ou uma

"Keep the Faith" acolá levantaram o rockódromo de verdade. Certamente quem tem as melhores recordações da noite é a fã Rosana Guedes, que subiu no palco durante "Who Says You Can't Go Home" com uma faixa pedindo um beijo do ídolo, e ganhou cinco. O show terminou com "Always" e Jon Bon Jovi provavelmente não conseguiu escutar a plateia que implorava por "Born to Be My Baby". Nos camarins, a banda foi das que menos deu trabalho. Pediu apenas vinho tinto italiano, leite de baunilha, iogurte com granola, amêndoas sem sal, pretzels, água Evian e Gatorade de limão. Tudo bem diferente do que a coordenadora de backstage Ingrid Berger teve que aturar quando atendeu Whitney Houston, que fazia questão de só pisar em cima de toalhas brancas. "Mesmo de sapato. Eu tinha que deixar sempre um funcionário jogando toalhas no chão a cada passo que ela dava", relembrou.

"Tem um cantor famosão vindo aí, parece que é a aposta do festival", disse um cambista a um repórter do *Estado de S. Paulo* na manhã do dia 21 de setembro, antes dos portões da Cidade do Rock abrirem para o penúltimo dia de Rock in Rio. O tal "cantor famosão" era Bruce Springsteen. E nem o calor excessivo — sensação térmica de 38ºC — afastaria os fãs de verem a lenda do rock pela primeira vez no Rio de Janeiro. No rockódromo, eles se misturavam democraticamente à garotada sarada de pele bronzeada que queria ver o John Mayer. Na entrada, todos eles se divertiam ao som da Orquestra Voadora na Rock Street. Parecia que todo mundo queria mesmo era ver Mayer ou Springsteen naquele dia. Um grupo de amigos alugou um barco cheio de bebidas e acepipes para assistir (ou melhor, escutar) os shows do lago atrás do palco. Já um sujeito queria mesmo era conforto. A tenda que cobre a área vip, em determinado momento, começou a se mover. A segurança foi chamada e o segredo foi logo revelado. Tratava-se de um penetra que queria dar uma espiada no local e, quem sabe, dizer "hoje é dia de Bruce, bebê". Não deu tempo, ele foi retirado da área.

O Palco Sunset foi inaugurado com o encontro da Orquestra Imperial com o rapper italiano Jovanotti. O povo caiu no samba ao som de Wilson das Neves, Emanuelle Araújo e Nina Becker, entre outros. No repertório, Novos Baianos, Chico Buarque e Tim Maia. Em seguida, Moraes Moreira, Pepeu Gomes e Roberta Sá continuaram homenageando os Novos Baianos. A cantora, inclusive, usou uma camisa com a imagem de Baby do Brasil. Em meio a "Mistério do planeta", "Preta pretinha" e "Brasil pandeiro", Moraes recitou um texto relembrando o período ditatorial durante o qual os Novos Baianos iniciaram a sua caminhada: "Apesar de tudo isso, a banda, com tudo em cima, levantou a autoestima do nosso imenso país". Na cozinha, os irmãos Didi (baixo) e Jorge Gomes (bateria), que também estavam no palco com Pepeu em 1985. O guitarrista Davi Moraes, o grande habitué do Rock in Rio, também marcou presença. A festa continuou com Ivo Meirelles, Fernanda Abreu e Elba Ramalho ao lado da bateria da Mangueira. Se lembram do show de Lobão em 1991? Dessa vez não teve latada. Pelo contrário. Os batuqueiros entraram com máscara de black bloc e do anarquista do filme *V de Vingança* e fizeram uma leitura do Hino Nacional para emendar com "Pescador de ilusões" (O Rappa), "A namorada" (Carlinhos Brown), "Sex machine" (James Brown), "Vou festejar" (clássico na voz de Beth Carvalho), entre outras, em um roteiro que ainda teve direito a "Frevo mulher" (com Elba) e "Rio 40 graus" (com Fernandinha).

 O Skank abriu o palco principal com um replay do show de 2011. O repertório contou com "Vou deixar" e "Três lados", durante a qual as camisetas rodaram feito hélices no rockódromo. Mais uma vez, Samuel Rosa chamou a "velha conhecida" da plateia "Jackie Tequila" e encerrou o show com a versão de "Vamos fugir" de Gilberto Gil. De diferente, as participações de Nando Reis e de Emicida, bem como a mensagem política antes de "É proibido fumar": "Maconha é proibido, mas mensalão pode fazer de novo, né?". Em seguida foi a vez do pior show da noite, quiçá de toda a história do Rock in Rio

— rivalizando de perto com o de Aaron Carter, em 2001. Ninguém sabia quem era Phillip Phillips, que surgiu no programa de calouros *American Idol*. Após as suas versões para "Thriller" (Michael Jackson) e "Let's Get it On" (Marvin Gaye), melhor seria que todos continuassem não sabendo de quem se tratava.

Contudo, o Palco Sunset apresentava uma boa opção. O Gogol Bordello, grupo liderado pelo ucraniano Eugene Hütz (e formado por equatorianos, alemães, russos, chineses e etíopes), colocou todo mundo pra pular com o seu punk anárquico cigano. Um circo se formou ao som de "Not a Crime" e "My Companjera", e, com o "velho amigo" Lenine, encerrou com "Pagode russo", de Luiz Gonzaga. Mais tarde, Lenine ainda fez uma apresentação solo para mostrar o seu trabalho *Chão* (2011), ao lado de Bruno Giorgi (baixo, guitarra e eletrônicas) e Jr. Tostoi (guitarra). O público entendeu as experimentações do músico pernambucano e aplaudiu bastante o show, que ainda teve direito a efeito *surround* no som, que, por sinal, funcionou muito bem no Sunset.

Lá do outro lado, era a hora da garotada gritar e chorar ao som de John Mayer, o guitarrista que iniciou a sua carreira como "a salvação do blues" para depois se transformar num compositor de músicas pop genéricas. O bom mocismo já vinha nas suas singelas exigências para o camarim: lixeiras de coleta seletiva e água em galões para evitar desperdício de garrafinhas plásticas. Mayer, "mais famoso pela coleção de namoradas, entre elas Taylor Swift e Katy Perry" (palavras da *Folha de S.Paulo*), foi recebido como superstar na Cidade do Rock. Para parte da plateia, ele era mesmo a atração principal. Pena que maioria dos seus fãs não sabia que, logo depois dele, um ícone subiria àquele mesmo palco, e foi embora mais cedo. Mas, para eles, valeu a pena. Mayer fez o dever de casa com a sua música para entreter. O roteiro variou entre o rock e o blues daquela forma meio capenga, com canções como "No Such Thing" (a primeira), "Stop This Train" (muito pedida pelos fãs) e o encerramento com "Gravity".

O êxodo dos fãs de John Mayer deixou o rockódromo mais vazio e confortável. Nas palavras de Roberto Nascimento, do *Estado de S. Paulo*, "era hora de as crianças irem para cama, e de Bruce Springsteen mostrar com quantos paus se faz uma canoa ao fim de um dia marcado por sonolência e picaretices musicais". A sua escalação, aliás, causou estranhamento entre os críticos que costumeiramente reclamam da repetição de atrações no Rock in Rio. A escolha dos artistas é baseada em pesquisas de marcado, no Ibope, nas ruas e nas redes sociais, mas Roberto Medina sempre arruma um jeito de trazer o seu coringa. Em 2001, Neil Young; 2011, Stevie Wonder; e, agora, Bruce Springsteen. "Fui eu quem quis trazer o Bruce, que vai ser o maior show deste Rock in Rio", disse o criador do festival. Bingo!

O músico, que dois dias depois do show, completaria 64 anos de idade, soube aproveitar a Cidade Maravilhosa. Tirou a bermuda laranja do armário para mergulhar na praia da Barra da Tijuca — com barriga e peitoral depilados, foi alvo de aplausos —, passou uma noitada na Lapa, caminhou pelo Arpoador, tocou violão no calçadão de Copacabana e ainda encarou uma churrascaria rodízio. Antes do show, no backstage, circulou livremente, conversou com outros artistas e jantou no próprio *catering* junto com os colegas de palco e da produção. O alto astral continuou em cima do palco. "Quando Springsteen tocar a primeira música, esses números de entrada vão sumir da memória de todos", cravou o jornalista Thales de Menezes, da *Folha de S.Paulo*. E provavelmente o que mais ficou na memória de quem teve a felicidade de estar presente naquela noite, foi o início do show. "Viva! Viva! Viva a sociedade alternativa!" Sim, Bruce Springsteen começou o show cantando Raul Seixas. Em bom português, registre-se. A primeira surpresa de uma noite cheia de surpresas.

"Badlands" veio em seguida com Springsteen descendo a mão em sua guitarra Fender descascada. Depois, "Death to My Hometown", com direito a bumbo, sanfona e violino. *"Can you feel the spirit?"*, perguntava Bruce durante "Spirit in the Night", clássico de seu primeiro álbum, *Greetings from Asbury Park, N.J.* (1973). A plateia acompanhou os versos de "Hungry Heart" (a música que Bruce compôs para o Ramones, mas que acabou ele mesmo gravando), com a E Street Band — destaque para Steven Van Zandt, Nils Lofgren e Jake Clemons — quebrando tudo. A essa altura, o cantor já tinha corrido pela fila do gargarejo, se jogado na galera, abraçado fãs, se banhado de água, falado português, cumprimentado os bombeiros na frente do palco... Enfim, um típico show de Bruce Springsteen. Os fãs não deixaram por menos: "Olê, olê, olê, olê! Brucê! Brucê!".

A retribuição veio em uma simples frase que valeu a vida de muita gente na Cidade do Rock. "Esta noite, algo especial para vocês... Vamos tocar o álbum *Born in the U.S.A.* inteiro." Se o show tivesse terminado na quinta música, já seria considerado o melhor da edição 2013 do Rock in Rio. Mas Bruce Springsteen ainda cometeu a proeza de tocar, faixa a faixa, na ordem, todas as músicas do seu álbum mais popular no Brasil. (Descrever o que foi ver Bruce Springsteen contando o *"one, two, one, two, three, four"* antes de Max Weinberg atacar o bumbo de sua bateria, vai muito além do possível.) Era parte da história do rock ao vivo em Jacarepaguá. "Cover Me", "No Surrender", "Bobby Jean", "Glory Days", "My Hometown"... Claro, teve "Dancing in the Dark" com direito a uma turma imensa convocada por Bruce para subir no palco. Se o show tivesse terminado depois da íntegra do álbum de 1984, já seria considerado o melhor desde a volta do Rock in Rio em 2011.

Acostumado a fazer shows que beiram as quatro horas de duração, Bruce queria cantar mais. Ainda faltava muita coisa, ora bolas, e ele emendou "Shackled and Drawn", "Waitin' on a Sunny Day", "The Rising" e "Land of Hope and Dreams". Durante a segunda, desceu do palco e estendeu o microfone para o italiano Ludovico cantar. Ele tinha dez anos e já tinha mais de oitenta shows do *The Boss* no currículo. O seu pai, até então, já tinha presenciado 275 apresentações de Bruce Springsteen. No fim, "Thunder Road", "Born to Run", "Tenth Avenue

Freeze-out" (o hino da E Street Band) e um medley unindo "Twist and Shout" a "La bamba", quando a produção detonou os fogos de artifício como quem diz "chega, Bruce, temos que trabalhar amanhã também". Na verdade, a produção tinha que trabalhar imediatamente. O show tradicional de um *headliner* de Rock in Rio negociado em contrato é de 105 minutos de duração e, apesar de haver uma flexibilidade, existe um limite de horário para que o palco fique livre para a montagem dos shows do dia seguinte. "É tudo no cronômetro. Por volta de três horas da manhã, os caminhões das bandas que se apresentarão horas depois já têm que ser descarregados, as luzes abaixadas... E quando chega duas e meia, três da manhã, a gente não pode fazer muita coisa. Já era combinado que o Bruce poderia tocar mais, mas os fogos foram para ele lembrar que existia esse limite", explicou o CEO Luis Justo.

Mesmo depois do show pirotécnico, Springsteen não se fez de rogado e voltou para mais um bis. Munido apenas de seu violão, encerrou com "This Hard Land", depois de quase três horas de show, o que foi até pouco para o "padrão Springsteen". Voltando ao jornalista Thales de Menezes, da *Folha de S.Paulo*: "Diferente do resto da programação de hoje, ver Bruce Springsteen no palco é uma experiência inesquecível". E é mesmo. Quem viu, viu.

O melhor show da história do Rock in Rio.

Nem precisava, mas ainda tinha o último dia de festival, quando seria a vez de outro Bruce brilhar. Um jornalista que foi entrevistado pelo jornal O *Globo* na véspera do início da quinta edição do Rock in Rio disse: "Pode mudar o nome do festival para Bruce in Rio!". O jornal não publicou a frase, mas agora ela está aí.

Para começar o dia, Andre Matos se juntou novamente ao Viper, e a banda alemã Destruction se uniu aos brasileiros do Krisiun para abrir o Palco Sunset. O Helloween trouxe como convidado o cantor e guitarrista Kai Hansen, que foi um dos fundadores do grupo e saiu em 1989. "Dr. Stein", "Future World" e "I Want Out" fez a festa dos saudosistas. No encerramento do palco dos encontros, o Sepultura se juntou a Zé

Ramalho. A banda mineira, dentro do possível, pegou um pouco mais leve, e todos saíram ganhando. O show mais pareceu um encontro de velhos amigos, com o Sepultura apresentando canções menos conhecidas (como "Dark Wood of Error" e "Dusted") ao lado de uma versão surpreendente de "Lama ao caos" (de Chico Science) que foi a deixa para a entrada de Zé Ramalho. "É uma grande honra, um grande privilégio dividir o palco com essa lenda, esse monstro da música brasileira", apresentou-lhe o guitarrista Andreas Kisser. Juntos, mandaram "Dança das borboletas" (que já tinha sido trilha do filme *Lisbela e o prisioneiro*, de Guel Arraes) e "Jardim das Acácias", para tudo acabar com "Admirável gado novo". No final das contas, ficou a sensação de que Zé Ramalho e a banda Sepultura nasceram um para o outro. Zépultura!

No Palco Mundo, a desconhecida Kiara Rocks segurou o tranco. "É uma mensagem para a molecada que monta sua banda, para não desistir. Até pouco tempo atrás a gente estava tocando em boteco, e agora tem essa revolução", disse o vocalista Kadu Pelegrini. A banda soube jogar e começou logo com "Ace of Spades", do Motörhead. Dentre composições próprias, ainda teve espaço para músicas do AC/DC, Ramones e Iron Maiden, com direito à participação especial de Paul Di'Anno, que cantou no Iron entre 1978 e 1982. O Slayer, integrante do *Big 4* do metal, ao lado do Metallica, Anthrax e Megadeth, veio em seguida. A banda californiana liderada por Tom Araya e Kerry King soltou treze músicas em um show furioso de cerca de uma hora de duração. O guitarrista Jeff Hanneman, morto em maio, vítima de cirrose aos 49 anos, foi homenageado em meio a clássicos como "Seasons in the Abyss", "At Dawn They Sleep" e "Angel of Death", que fechou a apresentação de estourar os tímpanos.

O Avenged Sevenfold, considerada uma das revelações do heavy metal, surgiu em seguida, a bordo do seu sexto álbum *Hail to the King*, lançado um mês antes. Apesar de ter mostrado muito peso, ficou difícil depois do Slayer. Além do grande impacto visual, a banda mandou boas canções do hardcore melódico, como "Critical Acclaim" e

"Buried Alive", além de "Fiction", que o baterista The Rev compôs pouco antes de morrer, vítima de overdose de medicamentos.

Enfim, o Iron Maiden, em seu 31º show no Brasil — não esqueçamos que essa história toda começou no dia 11 de janeiro de 1985. No Rock in Rio, seria a terceira vez da "Donzela de Ferro". Em 2001 a banda também marcou o evento e ainda aproveitou para gravar o DVD e CD ao vivo *Rock in Rio* (2002). "Talvez o futebol também faça parte dessa relação intensa com os brasileiros. A verdade é que não encontramos um entusiasmo como esse em nenhum outro país", disse Stevie Harris à *Folha de S.Paulo*. E completou: "O festival sempre teve uma importância vital em nossa carreira. Na primeira vez, demos suporte para a apresentação do Queen e aquele êxito foi extraordinário para nós. Em 2001, gravamos um DVD. O mais legal de tudo é que muita gente do país inteiro vai para nos ver. É um evento muito importante para o Iron Maiden". Para os brasileiros também. Sem disco novo desde *The Final Frontier* (2010), a banda estava em uma turnê comemorativa, relembrando os shows de 1988, quando lançou o álbum *Seventh Son of a Seventh Son*. O setlist privilegiou os clássicos da turnê registrada no vídeo *Maiden England* (1989), com apenas duas exceções: "Fear of the Dark" e "Afraid to Shoot Strangers", ambas constantes no álbum *Fear of the Dark* (1992).

Os fãs não tiveram do que reclamar. Rolaram a épica faixa-título de *Seventh Son of a Seventh Son*, com quase dez minutos de duração, além de "Moonchild", "Phantom of the Opera" (do álbum de estreia), "The Prisoner" e "Wasted Years", nas quais Bruce Dickinson, aos 55 anos, mostrou a melhor performance vocal do festival. "O mundo inteiro está vendo pela televisão, vocês não querem mostrar a eles o barulho que faz o público no Rio?", perguntou o cantor, antes de uma das dezenas de *"scream for me, Rio!"* berradas. Além da (excelente) música, houve uniforme de guerra e bandeira britânica durante "The Trooper", figurino de conquistador da América em "Run to the Hills", touca de aviador em "Aces High", labaredas, explosões, o monstro

Eddie... Isso tudo para termos a certeza de que um show do Iron Maiden também pode ser um videogame.

Foi nesse clima que o Rock in Rio 2013 se despediu. Até o fim do show do Iron, o festival já tinha reunido 7,1 milhões de pessoas em treze edições, quase a população inteira da Bélgica à época. Em 2014, haveria mais uma edição em Lisboa, com direito a um encontro histórico dos Rolling Stones com Bruce Springsteen para comemorar os dez anos da edição portuguesa. Em 2015, o festival estrearia em Las Vegas. Mas o principal mesmo estava agendado para setembro: a festa de trinta anos na Cidade do Rock em Jacarepaguá.

"Que a vida começasse agora..." Não é isso?

Mesmo que trinta anos depois.

27. "ERA ISSO QUE EU ESPERAVA E SONHAVA EM 1985..."

*"***EU PASSEI A GOSTAR DE HEAVY METAL,*** que eu não gostava", respondeu Roberto Medina quando perguntado sobre o que mudou em sua vida nos últimos trinta anos. Lógico que era apenas uma brincadeira. Três décadas depois, em 2015, o Rock in Rio soprava trinta velinhas após quinze edições: cinco no Brasil, seis em Portugal, três na Espanha e uma nos Estados Unidos, num total de mais de cerca de 1300 horas de música transmitidas para 7,5 milhões de pessoas ao vivo, e mais de um bilhão de telespectadores em todo o mundo, entre tv e internet.

A festa prometia. Desde o final de 2014, as atrações eram confirmadas: a-ha, Katy Perry, System of a Down, Queens of the Stone Age, John Legend, Metallica, Rihanna, Slipknot, Elton John... Tinha para todos os gostos. E os nostálgicos não iam ter do que reclamar com o repeteco de Queen (dessa vez com Adam Lambert), Rod Stewart, Pepeu Gomes, Baby do Brasil, Lulu Santos e Os Paralamas do Sucesso trinta anos depois. O show de abertura também celebraria a data redonda, com diversos artistas cantando músicas que fizeram sucesso nas edições anteriores do festival. O público estava ansioso. Dez meses antes, sem as atrações anunciadas, os 100 mil ingressos da pré-venda foram esgotados em pouco mais de uma hora e meia. Em abril, os 495 mil ingressos restantes acabaram em quatro dias. O mais procurado foi o dia 25, no qual estrelaria Rihanna. Os bilhetes (350 reais inteira e 175 reais meia-entrada) evaporaram em 57 minutos.

O 18 de setembro de 2015 parecia mais um dia de verão de 1985, com os termômetros girando em torno dos 40°C. Aqui vale a expressão cafona: era um "encontro de gerações". Os mais velhos que estavam em 1985 (alguns levaram até a luva verde fosforescente para tirar onda) e a garotada que nem sonhava nascer quando Ney Matogrosso cantou "América do Sul". Todos juntos e com algo em comum: se refrescaram nos chafarizes e formaram filas para jogar os copos em lixos de recicláveis. A boa ação tinha preço: a cada dez descartes, um patrocinador dava brindes como chaveiros e toalhas. Mais uma coisa em comum, independentemente da idade: os bigodes (verdadeiros ou postiços) tomaram o rockódromo. Não eram poucos os sósias de Freddie Mercury que desfilavam pelo gramado, com jaquetas amarelas ou camisetas do Super-Homem. Ainda tinha gente que corria para agendar uma corrida na tirolesa — mil travessias esgotadas em quarenta minutos. Outros registravam o momento tirando fotos no iPhone em frente à fonte colorida com o logotipo do festival. Os saudosistas invadiam as lojas para comprar a peça de acrílico que guardava lama extraída do terreno onde se realizou o Rock in Rio de 1985.

Tinha música também, e coube à jovem banda Dônica e ao veterano Arthur Verocai realizarem o primeiro show da edição de trinta anos do evento. A ideia não era mesmo o tal "encontro de gerações"? A Dônica, acompanhada pelo violão de Tom Veloso, executou canções de seu primeiro álbum, *Continuidade dos parques* (2015), como a instrumental "Inverno" (a primeira do roteiro) e "Pintor". Arthur Verocai, empunhando guitarra e acompanhado por um naipe de metais, mandou o seu clássico "Na boca do sol". "Bicho burro" encerrou o encontro que transportou o rockódromo aos anos 1970, com uma mistura de rock progressivo e Clube da Esquina com toques psicodélicos. Em seguida vieram Tony Tornado, Rappin' Hood e a banda Ira!. Nasi, Edgard Scandurra e companhia iniciaram o set mandando pedradas dos anos 1980, como "Dias de luta" e "Núcleo base". Depois, o rapper paulista entrou para dar as boas-vindas a Tony Tornado, que, aos 85 anos, tornou-se a pessoa mais velha a pisar no palco do Rock in Rio em qualquer edição. A sua presença elevou o encontro a sua carga máxima. Vestindo um nada discreto paletó amarelo, entoou hits como "Pode crer, amizade" e "br-3". O onipresente Lenine veio depois para apresentar o seu projeto *Carbono* (2015) na íntegra, com boa parte dos músicos que participaram da gravação do álbum, como a Nação Zumbi, a Orkestra Rumpilezz, o percussionista Marcos Suzano e o arranjador holandês Martin Fondse, ou seja, uma verdadeira big band que somou cerca de cinquenta pessoas em cima do palco.

Um medley unindo "Bohemian Rhapsody", do Queen, à música-tema do festival anunciou a queima de fogos de abertura do Palco Mundo com o *Concerto Rock in Rio 30 anos*. "Vai ser um momento de homenagem aos artistas que passaram pelos palcos do Rock in Rio e uma oportunidade de contar essa história para as novas gerações. A primeira edição sempre será a primeira, e se o público não tivesse colocado o festival como ícone daquele momento de transformação do país, não estaríamos aqui hoje", explicou Roberta Medina. Dinho Ouro Preto, diretor do show ao lado do produtor Marco Mazzola, detalhou o conceito do show: "A ideia é que todos formem uma banda única, que role camaradagem. Será antológico". A abertura não poderia ser outra que não "Pro dia nascer feliz", do Barão Vermelho, na voz e na guitarra de Frejat. Depois, mais uma da banda, "Por que a gente é assim?", com vocais de Ney Matogrosso, que ainda mandou um número solo.

Ivan Lins, outro destaque de 1985, tocou "Novo tempo" e "Depende de nós". O Skank levou o Rock in Rio para os anos 2000 com "Vou deixar", antes da Blitz e dos Paralamas do Sucesso voltarem à década de 1980, ao som de "Você não soube me amar" e "Óculos". Ivete Sangalo, a única presença feminina no show, se juntou à banda de Herbert Vianna para "Uma brasileira" antes de cantar "Tempo de alegria". O Jota Quest e o Capital Inicial mandaram os seus recados, e os Titãs deram a mensagem política com "Polícia" e "Fardado". Tudo terminou com Andreas Kisser puxando o tema do Rock in Rio em sua guitarra. Uma participação, no entanto, merece destaque. Erasmo Carlos, que cantou "Vem quente que eu estou fervendo" e "É proibido fumar" (esta ao lado de Samuel Rosa, que o apresentou como "o inventor do rock no Brasil"), lembrou do primeiro Rock in Rio. "Era isso que eu esperava e sonhava em 1985..." A frase foi de Erasmo, mas poderia ter sido de Medina, ao observar o gigante que o seu festival se transformara. Após o show, Ney Matogrosso testou a tirolesa. "Me perguntaram se eu tinha medo. Eu não tenho medo disso não. Adorei passar por cima da multidão", garantiu.

O último show do Palco Sunset foi um outro tributo, dessa vez à Cássia Eller que, em 2001, fez um dos grandes shows da história do festival. Nando Reis, Arnaldo Antunes, Zélia Duncan, Mart'nália, Emanuelle Araújo, Nação Zumbi, Tacy Campos, os sete músicos que compunham a banda e toda a equipe técnica que trabalharam no show de catorze anos atrás se uniram para relembrar sucessos como "Malandragem", "Segundo sol" e "1º de julho". "O Rock in Rio foi muito importante porque o Brasil inteiro ficou realmente conhecendo a Cássia. Mas para a gente, na época, parecia só mais um. Ela deixou um vazio tão grande que até hoje a banda não tinha se reunido para tocar junto", disse a percussionista Lan Lanh, a mais emocionada em cima do palco. Mais para o final do show, Tacy Campos (que interpretou Cássia no musical sobre a sua vida) cantou "Smells Like Teen Spirit", ao mesmo tempo que as mulheres no palco levantavam a camisa para mostrar os seios — muita gente na plateia fez o mesmo num topless coletivo. Cássia Eller deve ter gostado. Quando Nando Reis encerrou a festa cantando "All Star", poucos seguraram as lágrimas. Conforme ele disse: "Tudo por ela, tudo para ela, tudo pra Eller".

No palco principal, era a vez das bandas The Script e OneRepublic. "Não sei se vocês estavam esperando por nós, mas nós estávamos esperando por vocês", disse o vocalista Danny O'Donoghue, do The Script. Ele sabia o que estava falando. Naquele dia, o público era todo do Queen, que, ao lado do cantor Adam Lambert, retornava ao festival onde fez história trinta anos antes. Se em 1985 Lambert tinha três anos, trinta anos depois, ele tinha a missão de fazer o papel de Freddie Mercury, o ícone do Rock in Rio. Aliás, não bem "fazer o papel". Com a palavra, o guitarrista Brian May: "Quando Adam entra no palco, não tenta ser Freddie. Não é uma questão de ser arrogante, é porque ele sabe o que é capaz de fazer". Na mesma coletiva de imprensa realizada no hotel Copacabana Palace, oito dias antes do show, ele refletiu: "O maior talento de Freddie era sua conexão com a plateia, e isso o Adam também tem. Os dois têm vozes incríveis, do tipo que você não acha em um bilhão de pessoas".

Adam Lambert foi revelado na edição 2009 do *American Idol* e, desde 2011, se apresenta ao lado de Brian May e de Roger Taylor, integrantes originais do Queen. "As expectativas são sempre altas. Mas eu não fico mais intimidado, como ficava há três anos. Já fizemos turnê ao redor do mundo. Quero me conectar com a plateia brasileira." Ele sabia muito bem o que o aguardava. "Desde que comecei a fazer shows com a banda, fiz muita pesquisa, vi documentários, vídeos, sei que o público brasileiro é considerado um dos melhores do mundo", deslumbrou-se. O Queen chegou cedo no Brasil, mas não para passear como em 1985. Dessa vez, eles estavam focados em ensaiar, tendo em vista que não se apresentavam havia mais de seis meses. A banda não queria deixar por menos na festa em que era a estrela principal. "Nós ficamos chocados com tanta gente cantando as nossas músicas, palavra por palavra. O público parecia infinito. Aquilo não era comum. As pessoas não vinham da Inglaterra cantar aqui. O Brasil criou algo especial para 'Love of My Life'", recordou May sobre 1985.

A apresentação começou por volta da meia-noite e meia, com trinta minutos de atraso — bem menos do que as duas horas de trinta anos antes. O show foi aberto na potência máxima, ao som de "One Vision" e "Stone Cold Crazy". Já "Killer Queen" foi cantada por um Lambert cheio de caras e bocas maliciosas, estirado em cima de uma espécie de divã na passarela do palco que o deixava mais perto dos fãs. "Don't Stop Me Now" só não ganhou um coro maior do que o de "Love of My Life", desta vez interpretada por Brian May na frente de um telão que despejava imagens de Freddie Mercury. "Vamos cantar pro Freddie", disse. Nem mesmo "Ghost Town", de Lambert, esfriou a plateia, que se lambuzou com hits como "I Want to Break Free" (sem os peitos inflados dessa vez), "A Kind of Magic", "The Show Must Go On" e "Radio Ga Ga", esta última com o público, mais uma vez, emulando as palmas sincronizadas do videoclipe. Após "Bohemian Rhapsody", dividida entre Lambert e a gravação original de Mercury, a banda voltou para o bis com "We Will Rock You" e "We Are the Champions".

Não precisava de mais nada. Queen e Adam Lambert entregaram tudo o que os fãs queriam. O público tem todo o direito de dizer que Queen sem Freddie Mercury não é Queen, mas é inegável a vontade deles de levarem o legado adiante. Ver uma molecada de doze anos de idade se emocionando e dançando "Crazy Little Thing Called Love" é algo que certamente Freddie não se importaria de testemunhar, ainda que com uma outra voz no lugar da sua. Aliás, por falar em voz, Adam Lambert ficou fascinado por Ney Matogrosso. Ele não viu o show de abertura do Palco Mundo, mas descobriu o brasileiro escutando a sua música na Discoteca Oneyda Alvarenga, no Centro Cultural São Paulo. Entre LPs de Tears For Fears, David Bowie e Michael Jackson, ele se deparou com o homônimo de estreia do Secos & Molhados, lançado em 1973, além de *Bandido*, que Ney, já em carreira solo, mandou para as lojas em 1976. "Fiquei feliz que ele tenha gostado, principalmente vindo de uma pessoa que não me conhecia e nunca tinha ouvido falar de mim. Se o Adam tentasse imitar o Freddie Mercury seria um erro. Ele tem postura de palco", analisou o cantor brasileiro que, depois do passeio na tirolesa, viu o último show da noite no conforto de sua casa.

No dia seguinte, as camisas pretas estavam de volta. Comemorar aniversário do Rock in Rio sem noite do metal? Nem pensar. Por isso mesmo, dessa vez, três noites seriam dedicadas ao rock pesado. O Sunset seguiu a regra. De início, o encontro da banda paulista Noturnall com o ex-vocalista do Helloween, Michael Kiske. Além de relembrar músicas antigas do grupo alemão, como "I Want Out", um momento é digno de nota. O vocalista do Noturnall, Thiago Bianchi, convidou sua mãe ao palco para cantar. Maria Odette já era veterana, e tinha interpretado "Boa palavra", de Caetano Veloso, no II Festival Nacional da Música Popular, em 1966. Mesmo após dezoito anos afastada da ribalta, ela topou fazer um dueto de "Woman in Chains", do Tears For Fears, com o filho. Foi bonito pacas. Em seguida, a banda Angra convidou o ex-vocalista do Twisted Sister, Dee Snider para dar continuidade ao metal melódico no Palco Sunset. O Angra, guiado pela guitarra de Kiko Loureiro (pouco antes de partir para o Megadeth) e pelo vocalista italiano Fabio Lione, desfez a má impressão da apresentação de 2011. No final, Snider correu, deitou no palco, tirou a camiseta e fez caras e bocas nos sucessos "I Wanna Rock" e "We're Not Gonna Take It". A cantora alemã Doro Pesch também participou, mas pouco acrescentou ao show.

A banda de metal industrial Ministry convidou o cantor Burton C. Bell da banda Fear Factory para ajudá-la numa sequência de sucessos como "N.W.O.", "Just One Fix" e "So What". Quem assistia a MTV na década de 1990 se lembrou muito bem. E também se lembrou do Korn, a banda norte-americana formada em 1993 e expoente do nu metal, que rodava o tempo todo na emissora. Comandada pelo carismático vocalista Jonathan Davis, a banda californiana despejou uma hora de sucessos para uma plateia que superlotava o Palco Sunset — como era esperado, fez muito mais sucesso do que o Gojira e o Royal Blood, escalados para o Palco Mundo. "Olê, olê, olê! Kornê! Kornê!", berrava o público para celebrar os vinte anos do autointitulado disco de estreia do grupo. Quando a banda emendou quatro seguidas do seminal álbum, as rodas de pogo se abriram. Valorizando em seguida faixas de trabalhos mais recentes, a apresentação foi numa crescente até o final, e os fãs berrando as letras de "Falling Away from Me" e "Freak on a Leash" provaram que o Korn de fato estava no palco errado.

E certamente a banda francesa de death metal progressivo Gojira e a inglesa Royal Blood também. Durante as duas apresentações, o palco principal ficou cheio de buracos. Mas a segunda, formada por dois integrantes amigos de infância, fez um show muito competente. Mike Kerr (vocais e baixo) e Ben Thatcher (bateria) botaram pra quebrar com o seu hard rock cru. Não à toa, Jimmy Page (ex-Led Zeppelin) declarou-se fã da dupla, que divulgava o seu álbum de estreia homônimo lançado em 2014. No fim do show, durante "Loose Change", Thatcher se jogou na plateia, e na última do set, "Out of the Black", a banda tocou um trecho de "Iron Man", do Black Sabbath.

Após o indie metal do Royal Blood, foi a vez do hair metal do Mötley Crüe. Os anos 1980 estavam de volta! A ideia não era reviver 1985 mesmo? A banda californiana, que nunca tinha tocado no Brasil, veio apresentar a sua (primeira) turnê de despedida. E não faltou nada: baixo cuspindo fogo, dançarinas no palco, caveiras no cenário, cabelos escorridos, labaredas, explosões e também algumas rugas. Pois é, a banda que encarnou os excessos — sexo, drogas e rock 'n' roll — como ninguém, já contabilizava 34 anos de atividade.

Um ronco de motocicletas antecedeu a entrada do grupo ao som do clássico "Girls, Girls, Girls", faixa-título do disco lançado em 1987. O vocalista Vince Neil estava bem ofegante durante o show, mas quem ia reclamar ao som de clássicos do rock farofa como "Dr. Feelgood", "Shout at the Devil" e "Live Wire"? Só faltou mesmo o baterista Tommy Lee fazer um solo de cabeça pra baixo. Quem sabe nas futuras turnês de despedida?

Para fechar, o Metallica. De novo? No que depender de Roberto Medina, pode ser sempre assim. "Existe esse ponto da repetição, mas a questão é que eu tenho de agradar ao cara que quer comprar o bilhete. E se eu botar o Metallica todo ano, ele vai lotar todo ano, [...] eu tenho pouca gente para variar." Ele tem razão. Os fãs não vão reclamar, muito menos os 150 que foram convidados para assistir à apresentação em cima do palco. Durante a turnê, a banda instituiu essa prática, e fez questão de repeti-la no Rock in Rio. Pena que o Metallica tenha passado por maus bocados durante a execução da quinta música do roteiro, "Ride the Lightning", que teve que ser interrompida em dois momentos. Por alguns minutos, o clima ficou tenso e o público vaiou. A banda, por conta do retorno no palco, demorou a perceber que havia algo de errado, e o guitarrista Kirk Hammet solou durante alguns segundos como se não houvesse amanhã para ninguém no rockódromo escutar absolutamente nada. Oitenta e cinco mil vozes tentavam alertá-lo, numa cena digna de comédia pastelão. Muitas bandas trazem para o festival as suas mesas de som já pré-configuradas, e não é raro haver alguma incompatibilidade quando há a troca dos equipamentos. Foi exatamente o que aconteceu no show do Metallica. A falha no som foi originada pela estrutura técnica da banda.

O Metallica até que tentou seduzir a plateia com a inclusão de algumas músicas diferentes das apresentações anteriores no festival, como "Fuel" no lugar do habitual número de abertura "Creeping Death". Também rolaram "The Frayed Ends of Sanity", raridade do álbum ...*And Justice for All* (1988) e dois covers: a balada "Turn the Page", de Bob Seger, e, já no bis, "Whiskey in the Jar", esta em homenagem a Cliff Burton. "Nothing Else Matters" e "Enter Sandman" encerraram a apresentação de dezoito músicas que foi a mais fria e protocolar do grupo no Rock in Rio. A banda, mais uma vez, não trouxe um disco novo na bagagem. Tanto que, ao final do set, o baterista Lars Ulrich disse que a banda tinha que voltar aos Estados Unidos para terminar a "gravação de um disco". Como bem escreveu o jornalista André Barcinski, na *Folha de S.Paulo*, "O Metallica não parecia estar com a cabeça no Rock in Rio". No que depender de Medina, contudo, oportunidades não faltarão.

O clima do domingo era de nostalgia pura. As cabeças brancas substituíram as camisas pretas para curtir o som dos dinossauros do rock. O Sunset teve início com o encontro da cantora Alice Caymmi com a lenda da bossa nova e do samba jazz Eumir Deodato. A neta de Dorival Caymmi adaptou o estilo "Rainha dos raios" para a miscelânea sonora de Deodato, especialmente nos números de encerramento, "Summertime" (dos irmãos Gershwin) e "Black Dog" (do Led Zeppelin). Mas a nostalgia pra valer mesmo começou no show seguinte, antológico, que juntou Baby do Brasil e Pepeu Gomes em cima do palco após 28 anos — o guitarrista tornou-se o único músico a tocar nas seis edições do festival. Para lembrar 1985, Baby brincou com um barrigão falso de grávida. Kriptus Gomes, que estava na barriga (verdadeira) trinta anos atrás, viu o show no backstage. "É uma emoção gigante para mim, por nunca ter assistido a esse show dos dois antes. Tenho trinta anos, sou filho, sou da família, mas só hoje tive essa oportunidade. Essa volta reúne toda a nossa família, tanto dentro quanto fora do palco", disse o filho, emocionado. Baby fez coro: "O maior momento da vida de toda a nossa família".

Após a abertura com Baby cantando "Seus olhos" e "Telúrica", Pepeu entrou no palco aos prantos para maltratar (no bom sentido) a sua guitarra em pérolas como "Tinindo trincando" e "Mil e uma noites". O desfile continuou com "Menino do Rio", "Todo dia era dia de índio" e "Masculino e feminino". Tudo igual a trinta anos antes. Ou quase. Baby, que já não é mais Consuelo, trocou o "rá" pelo "Jesus forever". Depois, foi a vez do reggae capenga do grupo canadense Magic! — uma "tortura de sessenta minutos", nas palavras de Carlos Albuquerque, do jornal *O Globo* — e de John Legend, com a sua voz de veludo, mas que carece de um pouco de alma, encerrarem a programação no Sunset.

Os Paralamas do Sucesso subiram ao Palco Mundo às sete da noite para mais um momento de saudosismo. Era a primeira vez que a banda tocava solo no Rock in Rio depois das emblemáticas apresentações em 1985. Dessa vez, o trio outrora iniciante contava com João Fera no palco e mais um duo de metais. Herbert Vianna também não precisou dar esporro no público. Pelo contrário. A banda fez um passeio pelo seu repertório, começando com "Vital e sua moto", o primeiro sucesso, até chegar nas mais (ou nem tanto) recentes "Cuide bem do seu amor", "Caleidoscópio" e "O beco". Ainda teve espaço para "Inútil", do Ultraje a Rigor (que também foi executada no set de 1985), e "Que país é este", que encerrou o show. Mais uma vez, a música de Renato Russo fazia todo o sentido. O cantor Seal veio em seguida, mas só empolgou mesmo quando cantou os seus dois maiores sucessos: "Crazy" (a primeira do roteiro) e "Kiss from a Rose" (a última). Baby e Pepeu teriam ocupado o Palco Mundo de forma muito melhor. De memorável mesmo apenas o então deputado federal Eduardo Cunha sendo impiedosamente vaiado e hostilizado pelo público, que não perdeu a oportunidade de arremessar copos de plástico em sua direção, na varanda da área vip.

Os *coheadliners* que encerraram a noite trouxeram um pouco de Las Vegas para o Rio de Janeiro. Famosos pelas longas temporadas de shows na cidade da costa oeste dos Estados Unidos, Elton John e Rod Stewart entregaram tudo o que o público queria. Na falta da chuva de verdade (e da lama) de 1985, uma chuva de hits. Elton John, aos 68 anos, paletó azul brilhante de lantejoulas com o logotipo do Capitão Fantástico (do disco *Captain Fantastic and the Brown Dirt Cowboy*, de 1975), fez um show excelente, bem diferente daquele de quatro anos antes. Começou emendando "The Bitch is Back", "Bennie and the Jets" e "Candle in the Wind", como quem diz "vocês não se atrevam a sair daqui". Ele até se sentou em cima do piano para agradecer à plateia, mas nem precisava. Teve de tudo, inclusive as ótimas baladas "I Guess That's Why They Call it the Blues" e "Sorry Seems to Be the Hardest Word". O público acompanhou, inclusive "Skyline Pigeon". No bis, ainda rolou "Your Song", que dessa vez não ficou de fora.

Dois anos mais velho do que Elton John, Rod Stewart mais uma vez se divertiu no Rio. Ele não tinha mais quarenta anos e nem destruiu quartos de hotel jogando futebol, mas foi à praia e almoçou em um restaurante antes de se apresentar no Rock in Rio. Ainda teve tempo de comprar uma mochila da Kipling, no Shopping Leblon, cercado por alguns seguranças. De paletó dourado, gravata frouxa e abusando do rebolado, Stewart não precisou de muito para cativar o público quentinho depois do show de Elton John. Mesmo assim, ele pedia: "Cantem comigo, façam o Rod feliz!". Dava até para lembrar aquele velho comercial do xampu Colorama: "A minha voz continua a mesma, mas os meus cabelos...". Só que ao contrário. Os cabelos de Rod Stewart continuavam os mesmos, já a voz estava cansada, o que não o impediu de entoar aqueles velhos clássicos que o rockódromo sabia de cor havia trinta anos. Ele começou com "Having a Party" (de Sam Cooke), prosseguiu com "It's a Heartache" (de Bonnie Tyler) e, em meio a diversas trocas de figurino, saiu mandando o que todo mundo queria escutar: "Forever Young", "Baby Jane", "Stay With Me" (do tempo do The Faces), "Maggie May", "Da Ya Think I'm Sexy?", entre outras. Assim como em 1985, tudo acabou com "Sailing". Mas sem aguaceiro. No dia seguinte, o cantor voltou à praia do Leblon, se encantou por uma morena, pediu para o seu segurança chamá-la e finalmente pediu o número de seu telefone. Talvez aquela noite tenha lembrado 1985 ao velho Rod.

A segunda semana do Rock in Rio 30 Anos foi democrática. Os dois primeiros dias seriam de rock, os dois últimos, dias de pop, bebê. Metaleiros que nem sonhavam nascer em 1985 invadiram o rockódromo na quinta. Assim como centenas de pessoas vestindo chapéu de pirata em alusão ao personagem Jack Sparrow, vivido por Johnny Depp, que se apresentaria logo mais com o Hollywood Vampires. Um rapaz fantasiado de Papai Noel também circulava pelo local. Eis a nova geração de "metaleiros". Aliás, que nome eles ganhariam hoje?

As bandas paulistas de metal Project 46 e John Wayne abriram os trabalhos no Sunset, que teve logo em seguida a banda norte-americana Halestorm, liderada pela vocalista e guitarrista Lzzy Hale, e que estreava no país. O Lamb of God mostrou o seu rock pesado que deu origem às maiores rodas de pogo do dia. E o Deftones, com o seu metal alternativo — e o vocalista Chino Moreno trajando uma camisa com a imagem de Morrissey —, fez um show infinitamente superior ao fiasco de 2001. O CPM 22, por sua vez, abriu o palco principal de 450 toneladas com o seu hardcore e muitos gritos de protesto vindos da plateia contra a presidenta Dilma Rousseff, prestes a enfrentar um polêmico processo de impeachment. Apesar de alguma má vontade do público, Badauí e companhia ganharam coro em canções como "Regina Let's Go" e "O mundo dá voltas".

A atração seguinte incendiou a galera com um show repleto de clássicos do rock e de lendas em cima do palco. Formado por Alice Cooper, Joe Perry (Aerosmith), Duff McKagan, Matt Sorum (ambos do Guns N' Roses) e o ator Johnny Depp, o Hollywood Vampires tinha acabado de lançar seu autointitulado disco de estreia, repleto de sucessos do rock, como "My Generation" (The Who), "Break on

Through" (The Doors) e "Cold Turkey" (John Lennon). Todas elas fizeram parte do show, que ainda teve "Whole Lotta Love" (do Led Zeppelin, com Lzzy Hale no palco), "Train Kept a Rollin'" (do Aerosmith), "School's Out" (o hino de Alice Cooper, que teve participação de Andreas Kisser) e "Brown Sugar" (dos Rolling Stones, com direito à bateria de Zak Starkey, filho de Ringo Starr e afilhado de Keith Moon). Tudo por demais previsível, é verdade, mas, acima de tudo, divertido. Ainda mais com a presença de Johnny Depp, fazendo o "Jack Sparrow elegante", com a sua camisa branca de mangas longas, calça social, colete, gravata vermelha e bandana na cabeça. Kisser elogiou a simpatia e o talento de guitarrista de Depp: "Fiquei surpreso, ele toca bem. E é gente fina demais, ficou imitando o Jack Sparrow para a minha filha". O público também aprovou: "Uh! Uh! É Jack Sparrow!". Quem também gostou de Johnny Depp foi a coordenadora de backstage Ingrid Berger. Segundo ela, o Hollywood Vampires foi a banda que menos deu trabalho no festival, e o ator solicitou apenas quatro latas do refrigerante Dr. Pepper. "Cheguei a perguntar se eu podia colocar ao menos uma cesta de frutas no camarim", relembrou Ingrid.

A banda Queens of the Stone Age veio em seguida. Dessa vez, nada de baixista pelado no palco, até mesmo porque Nick Oliveri deixara a banda em 2004. Por ter tratado fãs e integrantes da banda de forma agressiva e ser acusado de ter abusado da namorada, acabou demitido. Catorze anos depois, o QOTSA fez um show sem enrolação para divulgar o álbum ...*Like Clockworks* (2013). Foram seis músicas do trabalho novo, mas o que levantou o público foram mesmo as antigas "You Think I Ain't Worth a Dollar, But I Feel Like a Millionaire" (a primeira), "Sick Sick Sick" e "Regular John". O System of a Down, de *coheadliner* em 2011, foi promovida para o encerramento quatro anos depois. A banda continuava sem lançar nada desde então — na verdade, não gravava nenhuma novidade havia dez anos —, mas os fãs não estavam nem aí. Acenderam sinalizadores e pularam o show todo, que contou com 27 músicas. Os mais loucos tentaram agarrar a grua que sustentava uma das câmeras de filmagem que transmitia o show. Se o grupo repetia "B.Y.O.B.", "Chop Suey!", "Prison Song" ou "Toxicity" (participação de Chino Moreno), a plateia não estava nem aí.

Na sexta-feira, o rock ia continuar. A previsão do tempo para aquele 25 de setembro garantia que os termômetros ultrapassariam os 42°C no rockódromo. Os fãs enchiam suas garrafinhas nos bebedouros espalhados pela Cidade do Rock no dia que foi considerado o mais quente de 2015. O Slipknot estava mais uma vez na área, mas, ao contrário de 2011, a entrada de máscaras foi proibida, e os fãs do grupo tiveram de deixar as suas na entrada. Apesar dos ingressos terem esgotado, foi o dia menos cheio em todas as edições de Rock in Rio desde 2011. Para alguns brinquedos, nem fila tinha. "Quem quer brincar na montanha? Temos vagas!", berrava um desiludido funcionário. Na capela do Rock in Rio — sim, dessa vez, montaram uma capela de uma vez —, os noivos Tatiane Pimenta e Rodrigo Leal trocaram alianças ao som de "We Are the Champions", do Queen.

O Sunset abriu com o show "Clássicos do Terror", dirigido por André Abujamra e André Moraes, e que homenageava diretores do horror, como Zé do Caixão e Alfred Hitchcock. Temas de filmes de terror e *standards* do metal se misturaram, como "Sabbath Bloody Sabbath" (Black Sabbath), "Pet Sematary" (Ramones), "Bark at the Moon" (Ozzy Osbourne) e "Ghostbusters" (Ray Parker Jr.). Pena que as nuvens escuras que encobriram o rockódromo afastaram o público. Em seguida, o vocalista do Sepultura, Derrick Green, se juntou ao grupo de metal gótico português Moonspell para arrancar urros da plateia (já bem maior) em números como "Em nome do medo" e "Roots Bloody Roots". O conjunto finlandês Nightwish se juntou a Tony Kakko, vocalista do Sonata Arctica, do mesmo país. O metal melódico bombou com as canções do mais recente álbum do Nightwish, *Endless Forms Most Beautiful* (2015), inspirado pelo naturalista

Charles Darwin. Mas também houve sucessos como "Stargazers" e "Wishmaster". A recepção do público foi mais calorosa do que a atração seguinte. O megaguitarrista Steve Vai se juntou à Camerata Florianópolis, mas tudo acabou de forma frustrante, até mesmo porque era quase impossível escutar os instrumentos da orquestra.

A banda latina De La Tierra, liderada pelo onipresente Andreas Kisser, abriu o Palco Mundo em língua espanhola. Formada por músicos de bandas como Los Fabulosos Cadillacs e Maná, o supergrupo mandou músicas do disco homônimo lançado em 2014, além de "Polícia", dos Titãs, quando uma enorme roda foi aberta na plateia. No final do show, o vocalista Andrés Giménez se jogou no meio da multidão. Depois foi a vez do Mastodon, que iniciou a sua apresentação às nove da noite, com um palco decorado por um bode chifrudo. A combinação do rock dos anos 1970 com uma pegada mais pesada teve apenas uma recepção morna da plateia.

Mais de vinte anos depois de um show histórico na segunda edição do Rock in Rio, o Faith No More estava de volta. Melhor ainda: com músicas novas. Em maio, a banda tinha lançado o disco *Sol Invictus*, o primeiro de inéditas em dezoito anos. Além disso, quanta diferença. A começar pelo palco, todo branco, rodeado de flores. Mike Patton também. Aquele vocalista escrachado de 1991 dava lugar a um sujeito com pinta de sério, todo vestido de branco, com guias religiosas e gel no cabelo. Mas ficou nisso mesmo. Porque o som continuava pesado e enérgico como o de 24 anos atrás. Patton (vocal), Bill Gould (baixo), Mike Bordin (bateria), Roddy Bottum (teclado) e Jon Hudson (guitarra), pela sexta vez no país, não aliviaram. Começaram pontualmente às 22h30 ao som da nova "Motherfucker" para emendar canções conhecidas por todos, como a segunda do set, "From Out of Nowhere", que transportou muita gente de Jacarepaguá para o Maracanã.

Na terceira música do set, no entanto, quase que uma desgraça acontece. O vocalista pulou do palco e se deu mal. A ideia era alcançar a fila do gargarejo, mas ele acabou mesmo batendo de barriga contra a grade de proteção que dividia o palco da plateia. Poderia ter se machucado seriamente. Talvez tenha sido por esse motivo que a apresentação não foi a catarse que todos esperavam. Tudo bem, teve "Epic" e "Midlife Crisis", esta, a melhor do show, alternado um momento pesado e outro puxado para o soul. O Faith No More ainda arriscou covers como "Ashes to Ashes" (David Bowie), "Easy" (Commodores) e "I Started a Joke" (Bee Gees), mas a recepção foi morna para um dos shows que mais prometia. Pena.

O Slipknot foi outra banda promovida em 2015 para encerrar a noite, depois de abrir para o Metallica quatro anos antes. Em 2011, o grupo estava de luto por causa da morte do baixista Paul Gray. Três anos depois, o conjunto do Iowa lançou o álbum *5: The Gray Chapter*, que serviu como base da apresentação. Segundo o vocalista Corey Taylor, o disco significou um "renascimento". Além de Gray, em 2013, o Slipknot perdeu o baterista Joey Jordison, que se afastou da banda por motivos de ordem pessoal. "Quando começamos a trabalhar em *The Gray Chapter*, sentimos que a boa energia estava voltando", disse Taylor, que estava tão ansioso que, em entrevista ao jornal *O Globo*, fez uma promessa: "Fizemos uma seleção especial de repertório para o Rock in Rio. Será a melhor experiência Slipknot que o Brasil já teve".

Os fãs não devem ter discordado. Abriram dezenas de rodinhas gigantes, cantaram tudo e apreciaram, mais uma vez, o circo macabro do Slipknot. Já que a Cidade do Rock ainda não tem um trem-fantasma entre suas atrações, o grupo norte-americano supriu a ausência. O percussionista Shawn Crahan, que fizera aniversário na véspera, ganhou os parabéns em cima do palco. Mas esse foi o único momento de leveza dentre sons explosivos como "Sarcastrophe" (a primeira), "Sulfur" e "Surfacing" (a última do set). Nem a chuva fraca que caiu durante o show desanimou, muito menos em "Spit it Out", com direito ao, mais uma vez, pulo coletivo da plateia.

O Slipknot marcou o fim do rock pesado no Rock in Rio 30 Anos. Nos dois últimos dias, seria "Pop in Rio". No sábado, as guitarras saíram de cena para abrigar a garotada fã da Rihanna. Um avião voava sobre a Cidade do Rock com a faixa *Bitch, better have money* para saudar o dia mais cheio da edição de trinta anos do evento. Para os fãs, a estrela principal da noite significava muito mais do que apenas música. "Ela representa uma filosofia de vida que valoriza você ser quem é. A Rihanna é o que ela é onde estiver. Acho que muita gente está aqui hoje porque segue isso", disse a produtora carioca Naira Fernandes, 23 anos, que se casou na capela, na frente de uma juíza de paz, com a técnica em informática Mayara Monteiro, de 24.

No Palco Sunset, porém, ainda havia um resquício de rock 'n' roll no encontro do Brothers of Brazil (formado por Supla e seu irmão João Suplicy) e de Glen Matlock, ícone dos Sex Pistols. Eduardo Suplicy curtiu tudo com o neto nos ombros, especialmente quando foi executada a canção "God Save the Queen", dos Pistols. Erasmo Carlos e Ultraje a Rigor, duas gerações do rock brasuca, subiram ao palco logo depois para a costumeira dose nostálgica. Ausente trinta anos antes, o Ultraje compensou com "Marylou" e "Inútil" — Roger vestia uma camiseta com a inscrição "a gente não sabemos escolher presidente". Já Erasmo relembrou "Eu sou terrível". No fim, tudo se juntou com uma dobradinha de "Festa de arromba" e "Nós vamos invadir sua praia".

A beninense Angélique Kidjo e o camaronês Richard Bona se juntaram para reviver o clima de Tenda Raízes de 2001. Kidjo, que em 2013 se apresentou com o Living Colour, havia faturado a estatueta *world music* do Grammy pelo seu disco *Eve* (2014) e se apresentou junto com o colega camaronês pela primeira vez. "Nos conhecemos muito bem e sempre pensamos em fazer algo juntos, mas nunca tinha surgido uma oportunidade", revelou ao O Globo. O resultado? Um verdadeiro baile. No fim, ela ainda recorreu ao hit "Pata pata", de Miriam Makeba. Depois dos africanos, dois brasileiros de sucesso, principalmente no exterior. Sérgio Mendes, mais de cinquenta anos vivendo em Los Angeles, voltou ao Rio para reviver o clima de Beco das Garrafas no rockódromo. Ele conheceu Carlinhos Brown em 1992, quando Brown participou de seu disco *Brasileiro*, lançado no mesmo ano e que faturou o Grammy de *world music*. Quase vinte anos depois, a dupla foi indicada ao Oscar pela canção "Real in Rio", parte da trilha do filme de animação *Rio* (2011). O show abriu com — quem mais? — Jorge Ben Jor ("País tropical") e passeou por hits como "Água de beber", "Goin' Out of My Head" e "Magalenha". Brown ainda garantiu que as garrafadas de catorze anos antes eram águas (literalmente) passadas: "O que aconteceu em 2001 fazia parte de uma missão, minha e daquelas pessoas". Sobre a falha na escalação, reconheceu que "foi o erro mais certo que aconteceu". "Muita gente que não me conhecia acabou me conhecendo ali", completou.

Trinta anos depois de fazer dois shows na primeira edição, o bom filho Lulu Santos à casa tornou com o seu imenso karaokê. E ele não veio sozinho. "Condição" contou com a participação de Mr. Catra ("Uh! Uh! Papai chegou!", berraram os fãs), e "Um certo alguém", de Rodrigo Suricato. Durante "Toda forma de amor", rolou um beijaço gay no rockódromo e, antes de "Sócio do amor", Lulu criticou a então recente aprovação do Estatuto da Família pela Câmara, excluindo os casais homoafetivos. "Não se pode regulamentar o amor. Família é o que for do coração", protestou. A festa acabou ao som de "Como uma onda", afinal, era tudo que o público esperava daquele sábado à noite.

A banda australiana de indie pop Sheppard veio em seguida, com direito a passeio do vocalista George Sheppard na tirolesa e ao hit "Geronimo", a última do set. Sam Smith, dono do sucesso "I'm Not the Only One", com a qual iniciou o show, aliás, contava com 23 anos quando pisou no Palco Mundo. O cantor inglês tinha acabado de se recuperar de uma cirurgia na garganta, mas isso não atrapalhou a apresentação. Ele, que tinha levado quatro prêmios Grammy a bordo do seu disco de estreia, *In the Lonely Hour* (2014), despejou o seu soul britânico dor de cotovelo de baixas calorias na Cidade do Rock, transitando entre o material de seu álbum e covers. Segundo Carlos Albuquerque, de *O Globo*, o show foi "mais condizente com um piano-bar do que com uma arena cercada de fãs de Rihanna por todos os lados". Após a abertura com o seu maior sucesso, Smith cantou "Together" (parceria com Nile Rodgers e a dupla eletrônica Disclosure), antes de engatar baladas e uma homenagem a Amy Winehouse, com "Tears Dry on Their Own".

Agora sim, e finalmente, era a vez de Rihanna. O motivo pelo qual 85 mil pessoas viajaram até Jacarepaguá. A cantora natural de Barbados retornou ao Rock in Rio quatro anos depois. Mas o show seria diferente, eis que, em 2012, ela lançou o disco *Unapologetic*, além dos singles "FourFiveSeconds" (em parceria com Paul McCartney e Kanye West) e "Bitch Better Have My Money", cujo polêmico videoclipe deu o que falar. De diferente também o pouco atraso para começar o show: trinta minutos em vez das duas horas de 2011 — dessa vez, não teve festinha com Katy Perry no camarim. No palco, uma avalanche de sucessos como "Only Girl (In the World)", "Rude Boy", o reggae "Man Down" e "Umbrella", que serviu de introdução para um set acústico de baladas como "Love the Way You Lie (Part II)", "Where Have You Been?" e "We Found Love", a maioria em versões mais curtas do que as gravações originais — o show foi curto, pouco mais de uma hora de duração. "Diamonds" foi a última antes do bis, que contou com "Pour it Up" e, claro, "Bitch Better Have My Money". E como esquecer da famosa capa amarela que fez o público comparar a cantora ao personagem Walter White, da série de TV *Breaking Bad*?

O show foi curto, pouco mais de uma hora. As versões reduzidas de quase todas as músicas também foram motivo de protesto por parte dos fãs. Mas Riri devia estar mais preocupada com a festança que a esperava no hotel Fasano, onde estava hospedada. Por lá compareceram Thaila Ayala, Bruna Marquezine e Sabrina Sato, que acompanharam a cantora na dança a noite inteira. No dia seguinte, Rihanna passou parte da tarde na piscina do hotel, antes de seguir para a churrascaria Fogo de Chão, no Jardim Botânico, onde tropeçou no vestido e chegou a tombar. Os fotógrafos, atentos, dispararam cliques, e um deles acabou agredido por um dos seguranças da cantora. A confusão terminou na delegacia.

E o último dia do Rock in Rio 30 Anos começou com o encontro de Rodrigo Suricato com o cantor e guitarrista norte-americano Raul Midón. Muitos clones de Katy Perry, com perucas azuis, prestavam atenção no show, assim como os fãs do a-ha, que não perdoavam a produção pelo fato da honra de encerrar o festival não ter cabido à banda norueguesa que brilhara 24 anos antes no palco do Maracanã. A cantora portuguesa de soul music Aurea se juntou no Sunset ao rapper do mesmo país Boss AC para repetir a parceria de sucesso do ano anterior no Rock in Rio Lisboa. Eles ficaram o tempo inteiro juntos no palco e fizeram um dos melhores shows do Sunset do festival. Depois foi a vez do encontro de Al Jarreau e Marcos Valle — o brasileiro já tinha se apresentado na Rock Street, cujo tema em 2015 era o Brasil. "Nunca tinha cantado para 200 mil pessoas. Saí do palco e fiz xixi nas calças", relembrou Al Jarreau sobre a sua apresentação em 1985. Trinta anos depois, o "homem que tem uma orquestra na garganta" estava de volta.

O músico de Los Angeles, que tinha flertado com a aposentadoria nos anos 1990, mas acabou mudando de ideia, pouco tinha ouvido falar do colega com quem dividiria o palco, e só se conheceram três dias antes do show, quando ensaiaram. Zé Ricardo, curador do Sunset, estava animado para o encontro. "Al é um dos meus heróis. Pensei no Marcos, que é um dos caras mais atuais da bossa nova, para falar da influência da bossa na música do Al, nos *scats*, no tipo de harmonia que ele procura para cantar", revelou. O repertório da bossa nova também não era estranho ao músico dos Estados Unidos. "Sou o que sou por causa do jazz que ouvi minha vida toda, e a influência que vem em seguida é a bossa. Levo o Brasil a Paris, Berlim, Roma. Nos anos 1960, eu cantava 'Garota de Ipanema', 'Água de beber'...", confessou em entrevista ao jornal *O Globo*. Antes de entrar no palco, o cantor pediu para que Zé Ricardo o levasse para não ter que usar cadeira de rodas. No show, ele atacou com "Your Song" e "Tell Me What I Got", antes de chamar Marcos Valle para músicas como "Samba de verão" e "Os grilos". No bis, rolou "We're in This Love Together", em tradução literal, "estamos nesse amor juntos". Há trinta anos, para ser mais exato.

O Sunset encerrou com uma superlua que foi testemunhada pelo rockódromo antes das nuvens tomarem conta do céu. Para finalizar, rolou um bailão em homenagem aos 450 anos do Rio de Janeiro. Teve Davi Moraes tocando choro na guitarra, Simoninha cantando "Aquele abraço", Buchecha lembrando "Sábado à noite", Roberta Sá relembrando "Menino do Rio", Leo Jaime resgatando "Óculos", Alcione botando todo mundo pra sambar ao som de "Fla × Flu"... A Marrom, aliás, vestia uma camisa com a imagem do rosto de Axl Rose. "Eu queria que o Guns tivesse tocado nesse ano também", confessou. Maria Rita e Gabriel, o Pensador também participaram. Só faltou mesmo Fernanda Abreu que, com faringite, teve que cancelar sua participação. "Samba do avião" encerrou o show com todos juntos no palco. E quem reclamava que a festa dos trinta anos do Rock in Rio não teve chuva foi correndo comprar uma capa plástica.

A última noite de Palco Mundo começou com reggae brasileiro — a primeira vez que uma banda brasileira do gênero se apresentava no palco principal do festival em trinta anos. A missão coube ao Cidade Negra. "A gente tem a chance de fazer o maior show da nossa vida, estamos indo com muita fome", prometeu o vocalista Toni Garrido com catorze anos de atraso, já que desistiu de participar da edição 2001 em apoio ao "Grupo dos Seis". No palco, um sucesso atrás do outro. "Firmamento", "A sombra da maldade", "Onde você mora?" e ainda uma homenagem a Gilberto Gil, "o pai do reggae brasileiro", nas palavras do cantor, com "Vamos fugir". Depois foi a vez da dupla inglesa AlunaGeorge, que entrou no lineup de última hora por causa da desistência da cantora sueca Robyn, que cancelou o show devido à morte de um amigo e parceiro com quem tinha trabalhado em seu último disco. O duo formado pela cantora Aluna Francis e pelo músico e produtor Georgie Reid, trouxe o seu pop futurista, com elementos do R&B e da house music para a Cidade do Rock. Impulsionado pelo sucesso de "You Know You Like It" (a última da apresentação), a dupla, apontada como uma das promessas da indústria musical em 2013 pela BBC, mostrou as músicas do seu então único álbum *Body Music* (2013).

Chovia a cântaros quando o a-ha iniciou a sua viagem pelo synthpop na Cidade do Rock. Em 1991, a banda tocou para 198 mil pessoas no estádio Mário Filho. Vinte e quatro anos depois, o público era menor, mas ainda assim fiel. Tanto que aguentou a chuva para ver o grupo que, entre idas e vindas, estava comemorando trinta anos de carreira, assim como o festival. Está tudo tão ligado que, inclusive, a banda anunciou o seu retorno após um breve hiato no mesmo dia que confirmou o show no Rock in Rio. De quebra, ainda lançou o bom disco de inéditas *Cast in Steel* (2015), o primeiro em seis anos. A voz de Morten Harket, agora com 56 anos, não era mais a mesma, mas o charme estava maior ainda.

Durante cerca de uma hora e quinze minutos, os noruegueses desfilaram tudo aquilo que os ensopados fãs queriam escutar: "I've Been Losing You" (um início matador), "Stay on These Roads", "Crying the Rain" (que poucas vezes fez tanto sentido), "Hunting High and Low", "The Living Daylights" e "Take on Me" para fechar. No meio ainda rolou "You Are the One", raramente executada ao vivo pela banda, e uma das favoritas dos brasileiros, além de duas do trabalho novo. Ou seja, apenas um caminhão de hits, zero de efeitos especiais e o mundo desabando dos céus. Era o que bastava. E, no dia seguinte, o tecladista Magne Furuholmen, que tem uma carreira como artista plástico, executou uma obra no Museu de Arte Contemporânea (MAC), em Niterói, para estudantes de uma escola pública da cidade.

Os fãs do Yes até hoje se gabam de ter visto a banda de rock progressivo debaixo de uma tempestade e com lama nos joelhos em 1985. E o que vão dizer os fãs de Katy Perry daqui a trinta anos? Não tinha lama, mas a chuva foi inclemente, tal qual a de trinta anos antes. A cantora da Califórnia foi mais uma que ganhou upgrade em 2015 depois de abrir para Elton John e Rihanna em 2011. Ela vinha ao Brasil com o final de sua turnê *The Prismatic World Tour*, baseada no álbum *Prism*, de 2013. Com a credencial de ter se apresentado no *Super Bowl* sete meses antes, Perry trouxe toda a sua parafernália para o Rock in Rio. O show era dividido em cinco atos, no melhor estilo Madonna, e a cantora trocava de roupa (e de fantasia) diversas vezes — ela podia ser tanto uma rainha egípcia, uma deusa futurista ou uma... gata.

O show aconteceu no rockódromo, mas se fosse no sambódromo, poucos notariam a diferença. Cinco minutos antes do início da apresentação, uma espécie de comissão de frente portando lanças fosforescentes surgiu no palco para abrir caminho para Katy Perry cantar "Roar", sucesso do disco *Prism*. A segunda parte, a egípcia, fechou com "I Kissed a Girl". O Júlio de Sorocaba, ex-professor de informática e agora fotógrafo (ainda tentou ser vereador em sua cidade), estava debaixo da chuva, mas, dessa vez, foi esnobado. "Farei melhor hoje se ela me chamar novamente ao palco", disse ao *O Globo*. Quem se deu melhor foi a Rayane Souza, dezoito anos, que subiu ao palco após a cantora chamar uma "menina dos peitinhos sorridentes". Rayane não se conteve, berrou e agarrou Katy por todas as partes do corpo. Mais um intervalo, e Katy Perry pegou um violão para a parte acústica do show, com baladas como "By the Grace of

God". O último bloco, o mais agitado, teve "Teenage Dream" e "California Gurls". No bis, claro, "Firework", debaixo de chuva e fogos espocando no céu.

    Estava assim finalizada a festa de trinta anos do Rock in Rio. Dois anos depois, a Cidade do Rock teria novo endereço.

28. "AMAR SEM TEMER."

"O BRASIL NÃO É PARA PRINCIPIANTES", já dizia Tom Jobim. Se o maestro estivesse vivo entre 2016 e 2017, provavelmente ele teria que mudar a sua frase. "Principiantes" seria muito pouco para o país. Neste período, o Brasil passou por uma de suas piores crises econômica e política. Durante praticamente todo o ano de 2016, as ruas foram tomadas por gente vestindo a camisa da seleção brasileira e que clamava pelo impeachment de Dilma Rousseff. A pressão foi grande, e, em 11 de abril, por 38 votos a 27, o parecer do relator do processo de impedimento da presidenta, o deputado Jovair Arantes, foi aprovado. Seis dias depois, a Câmara dos Deputados deu prosseguimento ao processo, ao mesmo tempo que o então deputado federal e presidente da Câmara dos Deputados Eduardo Cunha foi afastado do cargo pelo Supremo Tribunal Federal. Poucos dias depois, o Senado Federal determinou o afastamento de Dilma da presidência da República pelo período de até 180 dias.

No meio do turbilhão, em 5 de agosto eram abertas as Olimpíadas no estádio do Maracanã. No meio da celebração por tantas medalhas, muita gente nem se deu conta quando, em 31 de agosto,

Michel Temer assumiu a presidência após o afastamento permanente de Dilma. Mas a história não acaba por aqui. Em outubro, Eduardo Cunha, o deputado que comandou a sessão do processo de impeachment, foi preso pela Polícia Federal, alvo da Operação Lava Jato. No mês seguinte, os ex-governadores do Rio de Janeiro, Anthony Garotinho e Sérgio Cabral Filho também foram "em cana". No início de fevereiro de 2017, foi a vez do então governador do Estado, Luiz Fernando Pezão, ter o seu mandato cassado. Na esfera federal, Michel Temer ia levando até que, no dia 19 de maio, foi divulgado um acordo de delação premiada que revelava que a empresa de alimentos JBS teria pagado 500 milhões de reais em propina a diversos políticos, incluindo o presidente.

Mais protestos se seguiram. Em um deles, manifestantes incendiaram a sede do Ministério da Agricultura em Brasília, em meio a palavras de ordem e pedidos pelo impeachment (ou renúncia) de Temer. No mês seguinte, o juiz Sergio Moro condenou o ex-presidente Lula pelos crimes de corrupção ativa e lavagem de dinheiro. Michel Temer, por sua vez, teve a denúncia de corrupção passiva que pairava contra ele barrada pela Câmara dos Deputados. Será que o Brasil não é apenas para "principiantes"? Por todos esses motivos, a edição 2017 do Rock in Rio é considerada a mais politizada de todas, mais ainda do que a de 1985, que aconteceu durante o processo de redemocratização do país. Não houve um show em que o público não gritasse contra alguma coisa. Praticamente todos os artistas brasileiros também protestaram, assim como alguns estrangeiros, casos de Alicia Keys e CeeLo Green.

No meio de toda convulsão política, seguiam os preparativos para a sétima edição brasileira do Rock in Rio. Entre setembro e outubro de 2016, as primeiras bandas foram confirmadas: Marron 5, Red Hot Chili Peppers e Aerosmith. No dia 21 de outubro, Ancelmo Gois, colunista do jornal *O Globo*, soltou a bomba: "Lady Gaga, a cantora americana, vem ao Brasil no ano que vem. Assinou contrato para cantar no palco do Rock in Rio". Além da contratação dos artistas, a organização do Rock in Rio tinha outra preocupação. Durante as Olimpíadas, o local sede das edições 2011, 2013 e 2015 se transformou na Vila dos Atletas. Prédios foram erguidos e o espaço teria outra utilidade que não festivais de rock. Assim, em 2017, o Rock in Rio se mudava para o Parque Olímpico, local duas vezes maior que a Vila dos Atletas, e que sediou alguns eventos das Olimpíadas. "Os pontos-chave para esta mudança foram o conforto, com mais espaço livre disponível e a facilidade de acesso do público ao local. [...] Além disso, parte dessa megaestrutura do legado olímpico será reaproveitada, dando a possibilidade ao público de vivenciar mais a experiência do Rock in Rio em um espaço mais amplo", explicou Roberto Medina ao jornal O Globo.

Para ocupar o novo rockódromo de 300 mil metros quadrados, mais de duas vezes maior que o anterior, dessa vez, estavam previstas a construção de duas Rock Streets. O continente africano — a sua diversidade musical e arquitetônica — seria o tema de uma delas, que ainda ganharia um deck de madeira sobre um lago artificial. Até um elefante de mentirinha teria espaço. A outra, sem tema geográfico específico, ganharia o nome de Rock District, com direito a calçada da fama contendo marcas das mãos de artistas que se apresentaram no festival. Shows de Dinho Ouro Preto, George Israel e dos irmãos Rogério Flausino e Wilson Sideral estavam agendados para o espaço. A outra novidade seria a Gourmet Square, uma gigantesca praça de alimentação refrigerada, com mesas e quinhentas cadeiras para o cliente optar entre um bolinho vegano de jaca e combinados de comida japonesa.

Além da música, os aficionados por videogames teriam o seu espaço na nova Cidade do Rock. Dois pavilhões do Parque Olímpico estavam reservados para a arena Game XP, com direito à maior tela já montada no mundo para eventos do tipo, com 75 metros de comprimento e vinte metros de altura. Nela, os melhores gamers do país poderiam disputar jogos como *Just Dance* ou *Pro Evolution Soccer*. Na mesma arena, a GameZone disponibilizaria jogos clássicos dos saudosos fliperamas. Já o Digital Stage seria o local de encontro de youtubers e influenciadores digitais, como Whindersson Nunes e Christian Figueiredo. A construção era de uma verdadeira cidade mesmo, com a instalação de mais de 120 quilômetros de cabos subterrâneos, além de 80 mil metros quadrados de grama sintética. Para montar tudo isso, o Rock in Rio gastou cerca de 200 milhões de reais, 10% a mais do que a última edição.

Mas as novidades não paravam por aí. Além da nova Cidade do Rock (a quarta no Rio de Janeiro), o ingresso em formato de papel daria lugar a uma pulseira de identificação com chip, que serviria, inclusive, para marcar horários nos brinquedos. E a população passaria dos 85 mil pagantes das edições anteriores para 100 mil por dia. Para atender a todos, a produção prometeu a construção de mais de mil mictórios e privadas, além de 84 lojas nos shoppings. A tenda eletrônica, com atrações como The Black Madonna e Illusionize funcionaria até às quatro da manhã. Para dar conta de tudo, 20 mil funcionários trabalhariam por dia de evento.

E não era só a Cidade do Rock que estava mudada. Parecia que os artistas também não eram mais os mesmos de 1985 no quesito exigências. "O pessoal agora quer sucos orgânicos e faz questão de que os alimentos tenham certificado de procedência. Ninguém pediu pizza ou hambúrguer", disse Ingrid Berger, coordenadora de backstage do Palco Mundo ao jornal *O Globo*. A sua lista de compras contava com apenas 22 garrafas de uísque para os sete dias de festival. "Antes eram carrinhos de supermercado lotados de uísque", lembrou. Justin Timberlake solicitou somente uma, já Axl Rose pediu uma única garrafa de champanhe para antes do show. A produção do Def Leppard informou que dez integrantes da equipe eram veganos, e a do Pet Shop Boys frisou que um dos membros da dupla era alérgico a camarão.

"As mudanças foram comportamentais. Muitos artistas envelheceram e precisam cuidar da saúde. Eles estão muito mais preocupados com a saúde física, por exemplo, alguns pararam de beber, de comer *junk food*, eles se alimentam melhor, eles se exercitam, fazem ioga, meditação. Inclusive dentro dos camarins, eles faziam festa, com um monte de convidados. Hoje, vem família, mulheres, filhos...", explica Ingrid. Mas uma coisa não mudou na história do Rock in Rio: o fetiche dos artistas por toalhas. "As equipes são muito grandes. Numa edição do Rock in Rio tem mais de mil toalhas. É uma operação gigante. Juntando todos os palcos, temos uma empresa só para lavar as toalhas, como se fosse um hotel."

Preparativos à parte, os fãs tinham muitos motivos para estarem animados, tanto que os 120 mil Rock in Rio Cards disponibilizados se esgotaram logo no início de novembro, em menos de duas horas, com apenas três *headliners* anunciados. Ao mesmo tempo, outras atrações eram divulgadas, como a banda Bon Jovi e o cantor Billy Idol — este, infelizmente, acabou cancelando a vinda. Em fevereiro de 2017 foi confirmada oficialmente a presença de Lady Gaga. A cantora anunciou a boa nova em suas redes sociais logo após o seu show no *Super Bowl*. Duas horas depois, o festival também confirmou em suas redes: "Quando vocês gritam, podem ter certeza de que a gente está ouvindo. Hoje, finalmente chegou o dia de afirmar com 100% de certeza esta superatração, que será a primeira *headliner* do Rock in Rio 2017! Lady Gaga!". Para o Sunset, as primeiras confirmações: o norte-americano CeeLo Green, dono dos hits "Crazy" e "Fuck You", além do explosivo encontro de Ney Matogrosso com a Nação Zumbi para um show em que o cantor, pela primeira vez, dedicaria o repertório a canções do Secos & Molhados.

Apesar das presenças do Red Hot e do Aerosmith, os roqueiros aguardavam novidades. Mas certamente eles não esperavam por tanto: The Who e Guns N' Roses na mesma noite, como *coheadliners*. A banda britânica de Roger Daltrey e Pete Townshend tocaria pela primeira vez no país depois de 53 anos de atividade. Em 2007, o grupo chegou a anunciar shows no Brasil, mas acabaram cancelados antes de os ingressos serem postos à venda. "O Brasil é muito importante no mercado de shows. Ainda bem que tivemos tempo de consertar isso", reconheceu Townshend à *Folha de S.Paulo*. Muitos comemoraram com o anúncio, outros travaram uma guerra nas redes sociais para decidir quem teria a honra de fechar a noite. Medina teve que explicar: "O The Who, embora tenha cachê de *headliner*, não vende os 100 mil ingressos de uma noite de Rock in Rio. Então, escalamos o Guns N' Roses, que é muito popular no Brasil. É uma noite que não se paga, mas um momento histórico do festival". Quando os ingressos foram colocados à venda, os fãs teriam muitas opções. Pet Shop Boys, Incubus, Tears for Fears, Walk the Moon, Titãs, Scalene, Justin Timberlake... Mais uma vez, um festival para todos os gostos. Aliás, como é desde 1985. As noites do Maroon 5, Red Hot Chili Peppers e Guns N' Roses/The Who se esgotaram em poucas horas.

Estava tudo indo muito bem, até que, uma semana antes da abertura do festival, Lady Gaga anunciou que ficaria um tempo longe da música. A cantora afirmou que precisava diminuir o ritmo temporariamente para tratar uma dor crônica causada por uma fibromialgia. Apesar de ter cancelado um show em Montreal, no Canadá, ela subiu ao palco para se apresentar em Toronto (dias 6 e 7 de setembro) e na Filadélfia (dias 10 e 11). Como o show no Rock in Rio aconteceria no dia 15, ao que tudo indicava, ela cumpriria o compromisso. O jornal *O Globo*, no dia 14, inclusive, informava que a cantora já estava hospedada no hotel Fasano, em Ipanema.

Mas, no mesmo dia, o site do *G1* soltou a notícia que ninguém queria ler: "Cantora cancelou show no Rock in Rio devido a fortes dores e está internada". Lady Gaga se desculpou via Twitter: "Brasil, eu estou arrasada por não me sentir bem o bastante para ir ao Rock in Rio. Eu faria qualquer coisa por vocês, mas eu preciso cuidar do meu corpo agora". Na porta do Fasano, mais parecia que tinha sido anunciada a morte da cantora. Fãs de toda parte do Brasil se desesperaram. Alguns se sentaram no meio-fio e choraram abraçados. A produção pouco podia fazer, mas agiu rápido. Garantiu que quem quisesse teria o reembolso do valor do ingresso e convocou o Maroon 5 para substituir a cantora — a banda norte-americana já seria *headliner* na noite seguinte. Os seus fãs comemoraram. Os ingressos para a noite do Maroon 5 foram os que esgotaram mais rapidamente. Levando-se em conta o que disse em 2001, o vocalista Adam Levine também ficou feliz com a oportunidade de cantar duas noites seguidas no Rock in Rio. "O Brasil é o lugar que mais empolga a banda, porque nossos fãs daí são, honestamente, os melhores do mundo. Ficamos ansiosos para voltar ao Brasil mais do que para qualquer outro lugar do planeta." Já Lady Gaga só retornou aos palcos em novembro.

Com ou sem Gaga, o Rock in Rio teria que começar. Apesar da ausência sentida, apenas cerca de 5 mil ingressos foram devolvidos. Fazia calor no dia 15 de setembro — os termômetros registraram até 38°C. Mais de noventa pessoas foram atendidas até o início da noite por causa de desidratação. No gramado, os *little monsters*, órfãos de Lady Gaga que não abriram mão do ingresso, abusaram de roupas e acessórios rosa bebê, em referência à cor do chapéu usado pela cantora em seu álbum *Joanne* (2016). Aliás, as músicas de Lady Gaga tocaram o dia todo nos alto-falantes do Parque Olímpico, em especial "Bad Romance". Houve um casamento entre duas mulheres na capela e um show de luzes com drones, que também foram usados para monitoramento de segurança no local. Na Rock Street, o grupo marroquino Tyous Gnaoua mostrava a sua música, assim como bandas de refugiados do Congo e de Angola. O Palco Sunset era inaugurado pelo cantor, produtor, compositor e DJ britânico SG Lewis. A quantidade de atrações no rockódromo era tão variada que apenas cerca de duzentas pessoas viram o show. Em seguida, teve o encontro da cantora Céu com a banda goiana Boogarins.

Mas a atenção da população da Cidade do Rock estava voltada para outro palco, não era o Mundo, e sim o estande do banco Itaú, que praticamente ninguém sabia que existia. O Rock in Rio 2017 não ia contar com Lady Gaga nem com Anitta, mas Pabllo Vittar incendiou o Parque Olímpico. O anúncio do nome da drag queen nos telões do rockódromo provocou uma correria sem precedentes. Dona dos hits "K.O." e "Corpo sensual", Pabllo Vittar, que participaria do show de Lady Gaga, começou o seu homenageando a artista ausente com um cover de "Poker Face". A cantora fez de tudo: se jogou no público majoritariamente LGBT, abriu um espacate durante "Minaj", desceu até o chão e pediu gritos de "Fora, Temer!". O fã João Pedro Dias resumiu bem a sensação dos fãs à *Folha de S.Paulo*: "Com a falta de Gaga, ficamos sem 'diva' hoje. A sorte que colocaram a Pabllo pra cantar. A energia está muito boa".

Voltando ao Sunset, era a vez de Fernanda Abreu. Uma das estrelas da Blitz na primeira edição de 1985 tinha ficado doze anos afastada dos estúdios, até que, em 2015, lançou um de seus melhores álbuns, *Amor geral*. Para a apresentação no Sunset, ela estaria acompanhada pela Focus Cia. de Dança e pelo Dream Team do Passinho, tudo a ver, já que a dança é a origem artística de Fernandinha. O show, que começou com algumas canções novas, pegou fogo mesmo durante clássicos como "Veneno da lata", "Garota sangue bom" e "Kátia Flávia, a godiva do Irajá". Quando a cantora discursou sobre consciência ambiental, pipocaram os primeiros gritos de "Fora, Temer!" no rockódromo.

Enquanto Fernanda Abreu cantava a última música de seu set, "Rio 40 graus", Gisele Bündchen surgiu no Palco Mundo para a abertura oficial do Rock in Rio, empunhando uma bandeira gigante do *Amazonia Live*, projeto social do festival, que visa a plantação de milhões de árvores em áreas desmatadas da Floresta Amazônica. A modelo fez um discurso emocionado sobre a importância de fazer do mundo um lugar melhor ("Vamos dar as mãos para quem está do lado e imaginar que o mundo vai melhorar"), antes de dar as mãos, aos prantos, para Ivete Sangalo, que já estava ao seu lado. Gisele prometeu não cantar, mas arriscou uns versos do hino pacifista "Imagine", de John Lennon, ao lado da cantora baiana. Uma queima de fogos anunciou o primeiro show no palco principal. Ela mesma, Ivete, aos 45 anos e grávida das gêmeas, botou todo mundo pra pular logo no início, quando emendou quatro de seus maiores sucessos: "O farol", "Festa", "Sorte grande" e "Abalou". Ela ainda cantou "Pro dia nascer feliz", do Barão Vermelho, e homenageou Lady Gaga, com um trechinho de "Bad Romance".

O Palco Sunset finalizou a sua primeira noite ao som de samba. Artistas do gênero, como Monarco, Martinho da Vila, Jorge Aragão, Alcione, Mart'nália, Roberta Sá e Criolo, formaram uma roda de samba de luxo no Rock in Rio. O Jongo da Serrinha abriu o show lembrando as origens do samba para dar lugar a Martinho da Vila, prestes a completar oitenta anos. Ele mandou "Canta, canta, minha gente", seguido por clássicos como "Pelo telefone" (de Donga), considerado o primeiro samba gravado, em 1916, e "A voz do morro", de Zé Keti. Mart'nália homenageou Luiz Melodia, que havia morrido um mês antes, e a lenda Dona Ivone Lara. O paulista Criolo interpretou o conterrâneo Adoniran Barbosa, e Monarco representou a Portela, então campeã do Carnaval carioca após 33 anos na fila, da mesma forma que Roberta Sá, que cantou "Foi um rio que passou em minha vida" e "Portela na avenida". Alcione preferiu homenagear a sua escola de samba de coração, com "Exaltação à Mangueira", e Jorge Aragão não deixou pedra sobre pedra com a dobradinha "Coisinha do pai"/"Vou festejar". No final, todos cantaram "Aquarela brasileira", de Silas de Oliveira, samba da Império Serrano de 1964. Era a Cidade do Samba, sim senhor.

Já o Palco Mundo era a Cidade do synthpop à espera do Pet Shop Boys. Apesar de vir ao Brasil rotineiramente, a banda é sempre uma atração muito esperada, já que, ao contrário de muitas, não é de ficar repetindo o mesmo show eternamente. Pelo contrário. A dupla formada por Neil Tennant e Chris Lowe tem o saudável costume de se renovar a cada álbum lançado, inclusive no mais recente, *Hotspot* (2020), produzido por Stuart Price. Apesar de reduzido, o setlist fez um passeio por catorze músicas de todas as fases da dupla, entre 1984 e 2016. Esbanjando postura britânica no palco, Tennant, com o seu capacete metalizado, interpretou "West End Girls", "It's a Sin", "Home and Dry", entre outras, ao mesmo tempo que Lowe permanecia como uma estátua na frente de seus teclados. A dupla ainda modernizou os arranjos de clássicos como "Go West" e "Left to My Own Devices". Antes de "Se a vida é (That's the Way Life Is)", inspirada no batuque do Olodum, o vocalista, elegantemente, agradeceu: "É uma música que vocês nos deram, obrigado". No bis, "Domino Dancing" e "Always on My Mind", dois sucessos de *Introspective* (1988). Alegria total, mas que, infelizmente, terminou de forma não muito agradável para a dupla. No dia seguinte, segundo a imprensa, Tennant e Lowe teriam sido assaltados por quatro travestis portando facas, enquanto caminhavam no calçadão de Copacabana. Perderam celulares e dinheiro, mas preferiram não registrar queixa na delegacia. Após o acontecido, os dois teriam retornado assustados ao Copacabana Palace. No entanto, Neil Tennant escreveu nas redes sociais que se tratou apenas de um furto. "Tudo o que aconteceu foi que tive o meu bolso escolhido... E perdi meu iPhone."

A atração seguinte foi o 5 Seconds of Summer, quarteto australiano de pop punk formado em 2011. Foram intermináveis 85 minutos de um rock genérico, com todas as músicas parecidas entre si, o que fez muita gente perguntar por qual motivo o Pet Shop Boys se apresentou antes dele. O encerramento coube ao "coringa" do Rock in Rio. Depois de ter substituído Jay-Z de última hora em 2011, agora era a vez do Maroon 5 subir ao palco no lugar de Lady Gaga. Sabendo que a missão era complicada, já que a Cidade do Rock estava cheia de *little monsters* não muito satisfeitos, o grupo, de cara, enfileirou três sucessos de altíssimo alcance: "Moves Like Jagger", "This Love" e "Harder to Breathe", deixando as músicas do disco mais recente, V (2014) para mais adiante. De toda forma, as três escolhidas do novo álbum ("Animals", "Maps" e "Sugar") empolgaram a plateia. Tendo ciência que o público não era absolutamente o da banda dele, o vocalista

Adam Levine conversou muito e foi simpático, cantando, inclusive, "Garota de Ipanema", em inglês e em português. "Provavelmente uma das músicas mais bonitas já feitas. E foi feita aqui", disse. Mas a fraca versão de "Let's Dance", de David Bowie, morto em 2016, poderia ter ficado de fora. Mas, no frigir dos ovos, o Maroon 5 desempenhou a difícil missão de substituir Lady Gaga com honestidade.

O segundo dia de Rock in Rio começou com uma merecida homenagem a João Donato (então com 83 anos), através das ótimas vozes de Lucy Alves, Emanuelle Araújo, Tiê e Mariana Aydar, que se revezaram no vocal principal entre clássicos como "A rã", "Lugar comum" e "Bananeira". No final, todas se juntaram para uma versão de "A paz", algo que o Rio de Janeiro estava realmente precisando. Depois foi a vez da Blitz relembrar 1985 com as participações da cantora Alice Caymmi e do guitarrista Davi Moraes. A banda carioca havia lançado em 2016 o álbum *Aventuras II*, mas a tônica do set foi mesmo as músicas que todos queriam escutar, como "Weekend" (a primeira), "Betty frígida" e "Você não soube me amar", que encerrou uma apresentação incendiária e provou o que Evandro Mesquita disse no palco: "Música boa não tem validade". O público concordou. Os 10 mil espectadores do início da apresentação se multiplicaram por três no final.

A terceira atração do Sunset seria o cantor norte-americano de soul Charles Bradley. Mas o diagnóstico de um câncer, oito dias antes do show, acabou cancelando a sua apresentação. Lamentavelmente, Bradley faleceu no dia 23 de setembro, antes do término do festival. O rapper Rael e a cantora Elza Soares ensaiaram um show de última hora e mandaram muito bem. Rael entrou no palco desfilando o repertório em cima de seu disco mais recente, *Coisas do meu imaginário* (2016) para, depois, Elza, em cima de um trono, brilhar cantando o verso "a carne mais barata do mercado é a carne negra", além de "Mulher do fim do mundo". Para fechar o Sunset, o cantor californiano Miguel se juntou a Emicida para apresentar a parceria entre os dois "Oásis". Como o rapper brasileiro só participou de duas músicas, e o repertório de Miguel era praticamente desconhecido, o show não se justificou. Ainda mais depois de Elza Soares.

O Palco Mundo abriu com o show do Skank, que misturou os costumeiros sucessos a mensagens políticas. Antes de "In(dig)nação", Samuel Rosa mandou um dos recados mais contundentes do festival. "Nosso dinheiro está escorrendo pelo ralo. Dinheiro que devia estar indo para leitos nos hospitais, para a educação, para a criançada não cair no crime, para formar cidadãos, para as estradas, enfim. Não para grandes grupos econômicos. Quero deixar claro aqui que de um lado e de outro a gente não se parece com vocês, políticos brasileiros. A gente é diferente. Vocês são piores que ladrões, vocês matam gente." Aplausos gerais e a resposta da plateia: "Fora, Temer!". O fim do show, com "Vou deixar", "Garota nacional" e "Vamos fugir", fez o chão tremer pela primeira vez no rockódromo em 2017.

Muita gente reclama da repetição de artistas nacionais no festival. Sempre quando o Skank é convidado, a pergunta é inevitável: de novo? A diretora artística das atrações nacionais do palco principal, Marisa Menezes, explica: "Nos últimos anos, as bandas estão acabando. E nós estamos falando de Palco Mundo. Quando você entra nele, você tem 100 mil pessoas na sua frente. É assustador. E se você não acertar e não entrar como um furacão e colocar a plateia na sua mão desde a primeira música, das duas uma: ou você sai menor do que você entrou ou sai maior do que você entrou. Tem que ser um artista absurdamente competente para entrar ali. O artista brasileiro está competindo com grandes nomes internacionais. Não temos mais uma variedade grande de artistas que tem esse peso. E as grandes bandas nacionais são as mesmas, da mesma forma que as internacionais são as mesmas. Quem critica é quem não compra ingresso, porque quem é fã vai lá assistir".

Depois do Skank, era a vez de uma das atrações mais aguardadas pelos teens. Mesmo com apenas dezenove anos de idade, Shawn Mendes foi um dos artistas mais festejados no festival. Dezenas de fãs aguardaram o músico canadense no aeroporto Tom Jobim, e foram retribuídos com autógrafos e fotos. Como se não bastasse, organizou um *meet & greet* com os admiradores que acamparam na porta do hotel. Os seus seguranças formaram uma fila e todos os fãs receberam atendimento personalizado. Mendes ainda curtiu a praia do Leblon e a piscina do hotel onde estava hospedado. De fato, ele tinha muitas razões para estar feliz. Seus dois discos (*Handwritten*, de 2015, e *Illuminate*, do ano seguinte) venderam muito e o single "There's Nothing Holdin' Me Back" estava estourado nas paradas. À época, ele era o 20º artista do mundo com mais ouvintes mensais no Spotify, e o clipe de "Treat You Better" contabilizava mais de 1,3 bilhão de visualizações no YouTube. De quebra, ele ainda foi o artista escolhido para o retorno da série *MTV Unplugged* em um novo formato.

O palco do Rock in Rio seria o seu primeiro na América do Sul, e ele não decepcionou. "Me contaram que os fãs brasileiros são os mais malucos do planeta inteiro. São os mais presentes nas minhas redes sociais, com certeza, e acho que este será o maior público para o qual eu já toquei. Eu espero poder dar conta do recado, porque sei que vai ser algo muito especial", disse ao jornal *O Globo*. No show, misturando mais charme do que timidez, mandou o seu folk pop, no estilo Ed Sheeran, e cantou tudo o que os fãs esperavam, como "Stitches", "Never Be Alone", "Bad Reputation". Ainda teve espaço para versões de músicas do Kings of Leon ("Use somebody") e, sim, Ed Sheeran ("Castle on the Hill"). Depois do show, Mendes conheceu a atriz Bruna Marquezine.

O som tranquilo do jovem canadense deu lugar ao batidão da cantora norte-americana Fergie. Após cantar algumas faixas de seu último disco, *Double Dutchess* (2017), ela tratou logo de convidar Pabllo Vittar para o palco. Depois de "Glamorous" e "Sua cara" em conjunto, não precisava de mais muita coisa para levantar o público, mas, mesmo assim, ela convocou o casal Sérgio Mendes e Gracinha Leporace para uma versão de "Mas que nada" (de Jorge Ben Jor), que

Fergie havia gravado com a sua banda Black Eyed Peas. E foi ao som do antigo grupo que Fergie encerrou a sua aparição no Palco Mundo, com "I Gotta Feeling". O Maroon 5 fez o repeteco da noite anterior, só que mais animado, já que agora se apresentava para os seus fãs. E nem precisou apelar novamente com "Garota de Ipanema".

O domingo começou tenso no Rio de Janeiro. Em entrevista à *Folha de S.Paulo*, no início de 2017, indagado se a violência na cidade estava pior do que na década de 1990, quando foi sequestrado, Roberto Medina respondeu: "Com certeza. Nós estamos abandonados. Perdemos a mais básica segurança, a de ir e vir. Nunca vi uma situação tão deprimente. A gente está num caos que, se não acordarmos… Está ruim de sair na cidade. Esse quadro não pode continuar". O repórter Marco Aurélio Canônico perguntou se haveria algum esquema de segurança especial para o festival. O empresário respondeu: "Eu vejo pelo histórico que, em momentos de pico de violência, não acontece nada em evento nenhum". Dessa vez, Medina errou.

No domingo, dia 17, a favela da Rocinha serviu de palco para uma guerra entre traficantes pelo controle da venda de drogas. Cerca de cem bandidos invadiram a favela na madrugada de sábado para domingo e houve uma intensa troca de tiros, com ao menos um morto no confronto. A autoestrada Lagoa-Barra, principal acesso da Zona Sul para a Barra da Tijuca foi interditada por quatro horas e o acesso ao metrô da Rocinha, fechado. O trânsito virou um caos. "Infelizmente, acontece uma coisa dessas no meio de um projeto de resgate do Rio. É uma tragédia, mas não abala o festival, que reúne 1 milhão de pessoas", disse Medina. Quem conseguiu chegar cedo na Cidade do Rock viu o encontro da banda portuguesa de soul HMB com Virgul e Carlão, ambos da extinta banda portuguesa de hip-hop Da Weasel.

Em seguida, o brasileiro Johnny Hooker, todo coberto de lantejoulas douradas que refletiam o sol de fim de tarde, convidou Liniker e Almério para um encontro memorável no Sunset. A partir do questionamento de preconceitos sexuais, eles levantaram a bandeira da liberdade de gênero. O assunto estava em pauta. A exposição *Queermuseu — Cartografias da diferença na arte brasileira*, em Porto Alegre, virou alvo de debates e acusações, até ser fechada após pressão de grupos contra o que chamam de promoção de pedofilia, zoofilia e blasfêmia. "Alma sebosa", de Hooker, foi cantada a altos brados pelo público. A cantora Liniker, de vestido branco listrado, se juntou ao colega para "Flutua", que foi seguida por um beijo entre os dois. O pernambucano Almério surgiu para dividir "Volta" com o anfitrião.

Ao final, os três juntos cantaram "Não recomendado" (de Caio Prado), cujos versos falam sobre preconceitos de identidade de gênero: "A placa de censura no meu rosto diz:/ Não recomendado à sociedade/ A tarja de conforto no meu corpo diz:/ Não recomendado à sociedade". Hooker, Liniker e Almério, antes de saírem do palco, exibiram uma bandeira na qual se lia "Acreditamos em um mundo melhor #amazonialivre". Mas a mensagem mais importante da edição 2017 do Rock in Rio estava mesmo estampada no telão: "Amar Sem Temer", trocadinho com os versos da música "Flutua" como protesto contra o então presidente. Maria Rita e a cantora norte-americana de jazz e blues Melody Gardot prestaram uma homenagem a Ella Fitzgerald, com um repertório de standards do cancioneiro dos Estados Unidos (Cole Porter, Lorenz Hart, irmãos Gershwin, entre outros) e um dueto de "Águas de março", aquele que a mãe de Maria Rita gravou com Tom Jobim.

Roberto Frejat, mais uma vez, deu as boas-vindas ao público do Palco Mundo com o seu bailão habitual. A turnê *Tudo se transforma* marcava a saída em definitivo do músico do Barão Vermelho — em janeiro de 2017, a banda anunciou o retorno com Rodrigo Suricato nos vocais. Mas Frejat não desprezou os sucessos do antigo grupo, inclusive, começou com dois deles, "Puro êxtase" e "Pense e dance". Depois, ele cantou "Ideologia", parceria sua com Cazuza, pela primeira vez ao vivo. "Ela está cada vez mais verdadeira", disse Frejat. E tome "Fora, Temer!" vindo da plateia. O show ainda teve espaço para baladas ao violão, como "O poeta está vivo" e "Por você", e ainda uma homenagem a Luiz Melodia, com "Negro gato", de Getúlio Côrtes.

Quem queria mais bailão teve que correr para o Palco Sunset porque ali estava prestes a acontecer o melhor show do primeiro fim de semana da edição 2017 do Rock in Rio. "Meu nome é Nile Rodgers e eu tenho o melhor emprego do mundo, porque fiz discos com Diana Ross, Sister Sledge, David Bowie, Madonna, Daft Punk, Lady Gaga e tanta gente maravilhosa." Foi assim que Nile Rodgers mostrou as suas credenciais no palco, todo vestido de branco, com uma boina e longos dreads. A garotada certamente já conhecia "Get Lucky" e "Lose Yourself to Dance", canções criadas por Rodgers em parceria com Pharrell Williams e Daft Punk. Mas a mesma juventude provavelmente se surpreendeu com a quantidade de hits que aquele cara tinha na manga. Em show dedicado a Lady Gaga, ele enfileirou "I'm Coming Out" e "Upside Down" (ambas escritas e produzidas por ele para Diana Ross), "Like a Virgin" (que Rodgers trabalhou junto com Madonna), "We Are Family" (composta e produzida para o Sister Sledge), além de "Le Freak", "Everybody Dance", "I Want Your Love" e "Good Times", todas de sua banda, o Chic. Ainda tocou "Let's Dance", que ele produziu para David Bowie. Tomara que o Maroon 5 tenha visto o show pela TV... Vibrante é muito pouco para descrever o que foi a apresentação, mas o jornalista Silvio Essinger, do jornal *O Globo*, tentou: "Foi festa, aula de história, missa, sessão de descarrego. E um dos grandes shows no Brasil em 2017". Desde 2011, Nile Rodgers era sondado pelo Rock in Rio. Seis anos depois, roubou a cena.

Depois da festa no Sunset, pouca gente daria atenção ao Walk the Moon, banda de indie pop formada em Ohio (EUA), com nome inspirado no sucesso da banda The Police. O Walk the Moon até que tocou os seus hits, como "Shut Up and Dance" e "Anna Sun", mas a reação do público transitou entre a apatia e o desprezo. Tudo bem diferente da atração seguinte. Alicia Keys, mais uma vez, esbanjou simpatia e talento na Cidade do Rock. E fora dela também, ao receber fãs em um estúdio quando ensaiava. A bordo do novo álbum *Here* (2016), no show ela mostrou novidades ("In Common", "Pawn it All") e hits ("Girl on Fire", "Empire State of Mind"). Com um visual bem diferente de dois anos antes — macacão preto brilhante, brinco losangular quase até o ombro e cabelo trançado rosa e laranja —, ela trouxe ao palco a líder indígena Sônia Guajajara, que fez um protesto bem contundente. "Existe uma guerra contra a Amazônia. O governo quer colocar à venda uma área grande de reserva mineral. Senadores, vocês têm a chance de evitar isso na votação que vai haver. E nós estaremos de olho", ela discursava, enquanto Alicia tocava "Kill Your Mama". Em resumo, um show tão bom quanto o de 2013.

Por sua vez, a última atração, Justin Timberlake apresentou um show tão mediano quanto o de 2013. Mais uma vez, ninguém sabia muito o que esperar da apresentação, já que depois dos dois volumes de *The 20/20 Experience* (2013), Timberlake não havia lançado praticamente mais nada de novo. Além do mais, o seu último show tinha acontecido onze meses antes. Agora pai — o seu filho nascera em 2015, fruto da relação com a atriz Jessica Biel —, ele também estava, mais uma vez, se dedicando ao cinema. Até o fim do ano ele apareceria em *Roda gigante*, de Woody Allen. Para não dizer que não tinha nenhuma novidade em seu repertório, em maio de 2016, Timberlake lançou o single "Can't Stop the Feeling!" para o filme de animação *Trolls* (2016). Havia uma especulação no sentido de que seu novo disco sairia ainda em 2017, mas *Man of the Woods* ficou para 2018.

A apresentação teve início com "Only When I Walk Away" e, em seguida, o cantor mostrou para os fãs que estava com vontade: "Como vocês estão se sentindo nessa noite, Rio? Estamos muito felizes por estar de volta". Depois vieram "Suit & Tie", "Like I Love You" e "My Love", antes do momento catártico com "Summer Love". Estava tudo lá, um replay de 2013. "Señorita", "Until the End of Time", "Cry Me a River"… Claro, rolou "Can't Stop the Feeling!", o tal hit mais recente. "Vocês têm que ir pra casa, mas eu, não!", brincou Timberlake antes de mandar a agitada "SexyBack" e de descer para a galera enrolado na bandeira brasileira no encerramento com "Mirrors". Oitenta por cento do repertório foi o mesmo do dia 15 de setembro de 2015. Mas será que alguém realmente se importou?

29. "MANTENHA CALMA — AÍ VEM O THE WHO..."

DEPOIS DE UM FIM DE SEMANA dedicado à música pop, o Rock in Rio estava de volta com os dinossauros do rock. O público, como era de esperar, era bem diferente. Mas a consciência, a mesma. Logo que os portões se abriram, houve um protesto contra a chamada "cura gay". O juiz Waldemar Cláudio de Carvalho, do Distrito Federal, havia determinado que o Conselho Federal de Psicologia alterasse a interpretação de suas normas para que não impedisse os profissionais "de promoverem estudos ou atendimento profissional, de forma reservada, pertinente à (re)orientação sexual, garantindo-lhes, assim, a plena liberdade científica acerca da matéria, sem qualquer censura ou necessidade de licença prévia". As bandeiras coloridas tremularam no rockódromo para mostrar que qualquer maneira de amor vale a pena.

Além do público, artistas também protestaram. O cantor Hyldon, que participou do show de Ana Cañas na abertura do Palco Sunset, vestia uma camisa colorida. A cantora também fez um veemente protesto que ecoou: "Nunca antes na história deste país o processo de democracia foi tão ameaçado como agora. Um general pediu a intervenção militar. Infelizmente, jovens, essa música é muito atual". A tal música era "O bêbado e a equilibrista", o hino da anistia escrito por João Bosco e Aldir Blanc, e eternizado na voz de Elis Regina.

Tirando o primeiro show, o Sunset seria todo dedicado ao rock. Tyler Bryant & The Shakedown, banda de Nashville que foi escalada no lugar da desistente The Pretty Reckless, mostrou o seu blues rock sulista e agradou a plateia, que aplaudiu. A dupla anglo-americana The Kills, formada por Alison Mosshart e Jamie Hince, veio depois e misturou blues, psicodelia, dark e muito barulho em canções como "Kissy Kissy" e "Monkey 23". Apesar de pouco conhecida no Brasil, a julgar pela recepção da plateia, a dupla foi aprovada. Já a atração seguinte não precisava provar nada a ninguém. O estranho mesmo era Alice Cooper não estar no Palco Mundo, mas tudo bem, ele teve o maior público do Sunset na edição 2017 do Rock in Rio. Do alto de seus 69 anos de idade, relembrou os seus principais sucessos acumulados em quarenta anos de serviços bem prestados ao rock 'n' roll, como "No More Mr. Nice Guy" e "Under My Wheels".

No camarim, Alice Cooper disse: "Muitos desses meninos nunca viram um show de rock 'n' roll". Bom, agora eles estavam prestes a ver. Um dos melhores, diga-se de passagem. A produção do show veio toda, o que significa que teve o momento em que o cantor é "guilhotinado" em cima do palco, além de teias de aranhas gigantes, explosões, bolas de sabão e outras encenações macabras. "Bem-vindo ao meu pesadelo!" Não é esse o título de um dos principais álbuns de Alice Cooper? Destaque também para a excelente guitarrista Nita Strauss, que acompanhou o circo em clássicos como "Halo of Flies" e "Only Women Bleed". Para completar, Cooper ainda recebeu a visita de Arthur Brown, o rei do shock rock, para cantar "Fire", antes de tudo acabar com "School's Out" e o guitarrista Joe Perry, do Aerosmith, subir no palco.

No Palco Mundo, a banda brasiliense Scalene, revelada ao grande público pelo programa *Superstar*, da Rede Globo, abriu os serviços.

O grupo havia lançado um mês antes o álbum *Magnetite*, e, com a banca de ter faturado o Grammy Latino de melhor disco de rock em língua portuguesa, não fez concessões. Os irmãos Tomás (guitarra e teclados) e Gustavo Bertoni (guitarra e voz) apresentaram quinze músicas autorais, sendo quatro do novo trabalho. O público gostou do rock sem firulas da banda e mais ainda do recado de Tomás: "Valorize a música nacional". Por sinal, o show da Scalene foi bem superior ao do Fall Out Boy, que veio em seguida. Banda formada a partir da cena punk de Chicago em 2001, o quarteto de Patrick Stump tinha se separado em 2009 e retornou quatro anos depois. No palco do Rock in Rio, serviu como momento nostálgico para a geração emo, que curtiu músicas como "Sugar, We're Goin' Down" e "I Don't Care".

O Def Leppard era para ter se apresentado no Rock in Rio em 1985, mas acabou cancelando porque estava às voltas com a gravação de um disco. Corta para 2017. *Hysteria*, o próprio álbum que a banda inglesa estava gravando na época, completou trinta anos. E foi exatamente a turnê comemorativa do disco que trouxe a banda com sete edições de atraso ao Rock in Rio. "É uma pena não virmos com frequência, mas, por outro lado, o público terá a sorte de nos ver em grande forma. A banda está melhor do que jamais esteve", garantiu o guitarrista Phil Collen, que aproveitou para dar um pulo no Cristo Redentor. Liderada pelo vocalista Joe Elliot, a banda começou o seu show pontualmente às 22h30 ao som de "Let's Go", do álbum *Def Leppard* (2015), o mais recente. Mas o setlist privilegiou *Hysteria*, como a faixa-título, o petardo "Rocket" e a balada "Love Bites". No fim das contas, apesar da execução tecnicamente perfeita, não comoveu muito a plateia — em 1985, a história poderia ter sido bem diferente —, mas serviu como um esquenta de respeito para o Aerosmith.

A banda de Steven Tyler (voz) e Joe Perry (guitarra) já tinha passado pelo Rio de Janeiro em 1994 e em 2013, mas isso não era exatamente um problema para os fãs. Acompanhados por Brad Whitford (guitarra), Tom Hamilton (baixo) e Joey Kramer (bateria), as duas lendas do rock chegavam ao Rock in Rio para apresentar a turnê *Aero-Vederci Baby!*, na qual se despediam dos palcos depois de quase cinquenta anos juntos. O repertório trouxe de tudo um pouco o que a banda havia produzido no período. Desde clássicos seminais como "Sweet Emotion", "Dream On" e "Walk This Way", passando pela fase de "vacas magras" dos anos 1980 até o renascimento artístico com o álbum *Pump* (1989), do qual saiu "Love in an Elevator". Baladas da década de 1990, como "Cryin'" e "Crazy" também não ficaram de fora, assim como covers dos Beatles e do Fleetwood Mac. Como a turnê era de despedida, a música mais nova do set, "Fallin' in Love (Is Hard on the Knees)" já contabilizava vinte anos. Aliás, tinha uma mais novinha, de dezenove anos, "I Don't Want to Miss a Thing", trilha do filme *Armageddon* (1998), e que ganhou o maior coro da noite. Alguns clássicos como "Toys in the Attic" e "What it Takes" ficaram de fora. Mais uma vez: quem se importa?

Fora dos palcos, Steven Tyler seguiu os passos de Shawn Mendes e também aproveitou bastante o Rio de Janeiro. Ele recebeu fãs no Copacabana Palace, fez selfies, beijou várias admiradoras, dançou com outras e ainda assinou a região das costelas de uma mais assanhada. O cantor também pedalou na orla de Ipanema, quando colocou a voz para trabalhar cantando "Imagine" ao lado de um violonista no Arpoador. Quem se deu bem também foi o fã Abner Tofanelli, atual político da cidade paulista de São José do Rio Preto. Tyler encontrou o rapaz tocando violoncelo na calçada em frente ao Shopping Leblon e o acompanhou na música "Thinking Out Loud", de Ed Sheeran. Faturou cinquenta reais e um autógrafo em seu instrumento musical.

Na sexta-feira, o Rio de Janeiro teve mais um dia de pânico. Os confrontos se intensificaram na favela da Rocinha. As balas zuniam e as pessoas se jogavam no chão em cima da passarela projetada por

Oscar Niemeyer, que dá acesso à comunidade. Pais e filhos corriam desesperadamente pela Estrada da Gávea fugindo do cenário de guerra. Traficantes se escondiam na mata que liga a Rocinha à comunidade vizinha do Vidigal fugindo da polícia e do exército, que finalmente tomou as ruas, na forma de 950 homens e até mesmo tanques de guerra. O confronto se espalhou pela Zona Sul, e a cidade ficou praticamente parada, já que várias ruas foram interditadas, inclusive a autoestrada Lagoa-Barra que, por medida de segurança, ficou intransitável durante quatro horas. O espaço aéreo sobre a Rocinha também teve que ser fechado. As lojas cerraram suas portas. O céu estava parcialmente nublado.

Na Cidade do Rock, o Sunset iniciou os trabalhos na hora marcada. Pena que pouca gente conseguiu chegar cedo para ver que de secundário aquele palco não tinha nada. Pra começar, a banda Sinara, formada por um filho (José) e dois netos (João e Francisco) de Gilberto Gil, se juntou ao cantor baiano Mateus Aleluia (ex-Tincoãs), para uma apresentação tão gloriosa quanto plangente. "Estamos muito tristes com o que está acontecendo no Rio. Sou nascido e criado na Rocinha e é muito triste ver o que está acontecendo", disse o vocalista Luthuly Ayodele. Mas a boa música disse presente em canções como "Fim dos tempos", "Cordeiro de Nanã" e "Deixa a gira girar". Mateus Aleluia ainda mandou o recado: "Somos todos africanos de origem. O fim dos tempos é o início de uma nova era". Assim seja.

Em seguida, a banda BaianaSystem se juntou à cantora e ativista transexual Titica para tremer o chão do rockódromo com uma mistura de ritmos caribenhos, africanos e baianos. "Forasteiro" iniciou o descarrego, que se seguiu com a politizada "Lucro: Descomprimido". As rodinhas na plateia eram contadas às dezenas. "Vamos fazer barulho pelas comunidades do Rio de Janeiro", pediu o vocalista Russo Passapusso, que chegou a descer do palco para comandar a plateia. O BaianaSystem acompanhou Titica em três canções, incluindo o single gravado em dupla "Capim guiné", cuja letra diz "Multiplicados somos mais fortes". E é verdade. A música é uma miscelânea que junta a guitarra baiana a ritmos como a kizomba e o rap. Tudo acabou com "Playsom" em uma versão de quase dez minutos de duração. Resultado: o show mais intenso no Sunset na edição 2017.

Sorte de Elba Ramalho, Geraldo Azevedo e Alceu Valença, que encontraram a plateia pronta para mais uma festa. Não que eles precisassem, claro. Juntamente com a Banda de Pífanos Zé do Estado e o Grupo Grial de Dança, o trio reeditou a turnê que celebrou os vinte anos do disco *O grande encontro*. O repertório ("Anunciação", "Táxi lunar", "Tropicana", "Pelas ruas que andei") trouxe o Nordeste para a Cidade do Rock, em uma cantoria coletiva inesquecível. A política não tinha como ficar de fora. "Todo populista traidor do povo, todo demagogo, todo mau patrão. Vai pra toda essa gente ruim meu desprezo. Vamos salvar nossas reservas, vamos criar um país livre", bradou Alceu, enquanto pediam a renúncia de Michel Temer. A dobradinha "Banho de cheiro"/ "Frevo mulher" encerrou a catarse.

O Jota Quest iniciou o seu show no Palco Mundo, mas o Sunset continuou cheio para mais um "grande encontro". Pela primeira vez desde a sua saída do Secos & Molhados, Ney Matogrosso faria um show apenas com canções de sua ex-banda. Para acompanhá-lo, a Nação Zumbi, em um encontro inédito, preparado exclusivamente para o Rock in Rio. Eles já tinham planos de fazer um trabalho juntos, mas as agendas nunca se acertaram. Acabou sendo o encontro perfeito para o Palco Sunset. A apresentação começou com "Mulher barriguda", cujos versos "Haverá guerra ainda?/ Tomara que não", infelizmente ganhavam uma nova interpretação naquele dia trágico para o Rio de Janeiro. A seguinte, "Amor", ganhou a força do maracatu com a percussão da Nação Zumbi. O roteiro também contou com canções da Nação Zumbi, como "Um sonho", durante a qual o telão transmitiu imagens do fundador da banda, Chico Science. "Tá por aqui ouvindo", disse Ney, quando a galera gritou "Chico! Chico!". "Sangue latino" e "Rosa de Hiroshima" (do Secos & Molhados) foram cantadas alto pela plateia, da mesma forma que "Quando a maré encher" e "Maracatu atômico" (ambas do repertório da Nação Zumbi). E ainda teve espaço para Gilberto Gil ("Refazenda") e Jackson do Pandeiro ("A ordem é samba"). Em alguns momentos, os agudos de Ney não se encontraram com os graves de Jorge Du Peixe, mas isso era o de menos. Presenciar canções históricas serem ressignificadas em cima do palco valia muito mais. Trinta e dois anos depois, Ney Matogrosso brilhou mais uma vez no Rock in Rio.

Do outro lado da Cidade do Rock, no Palco Mundo, a banda norte-americana Alter Bridge abriu alas para o baile de hits oitentistas do Tears for Fears. Quando o primeiro acorde de teclado de "Everybody Wants to Rule the World" ressonou nos alto-falantes, não havia mais diferença de idade no rockódromo. Quem não conhecia a canção na gravação original da dupla formada por Roland Orzabal e Curt Smith já tinha escutado com a cantora Lorde — aliás, foi na voz da neozelandesa que a canção abriu o show em off. "Secret World" foi acrescida de uma citação de "Let 'em In", de Paul McCartney, e "Creep" (do Radiohead) ganhou uma versão ainda mais melancólica. Nem precisava do cover da banda de Thom Yorke, por que ainda rolaram "Break it Down Again", "Head Over Heels", "Pale Shelter", "Sowing the Seeds of Love", entre várias outras. Efeitos especiais? Nada. Apenas boa música no palco. O bis com "Shout" deu a certeza de que a escolha do Tears for Fears foi um dos maiores acertos da produção do festival em 2017. A plateia concordou berrando "Tias fofinhas" quando a banda se despediu.

O Bon Jovi encerrou a noite, dessa vez, com o baterista Tico Torres, que não esteve presente na apresentação de 2013, em seu posto: "Eu queria muito ter ido tocar, mas não foi possível. Vi o show depois, no YouTube. Foi uma sensação bem estranha", reconheceu Torres ao *O Globo*. Quatro anos depois, o momento era outro. O grupo de Nova Jersey estava divulgando o disco *This House is Not for Sale* (2016) e prometeu um show de três horas, mas como ninguém é Bruce Springsteen à toa, a apresentação teve duas horas de duração. Tudo bem, ela foi bem melhor do que a de 2013. Mesmo alocando algumas músicas novas e lados B no setlist, a banda mostrou (quase) todos os seus sucessos, nem mesmo "Born to Be My Baby" ficou de fora — foi a quinta, logo depois de "You Give Love a Bad Name". Dessa vez não teve "Always", e "I'll Be There for You" também não deu as caras, mas, em troca, o Bon Jovi deu "Livin' on a Prayer", "It's My Life", "Bed of Roses" e "Bad Medicine". Quem ia reclamar?

E quem ia reclamar de um dia em que The Who e Guns N' Roses se apresentariam um seguido do outro? Vinte e três de setembro de 2017. Mais um daqueles dias que entraram para a história do Rock in Rio. Logo que os portões se abriram, já dava pra sacar que tudo estava bem diferente. Os fãs correram em disparada feroz para a frente do Palco Mundo sabendo que não é todo dia na vida que se presencia duas bandas lendas do rock. Como bem disse Roberto Medina, "é uma noite que não se paga".

O Palco Sunset, por sua vez, não entrou na onda roqueira. A cantora baiana Margareth Menezes se uniu ao projeto Quabales, uma mistura do grupo de percussão britânico Stomp e do brasileiro Olodum. Cidade Negra e a equipe de som Digitaldubs receberam o Maestro Spok para comandar o reggae em um tributo a Gilberto Gil recheado de sucessos do nível de "Esperando na janela", "Realce" e "Palco". Já a cantora Karol Conká se uniu ao grupo colombiano Bomba Estéreo. Além da boa música, o recado: "Estamos neste palco para representar a diversidade. O amor é a única verdadeira cura para uma das doenças mais graves da humanidade, que é a homofobia". Para finalizar, CeeLo Green e Iza comandaram uma festa ao som de Michael Jackson, do grupo Earth, Wind & Fire e de MC G15, com o hit "Deu onda". Se Zé Ricardo, curador do Sunset queria mesmo ver o seu palco se transformar numa pista de dança, ele conseguiu. Porque no Palco Mundo, o rock 'n' roll ia rolar e era direto.

Os Titãs abriram os trabalhos talvez, inconscientemente, prestando um tributo ao The Who. Depois de 35 anos de atividade, a banda estava prestes a lançar a ópera rock *Doze flores amarelas*. Em 1969, a banda britânica que pisaria logo mais no mesmo palco lançou *Tommy*, o pai de todas as óperas rock. Poderia haver homenagem maior? E como Branco Mello, Sérgio Britto e Tony Bellotto sabem que se garantem, aproveitaram o momento para estrear logo três faixas (detalhe: em sequência) do trabalho, que seria lançado no ano seguinte. O público se importou? Pelo contrário, aplaudiu. E ainda se lambuzou com um setlist cheio de petardos como "Diversão", "Epitáfio" e "Flores". Para fechar, "Bichos escrotos" e "Vossa Excelência", o que, em muitos casos, podem significar a mesma coisa. Mesmo com 23 milhões de discos vendidos, a tarefa do Incubus era quase impossível. Pra dizer a verdade, quem seria capaz de captar a atenção de 100 mil pessoas logo após os Titãs e antes do The Who? De toda forma, a banda liderada pelo cantor Brandon Boyd fez um show honesto e aqueceu ainda mais a plateia ao som de "Warning".

"Mantenha calma — aí vem o The Who." Era o que estava escrito (desse jeito mesmo) no telão ao fundo do Palco Mundo. Se a plateia estava realmente calma após 53 anos de espera, aí eram outros quinhentos. "O The Who é sempre o mais barulhento, foi assim desde o começo", explicou didaticamente o vocalista Roger Daltrey em entrevista à *Folha de S.Paulo* na véspera. Verdade. Daltrey e Pete Townshend ainda faziam — fazem, porque os deuses são e sempre serão eternos — do barulho o propósito de suas existências. Pela primeira vez, o Brasil testemunhava isso. Era como se a história do rock estivesse prestes a passar na frente de 100 mil pessoas. A banda que fazia carnificina em cima do palco, destruindo todos os instrumentos ao final de cada uma de suas apresentações, estava prestes a pisar no Palco Mundo. Mas, como dizia o anúncio no palco, "mantenha calma".

Daltrey, 73 anos, e Townshend, 72, não fazem mais esse tipo de coisa. Contudo, ainda promovem um dos melhores shows da música pop. Senhoras e senhores, The Who. A banda que criou o conceito de ópera rock (com *Tommy*, de 1969, e *Quadrophenia*, de 1973), a banda que encheu o rock de sintetizadores em *Who's Next* (1971), a banda que gravou o melhor disco ao vivo da história (*Live at Leeds*, de 1970), a banda que tem uma das melhores vozes de todos os tempos, a banda que conta com um compositor inclassificável (até mesmo porque não deve existir uma palavra maior do que "genial"), a banda que teve a melhor cozinha da história do gênero (o baterista Keith Moon e o baixista John Entwistle, já falecidos), a banda que berrou que preferia "morrer do que ficar velho".

Não era 1970, mas era 2017. Não era Leeds, mas era Rock in Rio. E, pegando emprestado o título da música de outra banda lendária, o Led Zeppelin, a canção continua a mesma. No caso, as canções. E o The Who mostrou um punhado delas, quase que de forma professoral, até mesmo porque aquele show seria mesmo uma aula. Começou com "I Can't Explain", primeiro single lançado em 1965, quando a banda ainda flertava com a subcultura mod. A partir daí, qualquer tipo de descrição do que aconteceu em cima do palco fica difícil. "Substitute", "Who Are You", "The Kids Are Alright", "I Can See for Miles"... Mais uma vez: "mantenha calma". Essas foram apenas as cinco primeiras músicas do show. E não foi por falta de aviso. "Vocês vão para a casa aos pedaços!", prometeu Townshend. "Muitos de vocês nem eram nascidos quando esta música foi feita", completou antes de mandar os acordes ensandecidos de "My Generation". "*Hope I die before I get old...*" Será?

A vontade é citar todas as músicas do show, mas na falta de espaço, vai um resumo: "Behind Blue Eyes", "Pinball Wizard", "You Better You Bet", "Love, Reign O'er Me"... Quer mais? Então toma o bis. Quando a linha de sintetizador de "Baba O'Riley" ecoou no rockódromo foi como se a plateia estivesse presenciando um milagre.

"Owwwww..." E quem disse que não se tratava de um milagre? Provavelmente ninguém mais tinha lágrimas para derramar, mas, mesmo assim, o The Who fechou a tampa com "Won't Get Fooled Again". Dezenove músicas. Dezenove clássicos. Mais uma vez: a história do rock na nossa frente. E a certeza de que 100 mil pessoas preferiram estar um pouco mais velhas e, acima de tudo, vivas, muito vivas.

Trinta e quatro anos antes do show, Pete Townshend havia recebido uma carta escrita por um fã. O pedido era singelo: que a banda nunca acabasse. O engenheiro Francisco Almeida, que fazia aniversário no dia do show, foi o autor das linhas. O elegante guitarrista tinha respondido a mensagem em 1983. "Eu posso garantir que, sejam quais forem os rumores que você ouviu, o The Who não fará mais shows ao vivo comigo, mas eu não estou desistindo da música, apenas dando um descanso por um tempo." Ainda bem que Townshend mudou de ideia. Ele fez muito mais shows com o The Who, inclusive este na noite do dia 23 de setembro de 2017 na Cidade do Rock. Francisco Almeida teve a chance de encontrar o ídolo depois do show. Ganhou um abraço e os votos de feliz aniversário. Ele estava completando 67 anos de idade. Afinal de contas, não é muito melhor envelhecer do que morrer?

Para suceder o The Who, Axl Rose, que de bobo não tem nada, sabia que ia ter que suar. Resultado: fez o show mais longo da história do Rock in Rio, beirando as três horas e meia de duração. É bom frisar que a escalação do Guns N' Roses foi uma aposta de Roberto Medina. "Eu queria trazer o Guns, foi um capricho meu, eu gosto. Não me entendo com ele [Axl Rose] há muitos anos, mas continuo a gostar. A gente briga porque ele sempre chega atrasado. Ele é cheio de maluquices", disse à *Folha de S.Paulo*. É mesmo. Se lembra do que Axl falou dos antigos companheiros Slash e Duff McKagan naquela "coletiva na piscina" em 2001? No que dependesse dele, os três não tocariam juntos novamente, pelo menos não nesta vida, até mesmo porque havia 23 anos que eles não se cruzavam. Pois bem, quinze anos depois, Axl, Slash e Duff se uniram novamente para a "Not in This Lifetime... Tour".

Quando os boatos da reunião começaram a pipocar, pouca gente acreditou. Não à toa, escolheram o dia primeiro de abril para fazer o show de estreia, na mítica casa de shows Troubadour, em Los Angeles. Poucos duvidavam, mas o negócio deu certo. Tão certo que, 120 shows depois (inclusive alguns no Brasil em novembro de 2016), o trio clássico estava de volta ao Rock in Rio. Muita coisa tinha mudado desde os shows históricos no Maracanã 26 anos antes, mas a magia, assim como a cartola de Slash, estava toda lá. A voz de Axl também não era mais a mesma, mas a pontualidade surpreendeu a todos.

A passagem da banda pelo Rio de Janeiro, assim como em 2011, foi rápida, porém, o mais importante, ou seja, o show, vai ficar muito tempo registrado no coração e na mente de quem aguentou até o fim. Acompanhados por Melissa Reese, Dizzy Reed (ambos nos teclados), Frank Ferrer (bateria) e Richard Fortus (guitarra), Axl, Slash e Duff despejaram clássico atrás de clássico. De *Appetite for Destruction* (1987) foram oito músicas, de *Use Your Illusion* (1991), mais oito, o que significa que ninguém deixou de escutar "Sweet Child o' Mine", "Paradise City", "November Rain" ou "You Could Be Mine". E nem covers como "Knockin' on Heaven's Door" ou "Live and Let Die". Ainda teve obscuridades como "Double Talkin' Jive", "Rocket Queen" e "Coma". E como Axl Rose não tem mesmo muita vergonha na cara, ainda cantou "The Seeker", do The Who, lá no finalzinho do show. Sim, o show teve alguns momentos monótonos (especialmente quando a banda arriscava alguma canção de terceiros para o vocalista recuperar o fôlego), e a voz de Axl Rose não estava em sua melhor forma, com alguma dificuldade para atingir as notas mais agudas. Mas depois daquela noite, quem ia reclamar de alguma coisa? Às 4h15 da manhã, quando o cantor se despediu da plateia, todos tiveram a certeza de que é melhor o rock 'n' roll envelhecer do que morrer.

O Rock in Rio já poderia ter acabado, mas ainda tinha Red Hot Chili Peppers. E também tinha um show surpresa dos Raimundos (no mesmo estande do Itaú onde Pabllo Vittar se apresentara na semana anterior). Rodinhas de pogo se abriram aos montes, da mesma forma que aconteceu no show do Ego Kill Talent, no Palco Sunset, que também promoveu o encontro da banda Doctor Pheabes com Supla. O grupo Republica, com o seu som influenciado por Black Sabbath e Judas Priest, abriu para a última atração do palco, o Sepultura, que aproveitou para mostrar as músicas de seu novo álbum, o ótimo *Machine Messiah* (2017). O maior nome brasileiro da história do metal — e um dos maiores do mundo — se apresentou ao lado da Família Lima, e abriu com duas novas, "I Am the Enemy" e "Phantom Self". Foram seis músicas do disco novo, mas os grandes sucessos não ficaram de fora, e os fãs puderam delirar mais uma vez no Rock in Rio com "Inner Self", "Arise", "Refuse/Resist" e o encerramento clássico "Roots Bloody Roots".

O Palco Mundo começou com um pequeno atraso por causa do sucesso do show dos Raimundos. O Capital Inicial começou sua apresentação com "O bem, o mal, o indiferente" para depois enfileirar "Independência", "Fátima" e "À sua maneira". Em seguida, veio o The Offspring, que enfim estava no palco que lhe era de direito. Dois anos depois de arrastar uma multidão para o Sunset, agora a banda de Dexter Holland incendiou o Palco Mundo do festival e abriu a maior roda de pogo da edição 2017, que não fechou um segundo durante a uma hora em que enfileirou hits como "All I Want" e "Americana".

O Thirty Seconds to Mars fez praticamente um repeteco do show de 2013, com "Search and Destroy", "The Kill (Bury Me)" e "This is War". Teve passeio de tirolesa de Jared Leto também. "Eu tinha que fazer isso de novo. O último show que fizemos no Rock in Rio mudou as nossas vidas por conta da energia e paixão de vocês", discursou. Para não dizer que não teve nada de diferente, o grupo apresentou, com participação de Projota, "Walk on Water", primeiro single do álbum *America*, que seria lançado sete meses depois. E também teve a roupa de Leto, um conjunto de calça dourada, poncho peruano, bandana de tricô e óculos escuros vermelhos que faria qualquer Joãosinho Trinta morrer de inveja — ou não. O modelito, todo da Gucci, valia cerca de 18 mil reais. O ator/cantor também aproveitou para renovar o seu amor pelo açaí. Em entrevista para divulgar o filme *Blade Runner 2049* (2017), ele recomendou o fruto bacáceo e, depois do show, no estúdio do canal Multishow, jurou que parou de fumar crack e cheirar cocaína, e o açaí surgiu para ele como "uma onda natural". "É um tesouro, um fenômeno brasileiro, é viciante", complementou antes de finalizar: "Estou pirando, meu sangue está circulando, estou suando demais".

Não é sabido se Jared Leto conseguiu ver o último show do festival, a cargo do Red Hot Chili Peppers. Mas, sem querer, ele criou uma saia justa para Flea e companhia. Logo após a sua apresentação, ele organizou um *meet & greet* com cerca de cem fãs no camarim. Quando o encontro terminou, as cem pessoas deram de cara com os músicos do Red Hot se encaminhando ao palco. "Foi uma gritaria, tinha pouca segurança, foi um caos", resumiu a coordenadora dos camarins Ingrid Berger. Em 2001, o RHCP fez um show meia-boca, dez anos depois, se redimiu em parte. Na edição 2017, pela sétima vez no país, a banda apresentou um show melhor. Após o baixo de Flea amaciar os alto-falantes do rockódromo, a bateria de Chad Smith introduziu "Can't Stop", momento em que o vocalista Anthony Kiedis adentrou o palco feito louco. A banda de Los Angeles mostrou algumas novidades do álbum *The Getaway* (2016) que, se não empolgaram a plateia, pelo menos serviram para mostrar que a banda continuava inovando no estúdio — "Go Robot" e "Dark Necessities" são bons exemplos. Bacana mesmo foi o Red Hot tocar algumas canções que andavam meio esquecidas em seu repertório e que animaram os mais fanáticos, como "The Power of Equality", "The

Zephyr Song" e "Tell Me Baby". Mas o show pegou fogo mesmo com versões de músicas como "I Wanna Be Your Dog" (do The Stooges) e os sucessos de sempre, casos de "Californication", "By the Way" e "Under the Bridge". A indefectível "Give it Away" encerrou a sétima edição brasileira do Rock in Rio.

Dois anos depois, começaria tudo outra vez.

30. "EI BOLSONARO, VAI TOMAR NO CU!"

O ROCK IN RIO 2019 começou em 2017. Fãs inconformados com a ausência da cantora Anitta protestaram nas redes sociais. Por que o festival não prestigiava o funk? Por que o Rock in Rio não dava espaço a então cantora mais popular do Brasil? O primeiro fim de semana da edição 2017 nem havia terminado e a produção já anunciou que Anitta estava confirmada no Rock in Rio. Só que o de Lisboa, que aconteceria em 2018. Em entrevista à *Folha de S.Paulo*, Roberto Medina já tinha avisado: "Não tenho afinidade com a música dela, não achei que se encaixava, mas ela está indo para um caminho pop que a aproxima mais do Rock in Rio. Não tenho nada contra, estou conversando com ela. Almoçamos juntos outro dia e fiquei impressionado. Ela é uma empresária, tem uma visão de marketing". Não demoraria muito para a cantora ser anunciada para a edição brasileira, e, em outubro, seu nome foi confirmado para o Palco Mundo do Rock in Rio 2019.

Mas Anitta não seria a única novidade. Na mesma entrevista, o empresário manifestou a vontade de construir um novo palco para a Cidade do Rock. "Estou trabalhando uma ideia de fabricar uma favela dentro do próprio festival [2019]. Colorida, mais bonita, mais romântica, para ter a música da favela, fazer uma seleção [de artistas] nela, empolgar o pessoal de lá. Trazer os botequins também." Os conflitos armados que ocorreram na Rocinha durante os dias de show em 2017 deram ao empresário a certeza de que o Espaço Favela teria seu lugar no rockódromo. Ele mesmo pensou como seria o seu formato. "Eu vi um desenho animado, *Viva — A Vida É Uma Festa* (2017), e pensei: 'essa é a cor do Palco Favela'. Para chegar naquele colorido, a minha informação era o desenho animado. Então foi fácil para o meu cenógrafo, porque eu vim com o negócio pronto", explicou Medina.

A ideia era reunir talentos da arte e da culinária das comunidades com a recriação do ambiente em uma cenografia "grandiosa, lúdica e bem colorida", conforme consta do *press release*. "É o início de um grande movimento para resgatar a autoestima do carioca, uma forma de debater o que o poder público pode fazer pelas favelas", disse Medina ao jornal *O Globo*. A curadoria do espaço ficaria a cargo de Zé Ricardo, o mesmo do Palco Sunset. "A gente está indo lá é para contratar grandes artistas. E queremos acabar com os estereótipos da favela. Lá você também pode encontrar orquestra, banda de rock e de MPB e bailarina clássica", afirmou.

Rap, funk, samba, música pop e até mesmo uma orquestra (do Complexo da Maré) se apresentariam no palco, assim como companhias de teatro. Guti Fraga, diretor do grupo Nós do Morro, escalado para se apresentar diariamente no Espaço Favela, comemorou. "Só ampliaram a possibilidade de tantos artistas lindos poderem se expressar". No entanto, a criação do novo palco gerou polêmica nas redes sociais. Alguns elogiavam a inclusão de vozes das comunidades cariocas no lineup, outros argumentavam que tudo não passava de uma glamourização da favela, como uma réplica da miséria do Rio de Janeiro.

Ao mesmo tempo, o festival anunciava as primeiras atrações. Um ano antes do evento começar, a noite do metal foi confirmada com Iron Maiden, Scorpions, Megadeth e Sepultura. A noite pop, fechada um mês depois, contaria com Black Eyed Peas, Pink (estreando na América Latina), além de Anitta que, ao contrário dos seus fãs revoltados em 2017, foi humilde ao receber o convite. "Fiquei honrada por sentirem minha falta e pedirem minha presença em 2017. O festival é muito grande, e os organizadores gostam de ter a segurança de darem uma tacada certa. E, por mais que muita coisa tenha acontecido, comecei minha carreira há pouquíssimo tempo", explicou ao O *Globo*. A cantora estava com moral. Dois meses após o anúncio do Rock in Rio, ela lançou "Vai malandra", primeira canção em português a entrar no top 20 mundial do Spotify. O videoclipe causou debates acalorados nas redes sociais. Uns diziam que se tratava de um grito feminista empoderador, outros cismavam que era uma objetificação do corpo feminino.

Polêmicas à parte, em 12 de novembro, após as confirmações de nomes como Muse, Imagine Dragons e Nickelback, 198 mil Rock in Rio cards foram vendidos em menos de duas horas. Apenas mais um recorde batido pelo festival, que anunciava outras novidades, como o tema da Rock Street, dessa vez dedicada ao continente asiático. Ou seja, a Rocklândia dessa vez teria dragão chinês, tambores japoneses, danças indianas, coreografias russas e por aí vai. A arena de jogos também estava garantida, assim como mais um show do Bon Jovi (que ingressara no Hall da Fama do Rock 'n' Roll em 2018) e do Red Hot Chili Peppers. Lógico que muita gente criticou a escalação de atrações que tinham vindo dois anos antes. A resposta de Medina a eles é clara como o sol: "Eu contrato o Iron Maiden. Aí as pessoas: 'pô, de novo o Iron Maiden?'. Mas eu faço show para as pessoas! De novo vai lotar o Iron Maiden. Eu contrato o que as pessoas querem ver. Eu fui outro dia ao médico, ele nem tinha cara de metaleiro, e falou assim: 'olha, se você contratar toda semana o Iron Maiden, eu vou ver toda semana o Iron Maiden'. É uma discussão boba". O CEO Luis Justo, que, em 2019, tornou-se também diretor artístico das atrações internacionais do Palco Mundo, diz que é impossível, a cada dois anos, ter uma renovação de sete *headliners* que vendam 100 mil bilhetes. "Mas a gente sempre traz dois ou três headliners inéditos por edição." Além do mais, as negociações, na maioria das vezes, são muito complexas. "Às vezes, você fica um ano inteiro negociando. Às vezes, está praticamente fechado, e acabam desistindo porque um item do contrato, como a transmissão do show não pode ser atendido", explicou o CEO.

De toda forma, quem reclamou que o Rock in Rio não trazia artistas diferentes, foi atendido. A Dave Matthews Band foi confirmada para lançar o disco *Come Tomorrow* (2018), assim como Goo Goo Dolls, Weezer, Whitesnake, Tenacious D, Foo Fighters e H.E.R. Mas o anúncio que mais causou comoção foi mesmo o de Drake, recordista absoluto da era do streaming. Para se ter uma ideia, em 2018, ele foi o artista mais tocado no Spotify e na Apple Music. Só no primeiro serviço, foram 8,2 bilhões de reproduções. O anúncio de outro nome, a cantora Cardi B, primeira mulher a ganhar um Grammy de melhor disco de rap, por *Invasion of Privacy*, seu álbum de estreia lançado em 2018, deu a sensação de que essa edição do Rock in Rio seria bem diferente das anteriores.

Além do Palco Favela, o rockódromo contaria com novas atrações, afinal de contas, espaço não era problema. A realidade virtual estaria presente na instalação *Nave — Nosso Futuro É Agora*. O velódromo do Parque Olímpico receberia 2500 pessoas por sessão em seus 5 mil metros quadrados, para uma experiência sensorial simulando fenômenos da natureza com direito a 168 alto-falantes. O público também poderia optar por assistir a apresentações da companhia argentina Fuerza Bruta, mistura de circo contemporâneo e teatro performático com participação da plateia. Para os nostálgicos, a Rota 85 seria o lugar ideal para as selfies na lama vintage que remetia à primeira edição do Rock in Rio. O Palco Supernova, com capacidade para 3 mil pessoas, contaria com shows de bandas mais jovens, além de uma vista panorâmica do Palco Mundo e do Palco Sunset, através de lunetas posicionadas na sacada. A tenda eletrônica, por sua vez, ficava maior — sua capacidade aumentava de 15 mil para 40 mil pessoas — e ganhava novo nome.

O New Dance Order prometia doze horas de músicas por dia, só terminando quando os portões da Cidade do Rock fechassem, às quatro da manhã. Tempo suficiente para o público presenciar apresentações de grandes djs internacionais, como o sueco Alesso e o alemão Robin Schulz, e nacionais, casos de Tropkillaz e Bruno Martini. No total, 64 atrações ocupariam o palco com 65 metros de extensão e 24 metros de altura, que ainda contaria com números pirotécnicos, canhões de laser e telões de led. Claro, a tirolesa, a roda-gigante, a montanha-russa e o *megadrop* também estariam de volta para preencher os 385 mil metros quadrados de área útil do evento, 60 mil a mais do que em 2017. O Rock in Rio nunca ofereceu tantas alternativas de diversão ao seu público, que teria cerca de 250 shows ao seu dispor durante os sete dias de festival.

A tecnologia também estaria mais presente do que nunca. A expectativa da produção era a de que os sete dias de festival gerassem cerca de 100 tb de tráfego de dados de internet, 35% a mais do que toda a Copa do Mundo de 2014 realizada no Brasil. Se você não é muito ligado em números de dados na internet, 100 tb correspondem a cerca de 2 milhões de horas de streaming de música. Esses dados todos correriam em diversos níveis, como um robô-garçom que serviria clientes em uma espécie de "bar do futuro" no Palco New Dance Order. A centena de terabytes também circularia através de câmeras que serviriam para monitorar em tempo real as filas das atrações nas arenas de games, Fuerza Bruta e Nave. A ocupação dos banheiros seria controlada por meio de medição do fluxo de pessoas. Ou seja, em uma simples visualização do aplicativo do Rock in Rio instalado no celular, o frequentador da Cidade do Rock poderia consultar qual o banheiro mais vazio ou o tamanho da fila da roda-gigante ou ainda se o seu documento desaparecido já se encontrava na central de achados e perdidos. Para completar, em frente ao Palco Mundo, no espaço da Globoplay, os fãs poderiam assistir aos shows de suas bandas preferidas através de estações de realidade virtual e um sistema de câmeras que filmam em 360 graus e em resolução 8K de altíssima definição.

Em abril, os ingressos foram postos à venda no valor de 525 reais (inteira) e 262,50 reais (meia-entrada). Os dias que teriam Iron Maiden e Muse como *headliners* se esgotaram em poucas horas. Nem mesmo o cancelamento dos shows do Megadeth — o vocalista e guitarrista Dave Mustaine estava no meio de um tratamento contra um câncer na garganta — e de Cardi B (que alegou "motivos pessoais"), esfriou os ânimos; e nem a sempre complicada situação política que o país atravessava. Em 24 de janeiro de 2018, o ex-presidente Luiz Inácio Lula da Silva foi condenado a doze anos de prisão por corrupção passiva e lavagem de dinheiro. Quase quatro meses depois, o pedido de habeas corpus requerido pelos seus advogados foi rejeitado, e o então juiz Sergio Moro decretou a prisão de Lula, que foi encarcerado no dia 7 de abril. O Rio de Janeiro continuava a sua via-crúcis. Em fevereiro, teve início a intervenção federal do Estado, que tinha o objetivo de atenuar a situação da segurança pública. Não adiantou muita coisa. Em 14 de março, a quinta vereadora mais votada da cidade, Marielle Franco (PSOL), e seu motorista, Anderson Gomes, foram assassinados a tiros.

Como desgraça pouca é bobagem, em setembro, o Museu Nacional do Brasil, no Rio de Janeiro, virou cinzas após um incêndio de grandes proporções. Estima-se que 80% de seu acervo tenha se perdido. Quatro dias depois, o candidato à presidência da república Jair Bolsonaro (PL) levou uma facada durante um ato de sua campanha eleitoral em Minas Gerais. No fim do mesmo mês, aconteceram manifestações populares ("#EleNão") em mais de cem cidades contra

Bolsonaro, que acabou sendo eleito presidente do país após derrotar o candidato do PT, Fernando Haddad, com pouco mais de 55% dos votos no segundo turno. O ano de 2019 também foi dos mais tristes para a música brasileira. Em um intervalo de sete meses, perdemos Marcelo Yuka (fundador da banda O Rappa), Beth Carvalho, Serguei e a lenda João Gilberto.

Mas como cantava aquele cara que fez história na primeira edição do Rock in Rio em 1985, *"the show must go on"*. Às duas da tarde do dia 27 de setembro, os portões da Cidade do Rock se abriram para uma maratona envolvendo cerca de 670 artistas e um público de 700 mil pagantes (60% de fora do Rio). Um deles, fantasiado de Super-Homem garantiu que o figurino era certeza de muitas "ficadas" numa noite. O Espaço Favela, ao som de MC Carol e de Tati Quebra Barraco, que homenagearam Marielle Franco, recebia os seus primeiros visitantes. Já o Palco Sunset fazia história com uma programação 100% dedicada a artistas negros. A carioca Lellê se juntou à luso-brasileira Blaya, da mesma forma que fizeram no ano anterior no Rock in Rio Lisboa, para homenagear Gilberto Gil, Diana Ross e James Brown. Lellê pediu palmas para Ágatha Felix, menina de oito anos assassinada na semana anterior no Complexo do Alemão. O DJ Rennan da Penha, produtor do Baile da Gaiola (festa funk onde diversos artistas despontaram), condenado por associação ao tráfico de drogas no Complexo do Alemão, na Zona Norte do Rio, também foi lembrado. Pena que havia pouca gente na plateia, mas quem viu curtiu quando Blaya cantou "Faz gostoso", canção regravada por Madonna em parceria com Anitta.

Em seguida, Karol Conká recebeu a cantora transexual Linn da Quebrada e a drag queen Gloria Groove para um show contra qualquer tipo de preconceito. Conká levou ao Sunset o repertório do seu disco *Ambulante* (2018) para apadrinhar as duas colegas então estreantes. Juntas, as três aproveitaram para mostrar a parceria "Alavancô". Teve rap, teve reggae, teve "Tombei". E também palavras de ordem como "Pelo fim do genocídio da população negra" e "Fogo nos racistas". Ao final, a mensagem do telão resumia a apresentação: "Não ao preconceito".

Era hora de o Palco Mundo ser inaugurado na Cidade do Rock e, pela primeira vez, um DJ dava o pontapé oficial do festival. Aliás, pela primeira vez, um DJ brasileiro teria a chance de abrir uma edição de Rock in Rio. A tarefa coube ao goiano Alok. A aposta foi de Roberto Medina. "Achei estranha a decisão, mas, no final das contas, vimos que foi o certo porque ele fez o melhor show da noite. O Alok é um DJ que, a princípio, não tem a ver com o Palco Mundo. E eu precisei conversar bastante com ele. Eu virei pra ele e disse que ele tinha que se comportar como o *frontman* de uma banda. Eu expliquei isso a ele, falei para ele fazer aulas de canto. É isso que a gente precisa no palco, que ele traga o público junto com ele. E ele estudou, veio preparado para ser o *frontman* de uma banda. Ele entrou com tudo e arrebentou", rememorou a diretora artística da programação nacional do Palco Mundo, Marisa Menezes.

A produção do festival também fez o dever de casa. Contratou um show de luzes desenvolvido pela equipe que trabalhou nas Olimpíadas de 2016, e o resultado foi um palco deslumbrante, repleto de labaredas e fogos de artifício. Se a ideia era fazer uma pista de dança de 385 mil metros quadrados, palmas para a produção. O DJ prometeu que "botaria fogo" no Rock in Rio e cumpriu, misturando (poucas) criações próprias com (muitos) remixes de sucessos de Pink Floyd, Guns N' Roses, Red Hot Chili Peppers, Talking Heads, New Order, Legião Urbana, Oasis, Queen e Rihanna. Durante o ritual lisérgico, Alok mandou o recado: "Vamos seguir o caminho do amor, porque é ele que leva para o caminho da felicidade. Não preciso ir longe, tirem do caminho os preconceitos, a intolerância e tudo o mais". A plateia não poupou o presidente. "Ei Bolsonaro, vai tomar no cu!": o grito que ecoou durante algum momento de praticamente todos os shows da edição 2019 do Rock in Rio.

Pulando para o Palco Sunset — nesta edição, os dois primeiros shows do Mundo se revezaram com os dois últimos do palco secundário —, era a vez de um dos encontros mais esperados do evento. "Os caras entenderam que o Brasil é um país muito grande, com muito potencial musical. Na real, demorou um pouco para esses grandes festivais entrarem no circuito. É uma honra fazer parte de um dia só com artistas negros no palco. Essa rapaziada está trabalhando forte, não estão lá por serem negros", disse Mano Brown ao jornal O Globo. O integrante do Racionais MC's apresentou o seu trabalho solo Boogie Naipe (2016) e, para completar, convidou Bootsy Collins, lenda da música que tocou com James Brown e o Parliament-Funkadelic, de George Clinton. Ele também acompanhou o Deee-Lite no Rock in Rio de 1991, e suas recordações eram as melhores possíveis. "Lembro-me daquele oceano de cabeças se sacudindo com a música. Todo mundo estava se divertindo tanto e eram tantos os artistas no festival que eu não tive outra opção que não a de botar pra quebrar! Não vejo a hora de voltar ao Rock in Rio", disse ao O Globo.

Pena que Collins estava aposentado do baixo devido a problemas de saúde, mas isso não parecia ser problema para ele. "Estarei em alta velocidade na busca do meu funk com minha outra arma: os meus vocais espaciais." Além de Mano Brown (com direito a um estiloso terno branco e um bom uisção no palco) e de Bootsy Collins (de óculos com glitter no formato de estrela, cartola e um conjunto amarelo megaestampado), Max de Castro e Hyldon participaram do show, que se destacou pela sonoridade soul e funky. Além das canções de Mano Brown, o repertório contou com "Mothership Connection" e "Give Up the Funk (Tear the Roof Off the Sucker)", do Parliament. O tiro foi certeiro, e a dupla fez um dos shows mais empolgantes do Sunset em 2019.

No Palco Mundo, a cantora Bebe Rexha não justificou a sua escalação para o festival mesmo convocando duas passistas e diversos fãs para uma competição de dança ao lado das backing vocals. O encerramento no Sunset foi muito mais interessante, ao som de Seal, que convidou a cantora baiana Xênia França, revelada pela banda Aláfia, e que estava lançando o seu primeiro disco solo, *Xenia* (2017), com canções baseadas em temas como empoderamento feminino e racismo. Juntos, cantaram "Higher Ground" (de Stevie Wonder), mas o melhor mesmo foi quando Seal foi para os braços da galera, debaixo de chuva, e encerrou a apresentação com os seus dois maiores hits, "Crazy" e "Kiss From a Rose", além de uma versão de "Rebel Rebel", de David Bowie, cortada no meio pela produção; eis que Ellie Goulding já estava entrando no Palco Mundo. Antes se tivessem deixado o show de Seal continuar, porque Goulding, que entrou no lugar de Cardi B, não empolgou nem mesmo quando entoou o sucesso "Love Me Like You Do", da trilha sonora do filme *Cinquenta tons de cinza* (2015).

Para encerrar a maratona, ele mesmo, Drake, provavelmente o nome mais esperado do festival, que, pela primeira vez, abriu um espaço maior para o hip-hop. Afinal de contas, como disse Kanye West, "rap é o novo rock 'n' roll". Não à toa, Drake foi o primeiro rapper a ser *headliner* do festival, que calculou muito bem o espírito de um tempo em que o hip-hop dita tendências da moda, do comportamento e, claro, da música. Drake não fez por menos e chegou da mesma forma que os astros do rock faziam nos anos 1970, a bordo de um boeing exclusivo. O seu avião, mais conhecido como *AirDrake*, na cor azul-claro, suas iniciais pintadas a ouro e o desenho de uma coruja, estava avaliado em 100 milhões de dólares. O artista faria a sua estreia na América do Sul e o público estava ansioso por isso. Sintomaticamente, o primeiro dia de Rock in Rio 2019 foi o que teve os ingressos esgotados mais rápido. No entanto, até Drake pisar no Palco Mundo, os fãs e os produtores passaram por um calvário. Quase que diariamente boatos pipocavam nas redes sociais no sentido de que o show seria cancelado por causa do histórico de rappers que volta e meia aprontavam algo do tipo no Brasil, casos de Tyler, the Creator, Snoop Dogg, Jay-Z (este no Rock in Rio 2011) e a cantora Cardi B nesta edição. E sem contar com o traumático cancelamento de Lady Gaga na estreia do Rock in Rio 2017 que ainda era um fantasma que pairava no ar. Os fãs só sossegaram quando o *AirDrake*, na véspera do show, pousou no Tom Jobim. Os que estiveram no aeroporto para receber o ídolo foram devidamente ignorados.

Os fãs mal poderiam imaginar que, minutos antes da apresentação, Drake pensou em não subir ao palco. Primeiro reclamou do som, depois da luz e, finalmente, não autorizou que o seu show fosse transmitido pela televisão. Ele justificou a proibição através do Twitter: "Tempo imprevisível". Boninho, diretor da TV Globo, retrucou: "Não é verdade! Muito antes da chuva já não tinha liberado o show. Simplesmente não quis liberar". O CEO Luis Justo explicou o que aconteceu. "Eu estive no olho do furacão na questão do direito de transmissão, e a minha impressão começou no dia anterior. O Drake fez a passagem de som, e como ele tem um formato de show, com Ferrari voando no teto, uma série de artefatos que compõe a estrutura do show, a minha impressão é que quando ele se viu passando o som em cima daquele palco gigantesco, imaginando as 100 mil pessoas na frente dele, ele sentiu que não fez uma adaptação pensada para um show no festival." O *soundcheck* foi realmente tenso. Drake chegou a demitir o seu designer de luz na frente de todo mundo para recontratá-lo no dia seguinte, poucos momentos antes do show. "A minha leitura quando ele proibiu a transmissão que estava pré-acordada é que ele talvez não quisesse transmitir um show que aparentemente não seria à altura do que costumava fazer", completou Justo.

No dia do show, a presença de fotógrafos próximos ao palco também estava vetada. Nem a pobre da tirolesa foi poupada. Drake não queria ninguém brincando de voar na frente do palco enquanto ele cantava. "Drake queimou a largada. Quando chegou a hora do show, minha equipe já estava cansada como se fosse o fim do festival só por causa de um artista e sua equipe", explicou Ingrid Berger, coordenadora de backstage. Teve gente da produção que chegou a chorar de desespero. Além de tudo isso, segundo o jornal *Extra*, o rapper recusou a comida do hotel onde estava hospedado. Para garantir a dieta, trouxe o próprio chef e os ingredientes. Dizem que ele se alimentou apenas de batatas durante a sua estada no país.

O sucesso de Drake pode ser explicado pela maneira como ele conduz o seu estilo musical, transitando entre um cantor quase romântico de R&B ou um marrento do hip-hop. No palco, o artista mostrou essas duas facetas em um show que começou com vinte minutos de atraso e debaixo de muita chuva, com "Started From the Bottom" após uma vinheta ao som de "Aquarela do Brasil" e a bandeira do país no telão. Durante o show, o cantor foi desfazendo a cara amarrada e disse que, por causa da chuva, estava nervoso para subir no palco, mas que no fim das contas fez a melhor apresentação de sua vida. Não se sabe se ele falou apenas para agradar a massa, mas seu show, é fato, foi um dos mais elogiados pela crítica. Em cerca de setenta minutos, cantou um repertório de 37 músicas e foi acompanhado pelo coro da plateia durante praticamente todos os números.

Para não deixar o ritmo cair, ele apresentou versões curtas de suas músicas e conversou com o público, que atendia prontamente aos seus pedidos para fazer barulho. A plateia não podia reclamar de um repertório recheado de sucessos como "Passionfruit", "Hold On We're Going Home", "Crew Love" e "Work", o famoso dueto com a ex-namorada Rihanna. Para encerrar, "Nonstop", "Money in the Grave" e "God's Plan", com direito a palavras motivacionais. Apesar de todo o estresse e da reclamação por parte de muitos fãs no sentido de que mal se podia enxergar Drake no palco — ao que parece, ele teria pedido para desligar quase todas as luzes para que não fosse filmado nem pelas câmeras dos celulares —, o saldo foi positivo. No final da apresentação, um dos empresários de Drake disse a Luis Justo que, da próxima vez, provavelmente não haveria problemas com relação à transmissão do show. "Não tinha Ferrari, mas tinha o Rock in Rio. O público lá cantando foi mais poderoso do que uma Ferrari voando no teto", disse o CEO.

No segundo dia de Rock in Rio os rappers davam a vez à geração millennials, aquela que era adolescente lá nos anos 1990. A Rock District já estava no clima ao som de uma homenagem ao Charlie Brown Jr., através de uma banda reunida por Alexandre Abrão, filho do cantor Chorão, morto em 2013, mesmo ano do falecimento do baixista Champignon. "Só por uma noite" e "Como tudo deve ser" foram cantadas em altos brados por fãs que subiram em cima dos bancos. O Palco Mundo também seria todo dos millennials, mas o Sunset trazia outras boas opções, como a banda Ego Kill Talent, que mostrou dez canções, dentre elas "Diamonds and Landmines" e "Last Ride". Durante a apresentação, o vocalista Jonathan Corrêa não ligou para a chuva e foi pra galera, dando início à primeira rodinha de pogo da edição 2019 do Rock in Rio.

Depois foi a vez dos Detonautas se encontrarem com o Pavilhão 9. Tico Santa Cruz falou sobre o "momento de intolerância e ódio que o Brasil vive atualmente" e a plateia berrou xingamento direcionados a Jair Bolsonaro. "Não evoquem nenhuma energia negativa", pediu o vocalista que, para empolgação dos fãs, mandou hits como "Quando o sol se for". Já o Pavilhão 9 lembrou o Rock in Rio de 2001 com "Mandando bronca". Juntas, as bandas atacaram de Rage Against the Machine, com "Killing in the Name". No estande do Itaú, Liniker e Criolo fizeram um show surpresa, com direito a "Não existe amor em SP" berrada no rockódromo.

Às seis horas da tarde, o Palco Mundo abriu alas para o encontro da banda paulistana de hardcore melódico CPM 22 com o grupo brasiliense de "forrócore" Raimundos. Se a palavra "catarse" é usada com frequência, aqui ela é mais do que merecida. As duas bandas, o tempo inteiro juntas no palco, atacaram com "Mulher de fases" (a abertura), "Puteiro em João Pessoa", "Regina Let's Go" e "Um minuto para o fim do mundo" (a última), em um karaokê coletivo de fazer inveja até ao Drake. Os fãs não se importaram com a chuva, que obrigou que a tirolesa e a roda-gigante fossem desligadas durante boa parte da tarde e da noite. No Sunset, a tempestade de sucessos do rock brasileiro continuou no show em que os Titãs receberam Ana Cañas, Edi Rock e Érika Martins. No setlist, sucessos da banda paulista ("Cabeça dinossauro", "Go Back"), do Barão Vermelho ("Pro dia nascer feliz"), da Rita Lee ("Orra meu") e do Raul Seixas ("Aluga-se").

Surgido em 1994 na Califórnia, o Tenacious D misturou música e humor de forma atrapalhada no Palco Mundo. Espécie de Spinal Tap dos tempos modernos, a dupla formada pelos comediantes Jack Black (do filme *Escola do Rock*, de 2003) e Kyle Gass, antes do festival, apelou nas redes sociais para que entrasse em contato com Júnior Groovador, baixista que ganhou fama na internet após um vídeo em que tocava uma versão meio forró de "Smells Like Teen Spirit", do Nirvana. Lógico que ele participou do show, que ainda teve em seu repertório "Rio", do Duran Duran, e críticas ao presidente dos Estados Unidos. "Nós derrotamos Donald Trump, digo, Satã, com o nosso rock", brincou (ou não) Jack Black. Se a ideia do Tenacious D de tirar sarro dos clichês do rock é elogiável, o show em si passou uma sensação de que a piada era mais importante do que a música. A verdade é que melhor seria se o Whitesnake, que encerrou o Sunset, tivesse tocado no lugar da dupla. A banda liderada pelo cantor David Coverdale foi responsável pelo momento mais nostálgico da noite ao lembrar "Love Ain't No Stranger", executada na primeira edição do Rock in Rio.

O Weezer, após catorze anos longe do Brasil, se apresentou pela primeira vez no Rio de Janeiro. Fundada em 1992 pelo vocalista e guitarrista Rivers Cuomo, a banda causou alvoroço ao lançar um poderoso autointitulado disco de estreia (também conhecido como *Blue Album*) em 1994. Quando foi convidada para o Rock in Rio, a banda estava a todo vapor, tanto que, entre janeiro e março de 2019, lançou dois discos (ambos, de forma bem original, chamados *Weezer*). O guitarrista Brian Bell, ao jornal *O Globo*, explicou tanta produtividade, ao mesmo tempo que deu pistas do repertório do show: "É bom estar sempre produzindo música. O que as pessoas querem ouvir de nós em um festival, isso é uma outra história. Tocamos as canções que as pessoas conhecem". A banda tanto sabia o que as pessoas queriam ouvir que atacou de cara com "Buddy Holly", o seu primeiro sucesso. "Estamos muito felizes em tocar aqui, finalmente", disse Cuomo com o seu estilo nerd. Espertamente, o grupo deu preferência às canções do álbum de estreia e também do lançado em janeiro de 2019, apenas de versões para músicas de outros artistas, o que significou "Take On Me" (a-ha), "Afrika" (Toto) e "Paranoid" (Black Sabbath) no setlist.

"Foo Fighters é a nossa banda favorita, mas fica esquisito tocar um cover dele no mesmo dia do show. Então, nós vamos fazer um cover de uma banda antiga do Dave Grohl", anunciou Cuomo antes de atacar com "Lithium". O líder do Foo Fighters e ex-baterista do Nirvana Dave Grohl se emocionou no camarim. "Eu estava no backstage quando ouvi o Weezer tocando 'Lithium'. E eu tenho que ser honesto, eu chorei um pouco. Eu sinto falta de tocar essa música", ele disse quando já estava no palco encerrando a noite ao lado de Taylor Hawkins (bateria), Pat Smear e Chris Shiflett (ambos na guitarra), Nate Mendel (baixo) e Rami Jaffee (teclados). Grohl estava saudoso, é verdade. "Eu tinha 23 anos, e nós tocamos no Hollywood Rock. Ainda não estava acostumado a me apresentar para tanta gente", relembrou a emblemática apresentação do Nirvana no Brasil em 1993. Sempre bom recordar que, no Rock in Rio de 2001, Dave Grohl também ficou tocado com a versão de Cássia Eller para "Smells Like Teen Spirit".

O músico realmente deve gostar do país, assim como os brasileiros gostam do Foo Fighters. Quando a banda foi recebida pelos fãs no aeroporto, Bruna Carvalho entregou uma garrafa de cachaça a Dave Grohl. "Acordei cinco da manhã pra vir entregar uma garrafa de Pitú pro Dave Grohl e consegui! SEGURA ESSA BRASIL!", postou no Twitter. Se em 2001 a banda estava praticamente no início de sua trajetória, em 2019 ela já tinha nove álbuns de estúdio. De quebra, na véspera do show, o grupo lançou, de surpresa, o EP *01070725*, contendo raridades gravadas em 2007. "Não tocamos neste festival há dezoito anos, temos muito mais repertório", alertou Grohl, que apresentou tudo o que os fãs queriam em duas horas e dez minutos de show. De início, mandou "The Pretender" e "Learn to Fly", dois dos maiores sucessos do grupo. "Estão prontos para uma noite de rock 'n' roll?", Grohl teve a pachorra de perguntar. Afinal, com três guitarristas tocando alto seria impossível não ter uma noite de rock. Taylor Hawkins ainda teve direito a um longo solo de bateria e trocou de posto com Grohl para cantar "Under Pressure", do Queen. E tome "My Hero", "Best of You", "Big Me" (dedicada ao Weezer), "Walk", "Everlong"... Também teve "Love of My Life", acompanhada pela plateia como 34 anos antes. O Foo Fighters conhece muito bem a história do Rock in Rio.

"Meu amor, olha só, hoje o sol não apareceu." O primeiro verso de "Eva", música introdutória do show que Ivete Sangalo faria logo mais, tinha tudo a ver com aquele domingo, 29 de setembro. Sim, a chuva continuava, e o dia começou com a banda potiguar Plutão Já Foi Planeta e a cantora carioca Mahmundi no Sunset. Em seguida, Elza Soares convidou As Bahias e a Cozinha Mineira, Kell Smith e Jéssica Ellen para o show mais politizado da edição 2019 do Rock in Rio. "Mulheres, gemer só de prazer. A realidade agora é outra. Chega de sofrer calada. Ligue 180", gritou Elza após cantar "Maria da Vila Matilde", do disco *A mulher do fim do mundo* (2015). "Se acaso você chegasse", o primeiro sucesso de sua carreira, foi repaginado através de novos versos como aquela "travesti que você gostou".

Ágatha Felix, Marielle Franco e Evaldo dos Santos, vítimas da violência no Rio de Janeiro, foram lembrados, assim como Jair Bolsonaro, só que por outros motivos. "Nós não sabemos votar", exclamou Elza que foi acompanhada pelo coro contra o presidente. A resposta veio através dos versos de "País do sonho": "Eu preciso encontrar um país/ Onde a corrupção não seja um hobby/ Que não tenha injustiça, porém a Justiça/ Não ouse condenar só negros e pobres/ Eu preciso encontrar um país/ Onde ninguém enriqueça em nome da fé/ E o prazer verdadeiro do crack/ Seja fazer gols como Garrincha, obrigada Mané!". O som estava muito prejudicado, Elza reclamou várias vezes, mas não foi o suficiente para tirar o brilho e a emoção da plateia. Tudo acabou com "Volta por cima", o clássico de Paulo Vanzolini. O recado estava dado na estreia do show *Planeta fome*. E Elza nem precisou cantar "Pequena memória para um tempo sem memória". A plateia já tinha entendido tudo. Durante cinquenta minutos, a saudosa cantora, exalando juventude do alto de seus 89 anos de idade, falou tudo o que muitos não falam durante uma vida toda.

Ivete Sangalo — o "amuleto" de Roberto Medina, que apresentou o seu quinto show seguido em edições brasileiras do Rock in Rio — deu as boas-vindas ao Palco Mundo tocando uma bateria suspensa. A resposta do público foi imediata, e a Cidade do Rock se transformou num Carnaval fora de época. "Hoje é dia de rock... E de axé, bebê", alertou a baiana, que atacou com "Abalou", "Sorte grande" e "Levada louca", além de uma versão de "Gostava tanto de você", do repertório de Tim Maia. "Quero todo mundo se beijando. Amor livre. Que a gente possa amar de verdade. Amar, saber amar o outro e respeitar o amor do outro", discursou a cantora, que trajava um macacão brilhoso com um raio amarelo no melhor estilo David Bowie. Do outro lado do rockódromo, a cantora Iza provava que também poderia estar no Palco Mundo. O seu show causou comoção no Sunset. De lambuja, ela ainda trouxe Alcione, com quem já havia gravado uma versão de "Você me vira a cabeça". "Minha maior inspiração, uma das maiores vozes", disse a generosa (e toda prateada) Iza à colega.

Elas prepararam um show inédito para o festival, misturando o repertório de ambas, além de uma versão matadora de "Chain of Fools", sucesso na voz de Aretha Franklin. Contando com uma banda e um corpo de dançarinos predominantemente negros, Iza mostrou um show acima do nível de muitas estrelas internacionais que já tinham pisado no Palco Mundo. O setlist contou com "Linha de frente", "Te pegar" e "Dona de mim", além de sambões como "Não deixe o samba morrer" e "Gostoso veneno". Consagrador foi pouco. "Se Deus quiser, Iza, vou te ver no Palco Mundo em 2021", disse Alcione. Não foi em 2021, mas será em 2022. Com todos os méritos.

No Palco Mundo, a banda Goo Goo Dolls, mais lembrada pelo hit "Iris", balada presente na trilha do filme *Cidade dos anjos* (1998), fez a sua estreia no país. O rock básico e bem executado desceu bem, mas a plateia só se empolgou mesmo quando a banda tocou o seu maior sucesso. Jessie J fechou o Sunset antes de a Dave Matthews Band retornar ao Palco Mundo dezoito anos depois de seu então único show no Rock in Rio. O grupo estava lançando o álbum *Come Tomorrow*, mas os entendidos sabem muito bem que o setlist dos shows de Dave e seus companheiros é sempre uma caixinha de surpresas. E também não há muitas concessões. Talvez, por isso mesmo, a apresentação teve início com a pesada e não muito conhecida "Don't Drink the Water". Tecnicamente perfeita, a banda só levantou mesmo a Cidade do Rock com os sucessos ("Too Much", "Crash Into Me", "Ants Marching") e os covers ("Sledgehammer", de Peter Gabriel, e "Back in Black", do AC/DC). Amigos de longa data, Dave homenageou a colega brasileira que tinha se apresentado um pouco antes. "Eu amo a Ivete", disse — os dois confraternizaram nos camarins antes do show. Em suma, um show que só os fãs de verdade deram bola. O público em geral estava mais interessado na atração seguinte, o Bon Jovi.

A banda de Nova Jersey apresentou um show muito parecido com o de dois anos antes. Até o início foi o mesmo, com "This House is Not for Sale", faixa-título do último disco, lançado em 2016. A voz de Jon Bon Jovi não estava em seus melhores dias, mas o repertório poderoso segurou as pontas, com canções do nível de "Born To Be My Baby", "Bed of Roses" (durante a qual o cantor beijou duas fãs no palco), "Lay Your Hands on Me", "Always" e "Livin' on a Prayer". Atração repetida? Sim. Músicas repetidas? Sim. Mas quem estava lá não reclamou nem um pouco, podem ter certeza.

31. "E O MUNDO FOSSE NOSSO OUTRA VEZ."

NA ÚLTIMA SEMANA DE Rock in Rio 2019, a chuva foi embora. Tudo o que o fã queria: nenhum pingo, 35°C nos termômetros e Red Hot Chili Peppers para fechar a noite de quinta-feira, dia 3 de outubro. Antes, porém, muitas atrações. O grupo paulista Francisco, el Hombre dividiu a cena com os colombianos da Monsieur Periné, em apresentação que não deixou o ainda pequeno público parado com um som dançante e com uma pitada latina. A canção "Bolsonada" fez a festa do público, assim como o show Pará Pop, que reuniu artistas como Fafá de Belém, Dona Onete, Gaby Amarantos, Lucas Estrela e Jaloo, em um encontro de todas as gerações da música da região Norte. Fafá, de peruca e maquiagem de caracterização indígena, lembrou os incêndios na Amazônia e cantou "Sinhá pureza", clássico do carimbó. Gaby Amarantos, a rainha do tecnobrega, atacou com "Xirley" e "Ex Mai Love". No fim das contas, teve guitarrada, carimbó, lambada, música eletrônica e Dona Onete, com a elegância de seus oitenta anos, cercada pelos súditos cantando "Banzeiro".

O Palco Mundo começou com o Capital Inicial, pela quarta vez abrindo para o Red Hot Chili Peppers. A explicação da repetição é simples. Como a banda norte-americana precisa aprovar quem abre para ela, fica tudo mais fácil, já que todos os seus integrantes são fãs do Capital, em especial o baixista Flea, que tem o costume de assistir aos shows da banda brasileira do lado do palco. Provavelmente, ele curtiu mais uma vez canções como "Independência" e "Música urbana". Só não é sabido se ele entendeu o coro das 100 mil pessoas, após o discurso de Dinho Ouro Preto: "Queremos um país fora das mãos de extremistas. Eles são mais barulhentos, mas nós somos um país de moderados". O Sunset seguiu com o encontro de Emicida e o duo franco-cubano Ibeyi, composto pelas irmãs gêmeas Lisa-Kaindé e Naomi Díaz. Eles honraram a proposta do palco e permaneceram o show inteiro juntos, com um repertório que foi de "Hoje cedo" e "AmarElo" a "Hacia el amor" e "Libre".

Voltando ao palco principal, foi a vez de Nile Rodgers com a sua banda Chic, que ganhou upgrade por conta do sucesso arrebatador da apresentação de 2017 no Sunset. "Foi uma das noites mais emocionantes da minha vida. Aquele é o segundo palco do festival? Não tinha a menor ideia disso, não me importa. Qualquer lugar em que pudermos tocar está bom", disse Rodgers ao jornal *O Globo*. Nem os problemas no som atrapalharam a saraivada de hits como "Good Times", "Le Freak" e "Get Lucky", em mais um verdadeiro bailão que terminou com uma multidão de fãs dançando em cima do palco. Para fechar o Sunset, o show Hip Hop Hurricane, que reuniu os novos talentos brasileiros do gênero, como Rincon Sapiência, Rael, Baco Exu do Blues, além do português Agir, todos acompanhados pela Nova Orquestra. Sapiência abriu com "Meu bloco", Baco Exu do Blues cantou "Minotauro de Borges" e Rael mandou "Flor de Aruanda". Poucas vezes a plateia do palco secundário cantou tão alto. O final não poderia ser outro. Se Caetano Veloso canta que "A bossa nova é foda", no Sunset, a certeza que ficou foi a de que "O hip-hop é foda" também.

A banda Panic! at the Disco, apesar de alguns hits como "Girls/Girls/Boys" e "The Ballad of Mona Lisa", não empolgou. E nem adiantou o vocalista Brendon Urie apelar para os seus fartos agudos e ainda mandar "Bohemian Rhapsody", do Queen. A impressão que dava era a de que o público estava mesmo era guardando lugar para o show do Red Hot Chili Peppers, em sua oitava vinda ao Brasil, sendo quatro apenas no Rock in Rio. A banda californiana se esforçou e mudou muita coisa do setlist de dois anos antes. Assim, rolaram "Hey", "Aeroplane", "Soul to Squeeze" e até a rara "Sikamikanico", da trilha do filme *Quanto mais idiota melhor* (1992), presente de aniversário para o guitarrista Josh Klinghoffer, que completava quarenta anos no dia do show. Ele ainda arriscou cantar "I Don't Wanna Grow Up", canção de Tom Waits, também gravada pelos Ramones. A quantidade de canções não muito conhecidas fez com que parte do público fosse embora mais cedo para casa. Mas quem ficou ainda se lambuzou com "By the Way" e o encerramento clássico ao som de "Give it Away", além de um cover de "Just What I Needed", do The Cars, cujo líder, Ric Ocasek, morrera duas semanas antes.

No dia seguinte, a rapaziada vestindo camisetas pretas voltou. "Uau, o Brasil adora mesmo o rock pesado", disse Adrian Smith, guitarrista do Iron Maiden à *Folha de S.Paulo* poucos dias antes do show. Gosta mesmo. E eles não teriam do que reclamar da escalação do dia 4 de outubro. Talvez apenas da maratona a que tiveram que se submeter zanzando entre os palcos Mundo e Sunset de um show para outro. Nervosa, banda feminina radicada na Alemanha, abriu os trabalhos no palco secundário. O thrash metal rolou solto ao som de músicas como "Horrordome", "Kill the Silence" e "Into Moshpit". Fernanda Lira (baixo e vocal), Prika Amaral (guitarra) e Luana Dametto (bateria) deixaram todos gloriosamente surdos e ainda mandaram mensagens políticas, condenando a "mistura perigosa de religião e governo, que infelizmente está acontecendo no Brasil" e homenageando a vereadora assassinada Marielle Franco, "morta por lutar por seus ideais". A plateia xingou Bolsonaro mais uma vez. Em seguida, as bandas paulistas Torture Squad e Claustrofobia convidaram Chuck Billy, que cantou "Electric Crown", de sua banda, o Testament.

O Sepultura disse presente mais uma vez para abrir o palco principal do evento no encerramento da turnê do álbum *Machine Messiah* (2017), que havia começado na edição anterior do Rock in Rio, só que no Sunset. A banda mandou "Arise" de primeira e depois investiu em sucessos como "Inner Self" e "Refuse/Resist". O repertório de treze canções teve direito a dois covers, "Angel", do Massive Attack, e um trechinho de "Carry On", do Angra, em homenagem a Andre Matos, que falecera quatro meses antes. Mas o momento mais importante do show foi quando a banda apresentou a capa do álbum *Quadra*, que seria lançado no ano seguinte. De quebra, ainda deram um gostinho do novo trabalho, com a então inédita "Isolation". O guitarrista Andreas Kisser mandou o recado: "Com todo o respeito aos outros dias do festival, esse é o melhor, porque o metal é foda!". Ninguém na plateia iria discordar. Seguiu-se mais uma maratona dos "camisas pretas" ao Sunset para a apresentação do Anthrax, banda formada em Nova York no ano de 1981 e que, durante sessenta minutos fez uma barulheira infernal ao som de "Caught in a Mosh" e "Indians", esta última com participação mais do que especial de Chuck Billy.

Mais uma correria para o Palco Mundo. Era a vez do Helloween, escalada para substituir o Megadeth. O quinteto alemão, atração no Sunset em 2013, agora contava com convidados de respeito, os dois ex-vocalistas da banda, Kai Hansen e Michael Kiske, que uniriam as forças e os vocais com o titular Andi Deris. A banda estava em fase de pré-produção de um novo álbum, mas o convite do Rock in Rio foi irrecusável. Sorte da plateia, que pôde apreciar sucessos do metal melódico, como "I Am Alive" e "Future World". Após a última do set, "I Want Out", a debandada para o Sunset foi geral. Afinal, quem perderia o show de despedida do Slayer no Brasil? Para o ato final, os fãs foram recompensados com uma hora de barulho e lágrimas, especialmente quando o pau comeu durante "War Ensemble", "Dead Skin

Mask" e "Hell Awaits". A cenografia com direito a caveiras imensas, sangue e muitas luzes em tom vermelho enquanto o Slayer executava a derradeira "Angel of Death" deu a sensação de que o Sunset era o verdadeiro inferno imaginado pelos fãs. Ao fim, o baixista e vocalista Tom Araya se despediu em bom português: "Vou sentir saudades". Nós também.

Adivinha o que aconteceu depois do Slayer? Acertou. Mais uma correria para o Palco Mundo, dessa vez a última. Era a hora do *headliner*. Mas não precisa estranhar. Se em 1985 o Iron Maiden deixou claro que não queria que o Scorpions se apresentasse na mesma noite que ele, 34 anos depois a banda britânica fez a gentileza — ou não — de deixar os alemães tocarem por último. "O motivo real é que eles dormem cedo e não entram no palco depois de 21h30. Isso já estava decidido na assinatura do contrato. Mas como é um *headliner*, a gente só pode anunciar a alteração de ordem próximo do show, para ficar claro que eles são a atração principal", explicou o CEO e diretor artístico Luis Justo. "As pessoas não têm ideia do que acontece. Tem agente que mede o tamanho do nome da banda escrito no *billing* e reclama que tem um milímetro a menos do que o está escrito no contrato", exemplificou Justo para demonstrar que tudo tem que ser pensado com muito cuidado para evitar disputa de egos entre os artistas.

Para a edição 2019, o Iron Maiden traria a turnê *Legacy of the Beast*, a maior produção da história do grupo. Cenário que pode ser uma catedral, uma prisão ou um cemitério? Temos. Uma réplica enorme de um *spitfire*, o avião de guerra britânico? Temos também. O Eddie passeando pelo palco? Mas é claro que temos, imagina. Seria um show da Broadway? Claro que não. Um videogame? Também não. Ou melhor... O Iron Maiden bolou a turnê exatamente para divulgar um game projetado para celulares e tablets. Ou seja, uma ótima oportunidade para tocar os seus maiores sucessos e ainda relembrar cenários e momento de álbuns antológicos, como *The Number of the Beast* (1982) e *Fear of the Dark* (1992).

A 40ª apresentação da Donzela no país teve início com o clássico discurso que o Primeiro-Ministro do Reino Unido, Winston Churchill, proferiu para as tropas britânicas antes de um ataque nazista. Aquele mesmo que abriu o show na primeira edição do Rock in Rio e também o álbum ao vivo *Live After Death* (1985). A música que se seguiu, "Aces High", também foi a mesma, momento em que o avião surgiu no palco. É bom repetir: não se trata de um videogame, mas... O show incluiu diversas canções que havia muito estavam fora do repertório do Iron Maiden, como "Where Eagles Dare", "Revelations", "For the Greater Good of God", "Flight of Icarus" e "The Clansman", esta última sobre William Wallace, um dos principais heróis da Guerra da Independência da Escócia, que aconteceu entre os séculos XVIII e XIX. Antes delas, o vocalista Bruce Dickinson fez questão de frisar: "Esta música é sobre liberdade, sobre o que significa lutar pela justiça". O resto? "2 Minutes to Midnight", "The Wicker Man", "The Evil that Men Do", "Hallowed be Thy Name"... Pensando bem, o médico de Roberto Medina tem toda a razão. O Iron Maiden pode retornar mais quarenta vezes ao país que sempre terá público garantido.

Os alemães do Scorpions estavam em sua 45ª apresentação no Brasil, dessa vez com a turnê *Crazy World*, celebrando o álbum de mesmo nome, lançado em 1991. Dele, o grupo pinçou três músicas para o show, incluindo "Wind of Change", um dos hinos do fim da Guerra Fria e da queda do Muro de Berlim. Mas claro que as músicas da época da primeira edição do Rock in Rio, como "Big City Nights", "Love You Like a Hurricane", "Blackout" e "Still Loving You" não ficaram de fora. Mais uma vez, a banda fez questão de homenagear o país, em um palco espelhado com as cores da bandeira do Brasil. Durante "The Zoo", Matthias Jabs empunhou a guitarra verde e amarela utilizada no festival em 1985. Para muitos lá presentes só faltou mesmo a lama.

No último sábado da edição 2019 do festival, os trabalhos no Sunset foram abertos com o show Funk Orquestra, que contou com as participações de Buchecha, Ludmilla e Fernanda Abreu. Duas ausências, entretanto, foram notadas: Kevinho, que cancelou sua ida por causa de uma pneumonia, e MC Sapão, que morrera seis meses antes. O show foi uma mistura de tributo aos trinta anos do funk e de mensagens políticas. "Paz na favela, paz no Rio de Janeiro, menos mortes, a gente merece", pediu Fernanda Abreu.

De toda a história do Palco Sunset, provavelmente foi o maior público para uma primeira atração. O repertório passeou por uma combinação de todas as vertentes do funk, desde os clássicos dos primórdios aos proibidões da atualidade. A plateia cantou tudo: "Rap da felicidade", "Tremendo vacilão", "Só love", "Bang" e Tô tranquilão", esta última em homenagem ao MC Sapão. Durante sessenta minutos, a história do gênero musical carioca foi devidamente contada em um setlist interminável de clássicos. A parte final da apresentação teve músicas do 150bpm, subgênero do funk com um ritmo mais acelerado popularizado no famoso Baile da Gaiola, do DJ Rennan da Penha. Depois foi a vez de Projota, que recebeu Vitão e Giulia Be. As músicas do rapper, como "Foco, força e fé" e "Muleque da vila", garantiram mais um karaokê coletivo. Vitão interpretou "Sei lá", e Giulia Be, "Cobertor". O show ainda teve uma homenagem ao Charlie Brown Jr., momento em que Projota chorou e cantou "Só os loucos sabem".

"Galera tá pedindo Anitta demais." Foi assim que Titi Müller, apresentadora do canal Multishow, falou poucos minutos antes de a cantora subir ao palco. Bom, na verdade, o que se escutava na Cidade do Rock era o coro "Ei Bolsonaro, vai tomar no cu!". A ironia da apresentadora, de toda forma, fazia todo o sentido. Os fãs reclamaram muito a ausência de Anitta na edição 2017 do Rock in Rio, e a pressão por parte da mídia foi tão grande que, dois anos depois, não tinha jeito. A cantora foi a responsável pela abertura do Palco Mundo no penúltimo dia do evento. "Vocês pensavam que eu não ia rebolar a minha bunda no Rock in Rio?", ela perguntou durante o show. Claro que rebolou. À frente de um palco com um imenso paredão de som que remetia ao Furacão 2000 — ela foi lançada pela produtora —, Anitta entrou após a introdução de MC Andinho que botou para rodar o "Rap das aranhas" e o "Rap da felicidade".

O set começou com três petardos de alto alcance: "Show das poderosas", "Bang" e "Paradinha". A impressão era a de que Anitta queria mostrar que tinha munição de sobra para estar no Palco Mundo. A cantora também mostrou a sua veia romântica em canções como "Fica tudo bem" (Silva) e "Cobertor". A sofrência apareceu em "Loka", da dupla Simone e Simaria, e "Romance com safadeza". Em um dos poucos momentos em que conversou com a plateia, fez o inusitado agradecimento: "Hoje eu queria muito agradecer a mim porque eu não desisti". Na parte final, o batidão imperou em "Movimento da sanfoninha" (sim, ela rebolou, e muito, a bunda), "Vai malandra", "Bola rebola", "Favela chegou" e "Onda diferente". Os fãs aprovaram e gritaram "Ôôô, o funk chegou". Mas as críticas ao show não tardaram a surgir. Em primeiro lugar a ausência de músicos no palco e o som de bases pré-gravadas para Anitta foram objetos de debate. Entretanto, a maior discussão foi se a cantora teria feito como a Britney Spears em 2001, usando e abusando do playback. Anitta, de fato, admitiu ao jornal O Globo que, em algumas canções, usa uma base vocal para encorpar a voz. "Faz parte do meu show", disse.

Logo após a apresentação, surgiram boatos no sentido de que a cantora tinha se desentendido com a produção do Rock in Rio. De fato, a experiência não foi das melhores. "Anitta é uma artista difícil. Não mergulhou no universo Rock in Rio. Ela achou que era maior do que o festival. Eu viabilizei tudo o que ela pediu, tentei ser o mais profissional possível, mas na parte de bastidores, ela criou muitos problemas desagradáveis. Anitta não respeitou aquele palco. Foi meio traumático", afirmou Marisa Menezes, diretora artística da ala nacional do Palco Mundo.

No palco Sunset, era a vez da dupla tocantinense Anavitória e do cantor baiano Saulo unirem forças para misturar folk-pop ao axé.

Uma multidão testemunhou grandes momentos, como "Eva" (da Banda Eva, da qual Saulo era integrante), "Anunciação" (Alceu Valença) e "Dê um rolê" (Novos Baianos). A jovem Gabi Wilson, mais conhecida como H.E.R. foi a próxima atração do Palco Mundo. Ela iniciou sua carreira ainda criança em programas de calouros cantando músicas de Alicia Keys. Aos 22 anos, já estava no Palco Mundo do Rock in Rio, com dois prêmios Grammy na bagagem, pronta para mostrar que era a grande revelação do R&B. Pena que o seu show não captou a atenção de grande parte dos frequentadores do rockódromo. H.E.R. mostrou as suas habilidades de ótima instrumentista — tocou baixo, piano e guitarra, entre outras coisas mais — e apresentou sucessos como "Best Part" e "Hard Place", além de uma versão para "Mas que nada", de Jorge Ben Jor.

Charlie Puth encerrou a programação do Sunset antes da entrada do Black Eyed Peas no palco principal, depois de oito anos ausente do Brasil. A visita tinha um bom motivo, já que a banda estava lançando o disco *Masters of the Sun Vol. 1* (2018), uma tentativa de reaproximação das origens, em um estilo mais puxado para o hip-hop, e o primeiro trabalho do grupo sem a cantora Fergie. O Black Eyed Peas, que já tinha se apresentado no Rio de Janeiro em 2004, 2007 e 2010, desta vez estava acompanhado pela cantora filipina Jessica Reynoso, revelada no *The Voice* de seu país. Poucos dias antes da apresentação, will.i.am criticou a música da atualidade ao *O Globo*: "A cada dez pessoas que querem passar uma mensagem, algo bom para o mundo, outras mil estão se esforçando para ganhar dinheiro ou atenção com merdas estúpidas. Conteúdo sobre bunda e bebidas vêm antes de paixão e amor. Isso é estranho na sociedade atual". A banda tinha acabado de lançar uma parceria com Anitta, "eXplosion", por causa do Rock in Rio. A cantora carioca também pediu para que o Black Eyed Peas tocasse "Don't Lie", ausente do setlist da banda havia alguns anos e que havia feito muito sucesso no Brasil. Uma participação da Anitta era esperada no show, inclusive.

O início da apresentação foi inusitado. O vocalista will.i.am escorregou na tirolesa enquanto cantava a primeira música, "Let's Get It Started", do álbum *Elephunk*, lançado em 2003. Já era uma carta de intenções. O Black Eyed Peas concentraria o repertório nos antigos sucessos. Música do novo álbum? Nenhuma. Nas duas horas de shows, o que os fãs escutaram mesmo foi "Boom Boom Pow", "Pump It" e "Where is the Love", esta última dedicada aos povos da Amazônia. No meio do show, ainda houve um set de will.i.am atacando de DJ. Mais para o final, ele chamou a sua convidada. "Eu estava falando com uma amiga que me disse que, se eu não tocasse essa música, o Brasil não gostaria de mim. Então, eu a chamei para cantar com a gente." Anitta participou de "Don't Lie" e "eXplosion", antes da festa acabar com "I Gotta Feeling". O momento mais curioso do show aconteceu quando will.i.am fez um discurso enchendo o Brasil de elogios. Ele disse que gostava de vir ao país, e ainda citou nomes de músicos brasileiros, de bebidas e, claro, a bossa nova. Só que ninguém entendeu quando o cantor citou o movimento musical iniciado por João Gilberto. O público pensou que ele estivesse elogiando outra coisa, e logo vieram berros de xingamento contra Bolsonaro.

E não pense que a noite de Anitta terminou no show do Black Eyed Peas. Ela saiu do palco direto para a sua casa, onde a festa já rolava solta. "Botamos funkão, pulei na piscina, acabei com meu pé, não estou conseguindo andar. A festa aconteceu até sete da manhã", contou nos stories de seu perfil no Instagram. Alguns artistas, como will.i.am, deram uma passadinha por lá. "Não fiz muito stories porque os gringos estavam aqui, a galera que não curte muito essas coisas, e eu estava mais pra lá do que pra cá", postou. Provavelmente Anitta estava na piscina quando teve início um dos shows mais produzidos de toda a história do festival.

A cantora Pink era um desejo antigo de Roberto Medina. Certa feita, ele viajou de avião ao lado da cantora. Como não tinha certeza de que era ela mesmo, deixou pra lá. Quando saiu do aeroporto e viu os flashes disparados em direção à cantora, teve a certeza de que perdera uma boa oportunidade de conversar com Pink sobre o seu festival. "Atrasei em alguns anos a vinda dela por causa disso", brincou. Mas em 2019, aos quarenta anos de idade, e mesmo que não estivesse em seu auge comercial, ela balançou as estruturas da Cidade do Rock. Pink voou. Literalmente. E não foi através da tirolesa.

O seu último disco, *Hurts 2B Human*, tinha sido lançado em abril, e não chegou a emplacar um grande hit. A turnê do penúltimo álbum, *Beautiful Trauma* (2017), ainda rodava o mundo, com shows divididos em seis atos, em estádios e ginásios entupidos nos Estados Unidos, Oceania e Europa. O show no Rock in Rio — o seu primeiro e único no Brasil até então — seria o penúltimo da *Beautiful Trauma Tour*. O repertório contemplava toda a carreira de Pink, que teve o seu auge entre 2006 e 2008, quando lançou os álbuns *I'm Not Dead* e *Funhouse*, respectivamente. Mas, atenção, não era só música que a Cidade do Rock estava prestes a presenciar.

Pink já entrou no palco causando ao praticar acrobacias pendurada em um lustre-gaiola. Um a zero para ela. Iniciou o show com o sucesso "Get the Party Started". Dois a zero. Emendou "Just Like a Pill" e "Who Knew" e, pouco depois, mandou "Just Give Me a Reason". Abusou de coreografias ao lado de bailarinos, dos figurinos e de protestos no telão que fazia menção a causas como a LGBT e *black lives matter*. Três a zero. A cantora abençoou um pedido de casamento durante o show. "Crescer como um garoto gay em uma cidade pequena não foi fácil. Eu me sentia como um esquisito, e a sua música fez eu me conectar com outras pessoas. E eu conheci o Gabriel. E nos tornamos amigos, então nos tornamos melhores amigos, e então namorados. E hoje, dez anos depois, eu acho que é hora de tomar o próximo passo. Eu te amo tanto. Mesmo que essa mulher tenha feito pelo menos trinta músicas nos avisando sobre casamento, eu ainda quero tentar se for com você. Quer casar comigo?", perguntou o fã ao namorado. Pink abraçou os dois e brincou: "Parabéns. Os primeiros vinte anos são os mais difíceis". Quatro a zero! Não perca a conta.

Enquanto cantava "Walk Me Home", faixa do álbum mais recente em versão acústica, a cantora desceu do palco e recebeu presentes dos fãs. Cinco a zero. No bis, durante "So What", Pink voou sobre a Cidade do Rock pendurada em cabos, ao mesmo tempo que arriscava piruetas e pousava em diversas plataformas espalhadas no meio da plateia. Playback? De jeito nenhum. "Não era uma opção, ela tinha que voar. Levamos um ano para descobrir como fazer", revelou à revista *Veja* a vice-presidente do Rock in Rio, Roberta Medina. Até então, a cantora tinha voado apenas em ginásios, não em shows ao ar livre. "A gente fechou rápido com ela, mas foram meses de trabalho da nossa equipe e da dela para ver como a Pink ia voar", explicou o CEO Luis Justo.

A parafernália foi desenvolvida por uma empresa que já tinha emplacado projetos para a Nasa. Tudo foi feito através de um sistema de roldanas acoplado a uma base giratória conectada a guinchos que seguem o formato do palco. Um outro sistema cobria a parte externa, com cabos presos nas torres de som e de iluminação no meio da plateia. Quando os sistemas se interligavam, era possível o voo da cantora, mais ou menos como acontece com as câmeras que filmam jogos de futebol por cima do campo, através de cabos. Operadores controlavam o movimento da cantora pelos ares, bem como os seus pousos nas plataformas no meio do público. Tudo bem simples, né? Foi esse show que Pink trouxe para a Cidade do Rock em 2019. Ainda bem que ela demorou a vir, porque, no fim das contas, fez uma das apresentações mais impactantes da história do Rock in Rio. Antes que vocês me perguntem, o placar final foi dez a zero para a Pink.

O último dia da oitava edição brasileira do Rock in Rio, 6 de outubro, foi uma misturada que a princípio poderia não ter muito a ver. Mas todas as atrações do Palco Mundo tinham algo em comum: uma enorme base de fã-clubes. Daí, nenhuma surpresa os ingressos para a derradeira noite terem acabado em poucas horas. O Sunset abriu com o encontro Brasil-Portugal das bandas O Terno e Capitão Fausto. Em comum entre as duas, a paixão pelo rock dos anos 1960 e 1970. O show justificou a existência do Sunset, com os dois grupos em cima do palco o tempo inteiro, um interpretando músicas do outro e se unindo para "Bielzinho/Bielzinho" e "Melhor do que parece". O trio niteroiense Melim foi acompanhado pelo alto coro da plateia com os seus hits "Meu abrigo" e "Ouvi dizer", mas pena que parte da plateia debandou com a entrada da cantora portuguesa Carolina Deslandes. Neste caso, faltou química.

Os Paralamas do Sucesso deram a largada no palco principal com "Sinais do sim", faixa-título do álbum lançado em 2017. Mas esta foi a única que parte do público não conhecia, porque o que se seguiu foi uma pequena amostra da fábrica de hits do trio carioca. O grupo emendou logo "Meu erro", "Alagados" e "Lourinha bombril". O guitarrista e vocalista Herbert Vianna elogiou a produção do festival por "montar um espetáculo desse tamanho num país tão quinto mundo quanto o Brasil". Durante "O beco", imagens de ativistas políticos como Nelson Mandela pipocaram no telão. O encerramento com "Ska", "Vital e sua moto" e "Óculos" deram a certeza para muita gente que nem tanto tempo assim tinha se passado desde 1985.

No Sunset, as memórias eram parecidas. Lulu Santos abriu a sua apresentação com "Tempos modernos" e mandou em seguida "Toda forma de amor" e "Casa". Ao lado do cantor e compositor Silva, homenageou Rita Lee ("Ovelha negra") e Zé Ramalho ("Admirável gado novo"). O encerramento foi com "O descobridor dos sete mares", o velho sucesso eternizado na voz de Tim Maia. Como bem disse Lulu no palco, "música boa não tem prazo de validade". Tem toda a razão. O Nickelback voltava ao Palco Mundo do Rock in Rio seis anos depois, desta vez com as canções do último trabalho, *Feed the Machine* (2017) na manga. Mas o show foi de altos e baixos. Empolgação mesmo apenas durante o sucesso "Photograph" e o cover do Metallica "Sad But True".

Pena que pouca gente viu, mas o encerramento do Sunset se deu com provavelmente o show mais memorável — em termos musicais — da edição 2019 do Rock in Rio. Quando o King Crimson foi anunciado, os fãs nem acreditaram. Muitos perguntavam se a lendária banda de rock progressivo tinha algo a ver com o Rock in Rio. Parece que eles tinham razão. Pouca gente se deu ao trabalho de se locomover ao Sunset depois do Nickelback e antes do show do Imagine Dragons. O jornalista esportivo Fernando Calazans, certa feita, disse: "se Zico não ganhou uma Copa do Mundo, azar da Copa do Mundo". O mesmo pode ser dito aqui. Se o público do Rock in Rio não viu a apresentação do King Crimson, azar o dele.

Era a primeira vez do grupo no Brasil depois de 51 anos de atividade. "Não sei por que demorou tanto para um show do King Crimson no Brasil. Você deve perguntar ao Robert", disse o baixista Tony Levin à *Folha de S.Paulo*. Só que o Robert não dá entrevistas, então ficamos sem saber. O tal Robert é o Robert Fripp, o genial guitarrista e tecladista que trabalhou com David Bowie, Brian Eno, Peter Gabriel, Talking Heads e, não satisfeito, fundou uma das bandas mais importantes da história do rock — ela mesmo, o King Crimson, que gravou um dos melhores álbuns de estreia em todos os tempos, *In the Court of the Crimson King* (1969). "Você pode não saber o que vai encontrar num show do King Crimson, mas com certeza sabe o que não vai encontrar, ou seja, música fácil, tranquila", disse Levin. Talvez tenha sido esse motivo que afugentou os fãs de Nickelback e do Imagine Dragons do Sunset.

Para início de conversa, o Crimson conta com não menos do que três bateristas em sua formação. E todos eles sentaram praça na frente do palco, cujo cenário continha apenas o logotipo da banda projetado no telão. A música faria o resto do serviço. Quando a banda estava executando as primeiras canções, aquilo lá mais parecia um laboratório químico por causa de tantas experimentações. Só faltaram mesmo os tubos de ensaio, os Erlenmeyers e as balanças de precisão. O resultado? Música mais profunda e sofisticada em estado de ebulição. A instrumental "Red", "The Court of the Crimson King" e "Epitaph" fizeram da Cidade do Rock um acampamento quase que religioso viajando no tempo até os anos 1970. Foram apenas sete canções em uma hora, com direito a longos solos executados pelos três bateristas e a um Robert Fripp extasiado fotografando a plateia.

"Tentar descrever o que se ouviu nesse último número ["21st Century Schizoid Man"] é inútil — com uma agressividade elétrica que ajudou a fundar o heavy metal, acordes e solos de guitarra *Fripptronics* nunca ouvidos antes e uma passagem jazzística que fascina geração após geração, essa é uma experiência que só Fripp e seus músicos podem reproduzir. A experiência fez valer a noite de domingo — e ela só pode ser expressa com justiça mesmo no comentário simples de um espectador: 'É som!'", resumiu Silvio Essinger no jornal *O Globo*. É som, realmente. E que som.

A banda Imagine Dragons já tinha tocado no Brasil três vezes, mas a estreia no Rock in Rio aconteceu em 2019, em uma boa oportunidade para divulgar o álbum *Origins* (2018). No palco, a banda de Las Vegas cumpriu a sua missão de fazer um show para os fãs, que responderam cantando tudo, de "Demons" a "Next to Me", de "I'm So Sorry" a "Bad Liar". Missão cumprida e uma debandada imensa do rockódromo. Melhor para os fãs do Muse, que tiveram mais conforto para assistir ao show de divulgação do álbum *Simulation Theory* (2018), um dos mais bem produzidos da banda. Era tanta informação no palco que ficava difícil entender tudo. O vocalista e guitarrista Matt Bellamy surgiu através de um elevador na passarela que avançava pelo público, ao mesmo tempo que um grupo de trombonistas trajando roupas fosforescentes o circundavam. Dez, nota dez para a comissão de frente. A nova "Algorithm" abriu a apresentação em uma versão curta — ela voltaria ao final do show —, e músicas como "Uprising" e

"Plug in Baby" se sucederam. Nota dez para a bateria. Durante o hit "Supermassive Black Hole", Bellamy tirou som de sua guitarra com os dentes, da mesma forma que Jimi Hendrix fizera no festival de Woodstock cinquenta anos antes. No quesito fantasia, nota dez também, ainda mais para os óculos pisca-pisca dos integrantes do trio. Explosões de papel picado garantiram outra nota dez, dessa vez para alegorias e adereços, bem como os robôs gigantes que apareceram no palco no final do show. Os quesitos enredo e evolução também devem ser mencionados. A ficção científica do Muse percorreu o repertório de todos os seus álbuns (exceção feita ao primeiro, *Showbiz*, de 1999), com sucessos do nível de "Hysteria" e "Starlight" até chegar ao ápice com "Knights of Cydonia", a última da noite. O jornalista Bernardo Araujo, de *O Globo*, resumiu a apresentação: "Com uma combinação poderosa de elementos cênicos e sonoros — além de boas músicas, sem as quais uma banda de rock não chega a lugar nenhum —, o Muse foi o encerramento perfeito para o Rock in Rio".

***

No dia seguinte que fez-se o silêncio na Cidade do Rock, o jornal *O Globo* publicou na capa de seu *Segundo Caderno*: "2021 é logo ali". A matéria terminava da seguinte forma: "No saldo de sete dias de Rock in Rio, a única certeza é que a cidade mal espera por 2021. A próxima edição já está confirmada".

Infelizmente, não foi bem assim.

Oitenta e seis dias após o Muse tocar "Kinghts of Cydonia", a Organização Mundial da Saúde (OMS) detectou inúmeros casos de pneumonia na cidade de Wuhan, na China. No dia 7 de janeiro de 2020, a causa da doença foi descoberta: um coronavírus. A partir de então, uma palavra guiaria a vida de todos nós. Covid-19. Tinha início uma guerra contra um inimigo invisível. Em poucos dias, o mundo virou de pernas para o ar. A impressão que dava era a de que ele não era mais nosso. Uma máscara no rosto virou a parte mais importante dos nossos figurinos. Palavras como "quarentena", "live", "home office", "lockdown" e "cloroquina" passaram a fazer parte do vocabulário. Pessoas morriam diariamente. Aqui no Brasil, primeiro às dezenas, depois às centenas, até chegarmos aos milhares. Na terça-feira, dia 6 de abril de 2021, 4195 pessoas vieram a óbito no país. Uma média de 2,9 pessoas por minuto. Vinte e uma vezes mais do que o número de mortos no avião da TAM que explodiu no aeroporto de Congonhas em julho de 2007. Em apenas um dia, que fique claro. A dor das famílias e dos amigos, que nem tiveram a oportunidade de enterrar os seus entes queridos, era — ou melhor, é — imensurável.

O mundo estava derrotado. De joelhos. Roberto Medina ainda tinha esperança de que um milagre acontecesse. No final de março, o empresário disse que o Rock in Rio Lisboa, que aconteceria em junho de 2020, ainda poderia rolar. O evento foi adiado para setembro. Transferido para o ano seguinte, acabou não acontecendo. Em novembro de 2020, com a vacinação em alta, Medina jurava para si mesmo que o Rock in Rio aconteceria no Brasil entre setembro e outubro do ano seguinte. Era o que estava programado, afinal. Até a noite do metal, com Megadeth e Iron Maiden, foi confirmada para a abertura. No dia 13 de fevereiro, o jornalista Lauro Jardim publicou em sua coluna no jornal O Globo: "O Rock in Rio 2021 está marcado para começar no final de setembro. Só que, com as incertezas trazidas pela pandemia, ninguém é capaz de cravar com 100% de segurança que o festival vai mesmo acontecer nos dias marcados. Roberto Medina mantém, até agora, o que foi anunciado. Mas abril é a data-limite para bater o martelo de verdade".

Nem foi preciso esperar abril. Em 4 de março, o Rock in Rio anunciou o seu adiamento para setembro de 2022. A edição portuguesa também ficaria para depois. Mas o mundo, ainda bem, foi se abrindo. Apesar de algumas variantes que volta e meia surgiam para nos assustar, a produção do festival continuava trabalhando a todo vapor.

Post Malone, Justin Bieber, Iza, Guns N' Roses, Billy Idol, Green Day, Coldplay, Djavan, Dua Lipa, Iron Maiden... As confirmações surgiam uma atrás da outra para alegria dos fãs. As 200 mil unidades do Rock in Rio card evaporaram em uma hora e 28 minutos — mais um recorde do festival. A praia de Copacabana ganhou um relógio para marcar quantos dias faltavam até a data de estreia da nova edição. "Quando a Cidade do Rock abrir os portões dia 2 de setembro de 2022, um ano após o início da retomada anunciada pela prefeitura, o Rio vai celebrar o Dia do Reencontro. Um reencontro esperado, adiado, represado. Um grito preso na garganta há muito tempo", rezava a peça publicitária publicada em 31 de julho de 2021.

Seis meses antes da abertura dos portões da Cidade do Rock, indagado qual a edição de Rock in Rio é a mais importante da história, Roberto Medina respondeu: "Acho que as de 1985 e de 2022 vão ser as melhores, porque as duas têm um momento de quebra parecido. Lá [em 1985] era a gente botando pra quebrar, a cara da juventude na rua. E hoje é essa coisa que a gente está vivendo. Dois anos em casa... Ninguém sabe se ia ter emprego, se não ia ter. Então essa finitude colocou a gente num momento que eu acho que vai ser uma porta para a alegria".

***

"Que a vida começasse agora/ E o mundo fosse nosso outra vez..." Não é assim que diz a velha canção?

Entre estes dois versos, muita história rolou. E muitas outras rolarão. Porque, apesar de este livro terminar aqui, a saga do Rock in Rio, o maior festival de música do mundo, continua.

Quem viver, verá.

Como diziam em 1985, após o término da primeira edição do Rock in Rio: "Valeu!".

Sempre vai valer.

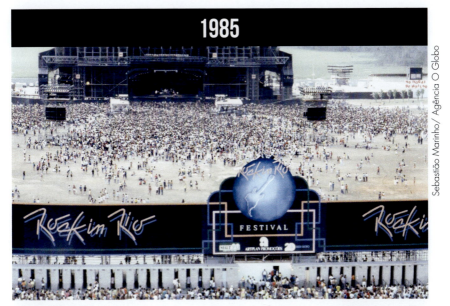

"Chose de loque." A entrada da Cidade do Rock na primeira edição do Rock in Rio. Depois de tantos problemas para a construção do rockódromo, em 11 de janeiro ele estaria pronto para receber a visita de mais de 1 milhão de pessoas para dez dias de muita música.

"Deus salve a América do Sul." Ney Matogrosso foi o primeiro artista a pisar no palco do Rock in Rio, às 18 horas de 11 de janeiro. O som insatisfatório e a ira dos metaleiros não tiraram o ânimo do artista, que misturou Cazuza e Secos & Molhados no setlist de seu show.

Lança perfume. Depois de muitas negociações, Rita Lee foi a última artista a fechar contrato com o Rock in Rio. Apesar do bom show, a cantora não gostou de ter participado do evento. Até mesmo um pequeno incêndio aconteceu na parte superior do palco. Seria a tal da profecia de Nostradamus?

Pro dia nascer feliz. No dia em que Tancredo Neves foi eleito presidente, o Barão Vermelho, liderado por Cazuza, fez uma das apresentações mais impactantes da história do festival. "Que o dia nasça lindo pra todo mundo amanhã", desejou o cantor antes de encerrar o antológico show.

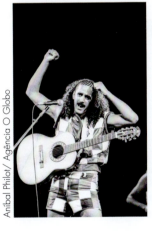

"Rá!" Baby Consuelo, grávida, se apresentou com a barriga de fora na primeira noite do festival. Apesar dos metaleiros não terem dado refresco, a cantora segurou a onda e seguiu até o fim. Moraes Moreira (à esquerda) teve mais sorte. Em uma noite mais tranquila, fez um carnaval fora de época, que levantou poeira ao som dos hits dos Novos Baianos, sua antiga banda. "Preta pretinha" ganhou um dos maiores coros da animada plateia.

Hipólito Pereira/ Agência O Globo

Only a dream in Rio.
Aposentado e sem expectativas acerca de sua carreira, James Taylor topou participar do evento. Ainda bem. Após a consagração com "You've Got a Friend", o compositor retomou o seu caminho graças ao Rock in Rio.

Ricardo Leoni/ Agência O Globo

Starship Trooper.
O Yes, uma das maiores bandas do rock progressivo, era uma das atrações mais esperadas pelos fãs. Debaixo de intensa chuva, o grupo liderado por Jon Anderson transformou o descampado de Jacarepaguá na Floresta Negra da Alemanha.

Lady Gaga punk. Na edição de 1985, nenhuma atração deu mais o que falar do que Nina Hagen. Todo mundo queria ver a cantora alemã, e a área reservada à imprensa, do lado do palco, quase desabou.

For Those About to Rock. Acima, Ozzy Osbourne pode até ter decepcionado os fãs e a imprensa por não ter comido nenhum morcego durante a sua apresentação. Mas nem precisava. Os sucessos do Black Sabbath foram mais do que o suficiente para ganhar o público do metal. Já o AC/DC, à direita, ameaçou não se apresentar no festival se o seu sino de duas toneladas não fosse pendurado no palco. A banda fez o show com um sino de isopor e gesso, e nem reparou.

Love of My Life. A apresentação do Queen atrasou duas horas, mas quando Freddie Mercury comandou a maior orquestra de vozes da história dos concertos de rock, ninguém mais se lembrava disso. O show é considerado o mais emblemático de todas as edições do Rock in Rio, tanto que está lá no filme *Bohemian Rhapsody*.

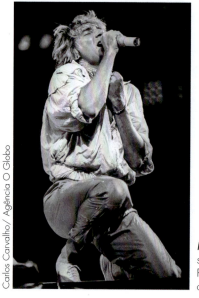

"Em vez de ficar jogando pedra, fica em casa aprendendo a tocar guitarra. Quem sabe no próximo você não está aqui no palco..." O merecido esporro de Herbert Vianna nos metaleiros.

Hot Legs. Rod Stewart foi dos artistas que mais se divertiu no Rio. Jogou futebol no Copacabana Palace, pediu setenta toalhas "bem branquinhas" e chutou bolas de futebol em direção aos fãs.

"Mas é que eu tenho que manter a minha fama de mau." Erasmo Carlos sofreu na mão dos metaleiros na estreia do Rock in Rio, mas retornou glorioso no último dia. "Aquele era o Rock in Rio que imaginei. O astral era outro", disse.

"Que a vida começasse agora..." Roberto Medina, o vendedor de sonhos, o pai do Rock in Rio, em 1985, nem imaginava que o seu evento atravessaria tantas fronteiras e se transformaria no maior festival de música do planeta.

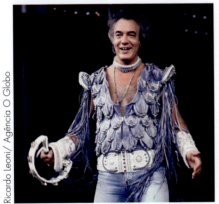

1991

Purple Rain. O Brasil esperava ver uma apresentação de Prince, o gênio de Minneapolis, havia anos. "Foi o melhor show que eu já vi na minha vida", escreveu Caetano Veloso. Não foi só ele quem viu o melhor show de sua vida.

Paradise City. Não há dúvida: o Guns N' Roses é a banda mais simbólica do Rock in Rio. A paixão teve início em 1991. Medina cortou um dobrado para Axl Rose e companhia entrarem no palco do Maracanã. "Aconselho vocês a subirem agora neste helicóptero", ele disse. O Guns subiu. E fez um show misturando sucessos e inéditas, que as estruturas do então mais charmoso estádio do mundo devem se lembrar até agora.

Era um garoto que como eu amava os **Beatles e os Rolling Stones.** Os gaúchos dos Engenheiros do Hawaii, embaixo e à direita, apresentaram um show tão bom que viraram notícia no *New York Times*. Fechando a noite de 19 de janeiro de 1991, o INXS, abaixo, liderado por Michael Hutchence, parecia não querer sair do palco. O show terminou depois das quatro da manhã ao som de "Don't Change". Foi um dos grandes destaques da segunda edição do Rock in Rio.

Vida louca vida. Expulso pelos metaleiros, Lobão ficou irritado com razão. "E vocês vão todos tomar no cu, exceto quem não tá tomando no cu", falou antes de deixar o palco. Uma pena. Seria um grande show.

Epic. O Faith No More recebeu um dos menores cachês, mas fez um dos melhores shows da segunda edição. Ao final de cada canção, Mike Patton deitava exausto no palco. A relação de amor do FNM com o Brasil tinha início.

Bichos escrotos. No dia mais tenso da segunda edição do Rock in Rio, os Titãs apresentaram um dos shows mais memoráveis de toda a história do festival. "Era um mar de gente tanto nas arquibancadas quanto no gramado", recordou o vocalista Branco Mello.

Listen Without Prejudice. George Michael fez dois shows perfeitos no Rock in Rio, abrindo mão de sucessos e cantando músicas de terceiros. "Não faz apelos pela paz, não chama ninguém de *motherfucker*, não ama o Rio de Janeiro", como bem observou o jornalista Arthur Dapieve. O que ficou foi a sua música. Quem estava lá não se esquece de "Freedom '90". Memorável é pouco.

Oye como va. Além de ganhar o prêmio de "simpatia" do Rock in Rio, Santana apresentou um dos melhores shows da segunda edição do evento. Diretamente de Woodstock para o Maracanã, recebeu convidados no palco, como Gilberto Gil, Djavan e Pat Metheny, que disse: "Já assisti a muitos shows dele, e este foi um dos melhores".

2001

Smells Like Teen Spirit. A cantora Cássia Eller foi o destaque nacional da terceira edição do Rock in Rio. Ela abriu uma das melhores noites, que ainda contou com Barão Vermelho e R.E.M. O repertório, antológico, misturou Cazuza, Renato Russo, Nando Reis, Chico Buarque e Nirvana. Durante a apresentação, que contou com diversas participações especiais, como a da Nação Zumbi, Cássia correu, pulou e ainda mostrou os peitos.

Que país é este? No dia mais cheio da edição 2001 do festival, o Capital Inicial, liderado pelo vocalista Dinho Ouro Preto, apresentou um show politizado cheio de clássicos dos tempos da banda Aborto Elétrico. No fim, o coro foi um só: "É a porra do Brasil!".

"Positivo. É pra prender o guitarrista em flagrante. Ele está completamente nu." Não foi o guitarrista, mas o baixista Nick Oliveri, do Queens of the Stone Age, que subiu ao palco pelado e, por muito pouco, não terminou atrás das grades.

"Oh, Anna Júlia." A banda Los Hermanos recebeu um público de Palco Mundo na Tenda Brasil para mostrar sucessos de seu disco de estreia, bem como adiantar algumas inéditas.

"Scream for me, Rock in Rio." A banda britânica Iron Maiden realizou uma apresentação antológica. De brinde, mandaram "Run to the Hills" pela primeira vez na turnê "Brave New World". O show, que encerrou o giro do grupo pelo mundo, se transformou em um pacote espetacular de CD e DVD.

"**Caipirinha!**" Na lista de um dos melhores shows da história do festival, o R.E.M. mostrou muitos sucessos e, de quebra, mandou duas canções inéditas. O vocalista Michael Stipe bebeu caipirinha em cima do palco.

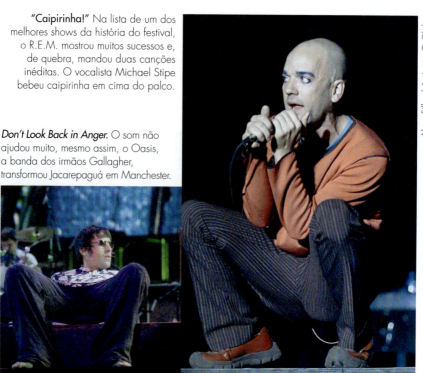

Don't Look Back in Anger. O som não ajudou muito, mesmo assim, o Oasis, a banda dos irmãos Gallagher, transformou Jacarepaguá em Manchester.

Bring on the Night. Antes de entrar no Palco Mundo para encerrar a primeira noite da edição 2001, Sting (à direita) se divertiu bastante no Brasil. Clássicos como "Every Breath You Take" e "Fragile" não faltaram. À esquerda, Foo Fighters também fez um belo show, no dia em que Dave Grohl comemorava 32 anos de idade. O grupo divulgava o álbum *There is Nothing Left to Lose* e apresentou vários sucessos, como "My Hero" e "Learn to Fly".

Rock and roll can never die. O gênio canadense Neil Young transformou o nababesco palco do Rock in Rio na garagem de seu rancho ao lado dos colegas da Crazy Horse na penúltima noite do festival. Ele torturou os captadores de sua Gibson Les Paul, chicoteando-os com as cordas arrebentadas da guitarra. "Rockin' in the Free World" foi o grito de guerra da plateia. Quem viu não se esquece.

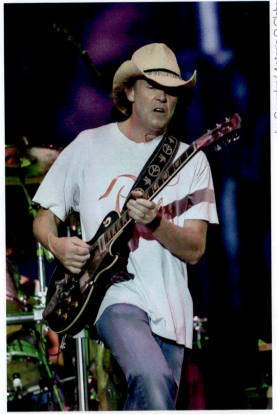

"Nos bailes da vida." As lendas Milton Nascimento e Gilberto Gil abriram o Rock in Rio 2001 para apresentar o melhor da música popular brasileira. Os dois artistas, que estavam lançando o álbum *Gil & Milton*, cantaram separadamente e depois se juntaram para mostrar "Sebastian" e "Andar com fé". Por quase duas horas, a Cidade do Rock de Jacarepaguá se transformou em um misto de Clube da Esquina e Pelourinho.

Leonardo Aversa/ Agência O Globo

"Olha a água mineral…" Escalado na noite errada, o baiano Carlinhos Brown foi recebido com hostilidade pelo público roqueiro, que não se furtou a arremessar garrafas de água no artista. "São meninos criados no Toddy, no leite e no playground", devolveu Brown. Tivesse sido em outra noite, a apresentação poderia ter agradado.

"Fazer amor de madrugada." O Kid Abelha, de Paula Toller e George Israel, entregou o que os fãs mais queriam: uma hora ininterrupta de sucessos do rock brasileiro dos anos 1980 e 1990. "Cantei essa música no videokê e tirei 97, vamos ver que notas vocês tiram", disse Toller antes de "Pintura íntima". Nota 100. Ao menos para a nostalgia.

Ivo Gonzalez/ Agência O Globo

Oops!... I Did It Again. Playback e xingamentos no microfone marcaram o conturbado show de Britney Spears. O telão ainda mostrou uma bandeira dos Estados Unidos, gerando vaias de muitos fãs.

Ivo Gonzalez/ Agência O Globo

Ivo Gonzalez/ Agência O Globo

Kill 'Em All. Primeira atração anunciada no retorno do festival ao Rio, dez anos depois, o Metallica quase colocou a Cidade do Rock abaixo com explosões, fogos de artifício e um volume de arrebentar os tímpanos. "Enter Sandman" e "Orion" fizeram muito metaleiro de camisa preta cair em prantos.

Leonardo Aversa/ Agência O Globo

Going to Brazil. Liderado por Lemmy Kilmister, o Motörhead fez a festa da plateia que aguardava o Slipknot e o Metallica. Clássicos como "Overkill" e "Ace of Spades" mais do que justificaram o nome do festival. Poucas vezes o Rock in Rio ouviu tanto barulho.

Viva la vida. O líder do Coldplay, Chris Martin, encantou os fãs cariocas com tanta simpatia. No meio do show, desfraldou a bandeira brasileira e escreveu com spray no fundo do palco, a palavra "Rio", com um coração no lugar do "o".

Overjoyed. Durante mais de duas horas, Stevie Wonder apresentou o show com o maior número de hits da edição 2011 do Rock in Rio. "Garota de Ipanema" foi a cereja do bolo de sua apresentação.

Estoy aquí. Em 1996, quando a cantora colombiana Shakira veio ao Brasil, o ingresso custava cinco reais. Quinze anos depois, retornou como uma das estrelas principais do Palco Mundo do Rock in Rio. "Estou aqui para satisfazer vocês", ela disse. E satisfez mesmo, ao som de "She Wolf" e "Loca". Para terminar, "Hips Don't Lie" e, não tinha como ser diferente, "Waka Waka".

2013

Glory Days. Bruce Springsteen se preparou para fazer o melhor show da história do Rock in Rio. Cantou Raul Seixas, tocou o álbum *Born in the U.S.A.* inteiro, se jogou na multidão, convocou fãs para dançar no palco, cumprimentou os bombeiros e só se deu conta de que tinha que ir embora quando a produção do festival detonou os fogos de artifício. Mesmo assim, voltou e cantou mais uma música. Azar dos fãs de John Mayer que foram embora mais cedo.

Pablo Jacob/ Agência O Globo

Keep the Faith. Bon Jovi foi prejudicado pela ausência do baterista Tico Torres e do guitarrista Richie Sambora. Mas os fãs cantaram "Livin' on a Prayer" e "Wanted Dead or Alive".

Hysteria. O show do Muse mais pareceu um filme de ficção científica. Em um cenário futurista, Matt Bellamy e companhia enfileiraram sucessos como "Starlight" e "Knights of Cydonia". Alvo de desconfiança quando escalado para encerrar uma noite de Rock in Rio, o trio mostrou que tinha capacidade de sobra para cumprir o papel com louvor.

Naughty Girl. Beyoncé fechou a primeira noite do Rock in Rio 2013 e conquistou o público com frases de efeito como "é um sonho estar aqui". Tudo terminou na base do "ah lelek lek lek…".

"Zépultura! Zépultura!" Esse foi o grito da galera que lotou o Palco Sunset para testemunhar o glorioso encontro de Zé Ramalho com a banda mineira Sepultura. No fim da apresentação, entre hits como "Admirável gado novo" e "Ratamahatta", ficou a clara sensação de que Zé Ramalho e o Sepultura nasceram um para o outro.

Girl on Fire. Miss Simpatia do Rock in Rio, Alicia Keys mostrou classe, charme e, sobretudo, voz. Durante "Empire State of Mind, Part II", a Cidade do Rock transformou-se em Nova York. *"Big lights will inspire you tonight in Rio"*, cantou para delírio da massa. Aquela noite não poderia ser melhor resumida.

Guito Moreto/ Agência O Globo

Up in the air. Liderada pelo galã de Hollywood Jared Leto, o Thirty Seconds To Mars entregou tudo o que os seus fãs queriam. Mas, além de sucessos como "The Kill (Bury Me)" e "This is War", o que marcou mesmo foi o singelo passeio de tirolesa no meio do show. Afinal de contas, não esqueçamos, o cara é ator também.

Guito Moreto/ Agência O Globo

2015

Bitch Better Have My Money. Os ingressos para o dia estrelado por Rihanna evaporaram em apenas 57 minutos. Até hoje os fãs não se esqueceram da apresentação e do figurino da cantora de Barbados.

Toxicity. O System of a Down se apresentou em 2015 e repetiu o setlist de quatro anos antes. Sem problema. O repertório de 27 músicas, incluindo sucessos como "B.Y.O.B.", "Chop Suey!" e "Prison Song" impressionou.

We Will Rock You. Para celebrar os seus trinta anos, o Rock in Rio tinha que convocar a sua atração mais emblemática. O Queen voltou, dessa vez com o vocalista Adam Lambert. O carisma do cantor e o repertório recheado de clássicos como "Bohemian Rhapsody", "Somebody to Love" e "Don't Stop Me Now" fizeram a festa da galera, que se emocionou com a imagem de Freddie Mercury no telão e cantou "Love of My Life" como trinta anos antes. Inesquecível é muito pouco.

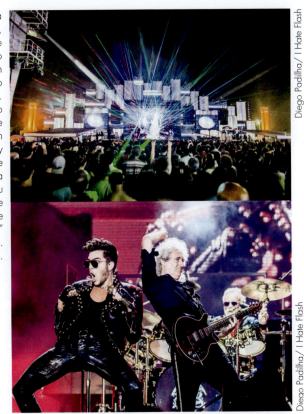

Spit it Out. Após o luto na apresentação de 2011, quatro anos depois, o Slipknot estava de volta ao festival. "Fizemos uma seleção especial de repertório para o Rock in Rio. Será a melhor experiência Slipknot que o Brasil já teve." Os fãs não devem ter discordado. Abriram dezenas de rodinhas gigantes, cantaram tudo e apreciaram, mais uma vez, o circo macabro da banda.

The Bitch is Back. Na mesma noite em que se apresentaram Os Paralamas do Sucesso, Seal e Rod Stewart, Elton John enfileirou dezessete sucessos e fez um dos melhores shows da edição 2015 do Rock in Rio, dessa vez, com direito a "Skyline Pigeon" e "Your Song". Uma chuva de hits, da forma que ele sabe fazer.

Teenage Dream. Debaixo de tempestade, Katy Perry encerrou a edição 2015 do Rock in Rio. A cantora transformou o rockódromo em sambódromo com o seu show superproduzido para divulgar o álbum *Prism*. "Firework" encerrou o evento.

2017

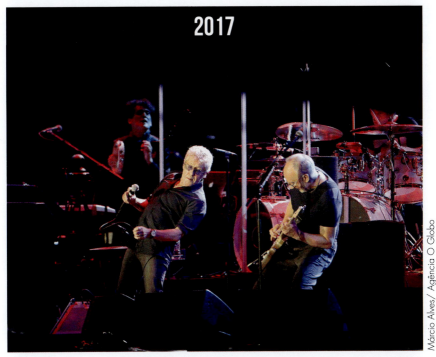

"**Mantenha calma — aí vem o The Who.**" A mensagem no telão antes de Roger Daltrey e Pete Townshend era clara. Não era 1970, mas era 2017. Não era Leeds, mas era Rock in Rio. E uma das bandas mais importantes da história do rock se apresentou pela primeira vez no país. Uma aula do gênero, ao som de sucessos eternos como "My Generation" e "Substitute". Ficou difícil para o Guns N' Roses depois...

Sowing the Seeds of Love. Não foi surpresa para quase ninguém. O Tears for Fears, dupla formada por Roland Orzabal e Curt Smith, foi um dos destaques da edição 2017 do Rock in Rio. Todo mundo cantou hits como "Everybody Wants to Rule the World" e "Shout". No fim, o coro da plateia era só um: "Tias fofinhas". Arrasador!

Sweet emotion. Pela primeira vez no festival, o Aerosmith, de Steven Tyler e Joe Perry, apresentou a sua turnê de despedida. Fora do palco, o vocalista fez a alegria das fãs. Beijou várias delas e autografou a costela de uma mais ousada.

Abalou. Ivete Sangalo, talismã de Roberto Medina, está sempre presente no Rock in Rio. Merecido. Ela é das poucas artistas que levantam o público da primeira à última música. Em 2017, botou todo mundo para pular logo no início, quando emendou quatro de seus maiores sucessos. E ainda rolou uma homenagem a Lady Gaga, ausência sentida no festival.

It's So Easy. Não foi tão fácil para o Guns N' Roses tocar depois do The Who. Mas Axl Rose, Slash, Duff e companhia não fizeram por menos. Mandaram 32 músicas em três horas e meia de espetáculo. O mais longo de toda a história do Rock in Rio. E o show começou no horário, veja só.

Se a vida é. O Pet Shop Boys, dupla formada por Neil Tennant e Chris Lowe, foi a primeira atração internacional da edição 2017 do Rock in Rio. Parte do público estava decepcionada por conta do cancelamento da apresentação de Lady Gaga, mas não se furtou a cantar "It's a Sin" e "Left to My Own Devices". Foi muito bonito. Muito mesmo.

Can't Stop the Feeling! Quatro anos depois, Justin Timberlake voltou a pisar no Palco Mundo. "Como vocês estão se sentindo nessa noite, Rio? Estamos muito felizes por estar de volta." Os fãs estavam se sentindo muito bem, ainda mais ao som de "Like I Love You" e "Cry Me a River". Ele ainda desceu para a galera enrolado na bandeira brasileira.

2019

Vans Bumbeers / I Hate Flash

The Court of the Crimson King. O jornalista Fernando Calazans já disse: "Se Zico não ganhou uma Copa do Mundo, azar da Copa do Mundo". O mesmo pode ser dito aqui. Se o público do Rock in Rio não viu o show do King Crimson, azar o dele. Um dos melhores shows do Sunset teve o menor público do festival.

Gabriel Monteiro / Agência O Globo

"Galera tá pedindo Anitta demais." Uma das primeiras atrações confirmadas para a edição 2019 do Rock in Rio, a funkeira carioca foi a responsável pela abertura do Palco Mundo no penúltimo dia do evento. "Vocês pensavam que eu não ia rebolar a minha bunda no Rock in Rio?", perguntou. Claro que ela rebolou. E muito, ao som de "Vai malandra" e "Show das poderosas".

Marcelo Theobald / Agência O Globo

"Tempo imprevisível." Drake causou na edição 2019 do festival. Proibiu a transmissão televisiva de seu show, reclamou da comida, desligou a tirolesa, esnobou os fãs, mas, no fim do dia, jurou que fez a melhor apresentação da sua vida. E tudo isso debaixo de chuva. Aquele tipo de magia que só acontece no Rock in Rio.

A mulher do fim do mundo. O Palco Sunset se transformou em um santuário para receber Elza Soares. "Mulheres, gemer só de prazer. A realidade agora é outra. Chega de sofrer calada. Ligue 180", gritou a cantora. O show *Planeta fome* emocionou a todos. Saudade!

Give it Away. Em sua quarta aparição no evento, o Red Hot Chili Peppers comemorou o aniversário de quarenta anos do guitarrista Josh Klinghoffer. No repertório, tudo o que os fãs queriam escutar: "By the Way", "Soul to Squeeze" e "Aeroplane". Foi o melhor show da banda no festival.

Fernando Schlaepfer / I Hate Flash

Get the Party Started. Pink voou. Literalmente. E não foi através da tirolesa. "Não era uma opção, ela tinha que voar. Levamos um ano para descobrir como fazer", disse Roberta Medina. Saldo final: dez a zero. E um dos shows mais impactantes da história do Rock in Rio. Que venha a edição 2022!

AGRADECIMENTOS

> *One of these days*
> *I'm gonna sit down and write a long letter*
> *To all the good friends I've known And I'm gonna try*
> *And thank them all for the good times together.*
> *Though so apart we've grown.*
> "One of These Days", Neil Young

Dizem que escrever um livro é um ato solitário. Baita mentira! Se não pudéssemos contar com a ajuda dos outros, certamente não faríamos nada na vida. E eu tenho muitas pessoas a agradecer aqui. Se não fosse por elas, este livro jamais estaria em suas mãos.

Em primeiro lugar, nem sei como agradecer ao meu parceiro de trabalho e grande amigo Tito Guedes. Além de organizar todo o material de pesquisa da primeira edição do livro, ele me trouxe mais algumas centenas de recortes de jornais e de revistas relacionados às três primeiras edições do Rock in Rio. Tudo isso fez com que eu praticamente reescrevesse o texto da primeira edição do livro, originalmente lançada em 2011. O livro do Rock in Rio que eu sempre sonhei, agora sim, está pronto, e eu devo muito disso ao Tito, que ainda me forneceu a pesquisa das edições 2011, 2013, 2015, 2017 e 2019 do festival. Mais importante do que todo o trabalho colossal de pesquisa, as suas ideias fizeram o livro tomar um rumo diferente do que eu havia planejado inicialmente. Por tudo isso, posso dizer que considero este livro tão meu quanto do Tito.

Outra pessoa que tem toda a minha gratidão é o Paulo Marinho, que fez a ponte com o Roberto Medina para que este livro existisse. Agradeço demais ao Roberto por ter acreditado no meu trabalho. Deixo registrado que a minha liberdade foi total para contar a história do Rock in Rio, o seu festival. Aproveito para agradecer à equipe do Rock in Rio que também muito me ajudou neste trabalho, em especial, Aline Garrido, Ingrid Berger, Luis Justo, Marilia Queiroz, Marisa Menezes, Maurice Hughes, Paula Areias, Paula Coelho Magrath e Roberta Medina.

Um agradecimento especial a minha mãe, Elizabeth; meu pai, Paulo; e meu irmão, Paulinho, que são as pessoas que mais entendem o meu sonho. Ao Francisco Rezende, que acendeu a chama para que o sonho se tornasse realidade. E também à Gabriela Siciliano, que sempre acompanhou (e, sobretudo, entendeu) os meus caminhos.

Dificilmente não vou me esquecer de alguém, mas essas pessoas também foram fundamentais em algum momento durante a elaboração deste livro: Ana Amabile, Arthur Dapieve (obrigado pelo texto, Professor!), Arthur Terra, Bruno Brandão Magalhães, Carla Siqueira, Carlos Alberto Pinheiro Carneiro Filho, Cesar Romero Jacob, Fabio Vianna (o grande Biofá!), Fernando Neumayer, Flávio Tabak, Gabriel Leone, Izabel Carolina Alvares, Jean Goldenbaum, Jimi (*in memoriam*), João Fernando, João Vitor Campos Machado, Joaquim Couto Rosa, Jonas Santos, José Ronaldo Pinheiro Carneiro, Joselia Aguiar, Ju Passos, Leonardo Albuquerque, Leonardo Brandão Magalhães, Lu Brandão, Lucinha Araujo, Luiz Guilherme Abreu, Marcelo Froes, Maria Vitoria Campelo, Mário Magalhães, Patrícia Mentges, Rodrigo

Rodrigues (*in memoriam*), Ruy Castro, Sérgio Terra e São Judas Tadeu. Podem ter a certeza de que todos vocês foram bastante lembrados durante tantas madrugadas na frente do computador.

Muito obrigado ao pessoal da Globo Livros também; onze anos depois, foi uma delícia ter retomado o projeto do Rock in Rio novamente com o Mauro Palermo, a quem agradeço demais a confiança. Ao Guilherme Samora, um profissional que eu admirava havia tanto tempo e que tive a honra de ter como editor deste livro. Valeu também a todos os artistas, jornalistas e demais profissionais que fizeram parte da história do Rock in Rio e que, gentilmente, se dispuseram a me conceder entrevistas. Todos os depoimentos foram mais do que valiosos.

Finalmente, um agradecimento especial ao meu falecido avô Gentil, que me ensinou a ler jornal em tantas manhãs que não voltam mais e que ficarão eternamente na minha memória. Eu estava escolhendo a minha profissão naquele momento e nem tinha noção disso.

REFERÊNCIAS

ABREU, Alzira Alves et al. *Dicionário histórico-biográfico brasileiro: pós-1930*. Rio de Janeiro: FGV, 2001.
ALEXANDRE, Ricardo. *Dias de luta: o rock e o Brasil dos anos 80*. São Paulo: DBA, 2002.
ALVES JR., Carlos; MAIA, Roberto. *Rock Brasil: um giro pelos últimos 20 anos do rock verde e amarelo*. São Paulo: Esfera, 2003.
ALZER, Luiz André; CLAUDINO, Mariana. *Almanaque Anos 80*. Rio de Janeiro: Ediouro, 2004.
ARAUJO, Lucinha. *Cazuza: só as mães são felizes*. São Paulo: Globo, 1997.
BLAKE, Mark. *A verdadeira história do Queen: os bastidores e os segredos de uma das maiores bandas de todos os tempos*. São Paulo: Seoman, 2015.
BOZZA, Anthony. *INXS: story to story — the official biography*. Nova York: Atria Books, 2005.
____; Slash. *Slash*. Nova York: Harper USA, 2007.
BRANNIGAN, Paul. *This is a call: A vida e a música de Dave Grohl*. São Paulo: Leya, 2012.
BRYAN, Guilherme. *Quem tem um sonho não dança: cultura jovem brasileira nos anos 80*. Rio de Janeiro: Record, 2004.
BUENO, Eduardo. *Brasil: uma história — cinco séculos de um país em construção*. São Paulo: Leya, 2010.
CALDEIRA, Jorge. *Viagem pela história do Brasil*. São Paulo: Companhia das Letras, 1997.
CAMARGO, Zeca. *De a-ha a U2: os bastidores das entrevistas do mundo da música*. São Paulo: Globo, 2006.
CARLOS, Erasmo. *Minha fama de mau*. Rio de Janeiro: Objetiva, 2009.
CARNEIRO, Luiz Felipe. *Rock in Rio: a história do maior festival de música do mundo*. São Paulo: Globo, 2011.
CASTRO, Cid. *Metendo o pé na lama: os bastidores do Rock in Rio de 1985*. São Paulo: Scortecci, 2008.
COSTA, Allan; IGREJA, Arthur. *Rock in Rio: a arte de sonhar e fazer acontecer*. São Paulo: Editora Gente, 2019.
DAPIEVE, Arthur. *BRock: o rock brasileiro dos anos 80*. São Paulo: Editora 34, 2000.
DICKINSON, Bruce. *Para que serve esse botão: uma autobiografia*. Rio de Janeiro: Intrínseca, 2018.
DOLABELA, Marcelo. *ABZ: rock brasileiro*. São Paulo: Estrela do Sul, 1987.
DOLORES, Maria. *Travessia: a vida de Milton Nascimento*. São Paulo: Record, 2006.
ENGLEHEART, Murray; DURIEUX, Arnaud. *AC/DC: maximum rock & roll*. Nova York: Harper USA, 2008.
FLETCHER, Tony. *Remarks remade: the story of R.E.M*. Londres: Omnibus Press, 2002.

FRANÇA, Jamari. *Os Paralamas do Sucesso: vamo batê lata*. São Paulo: Editora 34, 2003.
FRIENDLANDER, Paul. *Rock and roll: uma história social*. São Paulo: Record, 2002.
GESSINGER, Humberto. *Pra ser sincero: variações sobre um mesmo tema*. Caxias do Sul: Belas Letras, 2009.
GOFFI, Guto et al. *Barão Vermelho: por que a gente é assim*. São Paulo: Globo, 2007.
GOODALL, Nigel. *George Michael: in his own words*. Londres: Omnibus Press, 1995.
GUIMARÃES, Maria Juçá. *Circo Voador: a nave*. Rio de Janeiro: Ed. do Autor, 2013.
IDOL, Billy. *Dancing with myself*. Nova York: Touchstone, 2014.
JONES, Lesley-Ann. *Freddie Mercury: a biografia definitiva*. Rio de Janeiro: BestSeller, 2013.
KIEDIS, Anthony. *Scar Tissue*. Nova York: Hyperion, 2006.
LANDI, Ana Claudia; BELO, Eduardo. *Apenas uma garotinha: a história de Cássia Eller*. São Paulo: Planeta, 2005.
LEE, Rita. *Rita Lee: uma autobiografia*. São Paulo: Globo, 2016.
LEONI. *Letra, música e outras conversas*. Rio de Janeiro: Gryphus, 1995.
LOBÃO. *50 anos a mil*. Rio de Janeiro: Nova Fronteira, 2010.
LUCCHESE, Alexandre. *Infinita highway: uma carona com os Engenheiros do Hawaii*. Caxias do Sul: Belas Letras, 2016.
MAGALHÃES, Mário. *Sobre lutas e lágrimas: uma biografia de 2018*. Rio de Janeiro: Record, 2019.
MARMO, Hérica; ALZER, Luiz André. *A vida até parece uma festa: toda a história dos Titãs*. Rio de Janeiro: Record, 2002.
MASINO, Susan. *Let There Be Rock: a história da banda AC/DC*. São Paulo: Companhia Editora Nacional, 2009.
MAZZOLA, Marco. *Ouvindo estrelas*. São Paulo: Planeta, 2007.
MCKAGAN, Duff. *É tão fácil: e outras mentiras*. Rio de Janeiro: Rocco, 2012.
MEDINA, Roberto. *Rock in Rio: 1985-1991*. São Paulo: Melhoramentos, 2000.
MERCURY, Freddie. *His life in his own words*. Londres: Omnibus Press, 2008.
MIDANI, André. *Música, ídolos e poder: do vinil ao download*. Rio de Janeiro: Nova Fronteira, 2008.
MORAES, Marcelo Leite de. *RPM: revoluções por minuto*. São Paulo: Companhia Editora Nacional, 2007.
MOTA, Carlos Guilherme; LOPEZ, Adriana. *História do Brasil: uma interpretação*. São Paulo: Editora 34, 2016.
_____. História do Brasil: uma interpretação. São Paulo: Senac, 2008.
MOTTA, Nelson. *Noites tropicais*. Rio de Janeiro: Objetiva, 2000.
NEVES, Marcos Eduardo. *Vendedor de sonhos: a vida e a obra de Roberto Medina*. São Paulo: Melhoramentos, 2006.

NILSEN, William. *Queen no Brasil: 40 anos depois, a magia continua*. Brasília: Lisbela Editora, 2021.
O'SHEA, Mick. *Guns n' Roses: encyclopaedia*. Surrey: Chrome Dreams, 2008.
O'SHEI, Tim. *Britney Spears: a biography*. Connecticut: Greenwood Publishing, 2009.
OLIVEIRA, Vanessa. *Tudo de novo: biografia oficial do Roupa Nova*. Rio de Janeiro: BestSeller, 2013.
OSBOURNE, Ozzy. *Eu sou Ozzy*. São Paulo: Benvirá, 2010.
PICCOLI, Edgard. *Que rock é esse?: a história do rock brasileiro contada por alguns de seus ícones*. São Paulo: Planeta, 2010.
RAUER, Selim. *Freddie Mercury*. São Paulo: Esfera, 2010.
RICHARDS, Matt; LANGTHORNE, Mark. *Somebody to love*. Caxias do Sul: Belas Letras, 2021.
RODRIGUES, Rodrigo. *As aventuras da Blitz*. Rio de Janeiro: Ediouro, 2009.
SANTANA, Carlos et al. *O tom universal: revelando minha história*. Rio de Janeiro: BestSeller, 2015.
SCHWARCZ, Lilia Moritz; STARLING, Heloisa Murgel. *Brasil: uma biografia*. São Paulo, Companhia das Letras, 2015.
SEVERIANO, Jairo. *Uma história da música popular brasileira: das origens à modernidade*. São Paulo: Editora 34, 2008.
SHAW, Harry. *Oasis 'Talkin': In Their Own Words*. Londres: Omnibus Press, 2002.
SIMAS, Luiz Antonio. *Maracanã: quando a cidade era terreiro*. Rio de Janeiro: Mórula, 2021.
SKIDMORE, Thomas. *Brasil: de Castelo a Tancredo*. Rio de Janeiro: Paz e Terra, 1994.
STEWART, Rod. *The Autobiography*. Londres: Century, 2012.
SUMMERS, Kimberly. *Justin Timberlake: A Biography*. Connecticut: Greenwood Publishing, 2010.
VINIL, Kid. *Almanaque do rock*. Rio de Janeiro: Ediouro, 2008.
WALL, Mick. *AC/DC: a biografia*. São Paulo: Globo Livros, 2014.
_____. *Guns N' Roses: o último dos gigantes*. São Paulo: Globo Livros, 2017.
_____. *Run to the hills: a biografia autorizada*. São Paulo: Évora, 2014.
WEINSTEIN, Norman. *Carlos Santana: a biography*. Connecticut: Greenwood Publishing, 2009.
WHITE, Thimothy. *James Taylor: long ago and far away — his life and music*. Londres: Omnibus Press, 2005.

Além dos livros citados, mais de 4 mil reportagens foram objeto de pesquisa nos arquivos dos jornais *Folha de S.Paulo, Gazeta Mercantil, Jornal da Tarde, Jornal do Brasil, O Dia, O Globo, O Estado de S. Paulo, Última Hora*, além das revistas *A Semana Em Ação, Amiga, Billboard, Bizz, Domingo, IstoÉ, Quem, Claudia, Carícia, Época, Fatos e Fotos,*

Iris Foto, Manchete, Rock Brigade, Rock Espetacular, Rock Show, Roll, Rolling Stone, Showbizz, Status, Veja, bem como os guias oficiais do Rock in Rio.

Os seguintes sites na internet também foram consultados: *Blog Lu Lacerda, Blog do Pavulo, Capricho, Diário do Grande ABC, Diário de Goiás, Extra Online, G1, Glamurama, Globo Online, Jovem Pan, MTV News, Multishow, Omelete, O Fuxico, Popline, Portal Yahoo, Portal Ternura, Portal F5, Quem, Rolling Stone, Tenho Mais Discos Que Amigos, Tracklist, Universa, UOL* e *Veja Online*. As centenas de horas de shows, reportagens e entrevistas disponibilizadas pela Rede Globo também foram de grande serventia.

Entrevistas realizadas: Adriana Maximiliano, Alceu Valença, Amin Khader, Antonio Carlos Miguel, Arnaldo Brandão, Arthur Dapieve, Bernardo Araujo, Bianca Kleinpaul, Branco Mello, Brian May, Charles Gavin, Chico Otavio, Cleusa Maria, Davi Moraes, Deborah Dumar, Dody Sirena, Evandro Mesquita, Fê Lemos, Fernanda Lacombe, Fernanda Takai, Fernando Molica, Fred Castro, Fuad Atala, George Israel, Gustavo Leitão, Guto Goffi, Henrique Porto, Humberto Gessinger, Igor Cavalera, Ingrid Berger, Jaime Biaggio, Jamari França, João Barone, João Pimentel, João Ximenes Braga, José Emílio Rondeau, Juliana Braga, Kaká Monteiro, Léa Penteado, Leo Jaime, Luciano Ribeiro, Lucinha Araujo, Luis Justo, Luiz Oscar Niemeyer, Marcos Augusto Gonçalves, Mario Marques, Mário Monteiro, Marisa Menezes, Maura Ponce de Leon, Mauro Ferreira, Nasi, Neil Young, Paulo Marinho, Paulo Ricardo, Pedro Só, Peter Gasper, Roberta Medina, Roberto Medina, Rodrigo Barba, Rodrigo Simas, Roger Rocha Moreira, Serginho Herval, Sérgio Pugliese, Sergio Zobaran, Supla, Susana Schild, Tom Leão, Tony Bellotto, Vicente Seda, Walter Ramires e Zé Luis.

Este livro, composto na fonte Fairfield,
foi impresso em papel pólen natural 70g/m² na COAN.
São Paulo, junho de 2022.